I0046164

TRAITÉ

DE LA DOT.

GRENOBLE. — IMPRIMERIE DE L. VIALLET,
place Neuve.

TRAITÉ
DE LA DOT,

OU

DÉVELOPPEMENT
DES PRINCIPES EXPOSÉS AU CHAPITRE III DU LIVRE III
DU CODE CIVIL,

PAR M. XAVIER BENOIT,
AVOCAT PRÈS LA COUR ROYALE DE GRENOBLE.

TOME PREMIER.

A GRENOBLE,
CHEZ PRUDHOMME, LIBRAIRE, RUE DAUPHIN.

A PARIS,
CHEZ CHARLES BÉCHET, LIBRAIRE, QUAI DES AUGUSTINS, N.° 57.

1829.

PRÉFACE.

Le Code civil, cette œuvre si éminemment nécessaire à la France, fut rédigé, on peut le dire, sous l'influence du droit coutumier. Lorsqu'on éleva au Conseil-d'Etat la question de savoir si le régime de la communauté serait admis comme droit commun de la France, on s'opposa faiblement à cette innovation, et de nombreux partisans parlèrent en sa faveur. On pensa qu'en proclamant comme loi générale les principes du droit coutumier sur la société conjugale, le régime dotal perdrait peu à peu de son empire; aussi ne donna-t-on que de très-légers développemens au chapitre qui lui fut consacré; quelques principes généraux, quelques règles incohérentes, réunis dans un très-petit nombre d'articles, furent présentés comme formant un système complet de législation sur cette importante matière. Mais dès qu'on en vint à l'application, on s'aperçut bientôt de l'erreur dans laquelle on était tombé. Le régime dotal, au lieu de cesser d'être suivi, s'introduisit dans plusieurs provinces des pays coutumiers; bientôt de nombreuses questions de dotalité se présentèrent devant les Tribunaux, et l'on chercha, souvent en vain, dans les dispositions consacrées par le Code, des élémens propres à les résoudre; dès-lors on fut obligé de recourir au droit romain et à l'ancienne jurisprudence, et dès-lors aussi on considéra, avec raison, comme incomplète cette partie essentielle de la législation française.

Un seul auteur (*) avait traité ce sujet si fécond en questions sérieuses; mais cet ouvrage, indépendamment de ce qu'il n'était plus depuis long-tems dans le commerce, ne présentait qu'une réunion très-imparfaite des principes du droit romain sur la matière, et ne faisait connaître que d'une manière superficielle l'ancienne jurisprudence. Dans cet état de choses, un nouveau traité de la dot devenait en quelque sorte indispensable; j'osai l'entreprendre. Je n'eus d'abord que l'intention de faire un commentaire sur chaque article du Code civil qui avait trait à mon sujet; j'y travaillai avec soin, mais je ne tardai pas à reconnaître que ce commentaire ne serait qu'un amas de matériaux en désordre, et laissant d'importantes lacunes à remplir. Dès ce moment, je m'occupai d'un plan régulier, et je classai mes observations dans l'ordre où elles sont aujourd'hui.

Les auteurs du Code civil n'ayant fait que reproduire quelques-unes des règles générales du droit

---

(*) Roussilhe.

romain sur la dotalité, et n'ayant rien changé d'ailleurs à l'ensemble du régime dotal, tel qu'il était observé dans les pays de droit écrit, il était nécessaire, pour donner un traité complet sur la matière, de présenter tout ce que le Code et le Digeste pouvaient réunir de décisions conformes à nos mœurs et à nos institutions, et d'indiquer les arrêts de l'ancienne et de la nouvelle jurisprudence qui en avaient fait l'application. Je me livrai avec ardeur à toutes les recherches que nécessitait cette entreprise; le Public jugera si j'ai rempli la tâche que je m'étais imposée.

A ces premiers fondemens de mon livre, j'ai joint un exposé fidèle de la doctrine des auteurs anciens et modernes, qui ont écrit sur la dot; je me suis souvent étayé de leurs décisions; souvent aussi je les ai combattues. J'en ai usé de même à l'égard des Cours dont j'ai cité les arrêts, car j'ai toujours pensé qu'un auteur ne devait point adopter des opinions déjà connues, parce qu'elles appartenaient à telle autorité ou à tel auteur justement considérés, mais seulement lorsqu'elles lui paraissaient conformes aux principes immuables de la justice et de la saine raison.

Plusieurs jurisconsultes recommandables se sont abstenus de citer, dans leurs écrits, les arrêts rendus sur les sujets qu'ils ont traités; ils ont dit que ce n'était pas dans les décisions des Tribunaux qu'il fallait étudier le droit, mais dans le texte même de la loi et dans ceux où elle a été puisée; cela est vrai; mais si après avoir étudié la loi, on la trouve obscure, insuffisante, en contradiction avec elle-même, pourquoi ne chercherait-on pas, dans la jurisprudence, des lumières qu'on ne peut trouver ailleurs? Que sont, au reste, les arrêts des Cours modernes? Des avis motivés sur divers points de droit, et souvent des discussions savantes sur la manière dont on doit entendre une disposition législative. Or, si l'on invoque, à l'appui de son opinion, celle des jurisconsultes qui ont écrit sur le sujet dont on s'occupe, pourquoi ne rapporterait-on pas celle des magistrats qui ont été appelés à rendre de fréquentes décisions sur ce même sujet? Aujourd'hui, plus que jamais, les Tribunaux sont composés d'hommes sages et éclairés, qui n'ont pas besoin que la lumière leur arrive du barreau pour résoudre les questions qui sont agitées devant eux, et l'on peut dire avec justice, qu'en France le magistrat honore la magistrature par son savoir et son impartialité.

Indépendamment de l'exposition détaillée de tous les principes sur la matière, puisés, soit dans le droit ancien, soit dans le droit actuel, on trouvera dans ce Traité un grand nombre de questions nouvelles, discutées et résolues; on y trouvera aussi les principales autorités qu'on peut invoquer contre la solution que nous en avons donnée; car nous avons eu pour but principal, en faisant cet ouvrage, de faciliter à l'élève l'étude approfondie du régime dotal, et d'abréger le travail à l'homme instruit qui n'aurait que des recherches à faire.

Une table alphabétique des matières terminera ce Traité; nous nous sommes efforcé de la faire aussi détaillée que possible. Outre cette table, il en existe une seconde au commencement de chaque volume, qui indique les chapitres, sections, etc., qui y sont renfermés.

TABLE

DES CHAPITRES, SECTIONS, ARTICLES, PARAGRAPHES ET NUMÉROS CONTENUS DANS LE TOME PREMIER DE CE TRAITÉ.

FIN DE LA TABLE DES CHAPITRES, etc.

TRAITÉ
DE LA DOT,

OU

DÉVELOPPEMENT DES PRINCIPES EXPOSÉS AU CHAP. III DU LIV. III DU CODE CIVIL.

CHAPITRE PRÉLIMINAIRE.

Qu'est-ce que la dot et quels biens sont dotaux.

1. La dot est définie par l'art. 1540 du Code civil, « le bien que la femme apporte au mari pour soutenir les charges du mariage. »

Cette définition ne nous paraît pas très-exacte : s'il fallait s'attacher au sens rigoureux des termes dans lesquels elle est conçue, on pourrait croire que la dot elle-même est destinée à soutenir les charges du mariage, tandis qu'elle doit (un très-petit nombre de cas exceptés) rester intacte dans les mains du mari, et que les fruits seuls doivent être employés aux besoins des époux et de leurs enfans.

La définition donnée par Domat nous paraît préférable : la dot, dit cet auteur, est le bien que la femme apporte au mari, pour *en jouir* pendant le mariage; le mari n'a, en effet, comme nous l'expliquerons dans le cours de ce traité, que la jouissance ou l'usufruit des biens dotaux, et s'il devient, dans certain cas, propriétaire de la dot, ce droit de propriété n'est que précaire et cesse à la dissolution du mariage, époque à laquelle il est toujours tenu de rendre la valeur de la dot constituée. Les auteurs du code ont au reste puisé leur définition dans Pothier, qui s'exprime ainsi dans ses Pandectes, *liv.* 23, *tit.* 3 : *Dos définiri potest, contractus quo mulier, aliusve pro eâ, viro ad sustinenda matrimonii onera, aliquid dat aut promittit.*

2. Les Romains reconnaissaient deux espèces de dot : la dot profectice et la dot adventice.

La dot profectice était celle qui était constituée par les ascendans paternels, *l.* 5, *in pr. ff. de jur. dot.*

La dot adventice, au contraire, était celle qui provenait ou d'un ascendant maternel, ou de la femme elle-même, ou de quelque étranger.

Pour que la dot fût profectice, il fallait non-seulement qu'elle fût constituée par un ascendant paternel, mais encore qu'elle le fût sur ses biens ou par son propre fait; *d. l.* 5, *in pr. ff. de jur. dot.* Ainsi, par exemple, la dot était profectice lorsqu'elle était constituée par un mandataire de l'ascendant, ou par un étranger, à sa prière, ou par celui qui, en la constituant, avait entendu gérer les affaires de l'ascendant, lorsque, plus tard, sa gestion avait été ratifiée ; *d. l.* 5, §. 1.

La dot était encore profectice lors même que le père, en la constituant, avait donné une caution qui s'était obligée principalement, et qui, à l'échéance, avait payé la somme promise ; *d. l.* 5, §. 7. Mais la dot n'était pas profectice lorsque le père, s'étant obligé comme caution du constituant, avait été contraint de payer la dot, et cela alors même que le débiteur était devenu insolvable ; *d. l.* 5, §. 6.

Sous l'ancienne jurisprudence on avait adopté cette division de la dot, mais avec la modification que la dot profectice s'étendait aux ascendans maternels ; il était utile alors de connaître cette distinction de la dot profectice d'avec la dot adventice, pour pouvoir déterminer avec plus de facilité les cas où la dot était soumise au droit de retour. On voit, en effet, en combinant la *l.* 5, *ff. de jur. dot.*, avec les lois 6, au même titre, *et* 4, *ff. solut. matr.*, que toutes les fois que la dot était profectice, elle était sujette au retour légal. Nous aurons plus tard l'occasion de le faire remarquer.

3. Le code civil ne rappelle point ces dénominations consacrées par le droit romain et l'ancienne jurisprudence ; la dot, sous le droit actuel, se divise par la nature et la quotité des biens qui en sont l'objet : par la nature des biens, en dot mobilière

et immobilière; par leur quotité, en dot générale et spéciale.

La dot mobilière est celle qui consiste en deniers, meubles meublans, choses fongibles : en un mot, en tout ce qui est déclaré meubles par la loi. *V. Cod. civ., art.* 527 *et suiv.*

La dot immobilière est celle qui a pour objet des biens immobiliers.

La dot générale est celle qui comprend tous les biens présens et à venir de la femme.

La dot spéciale est celle qui consiste en un objet particulier, tel qu'un fonds, une maison, une somme déterminée, ou une quote fixe des biens du constituant.

Ces différentes espèces de dots, quoique soumises à une loi générale, ont néanmoins chacune des règles qui leur sont propres : ainsi, par exemple, nous verrons par la suite que la dot immobilière est inaliénable et reste dans le domaine de la femme, quoique le mari en ait l'usufruit et l'administration exclusive; tandis que la dot mobilière devient presque toujours la propriété du mari, qui peut en disposer à son gré, sauf à restituer le prix des choses dotales lorsqu'elles ont été estimées par le contrat. *V. Cod. civ.*, 1551, 1552.

4. Tout ce que la femme se constitue, ou qui lui est donné en contrat de mariage, est dotal, s'il n'y a stipulation contraire; *Cod. civ.*, 1541.

Cette disposition fait cesser bien des incertitudes; autrefois, ce qui était donné par contrat de mariage n'était pas toujours dotal; la jurisprudence des Parlemens variait beaucoup sur ce point : au Parlement de Grenoble on suivait l'opinion de Guypape, *quest.* 468, qui pensait que tout ce qui était donné ou constitué en contrat de mariage était dotal. Un acte de notoriété, des avocats du Parlement de Bordeaux, du 10 septembre 1772, atteste que l'on y avait aussi adopté cette doctrine ; cependant Faber, *cod.*, *liv.* 5, *tit.* 7, *dif.* 18, est d'une opinion contraire, et le Parlement de Paris jugeait en ce sens, comme l'atteste M. de Malleville sur *l'art.* 1541.

La difficulté naissait presque toujours des expressions employées dans le contrat de mariage ; dans quelques provinces, les mots : *dot*, *constitue*, étaient devenus d une nécessité absolue pour imprimer aux biens donnés le caractère de dotalité; ainsi, on considérait comme paraphernaux les biens donnés par contrat de mariage, lorsqu'il y était dit : *en faveur et contemplation dudit mariage*, *M. donne*, *etc. Ce mariage étant agréable à M.*, *il donne à la future*, *etc.* C'est de cette manière que la question fut décidée entre M. de Beaumont, neveu de l'archevêque de Paris, et son épouse; leur contrat de mariage portait : *en faveur et contemplation dudit mariage*, les dames de Goas, mère et aïeule, donnent, etc. V. M. de Malleville sur le même article.

Aujourd'hui la question ne se présenterait plus ; la simple stipulation que la femme *se constitue*, ou qui lui est *constitué* des biens en dot, ne suffirait plus pour rendre dotaux les biens apportés par la femme au mari par contrat de mariage ; il serait encore nécessaire de la faire précéder de la déclaration expresse des époux, qu'ils entendent se marier sous le régime dotal; *Cod. civ.*, 1391 *et* 1392. Mais il ne faut pas cependant conclure de là que la déclaration des époux de se soumettre au régime dotal, soit suffisante pour frapper de dotalité tous les biens appartenant à la femme au moment du mariage, il faut aussi qu'il y ait constitution expresse de dot, sans quoi les biens non constitués demeurent paraphernaux à la femme. Voilà du moins ce qui nous a paru résulter clairement de *l'art.* 1574, ainsi conçu : « Tous les biens de la femme qui n'ont pas été constitués en dot sont paraphernaux. »

Toutefois, on peut dire, contre cette opinion ; que si la déclaration des époux de se marier sous le régime dotal n'était pas suffisante pour rendre dotaux les biens de la femme, il pourrait arriver qu'il y eût soumission au régime dotal sans dotalité, ce qui impliquerait contradiction ; que s'il fallait une constitution expresse et une désignation détaillée des biens qu'on voudrait rendre dotaux, il deviendrait inutile d'obliger les époux de déclarer sous quel régime ils veulent contracter.

C'est de cette manière que se défendait la femme Meunier contre le sieur Samie, son créancier, qui avait fait saisir et qui voulait faire vendre, comme appartenant à sa débitrice, deux maisons qu'il considérait comme paraphernales, attendu qu'elles n'avaient pas été comprises dans sa constitution de dot; la femme Meunier s'était cependant formellement soumise au régime dotal, mais son contrat ne portait qu'une constitution particulière de 500 fr. et de quelques effets mobiliers. Devant le Tribunal de Guéret, la femme Meunier gagna son procès, les poursuites furent annulées : devant la Cour de Limoges, il n'en fut pas de même; par arrêt du 4 août 1827, elle infirma le jugement de première instance, et Samie fut autorisé à continuer ses exécutions. La Cour considéra qu'il résultait des *art.* 1541, 1542 *et* 1574 *du Cod. civ.*, qu'il n'y avait de dotal que les biens qui avaient été *constitués* en dot, et que ceux qui ne l'étaient pas étaient paraphernaux; que dès-lors la soumission au régime dotal n'était pas suffisante pour rendre les biens dotaux, qu'il fallait encore qu'ils eussent été *constitués* en dot; qu'enfin, la femme Meunier ne s'étant constitué en dot que la somme de 800 fr. et le mobilier qui garnissait sa maison, ce n'était là qu'une constitution particulière, d'où il résultait que tous ses autres biens lui étaient paraphernaux.

La Cour royale de Grenoble a depuis long-tems, sur ce point, une jurisprudence particulière : soit que le contrat de mariage ait précédé la promulgation du code civil, soit qu'il ait été passé postérieurement, elle juge constamment qu'il n'est pas nécessaire que la constitution de dot soit faite en termes formels, que cette constitution peut résulter de l'ensemble des clauses du contrat de mariage, et notamment de la procuration donnée au futur époux, pour régir et administrer les biens de la future.

Il est même à remarquer que dans les diverses espèces sur lesquelles elle a eu à statuer, les contrats de mariage contenaient presque toujours une soumission au régime dotal et une constitution particulière de dot, à la suite desquelles on trouvait cette stipulation : *pour exiger cette somme, et pour la recherche de ses autres droits présens et à venir, l'épouse constitue son mari pour son procureur général et irrévocable.*

Cette Cour se fonde principalement sur ce que la femme, en constituant son mari pour son mandataire général et irrévocable, a voulu s'interdire l'administration de ses biens pendant toute la durée du mariage, et n'a pas entendu, par conséquent, se les réserver comme libres et paraphernaux. Voyez, au reste, le Journal de jurisprudence de M. Gautier, *tom.* 2., *pag.* 57 *et suivantes*, où sont cités presque tous les arrêts rendus par la Cour de Grenoble, sur cette question.

5. Il est une circonstance où quelques auteurs

prétendent que la déclaration formelle de vouloir contracter sous le régime dotal, cesserait d'être nécessaire pour soumettre les époux à ce régime; c'est celle où le contrat contiendrait une constitution de dot avec réserve de biens en paraphernaux. Dans ce cas, disent-ils, une pareille stipulation ne pouvant convenir qu'au régime dotal, tous les biens donnés ou constitués devraient être reconnus dotaux (*).

Nous ne croyons pas devoir adopter cette opinion, 1.° parce que le régime de la communauté étant devenu, par le Code civil, le droit commun de la France, *Cod. civ.*, 1393, les parties sont censées mariées sous ce régime, tant qu'elles n'ont pas formellement déclaré le contraire; 2.° parce que *l'art.* 1392 ne permet aucune distinction par la précision de son texte; 3.° enfin, parce que, lors même qu'il y aurait dans le contrat une réserve de biens paraphernaux, il ne s'ensuivrait pas nécessairement que les époux fussent mariés sous le régime dotal; on pourrait dire, en effet, que dans ce cas, la femme peut n'avoir pas entendu se soumettre au régime dotal, mais seulement avoir voulu se marier par un contrat mêlé de séparation de biens, ce qui se voit fréquemment dans les mariages avec exclusion de communauté.

Voici, au reste, un arrêt de la Cour royale de

(*) V. De la Porte et Riffé-Caubrey, *Pand. fr.*, *tom.* 11, *pag.* 239; Dufour, *cod. civ.*, *annoté*, *art.* 1392.

Grenoble, du 12 mars 1819, qui a jugé conformément à notre opinion; l'espèce en est rapportée, telle que nous la transcrivons ici, par M. Villars, *Jurisprudence de la Cour de Grenoble*, *mot Dot*, *pag.* 261 *et suivantes*.

« En 1805, environ un an après la publication du Code civil, la demoiselle Gros contracte mariage avec le sieur Martin; la future *se constitue en dot* 15,000 fr. provenus de ses droits paternels; elle *se constitue* encore *en dot* son trousseau et autres effets, estimés 1,000 fr., et des deux objets ci-dessus, le mari se charge comme de bien dotal; elle établit son futur, quant à ce, son procureur irrévocable; elle *se réserve en paraphernal* une somme de 60,000 fr., qu'elle remet à son mari, et finalement, les époux déclarent se marier *sans communauté*.

» En 1812, le sieur Martin emprunte 60,000 fr. du sieur de Morard, et sa femme, *usant de ses biens paraphernaux*, intervient dans l'acte comme caution, ainsi que le sieur Rey-Giraud. Les trois débiteurs engagent tous leurs biens, et la femme hypothèque spécialement un domaine que son mari lui avait remis en paiement de ses biens paraphernaux. Un procès a lieu, sur le point de savoir si le sieur Giraud est caution de la dame Martin et de son mari, ou seulement du sieur Martin. — Arrêt qui décide la question en faveur du sieur Giraud, et déclare que la dame Martin doit faire les fonds de l'engagement avant le sieur Giraud; condamne, en conséquence, la dame Martin à payer au sieur Giraud le montant de l'obligation, sauf à elle à rapporter quittance du sieur de Morard.

» La dame Martin, devenue veuve, revend la majeure partie des immeubles qu'elle avait reçus de son mari, en paiement de ses paraphernaux. Une surenchère est faite, et, enfin, un ordre s'ouvre pour la distribution du prix. La dame Martin y produit et demande à être colloquée pour sa dot, qu'elle soutient n'avoir pu engager par les cautionnemens qu'elle a contractés en faveur de son mari. Le sieur Giraud et les autres créanciers prétendent que la dame Martin n'est pas mariée sous le régime dotal, à défaut de déclaration expresse à cet égard dans son contrat de mariage, et qu'ainsi elle a pu engager sa dot qui, dès-lors, n'était pas inaliénable; que, fût-elle mariée sous le régime dotal, les deniers dotaux n'étaient pas inaliénables, la loi ne défendant que l'aliénation de l'immeuble dotal.

» La dame Martin soutient, de son côté, que son contrat de mariage contient des clauses assez précises pour qu'elle soit soumise au régime dotal; que, dès-lors, elle ne pouvait engager sa dot, même pécuniaire, dont la propriété, pendant le mariage, appartenait au mari; enfin, et subsidiairement, qu'elle n'a contracté, envers les créanciers, que comme usant de ses biens paraphernaux, qu'ainsi sa dot lui est demeurée intacte.

» La Cour, considérant qu'il faut une déclaration

expresse de soumission au régime dotal, pour que la femme puisse s'en prévaloir ; que la seule déclaration expresse qui soit dans le contrat de la dame Martin, est que les époux se marient *sans communauté*; mais que cette déclaration, aussi bien que celle de la dame Martin, *s'est constitué en dot*, n'emportent pas soumission au régime dotal, qu'elles forment au contraire le régime mixte expliqué dans les articles 1530 et suivans, régime dans lequel la dot n'est pas aliénable;

» Considérant que, bien que dans son contrat de mariage, la dame Martin ait distingué ses biens en dotaux et en paraphernaux, elle avait obligé, dans l'engagement envers le sieur de Morard, tous ses biens, et spécialement le domaine qu'elle possédait en paraphernal; d'où il résultait que les deniers dotaux qu'elle avait remis à son mari, se trouvaient formellement compris dans son obligation ; qu'enfin, ses deniers dotaux qu'elle avait remis à son mari se trouvaient formellement compris dans son obligation ; qu'enfin, ses deniers dotaux étaient encore engagés par la circonstance que le sieur Giraud était porteur d'arrêts qui condamnaient purement et simplement la dame Martin au paiement de la créance; rejette la demande en collocation de la dame Martin. »

6. Une question importante et très-controversée sous l'ancienne jurisprudence, était celle de savoir

si les biens de la femme qui se mariait sans contrat de mariage étaient dotaux ou paraphernaux.

Plusieurs auteurs recommandables pensaient qu'ils étaient dotaux, plusieurs coutumes même le décidaient ainsi.

Parmi les partisans de cette opinion on comptait Dumoulin, *sur le conseil* 144 *d'Alexandre, liv.* 3; Guypape, *qu.* 468 *et* 469; Ferrerius, *sur cette dernière question*; Boucher-d'Argis, *Traité des gains nuptiaux, pages* 43, 189, 378 *et suivantes;* Roussilhe, *Traité de la dot, pag.* 155; Bretonnier, *qu. alph.*, mot *Paraphernaux;* l'auteur des principes de la jurisprudence, *tom.* 2, *pag.* 28; Argou, *pag.* 74; Coquille, *sur la coutume du Nivernois, tit. des gens mariés, art.* 18; c'était aussi la disposition formelle *de l'art.* 8 *du tit.* 14 *de la coutume d'Auvergne.*

Ceux qui pensaient que les biens étaient paraphernaux étaient en très-grand nombre : c'était l'avis de Perezius, *sur le titre du cod. de jur. dot., n.*° 10; de Faber, *dans son cod., liv.* 5, *tit.* 9, *dif.* 3; de Mantica, *de tacitis et ambiguis, convent., liv.* 12, *tit.* 13, *n.*° 8; de Ranchin, *dans ses Conclusions, part.* 5, *concl.* 49; de Despeisses, *part.* 1.re, *sect.* 2, *n.*° 5; de Menochius, *de præsumptionibus, lib.* 3, *præsompt.* 6, *n.*os 54 *et suiv.*; de Furgole, *dans ses quest. sur les donations, qu.* 25; de Griffon, *dans une dissertation sur cette question, au* 4. *tome des*

Œuvres de Henrys, *pag*. 850, et d'une foule d'autres auteurs connus.

Furgole traite cette question fort au long ; il rapporte un arrêt du parlement de Toulouse, du 6 juillet 1744, qui avait jugé conformément à cette dernière opinion, laquelle nous paraît, en effet, la plus conforme aux principes; c'est d'ailleurs celle qui a été adoptée par la Cour de Poitiers, le 30 *floréal an* 11. V. Sirey, *tom*. 3, 2.e *part*., *pag*. 487.

Au reste, cette question est maintenant sans intérêt; elle se trouve résolue par l'art. 1393 du Code civil, portant qu'à défaut de stipulations spéciales les règles relatives à la communauté formeront le droit commun de la France.

7. L'art. 1541 déclarant dotal tout ce qui est donné à la femme en contrat de mariage, il en résulte que toutes les libéralités qui lui sont faites en pareil cas, sont soumises à des règles uniformes et qu'on ne doit plus distinguer, comme autrefois, quant aux priviléges dont ils doivent jouir, la dot de l'augment, et l'augment des bagues et joyaux. Ces diverses espèces de stipulations n'étant désormais considérées que comme de véritables donations par contrat de mariage, on doit leur appliquer les dispositions de l'art. 1081 du Code civil.

CHAPITRE PREMIER.

DE LA CONSTITUTION DE DOT.

SECTION PREMIÈRE.

COMMENT ET DANS QUEL TEMS LA DOT PEUT ÊTRE CONSTITUÉE.

ARTICLE PREMIER.

Comment la dot peut être constituée.

8. SUIVANT l'ancien droit romain, la dot pouvait être constituée de trois manières : par tradition, par énonciation et par promesse; *dos aut datur ; aut dicitur, aut promittitur, ulpian, in fragm., tit.* 6, §. 1.

La constitution de dot par tradition avait lieu lorsque l'objet constitué était livré soit par tradition réelle, soit par tradition feinte. La tradition feinte, désignée dans les lois romaines par ces mots : *brevis manûs*, était une fiction qui faisait considérer la chose comme livrée, lors même qu'elle ne l'avait pas été actuellement; ainsi, dans la constitution de dot, il y avait tradition feinte lorsque la femme épousait son débiteur et se constituait en dot ce qui lui était dû. Le mari était censé alors s'être libéré et avoir ensuite reçu la somme à titre de dot. *Voyez l. 25, ff. de jur. dot.*, *et* Pothier, *in Pand.*, *lib.* 23, *tit.* 3, *n.*° 18.

Il y avait encore tradition feinte lorsqu'un étranger, créancier du mari, constituait sa créance en dot à la femme; par l'effet de cette constitution le mari était encore censé s'être libéré entre les mains du créancier, et celui-ci lui avoir remis la même somme en dot. Dans ce cas, la constitution prenait la dénomination particulière de constitution par acceptilation; *l.* 41, §. 2, *ff. de jur. dot.*

La constitution de dot par énonciation se faisait lorsque la femme, son père, ou un ascendant paternel du sexe masculin, disait, en termes solennels, quel serait le montant de la dot : *ulp. in fragm.*, *tit.* 6, §. 2; Térence, dans son Andrienne, *acte* 5, *sec.* 4, offre un exemple de cette espèce de constitution de dot. lorsqu'il fait dire par Chrémès à Pamphile qui doit épouser sa fille : *dos Pamphile, est talenta quindecim.* Pamphile, la dot est de quinze talens; à quoi Pamphile répond, *accipio.*

La constitution par promesse ne pouvait avoir lieu que par la stipulation, c'est-à-dire, lorsque le constituant, interrogé sur la somme qu'il donnerait en dot, répondait : je donnerai telle somme; *l.* 5, *de verb. oblig.*; Pothier, *in Pand. suprà*, *n.*° 21.

Cette espèce de constitution pouvait être faite par qui que ce fût : *promittendo dotem omnes*

obligantur,

obligantur, cujuscumque sexus conditionisque sint; l. 41, in pr. ff. de jur. dot.; ce qui n'avait pas lieu pour la précédente, qui ne pouvait être faite que par la femme ou ses ascendans paternels.

La constitution de dot par énonciation tomba peu à peu en désuétude, et, plus tard, les empereurs Théodose et Valentinien décidèrent que la dot pourrait être exigée, lors même qu'elle aurait été promise par un simple pacte, *nudo pacto; l.* 6, *C. de dot. promiss.;* Godefroi, *sur cette loi, et* Pothier, *suprà, n.*[os] 20 *et* 21, *in fin.*; ce qui fit tomber aussi la constitution par stipulation.

L'extrême faveur dont on voulut alors entourer la dot fit même décider qu'il ne serait pas nécessaire que la promesse de dot fût constatée par écrit; qu'il suffirait qu'elle fût prouvée pour qu'il fût accordé une action contre ceux qui l'auraient promise : d. l. 6, *C. de dot prom.*; *l.* 25, *ad. S. C. Velleian; l. unic., C. de rei uxor., in pr. et §. ut plenius.*

Cette dernière législation offrait de graves inconvéniens; elle débarrassait, il est vrai, les constitutions dotales de ces formes inutiles, dont on environnait alors les contrats; mais elle ouvrait, en même tems, une porte à la mauvaise foi et à l'arbitraire. On sent, en effet, combien il devenait facile d'attribuer à quelqu'un une constitution de dot qu'il n'avait pas faite, et de le contraindre à payer une somme qu'il n'avait jamais eu l'intention de donner.

9. Sous notre ancien droit, les conventions matrimoniales, contenant donation ou constitution de dot, devaient non seulement être rédigées par écrit, mais encore être passées par-devant notaires, à peine de nullité. Basnage, sur la coutume de Normandie, *art.* 410, rapporte un arrêt du parlement de Rouen, qui l'avait ainsi jugé dès 1629; l'ordonnance de 1731 confirma cette jurisprudence : l'art. 1 dispose : « Tous actes portant donation entre vifs seront passés par-devant notaires, et il en » restera minute, à peine de nullité. »

Il n'en était pas de même à l'égard des conventions matrimoniales qui ne contenaient aucune libéralité; elles pouvaient être rédigées par acte sous seing privé. Deux déclarations, l'une du 19 mars 1696, l'autre du 11 décembre 1703, ordonnèrent bien qu'elles seraient passées par-devant notaires, mais comme ces déclarations ne prononçaient aucune nullité, mais seulement une privation de priviléges et hypothèques, elles ne furent que très-imparfaitement exécutées; on continua dans quelques provinces, et particulièrement en Alsace et en Normandie, à rédiger les conventions matrimoniales par acte sous seing privé.

10. Aujourd'hui, les donations entre vifs, et

les conventions matrimoniales doivent être passées par-devant notaires ; *Cod. civ., art.* 931 *et* 1394 ; mais on n'est pas recevable à attaquer les conventions matrimoniales antérieurement consenties, sous le prétexte qu'elles ont été rédigées par acte sous seing privé : c'est ce qui paraît clairement résulter de la discussion au Conseil-d'Etat sur cet article. (*v. le procès-verbal de la séance du 6 vendémiaire an* 12.) M. de Malleville y fit l'observation qu'il pourrait être utile de déclarer valables tous les contrats de mariage sous seing privé qui auraient été passés jusqu'à la publication du Code, à la charge par les parties contractantes de les faire enregistrer dans un délai fixé ; mais on répondit que le Code civil ne pouvant avoir d'effet que pour l'avenir, qu'il ne pouvait y avoir de difficultés sur ces sortes d'actes. D'après cela, il faut tenir pour certain que tous les contrats de mariage passés sous seing privé, dans les pays où ils étaient autorisés par la loi ou par la jurisprudence, doivent avoir leur pleine exécution, quoiqu'ils n'aient pas été enregistrés avant la publication du code ; Malleville, *sur l'art.* 1394.

On peut voir aussi dans Sirey, *tom.* 15, 2.e *part.*, un arrêt de la Cour de Colmar, du 20 août 1814, qui a jugé en ce sens ; il s'agissait dans l'espèce de cet arrêt d'un contrat de mariage, passé en 1788, à Kaysersberg en Alsace ; la Cour considéra qu'il importait peu, pour la validité du contrat, qu'il fût sous seing privé ; cette forme de conventions matrimoniales étant autorisée dans la ci-devant province d'Alsace.

11. De ce dernier état de la législation, il faut conclure que la constitution de dot ne peut plus être faite que dans un contrat de mariage notarié, c'est-à-dire revêtu de toutes les formalités prescrites par la loi du 25 ventôse an 11. Cependant on a vu quelques personnes soutenir que l'art. 1394 avait dérogé à cette loi; qu'il autorisait à passer les conventions matrimoniales devant un seul notaire, parce que le mot *notaire* dans l'article était au singulier. Elles allaient plus loin, elles soutenaient que c'était là la seule formalité exigée pour les contrats de mariage ; que ce n'était plus la loi du 25 ventôse an 11 qu'il fallait suivre désormais pour la rédaction des conventions matrimoniales, mais seulement l'art. 1394; que cette dérogation s'expliquait d'ailleurs facilement par la faveur que l'on accordait au mariage ; que le contrat qui le précédait était un pacte de famille qui n'avait pas besoin d'autant de solennités que les autres actes; qu'il ne lui fallait, pour ainsi dire, que la sanction des époux et des parens, que le reste était superflu. Mais ce système, qu'on étayait encore de quelques autres observations et de l'autorité de Pothier, *Traité du contrat de mariage*, n.° 47, échoua pleinement devant la Cour royale de Riom, dans la cause des

frères et sœurs Sarailhes. On peut voir cet arrêt, et tous les détails de la cause, dans le Traité des hypothèques du baron Grénier, qui examine lui-même la question et la décide dans le sens de l'arrêt.

Il serait difficile, en effet, de voir dans ces termes de l'art. 1394 : *toutes conventions matrimoniales seront rédigées par-devant* NOTAIRE, une dérogation à la loi du 25 ventôse an 11. Si telle avait été l'intention du législateur, il l'aurait exprimée d'une manière formelle, et ne l'eût pas en quelque sorte abandonnée au danger de l'interprétation. Remarquons, d'ailleurs, qu'il eût été très-embarrassant, dans l'application, de se conformer à cette inovation législative : supposons, pour expliquer notre pensée, qu'un contrat de mariage contînt tout-à-la-fois et une constitution de dot faite par la femme elle-même, et une donation en sa faveur, faite par un parent ou par un étranger; dans ce cas, la libéralité serait une véritable donation par contrat de mariage, régie par l'art. 1081 du Code civil; or, cet article porte que toute donation entre vifs, quoique faite par contrat de mariage, aux époux, ou à l'un d'eux, *sera soumise aux règles générales prescrites pour les donations faites à ce titre;* et on lit dans l'article 931 du Code civil, cette disposition impérative : *tous actes portant donations entre vifs seront passés devant* NOTAIRES, *dans la forme ordinaire des contrats.* Ainsi on se trouverait, dans ce cas, dans la nécessité d'observer deux dispositions contradictoires : l'une qui prescrirait les formes ordinaires des contrats, l'autre qui en dispenserait, ce qui ne peut pas être.

Il faut donc reconnaître, aujourd'hui, que les conventions matrimoniales, comme tous les autres contrats, doivent être rédigées avec toutes les solennités prescrites par la loi du 25 ventôse an 11; qu'une dérogation à cette loi ne saurait s'inférer de ce que l'art. 1394 porte *notaire* sans *S*, et que si on trouve dans cet article cette disposition, que les conventions matrimoniales seront passées devant *notaire*, disposition qui semble être une superfluité, c'est qu'il a été dans la volonté du législateur de bien faire comprendre que les contrats de mariage ne pourraient plus avoir lieu sous seing privé.

12. Les conventions matrimoniales sont susceptibles de toute espèce de clauses et conditions; pourvu qu'on n'y blesse ni les mœurs, ni les lois, on peut y insérer tout ce qui peut convenir aux parties contractantes; *Cod. civ.*, 1387 On ne pourrait convenir, par exemple, que le mari ne serait pas responsable de sa négligence et de sa faute, mais seulement de son dol personnel : *Pomponius ait, maritum non posse pacisci, ut dolùm solummodò in dotem præstet.* Cette convention serait incontestablement contraire à la loi.

Les parties ne pourraient pas non plus déroger aux droits résultant de la puissance maritale sur la personne de la femme et des enfans, ou qui appartiennent au mari comme chef, ni aux droits conférés aux époux par le titre de la puissance paternelle, et par le titre de la minorité, de la tutelle et de l'émancipation; *Cod. civ., art.* 1388; elles ne pourraient faire aucune convention ou renonciation, dont l'objet serait de changer l'ordre légal des successions; *Cod. civ., art.* 1389; enfin, elles ne pourraient plus, comme autrefois, stipuler d'une manière générale, que leur association serait réglée par l'une des coutumes, lois ou statuts locaux qui régissaient ci-devant les diverses parties du territoire français; *Cod. civ., art.* 1490.

13. Mais de pareilles stipulations entraîneraient-elles la nullité des conventions, ou seraient-elles seulement considérées comme non écrites? L'art. 1172 du Code civil dispose que toute condition d'une chose impossible, ou contraire aux bonnes mœurs, ou prohibée par la loi, est nulle et rend nulle la convention qui en dépend.

L'art. 900 décide que dans toute disposition entre vifs ou testamentaires, les conditions impossibles, celles qui sont contraires aux lois ou aux mœurs, sont réputées non écrites;

Lequel de ces deux articles faudrait-il appliquer aux conventions matrimoniales?

Cette question n'est pas facile à résoudre : d'une part, on peut dire que les conventions matrimoniales ne diffèrent en rien des autres contrats, et que, par conséquent, elles doivent subir toute la rigueur de la disposition de l'art. 1172 ; d'un autre côté, on peut soutenir que la convention matrimoniale, qui contient une constitution de dot ou une donation, est une véritable disposition entre vifs, qui ne peut être régie, quant à l'effet des clauses et conditions qu'elle renferme, que par l'art. 900.

Ne pourrait-on pas, pour concilier tous les intérêts, distinguer le cas où le contrat de mariage ne renfermerait qu'une soumission pure et simple au régime dotal, avec une constitution faite par la femme elle-même, de celui où le contrat contiendrait une donation ou une constitution de dot faite par les parens ou un étranger, et décider que dans la première hypothèse on appliquerait l'art. 1172, et dans la deuxième, l'art. 900 ? Ne se rapprocherait-on pas ainsi davantage de l'intention du législateur, qui a lui-même établi la distinction que nous venons de faire, puisqu'il a porté deux décisions différentes, selon qu'il s'agirait d'une convention ou d'une disposition entre vifs ou testamentaire ? Remarquons, en effet, que lorsque la femme se fait elle-même une constitution de dot, sans que d'ailleurs il lui soit fait aucune espèce de libéralité, le contrat de mariage ne présente plus que les caractères d'une simple convention dégagée de tout ce qui peut en faire un contrat mixte ; tandis que lorsque un tiers intervient dans les conventions matrimoniales, pour y faire une donation à la femme, le contrat perd de sa nature primitive, et se complique de tous les caractères d'une disposition entre vifs.

Un arrêt du 10 août 1811, rapporté par Sirey, *tom.* 12, 2.e *part.*, *pag.* 271, viendrait étayer cette distinction : dans le fait de cet arrêt, on voit qu'un sieur Bizel père avait constitué en dot à sa fille, Séraphine Bizel, une somme de 1,500 fr., payable à terme, à la charge par elle de ne rien réclamer dans sa succession.

Bizel père, ne payant point la dot au terme convenu, fut poursuivi par son gendre. Devant le Tribunal de première instance et devant la Cour il soutenait que la constitution de dot était nulle, parce qu'elle n'avait été faite que sous la condition que sa fille renoncerait à sa succession, et que cette condition était contraire à la loi ; mais la Cour décida que, conformément à l'art. 900, cette clause devait être considérée comme non écrite, et ne pouvait par conséquent porter aucune atteinte à la constitution dotale.

14. La constitution de dot peut être faite en faveur d'une femme que le constituant et le futur ne connaissent point encore : si, par exemple, un tiers s'engage à donner 10,000 fr., à titre de dot, à la

femme que j'épouserai, la constitution sera valable, quelle que soit la femme à laquelle je m'unisse en mariage. C'est ce que décide la loi 108, *ff. de verb. oblig.*, en ces termes : *A Titio ita stipulatus sum, si qua mihi nupserit, decem dotis ejus nomine dare spondes? Quærebatur an consistat talis stipulatio? Respondit : si stipulanti mihi dos ita promissa est, quamcumque uxorem duxero, dotis ejus nomine decem dare spondes? Nihil in causa est, quare ea pecunia conditione expleta non debeatur.* Toutefois, pour approprier cette décision de la loi romaine à notre législation actuelle, nous pensons qu'il faudrait que dans le contrat la future déclarât accepter la constitution de dot qui serait à son égard une donation entre vifs pure et simple, puisqu'elle aurait été faite antérieurement au contrat de mariage.

15. La constitution de dot peut être faite à terme, c'est-à-dire, qu'on peut stipuler que la dot ne sera payée qu'à une époque déterminée; mais, dans ce cas, il ne faut pas perdre de vue que le délai fixé dans le contrat ne commence à courir que du jour du mariage et non du jour où le contrat a été passé; s'il en était autrement, il pourrait arriver que la dot devînt exigible avant que le mariage eût été célébré, ce qui serait contraire au principe, qu'il n'y a point de constitution de dot valable, tant que le mariage n'a pas eu son exécution.

Cette opinion est au reste l'expression littérale de la loi 48, *ff. de jur. dot.* : *Tali facta stipulatione, decem in anno proximo dotis nomine dare spondes? Quæsitum est, annus ex quo tempore esset numerandus? Utrum ex die stipulationis factæ, an ex eo die, quo dos esse potuisset, id est nuptiarum? Et responsum est, ex die nuptiarum annum esse numerandum; ne si aliter observaremus, si intra annum nuptiæ factæ non sint, videri possit dos ex ea obligatione deberi.*

16. Mais de ce qu'on peut stipuler un terme pour le paiement, il ne faut pas en conclure qu'on puisse constituer une dot pour un certain tems seulement ; les biens apportés au mari par la femme doivent rester en sa possession tant que dure le mariage : *dotis causa perpetua est, et cùm voto ejus qui dat, ita contrahitur ut semper apud maritum sit.*; *l.* 1.re, *ff. de jur. dot.* Il suit de là que si une dot était constituée sous la condition qu'elle serait rendue avant la dissolution du mariage, il faudrait considérer cette condition comme non écrite, et décider que le mari, nonobstant toute stipulation contraire, conserverait les biens constitués jusqu'à ce que le cas légal de la restitution fût arrivé.

Peut-être ce corollaire trouvera-t-il quelques contradicteurs. Pourquoi, dira-t-on, la dot ne peut-elle pas être constituée pour un certain tems seulement?

Qu'y a-t-il de contraire à la loi, dans une telle disposition? Les époux n'ont-ils pas le droit d'insérer dans leurs conventions matrimoniales toutes les clauses et conditions qu'ils jugent convenables à leurs intérêts? Si, par exemple, un père constitue à sa fille une dot de 20,000 francs, et qu'il soit dit dans le contrat que les époux la rendront dans le délai de dix ans, ne serait-ce pas la même chose que si ce père constituait en dot à sa fille l'usufruit de cette somme pendant le même tems?

La réponse à cette question nécessite quelques observations préliminaires.

Lorsque la loi romaine décide que la dot doit rester en la possession du mari tant que dure le mariage, cela s'explique en ce sens, que l'on ne doit pas supposer que celui qui a fait la constitution de dot ait eu l'entention de ne la faire que pour une partie de la durée du mariage; la dot étant destinée à aider le mari à en supporter toutes les charges, ce serait lui enlever cette faveur que de le priver de la jouissance des biens constitués tant que ces charges existent, c'est-à-dire, tant que le mariage n'est pas dissous. D'un autre côté, la constitution de dot faite par le père ou la mère, ou par un étranger, étant une véritable donation entre vifs à l'égard de la femme, cette libéralité ne peut être faite que d'une manière irrévocable.

Cela posé,

Si une constitution de dot est faite par la femme,

ou par tout autre, et qu'il soit stipulé que les biens constitués en dot seront restitués dans un délai déterminé, dans dix ans, par exemple, cette stipulation devra être considérée comme non écrite, parce qu'alors le constituant n'aurait rien donné et qu'il aurait violé une des règles essentielles à la donation entre vifs, l'irrévocabilité.

Mais si le constituant s'était expliqué dans le contrat, et qu'il eût dit : *je donne, à titre de dot, à la future, une somme de 20,000 fr., dont elle n'aura toutefois que l'usufruit pendant* 10 *années, passé lequel tems le capital me sera restitué*; il n'est pas douteux alors que la dot ne serait composée que des intérêts de cette somme de 20,000 fr., et que la constitution ainsi faite ne fût valable, car ce serait comme si on avait simplement constitué en dot à la femme les intérêts de ces 20,000 fr.

17. La constitution de dot et la donation faites par contrat de mariage, sont toujours censées faites sous la condition que le mariage aura lieu; *l.* 21, *ff. de jur. dot.*, *Cod. Civ.*, 1088. On ne pourrait se prévaloir, pour agir contre le constituant ou le donateur, de ce qu'elle n'aurait pas été exprimée dans le contrat : *stipulationem, quæ propter causam dotis fiat, constat habere in se conditionem hanc, si nuptiæ fuerint secutæ : et ita demum ex ea agi posse, quamvis non sit expressa conditio si nuptiæ, constat. quarè, si nun-*

tius remittatur, *defecisse conditio stipulationis videtur*, *de l.* 21. Cependant on jugeait, dans quelques provinces de droit écrit, que la donation faite en ligne directe était valable, alors même que le mariage n'avait pas lieu, pourvu qu'elle fût faite en ligne directe v. Dolive, *liv.* 3, *chap.* 30; Brodeau, *lett. R.*, *som.* 17; Lapeyrère, *lett.* D., *n.*° 61, et Serres, *Inst.*, *p.* 170.

18. Mais quel tems faut-il attendre pour qu'on puisse décider que le mariage n'a pas eu lieu, et que la donation ou la constitution de dot est devenue caduque? Cette question n'est pas d'une solution facile. Lorsque le projet du code civil fut soumis aux Cours souveraines, pour y faire leurs observations, la Cour de Grenoble fit remarquer, sur l'art. 150, qui est aujourd'hui l'art 1088, qu'on avait souvent agité, dans l'ancienne jurisprudence, le point de savoir si la donation devenait caduque lorsqu'il s'était écoulé un intervalle de tems plus ou moins considérable entre les conventions matrimoniales et le mariage; elle proposa de déclarer la donation caduque lorsque le mariage ne serait pas célébré dans les deux années qui suivraient le contrat. Cette observation n'arrêta point l'attention du Conseil-d'Etat, et la question est restée indécise.

Or, on peut dire, d'une part, que le constituant, ou celui qui donne quelque chose par contrat de mariage, peut être déterminé par des motifs présens et actuels; ces motifs peuvent être la fortune, l'état, la réputation du futur, l'espoir, de la part d'un père, de se voir renaître dans une postérité toujours chère; et tout cela pouvant cesser d'exister durant le tems qui s'écoulerait depuis les conventions matrimoniales jusqu'à la célébration du mariage, il serait injuste de contraindre le constituant ou le donateur d'exécuter une obligation qu'ils n'auraient contractée que par un ou plusieurs de ces motifs. Indépendamment de ces considérations puissantes, cette opinion pourrait être fondée sur la disposition des lois 21, *inf.*, et 22, *ff. de jur. dot.*, qui paraissent décider la question en ces termes : *Quarè, si nuntius remittatur, defecisse conditio stipulationis videtur, et licet posteà eidem nupserit, non convalescit stipulatio.*

D'autre part on peut répondre : l'obligation de fournir la dot étant devenue parfaite par l'accomplissement du mariage, quel que soit le tems où il est célébré, le contrat acquiert toute sa force, et doit faire loi entre les parties; le mariage constituait d'ailleurs ici une véritable condition suspensive, qui plaçait les contractans sous l'empire de la règle qui dispose (*Cod. civ., art.* 1176) que lorsqu'une obligation est consentie sous la condition qu'un événement arrivera dans un tems fixe, cette condition est censée défaillie lorsque le tems est expiré sans que l'événement soit arrivé; *mais que s'il n'y a point de tems fixe, la condition peut toujours être accomplie, et qu'elle n'est censée défaillie que lorsqu'il est devenu certain que l'événement n'arrivera pas;* or, dans le cas actuel, quelque long que soit le tems qui s'est écoulé depuis les conventions matrimoniales jusqu'à l'événement de la condition, c'est-à-dire jusqu'à l'accomplissement du mariage, elle n'a point pu être considérée comme défaillie, puisqu'il n'a jamais été certain qu'elle n'arriverait pas; que si les lois 21, *inf.*, et 22, *ff. de jur. dot.*, semblent décider la question en sens opposé, la loi 58, *ff. Cod.*, n'est pas moins favorable à celui-ci, cette loi décidant, en effet, que si une dot a été promise à un futur, à une époque où la future ne voulait pas s'unir à lui, et que, dans la suite, elle l'ait épousé, on doit fournir la dot promise, à moins qu'il n'y ait eu un mariage intermédiaire : *Si sponsalibus nundùm factis, Titio dotem Seiæ nomine promiseris, quum ea nubere ei nollet; tamen si posteà nupserit, dotem debebis; nisi aliæ nuptiæ mediæ intervenissent.*

Au milieu de ces raisons également puissantes, nous avons cru devoir nous décider pour cette dernière opinion, comme la plus conforme à la rigueur des principes; cependant nous ne nous dissimulons point qu'il pourrait se présenter un concours de circonstances tel qu'il deviendrait bien difficile de se prononcer pour l'un ou pour l'autre de ces deux systèmes.

18. Si

19. Si le mariage n'a pas lieu, et que le futur ait reçu la dot lors du contrat, il doit la restituer sur-le-champ, soit qu'elle ait été constituée en immeubles, soit qu'elle l'ait été en deniers; il ne serait pas fondé à se prévaloir de la disposition de l'art. 1565 du Code civil, qui porte que si la dot consiste en une somme d'argent, la restitution n'en peut être exigée qu'un an après la dissolution du mariage. Il est évident que, n'y ayant point eu de mariage, le futur ne peut réclamer ce délai d'un an. Il serait même tenu de restituer non-seulement la chose constituée en dot, mais encore les fruits qu'elle aurait pu produire ; *loi* 7, §. *si fructus*, *ff. de jur. dot.* Ces fruits étant destinés par la loi à alléger les charges du mariage, le futur ne doit pas avoir le droit de s'en prévaloir tant que ces charges n'ont pas existé.

20. Si, après les conventions matrimoniales, mais avant la célébration du mariage, la chose constituée en dot venait à périr, la perte serait-elle pour la femme ou pour le futur?

La loi romaine propose et décide elle-même cette question; elle dispose que la perte doit être supportée par la femme, lors même que la chose constituée aurait été estimée dans le contrat; la raison en est que, bien que l'estimation constitue ici une véritable vente, cette vente est toujours censée faite sous la condition que le mariage aura lieu; or, la vente n'étant point parfaite avant l'événement de cette condition, la perte de la chose doit être à la charge du vendeur; *loi* 10, §. 5, *ff. de jur. dot.*

21. Pour que la constitution de dot soit valable, il faut non-seulement que le mariage ait lieu, mais encore qu'il ne soit pas nul; s'il était attaqué et cassé, la dot serait restituée; cependant, si le mariage avait été contracté de bonne foi, il faudrait décider, avec la *loi* 42, §. 1.er, *ff. solut. matr.*, et les *art.* 201 et 549 *du Code civil*, que le mari aurait fait les fruits siens. V. Roussilhe, *Traité de la dot*, *tom.* 1, *pag.* 80, et Merlin, *Répertoire de jurisprudence*, *tom.* 4, *mot Dot*, *pag.* 66.

Le mari aurait même le droit de répéter les impenses utiles et nécessaires qu'il aurait faites dans les biens constitués en dot; *d. l.* 42, §. 1.er.

§. I.er

De quelques stipulations particulières, autrefois en usage en pays de droit écrit, et principalement de l'augment et des bagues et joyaux.

22. Dans presque toutes les provinces de droit écrit, et particulièrement dans les parlemens de Grenoble, Toulouse, Bordeaux, et dans les provinces de Lyonnois, Forez et Beaujolais, on stipulait ordinairement dans les contrats de mariage un

augment et des *bagues et joyaux*. L'*augment* était une libéralité que le mari faisait à la femme, dans le cas où elle lui survivait, en récompense et à proportion de la dot. Ce gain de survie était établi tant en faveur de la femme qu'en faveur des enfans; la femme en avait l'usufruit, plus une portion égale à une part d'enfant; cette part s'appelait portion virile.

Il y avait deux sortes d'augment, le coutumier ou légal, et le préfix ou conventionnel; le premier était déterminé par la coutume ou l'usage; le second était celui dont la quotité était réglée par le contrat de mariage. Lorsqu'il n'y avait pas d'enfans du mariage, ou qu'ils décédaient tous avant la mère, l'augment entier lui demeurait en pleine propriété. La quotité de l'augment coutumier était assez généralement de la moitié de la dot, lorsqu'elle consistait en argent, et du tiers, lorsqu'elle était en immeubles. V. Brodeau sur Louet, *lett. I*, *n.*° 10; Bretonnier sur Henrys, *tom.* 2, *qu.* 4, *pag.* 826. La quotité de l'augment conventionnel devait être déterminée par le contrat; si elle ne l'était pas on avait recours à l'usage des lieux pour la fixation; mais si dans la contrée où le contrat était passé il n'y avait point d'augment coutumier, la stipulation était considérée comme inutile, la femme ne pouvait rien réclamer. V. Boucher-d'Argis, *Traité des gains nuptiaux*, *édit. de* 1787, *pag.* 47, *in f.*

Dans les provinces où il y avait un augment

coutumier, l'augment conventionnel y était aussi autorisé ; on pouvait indistinctement user de l'un ou de l'autre ; toutefois il n'était pas permis, après le mariage, de renoncer à l'un pour jouir du bénéfice de l'autre. S'il y avait une convention sur l'augment, il fallait l'exécuter ; s'il n'y en avait pas, on s'en tenait à ce que la coutume ou l'usage avait établi.

L'augment pouvait être donné à la femme, avec pouvoir d'en disposer à sa volonté en faveur de celui des enfans qu'elle choisissait ; la disposition qu'elle en faisait ainsi était valable.

23. Bien que l'augment ne fût dû qu'à la femme survivante, néanmoins il n'était pas anéanti, et passait aux enfans lorsque le mari avait tué la mère ; Basset, *tom.* 1, *liv.* 4, *tit.* 6, *chap.* 6.

L'augment était dû alors même que la dot n'avait pas été payée ; Guypape, *art.* 8 *et* 9, *pag.* 227 ; Expilly, *chap.* 59 ; Chorier, *liv.* 4, *sect.* 2, *art.* 8. Cependant, Cambolas cite des arrêts contraires, *liv.* 2, *chap.* 2 ; mais la femme qui se conduisait mal pendant le mariage perdait son droit à l'augment ; Cambolas, *liv.* 3, *chap.* 45.

Le père, présent au contrat, était responsable de l'augment ; Basset, *tom.* 1, *liv.* 4, *tit.* 6, *chap.* 3 ; M. Villars, *Jurisprudence de la Cour de Grenoble,* cite, *pag.* 120, deux arrêts du Parlement de Dauphiné qui l'avaient jugé ainsi ; ils sont du 4 février 1792 et 11 septembre 1777 ; mais il rapporte aussi un arrêt de la Cour de Grenoble, du 10 janvier 1820, qui a jugé en sens contraire.

L'intérêt de l'augment courait au profit de la femme du jour du décès du mari; Henrys, *tom.* 1, *liv.* 4, *chap.* 9 *et* 10; Montholon, *arr.* 63; et du jour de la séparation de biens. V. *trois arrêts rapportés par* M. Villars, *pag.* 123.

La portion virile appartenait à l'enfant institué héritier par la veuve qui se remariait, bien qu'il n'y eût pas de disposition expresse à cet égard dans le testament; arrêt solennel du parlement de Grenoble, de 1670. V. Basset, *tom.* 2, *liv.* 4, *tit.* 4. *chap.* 4, qui rapporte des arrêts contraires du parlement de Toulouse. Cette portion virile de la femme était réglée eu égard au nombre d'enfans existans au décès de la mère; Catellan, *liv.* 4, *chap.* 54. Elle perdait cette portion virile et l'usufruit du reste, si elle passait à de secondes noces. V. Maynard, *liv.* 3, *chap.* 91 ; la Roche-Flavin, *liv.* 6, *lett. D.*, *tit.* 41, *arr.* 31 *et* 4; Catellan, *liv.* 4, *chap.* 64.

24. Les bagues et joyaux étaient, comme l'augment, une libéralité de survie que le mari faisait à sa femme, à proportion de sa dot. Ils étaient dus de plein droit, et sans stipulation, dans les provinces de Lyonnais, Forez et Beaujolais, et dans la principauté de Dombes; mais partout ailleurs, où

l'usage les avait fait admettre, ils devaient être stipulés. V. Boucher-d'Argis, *Traité des gains nuptiaux*, *chap.* 4, *pag.* 78.

La quotité des bagues et joyaux coutumier était ordinairement du 10.e de la dot lorsque le mari était riche, et du 20.e lorsqu'il ne l'était pas; le contrat fixait la somme des bagues et joyaux conventionnels, toutes les stipulations sur ce point étaient exécutées alors même que les bagues et joyaux excédaient ce que la coutume avait réglé. Lorsque le contrat portait que la femme pourrait disposer de ses bagues et joyaux, qu'il y eût des enfans issus du mariage ou qu'il n'y en eût pas, la femme pouvait en disposer à son gré, sans que les enfans pussent former aucune réclamation contre la disposition; cependant elle ne le pouvait faire que lorsqu'elle restait en viduité. V. Faber, *Cod. de secund. nupt.*, *def.* 13; Ricard, *des donations*, *part.* 3, *chap.* 9, *gl.* 3, *n.*° 1346; Lapeyrère, *édition de* 1717, *lett. D*, *n.*° 107.

25. Le Code civil ne reconnaît ni augment, ni bagues et joyaux proprement dits, en ce sens que si de pareilles libéralités sont stipulées par les époux, dans leur contrat de mariage, elles sont régies par les dispositions des articles 1091 et suivans, et non par les lois anciennes. J'ai vu cependant soutenir l'opinion contraire par plusieurs jurisconsultes recommandables; ils pensaient que lorsque les époux

se servaient, dans leur contrat de mariage, des mots *augment*, *bagues* et *joyaux*, ils manifestaient, par-là, l'intention d'appliquer à ces libéralités tous les principes anciens, et d'en subir toutes les conséquences. Voici comment ils motivaient leur avis :

La loi, disaient-ils, ne régit l'association conjugale, quant aux biens, qu'à défaut de conventions spéciales *que les époux peuvent faire comme ils le jugent à propos; Cod. civ., art.* 1387. Or, quoiqu'il ne soit pas parlé dans le Code des gains de survie connus sous les noms d'*augment* et de *bagues* et *joyaux*, néanmoins ces sortes de libéralités entre époux peuvent encore être aujourd'hui valablement stipulées dans un contrat de mariage, et leurs effets être réglés par les lois anciennes; d'un autre côté, les époux, en déclarant qu'ils contractent sous le régime dotal, et en stipulant un *augment*, ont nécessairement l'intention de les faire régir par les lois anciennes; car le Code n'expliquant pas toutes les conséquences du régime dotal, il faut nécessairement recourir aux lois antérieures, pour découvrir tous les avantages qui en résultent.

Ces raisons, au premier aspect, semblent décisives : la liberté, en quelque sorte illimitée, accordée aux époux, de régler leurs conventions matrimoniales comme il leur plaît; la faculté que la loi leur donne encore de se faire, par contrat de mariage, réciproquement, ou l'un des deux à l'autre, telle donation qu'ils jugent à propos, *Cod. civ.*, *art.* 1091, tout cela paraîtrait ne devoir laisser aucun doute sur la nécessité d'accueillir cette opinion, cependant il n'en doit pas être ainsi; nous croyons pouvoir facilement le démontrer.

Les époux ont, il est vrai, la plus grande latitude pour la rédaction de leurs conventions matrimoniales; ils peuvent y insérer toutes les clauses et conditions qui leur paraissent les plus convenables à leurs intérêts; mais retenons, 1.° qu'ils ne peuvent, par leur contrat de mariage, déroger aux lois qui intéressent l'ordre public et les bonnes mœurs; c'est la disposition formelle de l'art. 6 du Code civil;

2.° Qu'ils ne peuvent faire aucune convention dont l'objet serait de changer l'ordre légal des successions, soit par rapport à eux-mêmes dans la succession de leurs enfans ou descendans, soit par rapport à leurs enfans entr'eux; *Cod. civ.*, *art.* 1390;

3.° Que les époux n'ont plus le droit de stipuler d'une manière générale que leur association sera réglée par l'une des coutumes, lois ou statuts locaux qui régissaient ci-devant les diverses parties du territoire français, et qui sont abrogés par le Code; *Cod. civ., art.* 1390; *art.* 7 *de la loi du* 30 *ventôse an* 12.

Cela posé, examinons si une stipulation d'augment, avec l'intention manifestée de le faire régir par les lois anciennes, ne heurterait pas ces dispositions.

L'augment est une libéralité que le mari fait à sa femme, pour le cas où elle lui survivra; comme elle est faite par contrat de mariage, et que c'est une donation entre époux, il faut lui appliquer nécessairement les principes sur les dispositions entre époux, faites par contrat de mariage. Or, s'il existe une loi nouvelle sur cette matière, et le chap. 9 du liv. 3 du tit. 2 du Code civil y est spécialement consacré, il est inutile de recourir au droit romain et à l'ancienne jurisprudence, qui se trouvent d'ailleurs abrogés quant à ce. Dès le moment, en effet, que le législateur a tracé des règles particulières sur la manière dont les époux peuvent se faire des libéralités, ce sont ces règles qui doivent être exclusivement observées. Toutes celles qui existaient précédemment cessent de régir les contrats nouveaux; et alors même que les époux ont une faculté illimitée dans le choix des stipulations qu'ils veulent insérer dans leurs conventions matrimoniales, elle ne va pas jusqu'à faire revivre une loi abrogée : c'est donc le cas d'appliquer ici l'art. 6 du Cod. civ., dont nous venons de retracer les dispositions.

Mais, dira-t-on peut-être, le Code n'ayant pas expressément et nommément défendu la stipulation de l'*augment*, les règles qui le régissaient n'ont pas été anéanties, et il peut être facultatif alors aux époux de s'y soumettre par une stipulation spéciale. On répond à cela que la loi ayant décidé qu'on ne pourrait disposer de ses biens par donation que dans les formes qu'elle prescrit, *Cod. civ.*, *art.* 893, et les formes qu'elle prescrit quant aux donations entre époux, par contrat de mariage, ne rappelant rien de ce qui a trait à l'augment, on ne peut, sans blesser ouvertement la prohibition de la loi, faire revivre toutes les règles qui concernaient ce genre de libéralité, et stipuler qu'on veut s'y soumettre. D'ailleurs, la loi s'est formellement expliquée sur ce point, en disant qu'il n'est plus permis aux époux de stipuler que leur association sera réglée par les lois ou statuts qui régissaient ci-devant les diverses parties du territoire français. Il est donc évident que l'intention qu'exprimeraient aujourd'hui des époux, en stipulant un augment, de le faire régir par les lois anciennes, serait entièrement contraire à cette disposition.

L'opposition d'une pareille stipulation aux lois nouvelles se ferait apercevoir bien davantage encore dans son exécution. L'*augment*, en effet, est une donation de biens présens et à venir, ou de biens à venir seulement, puisque son effet ne commence qu'après le décès du donateur. Or, d'après le droit ancien, l'usufruit de l'augment appartenait à la femme, et la propriété aux enfans, seulement à son décès; si elle était restée veuve elle gagnait une portion égale à celle d'un enfant; ainsi, en stipulant un augment aujourd'hui, l'époux ferait une donation de biens présens et à venir, ou de biens à venir à la femme, qui serait transmissible aux enfans issus du mariage, puisque la femme n'en aurait que l'usufruit : cela est incontestable.

Maintenant, si nous lisons l'art. 1093 du Code civil, nous y voyons que la donation de biens à venir, ou de biens présens et à venir, faite entre époux, par contrat de mariage, n'est point transmissible aux enfans issus du mariage, en cas que l'époux donataire décède avant l'époux donateur. Il y aurait donc ici une contradiction manifeste de principes, ce qui ne peut pas être; d'un autre côté il était constant, en matière d'augment conventionnel, que lorsque la femme avait institué un enfant héritier, la portion virile appartenait à cet enfant de plein droit, et sans qu'il fût besoin d'insérer de disposition expresse sur ce point dans le testament. Or, en observant aujourd'hui rigoureusement cette jurisprudence, on violerait tout-à-la-fois et les lois sur la quotité disponible et celles sur l'ordre légal des successions: les lois sur la quotité disponible, puisque l'enfant institué héritier aurait, outre cette même quotité, la portion virile de la mère; celles sur l'ordre des successions, en ce que la mère étant décédée, sa portion virile passerait exclusivement, sans disposition de sa part, dans le patrimoine d'un seul de ses enfans, tandis que, d'après les lois sur les successions, cette portion virile devrait être divisée par égale part entre tous. On pourrait encore rapporter plusieurs autres circonstances où l'admission d'un pareil système bouleverserait toute la législation actuelle; mais il n'en est sans doute pas besoin pour faire sentir la nécessité de la proscrire. L'art. 1389 est trop formel dans sa disposition prohibitive, pour que les époux puissent, par une stipulation quelconque, changer l'ordre légal des successions.

De ces observations il faut donc nécessairement conclure que si des époux stipulaient aujourd'hui un augment dans leur contrat de mariage, cette libéralité devrait être considérée comme une donation entre époux, dont les formes et les effets seraient réglés par les articles 1091 et suivant du Code civil; et qu'alors même que les contractans auraient manifesté l'intention de soumettre cette libéralité aux principes du droit ancien cette clause serait réputée non écrite, et les règles du droit actuel seules appliquées au contrat qui la contiendrait.

Tout ce que nous venons de dire sur l'augment s'applique à la fois au contre augment et aux bagues et joyaux.

ART. II.

Dans quel tems la dot peut être constituée.

26. L'extrême faveur dont les Romains entouraient la dot, avait fait introduire parmi eux la règle, si contraire aux intérêts des tiers, que la constitution de dot pouvait être faite et même augmentée après la célébration du mariage : *pacisci post nuptias, etiam si nihil antè convenerit, licet;*

l. 1, *ff. de pact. dot. dotes constante matrimonio non solùm augentur, sed etiam fiant; inst. de donat*, §. 3. Ce droit exorbitant, laissé aux époux, devait être la source d'une foule d'abus, et il doit paraître extraordinaire que dans une législation si éminemment supérieure à toutes les autres, il ait pu se glisser deux dispositions ouvertement opposées à la justice et à la saine raison. Que de facilités en effet devaient avoir les époux pour nuire aux droits des créanciers du mari. La femme ayant, pour ses constitutions dotales, un privilége sur tous les engagemens par lui contractés, pouvait à son gré, en simulant des augmentations de dot successives, absorber toute la fortune du mari et ruiner ainsi les tiers qui lui avaient inconsidérément confié la leur. Une telle erreur dut facilement être aperçue et réparée par nos anciennes Cours; aussi voyons-nous que dans les provinces de droit écrit où l'on suivait le droit romain dans toute sa pureté, on avait apporté de bonne heure de salutaires modifications à ces principes.

D'abord, il y était défendu de faire aucune constitution de dot après le mariage, et si l'on avait admis l'augmentation de la dot, par des conventions ou des actes postérieurs, c'était avec toutes les restrictions que commandaient les intérêts des tiers.

Ainsi, le parlement de Toulouse jugeait que l'augmentation de dot avait le même privilége que la dot, mais il fallait qu'il n'y eût point de créanciers antérieurs, et qu'il fût clairement démontré que le supplément de la dot avait été réellement compté; si cette preuve n'était pas complète où qu'il vînt à s'élever quelques légères présomptions de fraude, la femme n'était plus allouée qu'au dernier rang des créanciers. V. Catellan, *liv.* 4, *chap.* 55; V. aussi Lapeyrère, *édition de* 1706, *lett. D.*, *n.°* 164.

Au parlement de Bordeaux, les sommes reçues en augmentation de dot n'étaient allouées que du jour où elles avaient été réellement comptées. V. Lapeyrère, *eod. loc.*

Le parlement de Provence rejetait toutes les reconnaissances qui excédaient les constitutions dotales, elles étaient considérées comme frauduleuses; de Cormis, *tom.* 2, *col.* 303; Maximes du Palais, *tom.* 1, *pag.* 156, *max.* 15.

Enfin, au parlement de Grenoble on jugeait que la reconnaissance faite par le mari à sa femme, *constante matrimonio*, soit pour argent, soit pour valeur *ci-devant recue* d'elle ou d'autres, ne valait que comme donation à cause de mort; qu'elle était toujours révocable durant le mariage, et susceptible d'être querellée par tous ceux qui pouvaient en être lésés. V. M. Villars, *Jurisprudence de la Cour de Grenoble*, *pag.* 246. Le même auteur rapporte un arrêt de cette Cour, du 28 février 1812, qui a adopté la jurisprudence du parlement, en déclarant qu'un contrat d'augmentation de dot, survenu long-tems après le mariage, était *anciennement considéré comme nul*, suivant l'avis de tous les auteurs, et suivant la jurisprudence observée tant en France qu'en Savoie, lorsqu'il n'existait aucune numération d'espèces. »

27. Lors de la discussion au Conseil-d'État, on y agita la question de savoir si on permettrait d'augmenter la dot après le mariage. On y disait, d'une part, qu'il pourrait y avoir de l'abus à permettre une augmentation de dot en argent, mais qu'il ne pourrait y en avoir à l'autoriser en immeubles. On répondait à cela qu'il y aurait toujours de l'inconvénient, en ce que la dot étant inaliénable dans toutes ses parties, il en résulterait que le mari pourrait se procurer du crédit en ne faisant connaître que son contrat de mariage et non l'acte d'augmentation.

Cette considération parut décisive, et il fut arrêté que la dot ne pourrait être constituée ni augmentée pendant le mariage : c'est en effet ce que dispose l'art. 1543 du Code civil.

28. Il ne faut cependant pas prendre la disposition de cet article d'une manière absolue; car alors on se trouverait en opposition avec celle qui permet la constitution générale de biens présens et à venir. Remarquons en effet que, dans ce genre de constitution, il n'y a, au moment du contrat, de

biens dotaux connus que ceux qui sont actuellement livrés au mari, et que la dot s'accroît réellement de tous ceux qui sont donnés à la femme, ou qui lui échoient par succession durant le mariage. Toutefois, il ne faut pas perdre de vue que cette augmentation est sans aucun danger pour les tiers, qui sont suffisamment avertis, par le contrat, que tous les biens dont le mari a la jouissance peuvent appartenir à la femme, et que cette présomption ne peut s'évanouir que par la production d'un titre constatant d'une manière légale la propriété du mari.

29. Mais, à cette exception près, il est certain que la dot ne peut être augmentée directement ou indirectement par un acte postérieur à la célébration du mariage; ainsi, par exemple, une donation faite à la femme, sous la condition que les biens donnés participeraient de la nature des biens dotaux, resterait sans effet quant à la condition, c'est-à-dire que cette condition serait réputée non écrite.

Vainement dirait-on, avec les auteurs des Pandectes françaises, *tom.* 12, *pag.* 186, que celui qui fait une donation à la femme peut imposer à sa libéralité la condition que les choses par lui données *tiendront nature de dot;* que chacun est libre, quand il donne, de le faire sous telle charge que bon lui semble, et que la femme qui accepte la donation la prend avec la condition sous laquelle elle est faite, et doit l'exécuter.

Tout cela ne détruit pas le vice attaché à cette condition; il est évident qu'une pareille stipulation est directement contraire aux dispositions de l'art. 1543, puisque son effet est d'augmenter la dot. Le donateur est bien libre, il est vrai, d'imposer à son donataire les charges et conditions que bon lui semble; mais il ne doit rien vouloir qui soit contraire aux lois et aux mœurs; *Cod. civ., art.* 900.

On sent d'ailleurs quelles difficultés présenterait l'exécution d'une telle condition; d'abord, les biens donnés devenus inaliénables, pourraient néanmoins être vendus comme biens libres, sans que, plus tard, l'inaliénabilité pût être opposée aux tiers qui les auraient acquis, puisque, aux yeux de ces derniers, il n'y a de biens inaliénables que ceux donnés ou constitués en contrat de mariage; d'un autre côté, la femme ne pourrait jouir, pour les biens donnés, du bénéfice de l'hypothèque légale qui lui est accordée pour sa dot; car, lors même que le mari, en autorisant sa femme à accepter la donation, pût être considéré comme ayant souscrit implicitement aux charges que la nature de ces biens lui imposait, cette hypothèque ne pourrait jamais être opposée aux tiers qui n'auraient pu en connaître l'objet. Ainsi, non-seulement cette condition devrait être réputée non écrite, comme contraire à la loi, mais encore comme inutile et impossible.

30. De ce que l'article 1543 décide que la dot ne peut être augmentée pendant le mariage, il ne faut pas en conclure qu'une fois les conventions matrimoniales rédigées et signées, il ne soit plus possible de les modifier. Tant que la célébration n'a pas eu lieu, les parties ont le droit d'y faire tous les changemens qu'elles jugent convenables; mais alors ces changemens doivent être constatés par acte passé dans la même forme que le contrat de mariage, et nulle contre-lettre n'est valable sans la présence et le consentement simultanés de toutes les personnes qui ont été parties dans le contrat de mariage; *Cod. civ.*, 1396.

Il suit de cette disposition que si le constituant voulait augmenter la dot constituée dans le contrat, il pourrait le faire avant la célébration du mariage, en y appelant les personnes qui auraient été parties dans le premier acte; il faudrait même, pour que la contre-lettre ne demeurât pas sans effet à l'égard des tiers, qu'elle fût rédigée à la suite de la minute du contrat de mariage; *Cod. civ.*, 1397.

31. Toutefois, si les termes impératifs de ces deux articles, 1396 et 1397, semblent devoir exclure toute interprétation, et condamner d'avance tout ce qui pourrait être fait contre leur disposition littérale, cependant, nous ne pensons pas qu'on doive les exécuter si rigoureusement qu'il faille dans certains cas supposer à leurs auteurs une intention ridicule

ou inutile. *Nec opportet jus civile calumniari, neque verba captari, sed quâ mente quid diceretur animadvertere; l.* 19. *ff. ad exhib.* Or, de l'esprit général de ces deux articles il résulte évidemment que le législateur a voulu seulement prévenir les fraudes et les abus qui pourraient blesser les intérêts, soit des parties contractantes, soit des tiers; hors de là il ne peut y avoir aucun motif raisonnable d'une exécution littérale forcée.

Cela reconnu, supposons que le constituant voulût, avant la célébration, augmenter la dot déjà constituée dans le contrat de mariage, sans vouloir d'ailleurs apporter aucune autre modification aux conventions matrimoniales, pourrait-on penser qu'alors la présence et le consentement simultanés de toutes les personnes qui avaient été parties au contrat fussent nécessaires pour la validité de la contre-lettre? Non, sans doute. Les changemens apportés dans ce cas au contrat n'ayant pour objet que de rendre meilleure la condition des époux, sans nuire à aucun des intéressés, la présence et le consentement de toutes les parties cesseraient d'être obligés, et l'augmentation de la dot serait valable, même à l'égard des tiers, pourvu qu'on se fût conformé d'ailleurs à l'art. 1397.

Sans doute il ne faudrait par raisonner ainsi dans le cas où il s'agirait d'une contre-lettre qui tendrait à rendre plus mauvaise la condition de l'un des époux; sans contredit alors la présence et le consentement de toutes les parties seraient nécessaires; mais tant qu'il ne s'agirait que d'une augmentation de dot nous persistons à penser que la contre-lettre qui la contiendrait serait valable et devrait être exécutée, nonobstant cette infraction aux termes de la loi.

32. Il n'est pas inutile de remarquer ici que la loi n'exige, pour la validité des contre-lettres, que la présence et le consentement des personnes qui ont été *parties* au contrat, ce qui exclut tous les parens et amis, qui n'ont signé les conventions matrimoniales que pour donner aux époux une marque de bienveillance ou d'affection.

Il est facile, au reste, de déterminer d'une manière positive quelles sont les personnes qui doivent être considérées comme parties au contrat. Pour cela il faut distinguer le cas où les futurs époux sont mineurs, de celui où ils sont majeurs. Dans le premier cas, il faut compter comme parties, d'abord, les deux époux, ceux qui ont constitué la dot ou fait quelque donation, et en outre tous ceux dont le consentement est nécessaire pour la validité du mariage. V. *Cod. civ.*, 1398.

Dans le second cas, c'est-à-dire si les futurs époux sont majeurs, on ne doit considérer les parens comme parties que dans le cas où ils font quelques libéralités ou contractent quelque obligation.

SECTION II.

Des personnes qui doivent et peuvent constituer la dot.

33. Après avoir exposé les principes qui déterminent comment et dans quel tems la dot peut être constituée; il est naturel de faire connaître quelles, personnes sont appelées à remplir cette obligation, et quelles sont celles à qui la faculté de doter n'est pas accordée.

ARTICLE PREMIER.

Des personnes qui doivent constituer la dot.

34. Les Romains trouvant dans la dot un moyen de multiplier les mariages et d'augmenter la population, ne négligèrent rien pour que les filles ne restassent pas indotées. Ce qui ne devait être qu'une libéralité facultative de la part des parens, devint une obligation rigoureuse et forcée; on apporta la plus grande sévérité dans l'exécution des lois qui l'imposaient, et bientôt les familles y attachèrent une grande importance; c'était une espèce de déshonneur pour une fille de n'être pas dotée; elle se mariait difficilement, et si on l'épousait sans dot elle était regardée comme une concubine, et traitée avec mépris.

35. Il était donc du devoir du père de doter sa

fille, et celui qui s'y refusait pouvait y être contraint par l'autorité des proconsuls et des présidens de province; il ne suffisait pas même qu'il offrît de constituer une dot, il fallait encore qu'il cherchât lui-même un époux à sa fille : *qui liberos quos habent in potestate, injuria prohibuerint ducere uxores, vel nubere ; vel qui dotem dare non volunt, ex constitutione divorum severi et Antonini, per proconsules, præsidesque provinciarum coguntur in matrimonium collocare et dotare. Prohibere autem videtur et qui conditionem non quærit; l.* 19, *ff. de ritu nupt.* Nous disons que c'était un devoir du père, parce que c'était spécialement au père que la loi imposait cette obligation : *neque enim leges incognitæ sunt, quibus cautum est omninò paternum esse officium dotem pro sua dare progenie; l.* 7, *C. de dot. prom.*

36. Si le père était pauvre et dans l'impossibilité de constituer la dot, l'aïeul paternel y était obligé; *l.* 9, §. *ult. de in rem verso;* et à défaut du père et de l'aïeul, cette charge passait à la mère; *l.* 14, *C. de jur. dot.* Mais ce n'était que subsidiairement et dans le cas seulement où la fille ne pouvait être dotée ni par le père, ni par l'aïeul.

37. Le devoir de doter, de la part du père, était tel, qu'il devait le remplir lors même que sa fille avait des biens à elle, et dans ce cas, si le père,

en lui constituant une dot, déclarait la composer, tant des biens de sa fille que des siens propres, la dot devait être prise en entier sur les biens du père; *l. ult., C. de dot. prom.; l.* 5, §. 12, *ff. de jur. dot.*; *Nov.* 17, *cap. ult.*

38. Il était cependant un cas où l'obligation de doter cessait; c'était celui où la fille s'était mariée avant l'âge de 25 ans, sans le consentement de son père. Il n'y avait pas, il est vrai, de loi qui le décidât d'une manière bien précise, mais on l'inférait avec raison du verset *si alicui* de la Nov. 115, qui porte que le père ne peut déshériter sa fille qui, après avoir atteint l'âge de 25 ans, a méfait en son corps, ou s'est mariée sans son consentement; d'où l'on tirait la conséquence que si la fille se mariait avant cet âge sans l'approbation de son père, celui-ci avait le droit de la déshériter, et par conséquent de refuser la dot.

39. Sous l'ancien droit écrit (*) le père était aussi obligé de doter sa fille. V. Despeisses, *de la dot, tit.* 5, *sect.* 1.re; Bretonnier, *qu. alph., mot Dot;* Dupérier, *qu. not., tom.* 1.er, *liv.* 1, *pag.* 49; Roussilhe, *Traité de la dot, pag.* 13, *n.*o 5; Cambolas, *liv.* 3, *chap.* 7, *n.*o 2; Serres, *Instit., pag.* 31. Il n'en était pas ainsi en pays coutumier, l'obliga-

---

(*) Excepté dans une partie du ressort du parlement de Paris.

tion de doter n'y était pas admise, et l'on y tenait pour maxime que *ne dot qui ne veut*; la fille pouvait seulement demander des alimens lorsqu'elle était pauvre et dans l'impossibilité de s'en procurer par son travail. V. Roussilhe, *Traité de la dot*, *n.*° 33.

40. Le père pouvait être contraint de doter lors même que la fille avait des biens à elle; Roussilhe, *ibid.*; mais l'obligation cessait aussi lorsque la fille se mariait sans le consentement de son père; Papon, *liv.* 5, *tit.* 4; Roussilhe, *pag.* 13, *n.*° 5.

Elle cessait également lorsque la fille voulait se marier avec un homme noté d'infamie, et lorsqu'elle voulait épouser un protestant; La Rouvière, *Traité de la révocation des donations*, *liv.* 6, *chap.* 5.

41. La règle qui imposait au père le devoir de doter sa fille, faisait décider que la dot constituée par lui, tant pour droits paternels que maternels, devait être prise exclusivement sur ses biens; d'Olive, *liv.* 3, *chap.* 24; Albert, *lettre D.*, *art.* 8; Basset, *tom.* 1, *liv.* 4, *tit.* 5, *chap.* 1; Boniface, *tom.* 1, *liv.* 6, *tit.* 1, *chap.* 1, *et tom.* 1, *liv.* 6, *tit.* 2, *chap.* 10.

Les parlemens de Paris et de Bordeaux faisaient cependant supporter, dans ce cas, la moitié de la dot à la mère; Lapeyrière, *lett. D.*, *n.*os 119 *et* 120; Bardet, *tom.* 1, *liv.* 2, *chap.* 34; Lacombe, *Recueil de jurisprudence*, *mot Dot*, *part.* 1.re, *n.*° 2; Journal des audiences, *tom.* 3, *liv.* 1, *chap.* 3; mais c'était sans doute parce que ces parlemens se trouvaient sous l'influence des coutumes qui n'admettaient pas l'obligation de doter.

42. La jurisprudence des parlemens de droit écrit était moins fixe sur le point de savoir si le père devait payer toute la dot lorsqu'il avait fait la constitution, tant pour droits paternels que maternels, la mère étant présente au contrat; le parlement de Toulouse décida d'abord que la dot devait être prise en entier sur les biens du père. V. Dolive, *liv.* 3, *chap.* 24; mais ensuite il se réforma et fit supporter la dot par égales parts au père et à la mère; Catellan, *liv.* 1, *chap.* 70. Le parlement de Provence s'était aussi arrêté à cette dernière opinion. V. Dupérier et son annotateur, *Maximes de droit*, *liv.* 5, *pag.* 513.

43. On décidait aussi que la dot devait être acquittée par égale part, lorsque la constitution était faite conjointement par le père et la mère; Brillon, *mot Dot*, *n.*° 46; *arr. du parlement de Toulouse*, *Chambres assemblées*, *rapporté par Catellan*, *liv.* 4, *chap.* 70.

44. Lorsque le projet de loi sur le mariage fut présenté à la discussion du Conseil d'Etat, on y agita vivement la question de savoir si on obligerait les pères et mères à doter leurs enfans; après de

longs débats, il fut décidé que l'enfant n'aurait aucune action contre ses père et mère, pour un établissement, par mariage ou autrement; *Cod. civ., art.* 204.

Les principaux motifs qui déterminèrent l'adoption de cet art. 204, furent :

« 1.° Que les habitans des pays coutumiers étant en plus grand nombre que ceux des pays de droit écrit, on devait nécessairement suivre le principe adopté par le plus grand nombre ;

» 2.° Que l'obligation imposée aux pères de doter leurs filles, deviendrait un moyen de les gêner, de les embarrasser, de rompre leurs spéculations ;

» 3.° Qu'un père, se voyant exposé aux poursuites de ses enfans, dénaturait sa fortune, et que cette action deviendrait une cause de plus de l'avilissement des propriétés, puisqu'elle réduirait une classe de citoyens à mettre leur fortune en portefeuille, pour se ménager la facilité de ne doter leurs enfans que suivant la satisfaction qu'ils auraient de leur conduite ;

» 4.° Enfin, que la loi romaine n'obligeait les pères à doter leurs enfans que parce que les empereurs avaient eu l'intention d'affaiblir la puissance paternelle qui leur faisait ombrage; qu'aujourd'hui, cette puissance étant très-restreinte, il serait injuste d'imposer aux pères une charge qui n'avait été créée que pour servir de contre-poids à un avantage qui n'existait plus. » V. *Procès-verbal du Conseil-d'Etat*, *séance du* 5 *vendémiaire an* 10.

Ainsi, aujourd'hui, il ne reste plus aux enfans d'autre action contre leurs père et mère, que celle que le Code leur accorde pour obtenir des alimens lorsqu'ils ne sont pas en état de s'en procurer par leur travail ou leur industrie. V. *Cod. civ.*, *art.* 203 *et* 207. Mais si la loi n'impose plus aux pères et mères l'obligation de doter leurs enfans, du moins la nature et les mœurs du siècle leur en font-elles encore un devoir, et peu sans doute chercheront à s'y soustraire

Au reste, cette disposition, qui ôte à la fille toute action contre ses père et mère, pour un établissement par mariage, ne s'applique pas à celle qui s'est mariée et qui a intenté son action avant le Code. C'est ce qu'a décidé la Cour de Toulouse, par arrêt du 22 frimaire an 12, rapporté par Sirey, *tom.* 4, 2.e *part.*, *pag.* 67.

45. Quoique les auteurs du Code aient décidé, d'après les principes du droit coutumier, que le père n'est pas obligé de doter sa fille, ils ont cependant adopté la jurisprudence des parlemens de droit écrit, qui prononçait que la constitution faite par le père, pour droits paternels et maternels, devait être prise en entier sur ses biens; *Cod. civ.*, 1544.

Cela n'est pas sans bizarrerie. On ne conçoit pas comment l'obligation de doter n'existant plus, on puisse faire supporter au père la totalité d'une dot dont il n'a entendu constituer que la moitié; car son intention, à cet égard, s'est évidemment manifestée par ces mots : *pour droits paternels et maternels.* On cherche à justifier cet article en répondant que la femme doit être considérée ici comme un tiers qu'on ne peut engager à son insçu : *alteri nemo stipulari potest*, soit; mais alors, pourquoi ne pas annuller la constitution en ce qui concerne la mère, et ne mettre à la charge du père que ce qu'il a réellement entendu donner à sa fille, c'est-à-dire, la moitié de la somme constituée? En lui faisant supporter toute la dot, on tombe à son égard dans l'inconvénient que l'on voulait éviter dans l'intérêt de la mère, on l'engage contre sa volonté.

46. Autre bizarrerie : nous avons vu que la jurisprudence des pays de droit écrit, après avoir d'abord décidé que la dot devait être prise en entier sur les biens du père, lorsque la constitution était faite pour droits paternels et maternels, s'était ensuite réformée, et faisait, en dernier lieu, supporter la dot par égale part au père et à la mère; ce changement d'opinion avait été causé par l'influence des parlemens de droit coutumier, qui avaient toujours jugé de cette manière, et qui ne manquaient pas de bonnes raisons pour cela. Eh bien! les auteurs du Code ont encore laissé de côté la jurisprudence générale de la France, pour adopter la jurisprudence primitive des parlemens de droit

écrit; ils ont décidé que, bien que la mère soit présente au contrat, elle n'est point engagée, et que la dot demeure en entier à la charge du père, *d. art.* 1554.

Il nous semble qu'il eût été bien plus conséquent, après avoir rejeté la constitution forcée de la part du père, de suivre, pour les cas qui en dérivent, la jurisprudence des pays coutumiers, préférablement à celle des pays de droit écrit, qui n'étaient que le corollaire de l'obligation de doter, qu'on venait d'abolir.

Ce qu'il y a de plus extraordinaire encore, c'est que, lors de la discussion au Conseil-d'Etat, il ne fut fait aucune observation à ce sujet. M. Portalis se contenta de dire qu'il était bon qu'il y eût quelque chose de plus que la présence de la mère, pour faire présumer son consentement : car, à raison de la subordination de la femme au mari, cette présence pourrait être forcée.

47. Quoiqu'il en soit de ces contradictions, il est une observation importante à faire sur la disposition de l'art. 1544, c'est que si les père et mère étaient mariés sous le régime de la communauté, et que le mari dotât un enfant commun des biens de la communauté, la femme, quoiqu'elle n'eût point concouru à la constitution, serait néanmoins engagée, parce que, dans ce cas, le mari est censé stipuler et promettre pour elle, en sa qualité de

chef de la communauté. Ce serait la décision de l'art. 1439 qu'il faudrait suivre, et non celle de l'art. 1544.

Que si, au contraire, le père et la mère étaient mariés sous le régime dotal, le contrat serait régi par l'art. 1544, c'est-à-dire que la femme, quoique présente au contrat, ne serait point engagée, à moins qu'elle n'eût formellement donné son consentement.

48. De tout ce que nous venons de dire, il suit que, hors le cas où les père et mère sont mariés sous le régime de la communauté, la constitution dotale, quoique faite pour droits paternels et maternels, reste toute entière à la charge du père; la mère ne peut être engagée que lorsqu'elle déclare dans le contrat vouloir doter sa fille conjointement avec son mari; sa signature, au bas du contrat, ne suffirait pas pour l'obliger; il faut qu'elle prenne une part active à la constitution, et qu'il apparaisse qu'elle a manifesté sa volonté.

49. Le Code, en décidant que la dot doit être supportée par moitié, dans le cas où elle est constituée conjointement par le père et la mère, n'a fait que consacrer un principe déjà adopté par l'ancienne jurisprudence; on jugeait même que cette règle devait être observée lorsqu'un bien propre au père ou à la mère était donné pour dot. V. Renusson,

de la communauté, *chap.* 13; Rousseau-de-Lacombe, mot *Dot*, *part.* 1.re, *n.*o 2; Brodeau, sur Louet, lettre *R*, *n.*o 54; Catellan, *tom.* 2, *liv.* 4, *chap.* 70. V. aussi *Cod. civ.*, *art.* 1438.

50. Lorsque la dot est constituée conjointement par des époux mariés sous le régime de la communauté, elle ne doit pas être supportée par égale part, si les constituans ont déclaré qu'elle serait en avancement de l'hoirie du prémourant; c'est ce qu'a décidé la Cour de cassation dans la cause des cohéritiers Durand, par arrêt du 11 juillet 1814. Voy. Sirey, *tom.* 14, 1.re *part.*, *pag.* 279.

Dans l'espèce de cet arrêt, la dame Crusillat, fille Durand, avait été dotée en commun par ses père et mère, d'une somme de 20,000 fr., sur laquelle il lui avait été payé 10,000 fr.; le contrat portait que la dot était constituée *en avancement d'hoirie*, *sur la succession du prémourant d'eux*.

Au décès du père, deux des enfans acceptent la succession sous bénéfice d'inventaire; le troisième, la dame Crusillat, la répudie, pour s'en tenir à sa constitution de dot. Les enfans qui avaient accepté demandent que la dame Crusillat rapporte à la succession les 10,000 fr. qu'elle a reçus; celle-ci s'y refuse, en soutenant qu'elle ne doit le rapport que de la moitié de la dot, attendu que la constitution a été faite en commun par ses père et mère.

Ce système de défense est accueilli par le Tribunal civil de Chambéry, et successivement par la Cour de Grenoble.

Pourvoi en cassation.

Arrêt :

« Considérant que c'est une maxime du droit coutumier, à laquelle il n'a pas été dérogé par le Code civil, sous l'empire duquel le contrat de mariage de la dame Crusillat a été passé, que les pères et mères ne sont pas obligés civilement de doter leurs enfans ; que la dot par eux constituée est une libéralité purement volontaire, une donation dont, comme tout donateur, ils sont censés libres de régler les conditions ; qu'ainsi ils peuvent, à leur gré, ne pas doter ou doter séparément, ou doter en commun pour des sommes égales ou inégales, ou ne doter en commun, comme l'ont fait les sieur et dame Durand, que sous la condition que la somme donnée en dot serait reçue par les donataires à titre d'avancement d'hoirie de la succession du prémourant des donateurs ; que cette condition, dont l'effet légal, ainsi que l'enseignent tous les jurisconsultes, est de faire que le survivant n'a rien donné, est d'un usage presque général dans les contrats de mariage qui se passent à Paris, et très-favorable aux enfans que les père et mère dotent d'autant plus avantageusement que le survivant n'a pas à craindre de se voir ruiner par des constitutions dotales tout-à-fait disproportionnées à l'état de sa fortune personnelle ; que cette condition, quoiqu'enait pensé la Cour royale de Grenoble, n'a rien d'illégal, rien d'illicite, et ne peut, sous aucun rapport, être regardée comme non écrite dans les actes de donation ; qu'elle n'est pas non plus, comme l'a supposé la Cour royale de Grenoble, étrangère aux donataires, puisque, étant parties dans l'acte, ils n'ont pas pu séparer la donation qu'ils ont acceptée de la condition sous laquelle elle leur était faite ; qu'enfin, cette condition, convenue entre les parties contractantes, n'a pas pu, comme l'a encore supposé la Cour royale de Grenoble, induire les donataires en erreur, puisque, d'une part, ils ne pouvaient pas ignorer que, suivant les dispositions de l'art. 1135 du Code civil, les conventions obligent non-seulement à ce qui y est exprimé, mais encore à toutes les suites que l'équité, l'usage ou la loi donnent à l'obligation, d'après sa nature; puisque, d'un autre côté, ils devaient savoir que tout don fait en avancement d'hoirie devait, sans examiner si cette hoirie devait être avantageuse ou obérée, être rapportée au profit des cohéritiers, dans les cas prévus par les art. 843 et 845 du Code civil; qu'il suit de là que rien ne peut justifier l'arrêt dénoncé, et qu'en ordonnant que la totalité de la dot ne serait pas considérée comme donnée à titre d'avancement d'hoirie sur la succession du général Durand, la Cour royale, après avoir faussement appliqué, en ce qui concerne le trousseau, l'art. 852 du Code civil, a expressément violé l'art. 1134, qui veut que

5

les conventions légalement formées tiennent lieu de loi aux parties, et les art. 843 et 845, aux termes desquels l'héritier, soit qu'il accepte, soit qu'il répudie la succession, doit faire à ses cohéritiers le rapport de tout ce qu'il a reçu du défunt, sauf la partie disponible; — la Cour casse. »

51. La dot n'est censée constituée par portions égales que lorsque les père et mère n'ont pas déterminé la part supportable par chacun d'eux. Si le contrat fixe la somme, c'est le contrat seul qu'il faut suivre; mais il ne faut pas perdre de vue que cette règle ne doit être observée que dans le cas où la dot est constituée conjointement par les père et mère; si la dot était constituée seulement par le père, bien que les parts fussent déterminées, elles resteraient toutes les deux à sa charge. Voy. *arr. de* 1760, *rapporté par Denizart*, *mot Dot*; Roussilhe, *tom.* 1, *n.*° 90.

52. Il peut arriver qu'au moment où une dot est constituée à une fille par ses père et mère, ceux-ci aient en leur possession des biens à elle propres; dans ce cas, la loi décide que la dot sera prise sur les biens des constituans, à moins que le contraire ne soit stipulé dans l'acte; *Cod. civ.*, 1546. Le motif de cette décision est facile à découvrir : une constitution dotale faite purement et simplement par les père et mère est une véritable donation; or, s'il leur était facultatif de prendre la dot sur les

biens de leur fille, ils ne donneraient rien et feraient une constitution illusoire, ce qui est absolument inadmissible.

56. Nous avons raisonné jusqu'à présent pour déterminer à la charge de qui devait être la dot, dans la supposition où les père et mère seraient vivans; maintenant, quelle règle faudrait-il suivre dans le cas où l'un des deux étant décédé, le survivant constituerait une dot pour biens paternels et maternels, sans spécifier les portions? La dot se prendrait-elle sur les droits du futur, dans les biens du conjoint prédécédé, ou sur ceux du constituant?

Le droit romain décidait, dans ce cas, que la dot devait être prise d'abord sur les biens du constituant, et, en cas d'insuffisance, sur les biens appartenant à la personne dotée; *l.* 7, *Cod. de dot. prom.* Il n'y avait d'exception que lorsque le père était pauvre; alors la dot se prenait toute entière sur la succession échue. V. *d. l.* 7.

Cette loi fut adoptée par quelques parlemens. On trouve dans Boniface, *liv.* 6, *tit.* 1.er, un arrêt de réglement du parlement d'Aix, qui décide que la constitution faite par le père, pour droits paternels et maternels, devait porter uniquement sur les biens du père, pourvu que sa fortune fût suffisante; Dolive, *liv.* 3, *chap.* 24. Henrys, *tom.* 1.er, *liv.* 4, *chap.* 6, *quest.* 51, cite aussi plusieurs arrêts du parlement de Toulouse conformes à la *l.* 7, *Cod. de dot. prom.*

Mais dans le reste de la France, soit coutumière, soit de droit écrit, on décidait que la constitution faite tant sur la succession échue que sur celle à échoir, devait s'imputer d'abord sur la succession échue, et le surplus sur les biens du constituant. V. Rousseau-de-Lacombe, *mot Dot*, *part.* 1.re, *n.*o 5; Roussilhe, *Traité de la dot*, *pag.* 113, et les auteurs qu'il cite. V. aussi Brillon, *Dictionnaire des arrêts*, *mot Dot*, *n.*o 46, et Renusson, *de la communauté*, *part.* 1.re, *chap.* 13, *n.*os 35 *et suivans.*

Les auteurs du Code civil ont suivi cette dernière jurisprudence; *Cod. Civ.*, *art.* 1545; ils ont pensé avec raison que le père, n'étant plus obligé de doter ses enfans, devait être considéré comme ayant d'abord voulu se libérer avant que de se montrer généreux, selon la maxime : *nemo liberalis nisi liberatus.*

57. Si le survivant était le père, et qu'il eût constitué en dot à sa fille une somme de 20,000 fr., pour les droits qu'elle aurait à prétendre dans les biens maternels, serait-il obligé, si ces biens ne s'élevaient pas à cette somme, de fournir l'excédant de ses propres deniers, lors même qu'il n'aurait rien stipulé de son chef?

Pour la négative on peut dire que le père n'a nullement manifesté l'intention de donner quelque chose de son chef; que, s'il en eût eu la volonté, il l'aurait infailliblement exprimée, et que, par cela seul qu'il n'avait rien promis, c'est évidemment parce qu'il n'a rien voulu promettre; qu'on ne peut en aucun cas supposer une obligation tacite de sa part; qu'il faut, pour être valablement lié envers un tiers, l'expression formelle d'un consentement libre et positif; qu'ici rien n'annonce, rien ne fait présumer ce consentement, et que tout, au contraire, fait préjuger qu'il n'a rien voulu donner; que s'il a fait une constitution à sa fille au-delà de la valeur réelle des droits qui lui revenaient dans la succession de sa mère, c'est parce qu'il n'a pas bien connu la consistance de la succession, et nullement par d'autres motifs; qu'enfin, il y a toujours chez celui qui donne un sentiment de vanité qui lui fait désirer de voir sa volonté exprimée de manière à ce qu'on ne puisse pas douter qu'il est l'auteur de la libéralité contenue au contrat, et que toutes les fois que la manifestation de ce sentiment n'apparaît pas, c'est, à coup sûr, parce qu'il n'existait aucune intention de donner de la part du constituant présumé.

Pour l'affirmative, on répond qu'on ne peut pas raisonnablement supposer que le père, détenteur des biens de la succession de sa femme, n'en connût pas la valeur; qu'en sa qualité de tuteur légal de ses enfans, et d'administrateur de leurs biens, il a dû, lors de son entrée en exercice de la tutelle, faire procéder à un inventaire des meubles et immeubles de la succession, ce qui exclut, de sa part, toute ignorance de leur valeur; que s'il a connu les forces de la succession, il lui était facile de fixer la dot de sa fille, de manière à ce qu'elle n'excédât pas ses droits dans cette succession; que s'il en a agi différemment, c'est nécessairement parce qu'il a voulu que, dans le cas où les droits de sa fille, dans les biens de sa mère, ne s'élèveraient pas à 20,000 fr., l'excédant en fût pris sur ses propres biens; que s'il n'a pas eu l'intention de fournir cet excédant de ses deniers, il faut supposer qu'il a voulu tromper son gendre sur la dot qu'il constituait à sa fille, et qu'alors il est naturel de le contraindre à en parfaire le montant, à titre de dommages-intérêts, pour le dol qu'il a employé envers lui; que la loi 43, §. *unic.*, *ff. de adm. et peric. tul.*, le décide ainsi à l'égard de l'oncle, curateur de sa nièce, et qu'il y a de plus puissans motifs encore de le décider pour le père; qu'enfin, dans le doute, il faut toujours prononcer en faveur de la dot, suivant la maxime : *in ambiguis prodotibus respondere meliùs est*; *l.* 70, *ff. de jur. dot.*

58. Des principes que nous venons d'exposer dans cet article, il suit, en résumé, que le père n'est plus obligé de doter sa fille, que cependant cette obligation renaît pour lui, en ce sens, qu'il dote plus qu'il ne veut, toutes les fois qu'il fait la constitution pour droits paternels et maternels; que, dans ce cas, la mère n'est obligée qu'autant que,

présente au contrat, elle déclare expressément vouloir concourir à la constitution dotale conjointement avec son mari.

Il nous reste maintenant à indiquer quelles personnes peuvent constituer la dot; c'est ce qui va faire la matière de l'article suivant.

ART. II.

Des personnes qui peuvent constituer la dot.

59. La constitution de dot, celle que la femme se fait à elle-même exceptée, étant une véritable donation, il en résulte que les dispositions qui règlent la capacité de disposer par donation entre vifs, lui sont applicables.

Ainsi, toutes personnes peuvent constituer une dot, excepté celles que la loi déclare incapables de disposer de leurs biens; *Cod. civ., art.* 902.

Pour pouvoir constituer une dot il faut être sain d'esprit; *Cod. civ., art.* 901; celui qui ne jouirait pas de toute sa raison ne doterait point valablement, et l'on pourrait être admis à prouver tous les faits qui tendraient à établir qu'au moment où la constitution de dot a été faite, le constituant n'était pas sain d'esprit.

Cette preuve devrait être accueillie, lors même que le constituant serait décédé, et que de son vivant son interdiction n'aurait pas été prononcée ou provoquée; car il faut bien remarquer que l'art. 504

du Cod. civ. ne pourrait pas être invoqué en faveur de la constitution dotale, cet article n'étant point applicable aux donations, suivant un arrêt de la Cour de cassation, du 22 novembre 1810 (*), rendu sur les conclusions de M. Merlin.

Cependant, nous pensons qu'il faudrait faire ici une distinction entre la constitution de dot qui serait faite par le père ou la mère, et celle qui pourrait l'être par un étranger : le père, en constituant une dot à sa fille, ne fait point un acte d'aliénation proprement dit, il remplit un devoir que lui impose, sinon la loi, du moins son titre de père; de telle sorte, que lors même qu'il serait reconnu qu'au moment de la constitution le père ne jouissait pas de toute sa raison, si la dot n'était pas excessive, nous pensons que le contrat ne pourrait pas être attaqué.

Cette distinction a d'ailleurs été admise par un arrêt de la Cour de Pau, devant laquelle la question s'était présentée, non pas à l'égard d'un interdit, mais à l'égard d'un individu auquel on avait donné un conseil judiciaire, sans lequel il ne pouvait s'engager, ni aliéner ses biens, et qui avait cependant, sans l'intervention de ce conseil, constitué une dot à sa fille.

Voici les motifs de cet arrêt :

« Considérant que l'arrêt du 13 juin 1770, inhiba seulement par provision à feu Jean Casenave d'en-

---

(*) Sirey, tom. 11, 1.re part., pag. 73.

gager, aliéner, ni hypothéquer ses biens, que du consentement de quatre proches et de l'avis du sieur Casalis, mais qu'il ne lui enleva pas le droit de constituer une dot raisonnable à sa fille, puisque ce n'est pas là aliéner, mais remplir une obligation sacrée, un devoir imposé par les lois : *officium paternum est dotare filias*; — que l'on ne peut pas taxer d'acte de prodigalité ou d'imbécillité, une action que tout homme censé aurait faite, moins encore lorsque la constitution n'excédait pas la portée des biens; que d'ailleurs, lorsque feu Jean Casenave constitua dans le contrat du 15 frimaire an 7, conjointement avec son épouse, une dot à leur fille, ils étaient assistés de leurs parens, même de Pierre Casenave, leur fils, aujourd'hui partie au procès; — que c'est sous la foi de ce contrat que le mariage a reçu son exécution, et que la partie de Casaubon en a supporté les charges; qu'il serait alors trop rigoureux d'annuller une constitution dotale, sous prétexte d'une interdiction provisoire qui remontait à près de trente ans, et qui peut-être était ignorée de la partie de Casaubon, qui voyait feu Jean Casenave à la tête de ses biens; — que, d'ailleurs, le contrat du 15 frimaire a été tacitement ratifié postérieurement à la levée de l'interdiction de feu Jean Casenave. En effet, il résulte d'une quittance publique du 12 thermidor an 7, que Pierre Casenave, son fils, partie de Sansot, paya une somme de 400 liv. pour le premier pacte ; et il est dit dans cette quittance que cette somme avait été empruntée tant par lui que par son père. — Or, si ce dernier, depuis la levée de l'interdiction, emprunta pour payer partie de la somme promise dans le contrat de mariage, on peut dire qu'il ratifia ce contrat depuis qu'il eut repris l'exercice entier de ses droits. Ainsi, sous tous les rapports, la nullité de la constitution dotale est mal fondée :

La Cour dit avoir été mal jugé et bien appelé ; réforme ledit jugement ; et, procédant par nouveau, sans s'arrêter au moyen de nullité contre le contrat de mariage du 15 frimaire an 7, dont les parties de Sansot sont pareillement déboutées, déclare la partie de Casaubon propriétaire de la dot et ameublement dont il s'agit, etc. »

60. Le mineur est, en général, incapable de disposer par donation entre vifs ; *Cod. civ.*, 903 ; mais lorsqu'il s'agit de son propre mariage, cette incapacité cesse ; il devient habile à consentir toutes les conventions et donations dont ce contrat est susceptible, pourvu qu'il soit assisté dans l'acte des personnes dont le consentement est requis pour la validité du mariage ; *Cod. civ.*, 1095, 1398.

Ainsi, dans ce cas, le mineur peut, par contrat de mariage, constituer une dot, ou, ce qui est la même chose, faire une donation à sa future, pourvu qu'il n'excède pas la quotité disponible. V. *Cod.*

civ., 1094. De même la mineure peut se constituer en dot tout ou partie de ses biens, selon qu'elle le juge convenable; la loi les considère l'un et l'autre comme majeurs, et leur refuse à raison de ces actes toute action en restitution; *Cod. civ.*, 1309.

Mais, hors le cas de son propre mariage, le mineur ne peut pas disposer par donation ou constitution de dot, et il serait pleinement restitué contre les engagemens de ce genre qu'il pourrait avoir souscrits.

Sous le droit romain, le mineur était restitué contre toute espèce de contrat, *l.* 7, *ff. de minorib.*, et par conséquent contre la constitution dotale; le bénéfice de cette restitution s'étendait même jusques à la dot que la femme mineure se constituait elle-même : *in dotis quoque modo mulieri subvenitur, si ultrà vires patrimonii, vel totum patrimonium circumscripta in dotem dedit.*; *l.* 9, §. 1, *ff. de minorib.; mulier minor viginti quinque annis, si pactione dotis deterior conditio ejus fiat, et tale pactum inierit, quod nunquam majoris ætatis constituta pacisceretur, atque ideò revocare velit, audienda est*; *l.* 48, §. 2, *ff. eod.*

Parmi nous le mineur était également restitué contre la constitution de dot : V. Dupérier, *qu. not*, *tom.* 3, *qu.* 12, *pag.* 282; à moins que la dot n'eût été donnée par le mineur à sa sœur *épousant un gentilhomme : arr. du parlement de Provence*, *du* 19 *février* 1629; *autre du mois de juin* 1644;

Dupérier, *qu.* 12, *aux notes*; mais la femme mineure ne l'était pas contre sa propre constitution; *Maximes du Palais*, *tom.* 1, *pag.* 162.

61. La femme mariée peut valablement donner en dot, soit à ses enfans, soit à des étrangers, ses biens paraphernaux, pourvu qu'elle y soit autorisée par son mari, ou, à son refus, par la justice; *Cod. civ.*, 1576; elle peut même, avec cette autorisation, donner ses biens dotaux pour l'établissement des enfans qu'elle aurait eus d'un premier mariage; mais dans le cas où le mari refuserait de l'autoriser, elle devrait lui réserver la jouissance des biens donnés; *Cod. civ.*, 1555. Elle peut encore donner ses biens dotaux, avec l'autorisation de son mari, pour l'établissement de leurs enfans communs; *Cod. civ.*, 1556.

Il est à remarquer ici que, dans ce dernier cas, la loi ne permet point à la femme de recourir à la justice, lorsque son mari refuse de l'autoriser, parce que le législateur a pensé que le père devait avoir pour ses enfans la même affection que la mère, et que d'ailleurs cette autorisation pourrait devenir une cause de division entr'eux. Cependant, si le mari, tout en consentant au mariage, refusait son autorisation pour la constitution de dot que voudrait faire la femme, et si d'ailleurs le mariage était convenable et avantageux, nous pensons que la justice pourrait intervenir pour autoriser la mère, et que le mari ne serait point admis à quereller la constitution dotale faite ensuite de cette autorisation.

SECTION III.

De ce qui peut être constitué en dot et de la garantie des objets constitués.

ARTICLE PREMIER.

De ce qui peut être constitué en dot.

62. La constitution de dot peut avoir pour objet toute espèce de biens meubles et immeubles; elle peut frapper tous les biens présens et à venir du constituant, ou tous ses biens présens seulement, ou une partie de ses biens présens et à venir, ou même un objet individuel; *Cod. civ.*, 1542.

Nous disons *du constituant*, parce que l'art. 1541 ayant décidé que tout ce qui est donné en contrat de mariage à la femme est dotal, la donation qui lui est faite dans son contrat n'est plus qu'une constitution de dot pure et simple, qui ne diffère en rien, par ses résultats, de celle qu'elle se fait à elle-même.

Il faut seulement remarquer que lorsque le père, ou la mère, ou un étranger, donne par contrat, à la future, tous ses biens présens et à venir, il doit être annexé à l'acte un état des dettes et charges du donateur existantes au jour de la donation; *Cod. civ.*, 1084.

63. Chez les Romains on ne connaissait pas la constitution de biens présens et à venir. Il était bien permis à la femme de se constituer en dot tous ses biens, *nulla lege prohibitum est, universa bona in dotem marito, fœminam dare; l. 4, C. de jur. dot.; l. 72, ff. eod.*, mais cette constitution ne s'entendait que des biens présens. V. Dupérier, *quest. not., liv.* 1, *qu.* 5; les termes dubitatifs dans lesquels cette loi est conçue, faisaient même penser à cet auteur que cette constitution de tous biens était fort rare.

Ce qui viendrait à l'appui de ce que nous venons de dire, que la constitution de biens présens et à venir n'était pas usitée chez les Romains, c'est que la donation de pareils biens n'y était pas connue; il n'était pas même permis à un père de famille de disposer de la totalité de ses biens présens, il devait s'en réserver une portion pour disposer par testament; car c'était une espèce de déshonneur de mourir sans tester. V. Ricard, *des donations, part.* 1.re, *chap.* 4, *sect.* 2, *dist.* 2, *n.*° 979.

Quelques auteurs, entr'autres Cujas, pensaient cependant que dans les derniers tems de la législation romaine, on avait permis la donation de biens présens et à venir; ils croyaient en trouver la preuve dans la *l.* 35, *C. de donat.*, qui n'exigeait plus la tradition des objets donnés, et dans la *l. interdum*, *ff. de verb. oblig.*, qui permettait de stipuler sur les choses présentes et futures.

Cette doctrine des interprètes du droit romain avait donné naissance à une jurisprudence conforme dans les pays de droit écrit; la donation de biens présens et à venir y était permise; mais bientôt vint l'ordonnance de 1731 qui la proscrivit, ou du moins qui ne l'autorisa que dans les contrats de mariages. V. *l'art.* 15 *de cette ordonnance.*

64. La faveur qui avait fait admettre la donation de biens présens et à venir dans les contrats de mariage, avait aussi fait introduire depuis long-tems les constitutions générales; mais alors, comme aujourd'hui, pour que la constitution pût comprendre les biens à venir, il fallait que l'intention de la femme fût clairement manifestée; celle qui était faite en termes généraux ne comprenait pas les biens à venir. V. Despeisses, *part.* 1.re, *sect.* 2, *p.* 266, *n.*o 30; Catellan, *liv.* 4, *chap.* 56; Roussilhe, *tom.* 1.er, *n.*o 141; *Cod. civ.*, 1542.

Cependant, les mots biens à venir ne sont pas sacramentels, et la constitution pourrait être générale sans qu'ils fussent employés dans le contrat; il suffirait seulement que les termes de l'acte ne laissassent aucun doute sur l'intention des contractans sur ce point, pour que le vœu de la loi fût rempli.

Un arrêt de la Cour de cassation du 11 floréal an 11, Sirey, *tom.* 3, *part.* 1.re, *p.* 264, nous offre un exemple de ce genre de constitution générale implicite : dans l'espèce de cet arrêt, le contrat de mariage était ainsi conçu :

« Marianne Granon, future épouse, s'est elle-
» même constitué en dot la somme de 3,000 fr.
» de légat à elle fait par son père, pour l'exécu-
» tion et recouvrement de laquelle somme, *ensem-*
» *ble, tous les droits qui pourraient lui obvenir,*
» elle a fait et constitué ledit Lieutaud, son futur
» époux, pour son procureur général et spécial, et
» à jamais irrévocable.

» Le futur promet de reconnaître à la future
» épouse, tout ce qu'il exigera de sa dot *et droits*
» sur tous les biens présens et à venir, et restituer
» à qui de droit. »

Par ces mots : *ensemble, tous les droits qui pourraient lui obvenir*, il était difficile de ne pas être convaincu que l'intention de la femme était de comprendre dans sa constitution dotale ses biens à venir; aussi, la Cour de cassation rejeta-t-elle le pourvoi formé contre l'arrêt qui avait décidé qu'il y avait dans la clause que nous rapportons constitution générale de biens présens et à venir.

65. La constitution de dot doit porter sur un objet certain et déterminé; celle qui ne désignerait ni l'objet, ni la quantité, ne serait considérée que comme une promesse vague de dot que la loi

condamne; *frustrà existimas actionem tibi competere, quasi promissa dos tibi nec præstita sit, cum neque species ulla, neque quantitas promissa sit, sed hactenus nuptiali instrumento adscriptum, quòd ea, quæ nubebat, dotem dare promiserit; l.* 1.re, *Cod. de dot. prom.* V. Lacombe, *Recueil de jurisprudence*, *pag.* 237; Roussilhe, *tom.* 1, *pag.* 158, *in fin.*

On exceptait autrefois de cette disposition la promesse de dot faite par le père; quelque vague qu'elle fût, il était toujours censé avoir constitué une dot à sa fille, selon sa fortune et le rang de l'époux qu'il lui donnait; *l.* 69, §. 4, *ff. de jur. dot.*; la raison de cette exception était que le père étant obligé de doter sa fille, on devait expliquer ainsi sa promesse, pour ne pas lui offrir un moyen d'éluder la loi.

On sent que cette raison ne serait pas admise parmi nous, puisque aujourd'hui le père n'est plus obligé de doter ses enfans; il faudrait donc étendre au père la disposition de la loi 1.re, *Cod. de dot. prom.*, et considérer comme nulle la constitution qui ne spécifierait pas les objets dont la dot serait composée.

Toutefois, les auteurs des Pandectes françaises, *tom.* 11, *pag.* 47, sont d'un avis opposé; ils se fondent sur ce que, bien que le père ne soit pas obligé par la loi de fournir une dot, il l'est au moins naturellement, et que conséquemment sa promesse faite au contrat de mariage, doit donner à cet engagement les effets civils.

Cette opinion ne nous paraît pas juste, et le motif sur lequel elle est basée ne nous semble pas suffisant pour soutenir une obligation nulle par un vice qui tient à son essence même. Il est certain, en effet, que l'obligation vague, de la part d'un père, de fournir une dot, est une obligation dérisoire et qui ne le lie point, puisqu'il peut la faire cesser en donnant pour dot une obole à sa fille. Vainement dit-on que le père, en faisant une semblable promesse, a entendu s'obliger à fournir une dot raisonnable et selon sa fortune; nous ne croyons pas qu'on puisse suppléer ainsi, dans un contrat, la clause même qui le constitue et lui donne l'existence. On doit dire, au contraire, que le mari doit simputer la faute de n'avoir pas fait stipuler dans son contrat une dot déterminée, et que le silence qu'il a gardé sur un objet aussi important pour lui, fait présumer de sa part un abandon tacite de la dot.

Une autre raison, non moins puissante, c'est celle qui résulterait de ce qu'en tolérant ainsi les constitutions incertaines, on ouvrirait une porte à la fraude : le mari qui voudrait soustraire sa fortune à ses créanciers, n'aurait qu'à passer à son beau-père une quittance simulée d'une somme équivalente. Cette quittance, véritablement constitutive de la dot, puisqu'elle seule en indiquerait la valeur, deviendrait dans les mains de la femme ou de ses héritiers un titre ruineux pour les créanciers; d'un autre côté, ce genre de constitution violerait ouvertement la disposition de l'art. 1543, puisque la dot serait presque toujours, dans ce cas, constituée pendant le mariage.

Mais si la constitution d'une dot incertaine est nulle, il n'en est pas de même de la stipulation par laquelle une personne se serait engagée, par le contrat, à fournir une dot telle qu'il lui plairait de la donner; dans ce cas, on décide que le constituant est censé avoir promis une dot d'après la fixation d'un arbitre, homme de bien : *si quum ea, quæ tibi matrimonio copulata est, nuberet, is, cujus meministi, dotem tibi, non addita quantitate, sed quodcumque arbitratus fuisset pro ea daturum se rite promisit, et interpositæ stipulationis fidem non exhibet : competentibus actionibus usus, ad repromissi emolumentum jure judiciorum pervenies. Videtur enim boni viri arbitrium stipulationi insertum esse; l. 3, Cod. de dotis promiss.*

66. La constitution de dot peut avoir pour objet une hérédité; *l.* 13, §. 10, *ff. de hered. pet.*; et même seulement la part qu'on aurait à y prétendre; *l.* 16, *Cod. de jur. dot.* Elle peut également porter sur un simple droit d'usufruit; *l.* 66, *ff. de jur. dot.*; *l.* 7, §. 2, *ff. eod.*; dans ce cas, le mari ou les héritiers ne sont obligés, à la dissolution du mariage, que de restituer le droit d'usufruit,

et non les fruits perçus pendant le mariage; *d. l.* 7, §. 2, *Cod. civ.*, 1568.

67. Il pourrait arriver qu'au moment d'une constitution de biens présens, la femme eût des immeubles dont un autre aurait l'usufruit; dans ce cas, on demande, si, plus tard, l'usufruit, venant se réunir à la propriété, devrait être considéré comme faisant partie de la dot, ou s'il serait paraphernal à la femme ?

S'il fallait se décider, d'après les dispositions de l'art. 1674 du Cod. civ., qui porte que tous les biens de la femme, qui n'ont pas été constitués en dot, sont paraphernaux, il n'est pas douteux que cet usufruit ne dût subir la loi commune, et qu'il ne fût déclaré paraphernal; mais ici cette règle reçoit une exception fondée, sur ce que cet usufruit n'est regardé que comme l'accessoire de l'immeuble sur lequel il est affecté, et que cet immeuble étant dotal, l'usufruit le devient également; *si proprietati nudæ in dotem datæ usus fructus accesserit, incrementum videtur dotis, non alia dos, quemadmodùm si quid alluvione accessisset; l. 4, ff. de jur. dot.*

M. Proudhon, dans son excellent Traité de l'usufruit, *tom.* 4, *n.*os 1923 *et* 2011, *et tom.* 5, *n.*o 2683, s'explique aussi sur cette question de manière à ne laisser aucun doute : « L'extinction de l'usufruit, dit-il, entraîne diverses conséquences, soit sous le rapport de la possession du fonds, soit sous celui de la propriété. Sous le rapport de la propriété, par l'extinction de l'usufruit, le fonds se trouve affranchi entre les mains de son maître, par la consolidation du droit de jouissance à celui de la nue propriété; d'où il résulte que l'accroissement de valeur que le fonds acquiert par la cessation naturelle de l'usufruit, n'est point une nouvelle chose acquise qui soit distincte du fonds même; que c'est au contraire toujours la même chose qui a reçu l'accroissement naturel dont elle renfermait le principe, et qu'en conséquence, si l'héritage appartient en propre à une personne mariée, la valeur survenue par l'extinction de l'usufruit ne sera pas un acquêt de communauté. »

68. La constitution de dot peut être alternative, c'est-à-dire que le constituant peut promettre plusieurs choses en dot, de manière toutefois que le paiement de l'une, à son choix, l'acquitte de toutes les autres. Si, par exemple, un père déclare constituer à sa fille une maison qu'il possède à Paris, ou une somme de soixante mille francs, la dot ne consistera qu'en l'une de ces deux choses, dont la délivrance libérera entièrement ce père de son obligation. *La loi* 46, §. 1, *ff. de jur. dot.*, nous fournit un autre exemple de la constitution de dot alternative : si, dit-elle, une femme, devant épouser son débiteur, lui avait promis une dot, en disant : *je*

vous donne en dot ce que vous me devez, ou ce qui m'est dû sur le fonds sempronien; l'un des deux objets sera affecté à la constitution de la dot, au choix de la femme : *si debitori suo mulier nuptura ità dotem promississet : quod mihi debes, aut fundus sempronianus, doti tibi erit; utrum mulier volet, id in dote erit.* La loi dit que la femme sera libérée en livrant, *à son choix*, l'une des choses constituées, parce qu'en règle générale, le débiteur a le choix de la chose qu'il doit payer; *l.* 25, à *pr. ff. de cont. empt.; Cod. civ., art.* 1990. Il n'appartiendrait à la femme qu'autant que cela aurait été formellement stipulé dans le contrat de mariage.

Quoique le constituant puisse se libérer en payant l'une des choses constituées, il ne peut forcer la femme à recevoir une partie de l'une et une partie de l'autre; ainsi, dans l'exemple que nous avons donné ci-dessus, le père ne pourrait forcer sa fille à recevoir la moitié des soixante mille francs et la moitié de la maison; de même, si la femme avait l'option, elle ne pourrait exiger une partie des deux choses constituées, *l.* 8, §., *ff. de leg.* 1.[a], *Cod. civ.*, 1191, mais seulement l'une d'elles en totalité.

69. De ce que nous venons de dire, il suit que les choses comprises dans une constitution alternative de dot, sont toutes dues, non pas, à la vérité, conjointement, mais sous l'option sous laquelle elles ont été promises; ainsi, lorsque le mari forme

sa demande en paiement contre le constituant, il ne doit pas demander l'une des choses constituées, mais toutes celles comprises dans la constitution, avec l'alternative stipulée; si le choix, au contraire, avait été laissé aux époux, ils ne pourraient demander que l'une des choses promises. V. Pothier, *Traité des obligations*, *n.°* 248.

70. Si l'une des choses constituées en dot n'était pas de nature à être l'objet d'une obligation, la constitution cesserait d'être alternative, et ne porterait plus que sur la chose qui pouvait être constituée ; si, par exemple, un père avait promis deux choses en dot à sa fille, sous une alternative, et que l'une de ces deux choses appartînt déjà à cette dernière, la constitution n'aurait plus pour objet que la seconde chose promise ; *l.* 72, §. 4, *ff. solut.*, *Cod. civ.*, 1128 ; la raison en est que la première n'étant pas, lors du contrat, susceptible de la constitution faite en faveur de la fille, *cum res sua nemini deberi possit*, il n'y aurait que l'autre qui lui serait due.

71. Il pourrait arriver, dans l'intervalle de tems qui s'écoulerait du jour des conventions matrimoniales jusqu'à celui fixé pour le paiement, que l'une des choses constituées en dot vînt à périr; dans ce cas, la constitution alternative deviendrait pure et simple, et le constituant ne pourrait pas offrir de

payer le prix de la chose périe; *Cod. civ.*, 1193; *l.* 2, §. 3, *ff. de eo quod certo loco*; *l.* 34, §. 6, *ff. de cont. empt.*; *l.* 95, §. 1, *ff. de solut.* Si les deux choses constituées étaient péries et que ce fût par la faute du constituant, il devrait payer le prix de celle qui aurait péri la dernière; *Cod. civ., d. art.* 1193; mais si le choix avait été donné aux époux, dans ce cas où l'une seulement des choses constituées serait périe, et alors, si c'était sans la faute du constituant, les époux pourraient exiger celle qui resterait; si le constituant était en faute, ils pourraient demander la chose qui resterait, ou le prix de celle qui serait périe;

Ou les deux choses constituées en dot seraient péries, et alors, si le constituant était en faute à l'égard des deux, ou même à l'égard de l'une d'elles seulement, les époux pourraient demander le prix de l'une ou de l'autre, à leur choix. Enfin, si les deux choses étaient péries sans la faute du constituant, et avant qu'il eût été mis en demeure, l'obligation serait éteinte; *Cod. civ.*, 1194, 1195 et 1302.

72. Mais il ne faut pas confondre la constitution alternative avec la stipulation par laquelle le constituant promettrait, à titre de dot, une chose, avec la réserve d'en payer une autre à la place; ainsi, supposons que le constituant ait promis, à titre de dot, une somme de 10,000 fr., payable en argent

ou en immeubles; dans ce cas, il n'y aurait pas constitution alternative, parce qu'il n'y a qu'une chose due par celui qui a promis la dot, c'est-à-dire, les 10,000 fr.; celle que le constituant a la faculté de payer n'est pas due, elle n'est pas, comme dit Pothier, *Traité des obligations*, *n.*° 244, *in obligatione*, elle n'est qu'*in facultate solutionis*.

73. De cette distinction il suit, 1.° que le mari, lorsqu'il agit en paiement de la dot, ne peut demander que la chose promise, et non celle qu'on pourrait payer à la place;

2.° Que si la chose constituée vient à périr, le constituant est entièrement libéré;

3.° Enfin, que la dot de la femme est mobilière ou immobilière, selon que la chose promise consiste en meubles ou en immeubles. V. Pothier, *eod. loc.*

Un arrêt de la Cour de cassation, du 8 novembre 1815, rapporté par Sirey, *tom.* 16, 1.re *part.*, *pag.* 137, a fait une juste application des principes qui établissent cette distinction.

En voici l'espèce :

« Le sieur de Borredon marie sa fille au sieur de Besse; pour dot il lui constitue une somme de 400,000 fr., *payables en argent* OU *en terres*, qui seront estimées par experts, parens ou amis communs.

» Quelque tems après, le père fait des emprunts et crée des hypothèques sur ses biens; ces hypothèques amènent la saisie de divers immeubles situés dans le ressort des Tribunaux d'Ambert et de Riom; avant l'adjudication, la dame de Besse forme une demande en revendication des immeubles saisis, comme affectés au paiement de sa dot; plus tard, le sieur de Borredon fait une déclaration par laquelle il consent à ce que la dame de Besse, sa fille, soit payée de sa dot en immeubles, à dire d'experts.

» Les créanciers saisissans s'opposent à la revendication et soutiennent que la dot de la dame de Besse ne lui avait pas été constituée en immeubles, mais bien en une somme déterminée; qu'en stipulant dans le contrat de mariage que les 400,000 fr. seraient *payables en argent* OU *en immeubles*, le père de la dame de Besse n'avait pas entendu faire des immeubles l'objet principal de la dot, mais seulement se réserver la faculté de payer en biens-fonds une dot constituée en argent; que les 400,000 fr. étaient la seule chose donnée, la seule chose due; qu'ainsi, une constitution de dot mobilière n'avait pu produire une action immobilière, ni autoriser une revendication d'immeubles.

» La cause portée, en même tems, devant les Tribunaux de Riom et d'Ambert, est jugée par deux décisions contraires. — Appel des deux jugemens devant la Cour de Riom.

» Cette Cour, se fondant sur ce que le sieur de Borredon était dans l'impossibilité de payer les 400,000 fr. en argent, ainsi qu'il l'avait déclaré lui-même, accorde à la dame de Besse des immeubles estimés par experts, jusqu'à concurrence du montant de sa dot. »

Pourvoi en cassation de la part des créanciers.

La Cour, après délibéré,

« Vu l'art. 1190 du Code civil, et attendu que la Cour royale de Riom a jugé en point de droit que la dame de Besse avait l'option de se faire payer de sa constitution dotale en argent ou en immeubles; qu'en le jugeant ainsi la Cour royale de Riom a formellement violé les dispositions de l'article cité du Code civil, qui n'a fait que proclamer les anciens principes en cette matière; que c'est au débiteur, en effet, qu'est réservée la faculté de se libérer en argent, ou en telle autre valeur alternative stipulée dans l'obligation, lorsque le contrat autorise ce mode de libération, et qu'il ne l'a pas expressément réservé au créancier, ce qui s'applique naturellement et nécessairement aux stipulations du contrat de mariage de la dame de Besse; que si Maximilien de Borredon, héritier contractuel de Gabriel-Annet, a la faculté de libérer la succession de celui-ci, et de se libérer lui-même envers la dame de Besse, leur donataire, par le relâchement d'immeubles, à dire d'experts, parens ou amis communs, il n'a pas donné ce consentement dans un tems opportun, puisqu'alors les choses n'étaient plus entières, et qu'il ne pouvait le donner sans porter préjudice à ses créanciers; qu'en écartant le consentement donné par Maximilien de Borredon, il ne reste plus à la dame de Besse qu'une action mobilière à exercer, action qui ne peut autoriser une demande en revendication d'immeubles; que cependant la Cour royale de Riom, dans la supposition que la dame de Besse avait le droit d'opter, d'être payée en immeubles, et se fondant sur ce qu'elle avait fait cette option, a jugé que ladite dame avait la saisine des immeubles dont il s'agit, à compter du jour de son contrat de mariage; mais qu'en le décidant ainsi, la Cour royale de Riom a commis une double erreur; la première, comme on a vu, en donnant à la créancière une option qui appartenait au débiteur; et la seconde, en supposant une saisine d'immeubles qui ne se trouvaient pas même déterminés au contrat, ce qui rendait cette saisine impossible; que si la dame de Besse n'était pas fondée à revendiquer les immeubles de la succession de Gabriel-Annet de Borredon, la Cour royale ne pouvait, à plus forte raison, ordonner qu'au cas d'insuffisance de cès immeubles, la dame de Besse pourrait se remplir du restant de sa créance par des immeubles de Maximilien; que ces immeubles, en effet, se trouvaient tous spécialement hypothéqués aux créanciers de Maximilien qui avaient pris inscription pour la conservation de leurs droits; et que si la dame de Besse n'avait pas été tenue de s'inscrire sur les biens de la succession de Gabriel-Annet, pour la conservation de ses droits, elle n'avait pu s'en dispenser sur les biens de Maximilien, etc..., — Casse. »

74. La femme peut se constituer en dot une créance due par un tiers : dans ce cas, si le débiteur paraît au contrat et s'oblige envers le mari, la femme ne pourra le poursuivre en paiement avant la célébration du mariage. L'obligation demeurera suspendue jusqu'à ce qu'il devienne certain que le mariage n'aura pas lieu; *ll.* 80 *et* 83, *ff. de jur. dot.* Si le mari déclare expressément décharger la femme du paiement de la dot, au moyen de l'obligation que contracte envers lui le tiers débiteur, il y aura novation de la créance, de telle sorte que si le débiteur délégué devient insolvable, le mari n'aura aucun recours contre la femme, à moins que le contrat n'en contienne une réserve expresse, ou que le délégué ne fût en faillite ouverte, ou tombé en déconfiture au moment de la délégation; *Cod. civ.*, 1275, 1276.

75. Si le débiteur ne paraît pas au contrat, et si le mari néglige de lui donner une connaissance légale de la constitution que la femme s'est faite de sa créance, le paiement qui est fait à la femme

est valable et libère entièrement le débiteur, *Cod. civ.*, 1691, sauf le recours du mari contre la femme.

76. Si c'est un étranger qui constitue en dot à la femme une créance, la délivrance s'opère, entre le constituant et le mari, par la remise du titre; le débiteur est néanmoins aussi valablement libéré s'il paie entre les mains du constituant avant que le mari ait notifié son contrat au tiers débiteur.

Mais, dans aucun des cas ci-dessus, la dot ne périt pour le mari tant que le mariage n'a pas été célébré.

ART. II.

De la garantie des objets constitués.

77. En règle générale, le donateur n'est point tenu à la garantie des objets donnés, à moins qu'il ne s'y soit soumis : *quoniam avus tuus, cùm prædia tibi donaret, et evictione eorum cavit, potes adversùs cohæredes tuos, ex causâ stipulationis consistere ob evictionem prædiorum, proportione hæreditariâ. Nudo autem pacto interveniente, minimè donatorem hâc actione teneri certum est; l. 2, Cod. de evict.* Mais cette règle reçoit une exception en faveur de la constitution de dot; on a pensé, avec raison, que bien qu'il y eût réellement libéralité dans cet acte, on ne devait cependant pas le considérer comme un contrat

purement gratuit. Celui qui se marie ne contracte, la plupart du tems, que sous la foi de la constitution; il ne s'engage que parce qu'il compte sur son entière exécution, et si on ne lui garantissait pas les objets donnés, rien ne serait plus facile que d'abuser de sa bonne foi, en composant la dot de biens qui n'appartiendrait pas au constituant.

78. Le droit romain n'admettait cependant pas la garantie dans tous les cas; il distinguait la constitution faite par le père ou par la femme, de celle faite par un étranger. Si c'était le père ou la femme qui eût constitué la dot, le mari, évincé de la chose dotale, avait une action contr'eux ou contre leurs héritiers; mais si c'était un étranger, il n'y avait point alors de garantie, parce qu'on considérait cette dernière constitution comme une véritable donation; tandis que dans le premier cas elle était regardée comme une obligation nécessaire de la part du père ou de la femme; *l.* 1, *Cod. de jur. dot*; Burgundius, *de evict.*, *chap.* 19, *pag.* 136. La garantie était encore due lorsque la chose constituée avait été estimée et lorsqu'il y avait dol; *d. l.* 1.re, *Cod. de jur. dot.*

Dans l'ancienne jurisprudence, on soumettait aussi la femme et le père à la garantie des choses constituées. Bouvot, *tom.* 2, *qu.* 6, *mot Garant*, rapporte un arrêt du parlement de Dijon, rendu le 15 mars 1618, qui avait même obligé la mère à garantir le mari de l'éviction d'un immeuble par elle constitué à sa fille, bien qu'elle ne fût que subsidiairement obligée par la loi à lui fournir une dot. Mais, hors ces cas, on jugeait communément qu'il n'était dû aucune garantie par le constituant. V. Basnage, sur *l'art.* 250 *de la coutume de Normandie.* V. aussi Brillon, *Dictionnaire des arrêts*, *mot Dot.*, n.° 52.

79. Le Code n'a point admis de distinction; il soumet à la garantie généralement tous ceux qui constituent la dot : ainsi, que ce soit le père ou la mère, la femme ou un étranger, que la constitution ait été faite de bonne foi ou qu'il y ait eu dol, que la chose constituée soit estimée ou non, la garantie est toujours due; *Cod. civ.* 1547.

80. Quelques auteurs, entr'autres M. Delvincourt, pensent cependant qu'on ne doit admettre l'action en garantie qu'autant qu'elle est exercée pendant le mariage, et que si l'éviction n'avait lieu qu'après la mort du mari, le constituant n'y serait plus tenu, parce qu'à l'égard de la femme, la constitution de dot est une véritable donation.

Quelque respectable que soit pour nous l'opinion de M. Delvincourt, nous ne croyons pas devoir la partager.

Indépendamment de ce que la loi ne dit rien de pareil, et que là où elle ne distingue pas nous ne devons admettre aucune distinction, on peut dire qu'en adoptant un pareil système, on soutiendrait implicitement que la constitution de dot n'a été faite qu'au mari et uniquement dans son intérêt, ce qui n'est pas, ce qui ne peut pas être; les biens dotaux sont destinés, non-seulement *ad sustinenda onera matrimonii*, mais encore à assurer une existence à la femme et aux enfans après la mort du mari; cela est si vrai que c'est par cette raison que la loi déclare inaliénable le fonds dotal, ou que si elle en permet l'aliénation c'est plutôt dans l'intérêt de la femme et des enfans que dans celui du mari.

Remarquons en effet que les charges du mariage ne cessent point à la mort du mari et que presque toujours elles augmentent. Ce n'est pas au reste l'époux seul qui se marie sur la foi de la constitution, la femme n'y compte pas moins; elle pense que si celui à qui elle va unir sa destinée n'a pas assez de fortune pour assurer son existence et celle de ses enfans, elle trouvera dans la libéralité qu'on lui promet des ressources qui, si elles ne sont pas suffisantes pour subvenir à tous ses besoins, l'aideront au moins à satisfaire les plus urgens. On ne peut pas dire ici d'ailleurs que la constitution faite à la femme soit une donation pure et simple; la destination que la loi lui donne l'entoure d'un caractère plutôt onéreux que gratuit, et ce n'est pas la mort du mari qui peut changer cette marque distinctive.

81. Remarquons d'ailleurs que s'il fallait admettre le système de M. Delvincourt, il faudrait décider qu'après le décès de l'époux, la femme et ses enfans pourraient être dépouillés par l'éviction, non-seulement des biens compris dans la constitution dotale, mais encore de ceux qui auraient été donnés à la femme par contrat de mariage, puisque la loi les assimile entièrement et leur imprime en même tems le sceau de la dotalité. Or, nous trouvons un arrêt de la Cour de cassation, du 22 nivôse an 10, qui a formellement décidé, dans la cause de Nicolas Marcellin, contre Antoine Marcellin, son frère, que la garantie était due non-seulement par le constituant, mais encore par tout donateur en contrat de mariage. Retenons que cet arrêt est antérieur à la promulgation du Code civil, et qu'alors on élevait encore, dans beaucoup de provinces, des doutes sérieux sur le point de savoir si les biens donnés par contrat de mariage étaient ou n'étaient pas dotaux. V. *ci-dessus*, *n.*° 4.

82. Quoique la garantie des objets constitués en dot, soit formellement prescrite par la loi, les parties peuvent cependant, par des conventions particulières insérées dans le contrat, en diminuer l'effet; elles peuvent même convenir que le constituant ne

sera soumis à aucune garantie; *Cod. civ.*, 1627, *et* 1387; toutefois, et alors même qu'il aurait été stipulé que le constituant ne serait soumis à aucune garantie, il serait encore tenu de celle qui résulterait d'un fait qui lui serait personnel. Il serait en effet contre la bonne foi que le constituant, qui ne peut ignorer son propre fait, exposât les époux aux évictions qui pourraient en être le résultat; le constituant ne pourrait s'y soustraire en faisant stipuler que même alors il ne serait pas tenu à la garantie; une pareille convention serait considérée comme non écrite; *Cod. civ.*, 1628; *illud nòn probabis, dolum non esse præstandum si convenerit. Nam hæc conventio contrà bonam fidem, contrà bonos mores est, et ideò nec sequenda est; l.* 1, §. 7, *ff. depos. pacta quæ turpem causam continent, non sunt observanda; l.* 27, §. 4, *ff. Cod.* V. Pothier, *de la vente, n.*° 184.

83. La garantie des objets constitués est due alors même qu'elle n'a pas été stipulée, et l'on ne pourrait induire du silence des époux à ce sujet, une renonciation de leur part. Mais en quoi consiste cette garantie? Quelle est son étendue, et contre qui s'exerce-t-elle? Voilà ce que la loi ne dit pas et ce qu'il est cependant utile de connaître.

Dans les cas ordinaires, c'est-à-dire, lorsqu'il s'agit de vente, l'acquéreur évincé a le droit de demander contre le vendeur,

1.° La restitution du prix ;

2.° Celle des fruits, lorsqu'il est obligé de les rendre au propriétaire qui l'évince ;

3.° Les frais faits sur la demande en garantie de l'acheteur, et ceux faits par le demandeur originaire ;

4.° Enfin, les dommages et intérêts, ainsi que les frais et loyaux coûts du contrat ; *Cod. civ*, 1630.

En doit-il être de même lorsqu'il s'agit de constitution de dot ou de donation par contrat de mariage ?

84. D'abord, en ce qui concerne le prix, comme il n'en existe pas dans la donation, ni dans la constitution, il faut décider que ce prix, ou, pour mieux dire, la valeur de l'objet constitué, ne peut être restitué aux époux qu'après qu'il a été fait une procédure d'estimation qui établisse d'une manière exacte ce que valaient les biens constitués ou donnés au moment du contrat de mariage. Mais si les choses constituées en dot avaient été mises à prix par le contrat, avec déclaration que l'estimation en emportait vente au mari, dans ce cas, devrait-on considérer le montant de cette estimation comme la valeur réelle des biens constitués, ou devrait-on encore les faire estimer par experts avant d'agir en restitution du prix ?

Nous croyons qu'une procédure ne pourrait pas être demandée, et qu'il faudrait s'en rapporter à l'estimation donnée aux biens dans le contrat. Nous nous fondons principalement sur ce que toutes les fois que les choses constituées sont estimées avec déclaration que l'estimation en transfère la propriété au mari, il intervient alors entre les parties un véritable contrat de vente, et qu'alors, y ayant un prix déterminé, c'est à ce prix qu'on doit s'arrêter et dont on peut seulement demander le paiement en cas d'éviction. Il en doit d'autant plus être ainsi qu'il arrive rarement qu'en cas d'estimation des biens constitués, avec l'intention d'en transférer la propriété au mari, on évalue les objets compris dans la constitution au-dessus ou au-dessous de leur valeur effective. Le mari est intéressé à ce que l'estimation n'en soit pas exagérée, puisqu'il est obligé d'en restituer le montant à la dissolution du mariage; et la femme ne l'est pas moins à ce que la mise à prix ne soit pas inférieure, afin de n'être pas constituée en perte. D'ailleurs, dès qu'il y a vente réelle et fixation du prix entre les parties, on ne doit pas être admis à prouver que l'estimation n'a pas été exacte.

Ce qui vient confirmer notre opinion sur ce point, c'est que nous voyons dans la *l.* 16, *ff. de jur. dot.*, que toutes les fois qu'il a été donné en dot des choses estimées, et que le mari en a été évincé, il a l'action *ex empto* contre la femme : *quoties res æstimata in dotem datur; evicta ea, virum* EX EMPTO *contrà uxorem agere.* Or, cette action *ex empto* avait pour objet principal la restitution du prix stipulé ; *l.* 70, *ff. de evictionib.*

85. On trouve dans la loi 48, *ff. eod.*, la solution d'une question qui pourrait se présenter lors de l'exercice de l'action en paiement du prix contre le constituant ; cette loi suppose qu'un fonds a été vendu exempt de toutes charges et servitudes ; que cependant un tiers ayant revendiqué contre l'acquéreur une servitude sur le fonds acheté, ce même acquéreur a demandé au vendeur sa garantie, et a obtenu, à raison de ce, une somme à titre d'indemnité ; dans ce cas, dit la loi, si, plus tard, le fonds entier vient à être revendiqué, le vendeur sera contraint à la restitution du prix, moins ce qu'il aurait déjà payé pour la revendication de la servitude ; car, y est-il ajouté, si on n'observait pas cette règle, l'acheteur retirerait du vendeur plus que son prix, ce qui ne peut pas être admis : *cum fundus, uti optimus maximusque est, emptus est ; et alicujus servitutis evictæ nomine aliquid emptor à venditore consecutus est deindè totus fundus evincitur : ob eam evictionem id præstari debet, quod ex duplo reliquum est. Nam si aliud observabimus, servitutibus aliquibus, et mox proprietate evicta, ampliùs duplo emptor, quàm quanti emit, consequeretur.*

86. De même, si le constituant avait fait des

améliorations sur le fonds constitué en dot, et que le mari, en le restituant au propriétaire, eût reçu de lui le prix de ces améliorations, le constituant pourrait se retenir sur la somme par lui restituable, une somme égale à celle reçue par le mari, pour prix de la plus value du fonds délaissé. V. Pothier, *Traité de la vente, n.*° 120.

87. Le mari peut demander au constituant la restitution des fruits qu'il a été obligé de rendre au propriétaire qui l'a évincé; *Cod. civ.*, 1630, ⅌. 2. C'est, en effet, dans la perte de ces fruits qu'est pour le mari l'éviction réelle, puisque lui seul les perçoit et en est propriétaire; il est donc juste que, lorsqu'il est condamné à en faire la restitution, le constituant le dédommage en lui en payant la valeur. Toutefois les fruits restituables par le mari ne doivent être estimés que défalcation faite des frais de labours, travaux et semences, par lui faits dans le fonds revendiqué; *Cod. civ.*, 548.

88. Que faudrait-il décider si le mari et le propriétaire avaient traité sur la restitution de fruits, et que le mari, au lieu d'en payer la valeur entière, n'eût réellement compté qu'une somme de beaucoup inférieure à l'estimation de ces fruits; dans ce cas, le constituant serait-il admis à demander que la garantie ne s'étendît pas au-delà de la somme payée, ou bien serait-il contraint à payer au mari la totalité de la liquidation?

Il semblerait, au premier aspect, que le propriétaire étant libre de gratifier le mari d'une partie des fruits qui lui sont dus, le bénéfice de cet abandon ne dût profiter qu'à lui seul et non au constituant; cependant le mari ne devant obtenir sa garantie qu'à raison de ce dont il est privé, il ne nous paraîtrait pas juste qu'il pût demander plus qu'il n'aurait réellement payé; remarquons, d'ailleurs, que l'art. 1630, ℣. 2, qui soumet le vendeur à la restitution de fruits envers l'acquéreur, ne l'y contraint que pour les fruits seulement que l'acquéreur *a été obligé* de rendre au propriétaire; or, dans notre hypothèse, la restitution de fruits n'étant réellement, de la part du mari, que d'une partie de l'estimation des fruits, il ne peut réclamer que cela.

89. Le mari évincé a aussi, comme en cas de vente, le droit de répéter, contre le constituant, les frais faits sur la demande en garantie et ceux faits par le propriétaire; *Cod. civ.*, 1630, ℣. 3.

90. Lorsque le constituant, appelé en garantie, déclare qu'il reconnaît fondée l'action en délaissement, qu'il n'entend pas la contester et qu'il fait offre d'indemniser complètement le mari de l'éviction, dans ce cas, si celui-ci, malgré les offres qui lui sont faites, veut soutenir le procès et qu'il vienne à succomber, il ne peut demander au cons-

tituant les frais postérieurs aux offres; car, dit Pothier, *Traité de la vente*, *n.°* 129, « le garant ayant offert tout ce qu'il devait, l'acheteur devait s'en contenter, et il ne doit pas être en son pouvoir de faire supporter au vendeur, malgré lui, les dépens d'un procès injuste. »

91. Le mari évincé a enfin le droit de répéter, contre le constituant, les dommages-intérêts, ainsi que les frais et loyaux coûts du contrat; *Cod. civ.*, 1630, *n.°* 4. Remarquons cependant que le constituant ne doit rembourser les frais et loyaux coûts que jusqu'à concurrence de la constitution par lui faite; le contrat de mariage subsistant, en effet, quant aux autres conventions matrimoniales et aux libéralités qui pourraient avoir été faites aux époux par le même contrat, il ne serait pas juste de mettre à la charge du constituant des frais qu'il n'aurait pas occasionnés.

A l'égard des dommages-intérêts que le mari peut exiger, ils ne doivent être que ceux qu'il a soufferts par rapport à la chose même qui avait été constituée en dot, *propter rem ipsam non habitam*, et non de ceux que l'éviction lui occasionnerait d'ailleurs.

Expliquons notre pensée :

Lorsqu'il s'agit de l'inexécution d'une convention, les dommages et intérêts dus aux créanciers sont en général de la perte qu'il a faite et du gain dont il a été privé; *Cod. civ.*, 1149; mais en cas de vente ou de constitution de dot, lorsque le contrat a été exécuté par la délivrance de la chose vendue ou constituée, on ne peut pas dire qu'il y ait inexécution de la convention, et alors on ne doit pas faire supporter au vendeur ou au constituant des dommages et intérêts aussi étendus, sans quoi il n'y aurait plus de proportion dans la répartition de ces dommages et intérêts. Ainsi, pour rendre cette opinion plus intelligible encore, supposons que Titius ait constitué en dot à sa fille Mévia, des moulins à farine, dont le produit n'était pas considérable, à cause de la concurrence dans le même canton; si, par événement, les autres moulins venaient à être détruits, et que, par suite, le produit des moulins constitués eût beaucoup augmenté, le constituant, en cas d'éviction, ne serait pas tenu de payer au mari des dommages et intérêts à raison du gain qu'il aurait manqué de faire, mais il serait tenu seulement de lui tenir compte de l'augmentation de valeur survenue aux moulins constitués, par la destruction de ceux existans dans le voisinage, parce que la perte éprouvée par le mari concernerait la chose même, et ne proviendrait pas d'une cause éloignée.

92. Lorsque la chose constituée a augmenté de valeur, par le bénéfice du tems ou par quelques circonstances imprévues, comme dans le cas pré-

cédent, le constituant est obligé de payer au mari la plus value. Cependant, si, par quelque événement qu'on n'avait pas pu prévoir lors du contrat, il était survenu une augmentation immense de valeur à la chose dotale, le constituant ne serait pas tenu, sur-tout s'il était de bonne foi, de payer la totalité de l'augmentation. Dans ce cas on devrait réduire les dommages-intérêts dus pour cet accroissement de valeur, à ce que les parties pouvaient raisonnablement prévoir au moment du contrat.

93. Si la chose constituée a augmenté de prix, par les améliorations ou réparations faites par le mari, le constituant est tenu de lui faire rembourser, par celui qui l'évince, la valeur de ces réparations ou améliorations, ou d'en faire lui-même le remboursement au mari; *Cod. civ.*, 1634.

94. Si, au contraire, à l'époque de l'éviction, la chose constituée se trouvait diminuée de valeur ou considérablement détériorée, soit par la négligence du mari, soit par des accidens de force majeure, le constituant n'en serait pas moins tenu de restituer la valeur entière de la chose constituée au moment du mariage; *Cod. civ.*, 1631; la raison en est, que lorsqu'on possède de bonne foi, et sans connaître le vice de son titre, une chose quelconque, on est le maître d'en négliger l'entretien et la conservation, et personne n'a le droit de s'en

plaindre : *qui quasi suam rem neglexit , nulli querelæ subjectus est; l.* 31 , §. 3 , *de petit. hered.*

95. Mais si le mari a tiré profit des dégradations par lui faites, le constituant a le droit de retenir sur le prix une somme égale à ce profit; *Cod. civ.*, 1632. Ainsi, supposons qu'un domaine d'une valeur de 50,000 fr. ait été constitué en dot, que le mari, à qui le pouvoir en avait été donné par le contrat, ait fait abattre un bois de haute futaie, dont la vente lui ait valu 10,000 fr.; si, dans ce cas, le mari est évincé, et que par suite de la demande en délaissement il soit condamné à restituer le domaine et les 10,000 fr. provenus de la coupe vendue, le constituant ne sera pas tenu de rembourser le prix entier du domaine et les 10,000 fr. payés par le mari au propriétaire ; « car, s'il en était ainsi, dit » Pothier, *Traité du contrat de vente*, *n.°* 125, il » est évident que le mari profiterait de 10,000 fr. » aux dépens du constituant, ce que l'équité ne » permet pas. »

96. Ce que nous avons dit au n.° 93, sur la restitution des améliorations remboursables au mari, ne s'applique qu'à celui qui, en faisant la constitution, ignorait que la chose qu'il donnait en dot ne lui appartenait pas légitimement; car, si le constituant était de mauvaise foi, il serait tenu de rembourser au mari toutes les dépenses, même

voluptuaires ou d'agrémens, que celui-ci aurait faites au fonds; *Cod. civ.*, 1635.

97. Il pourrait arriver que le mari ne fût évincé que d'une partie de la chose constituée; dans ce cas, si la partie revendiquée était importante, le constituant aurait-il le droit de demander la résiliation de la constitution, pour obtenir le prix entier de la chose constituée ? Nous ne voyons pas quelle difficulté il y aurait d'appliquer encore ici les principes de la garantie en cas de vente : le mari se voyant évincé de la partie la plus considérable de l'objet constitué, ne pouvant plus retirer de ce qui reste qu'un produit minime, ayant contracté d'ailleurs sur la foi que la chose constituée resterait constamment en sa possession, il ne peut pas être douteux qu'il lui serait permis de restituer la partie de la chose qui lui resterait, pour réclamer la valeur entière des objets compris dans la constitution.

On ne pourrait pas dire que ce serait là autoriser l'aliénation du fonds dotal, car le délaissement qui aurait eu lieu étant forcé pour une partie, et ne laissant plus au mari qu'une portion presque nulle de l'immeuble constitué, ce ne serait pas aliéner la dot que de prendre des mesures pour en conserver l'intégrité en argent, ne pouvant la conserver en immeubles, au moyen de l'abandon de ce qui n'aurait pas été évincé.

Toutefois si la partie restée entre les mains du

mari, produisait un revenu égal, ou à peu près égal à l'intérêt de sa valeur en argent, ou bien si cette portion de la chose constituée était plus considérable ou égale à celle qui aurait été évincée, dans ce cas nous pensons qu'il faudrait faire subir au mari toute la rigueur du droit sur l'inaliénabilité de la dot, et déclarer nul tout abandon par lui fait au constituant de la partie de la chose qui lui serait restée.

98. Si, lors du contrat de mariage, on avait prévu l'éviction, et qu'il eût été stipulé que dans le cas où elle arriverait, le constituant s'obligerait de payer au mari une somme quelconque en sus de la valeur de l'objet constitué, cette clause devrait être exécutée; mais alors, le constituant ne serait tenu à aucun dommage envers le mari, parce que les parties seraient censées avoir transigé, par avances, sur les dommages. Cela devrait avoir lieu quand même le mari prouverait que ses dommages et intérêts s'élèvent à une somme plus forte que celle stipulée dans le contrat de mariage, et par la raison inverse le constituant ne pourrait se refuser à payer la somme promise par le contrat, alors même qu'il serait prouvé que le mari ne souffrirait pas de dommages-intérêts au-delà de la valeur de la chose constituée. V. Pothier, *de la vente*, n.° 149.

CHAPITRE II.

DES DROITS ET DES OBLIGATIONS DU MARI A L'ÉGARD DES BIENS DOTAUX.

SECTION PREMIÈRE.

DES DROITS DU MARI SUR LES BIENS DOTAUX.

99. Les droits du mari, sur les biens dotaux, peuvent être, suivant les circonstances, ou ceux du propriétaire, ou ceux de l'administrateur, ou ceux de l'usufruitier.

Nous allons exposer successivement les principes qui se rattachent à l'une et à l'autre de ces qualités, et faire connaître les principales difficultés auxquelles leur application peut donner lieu.

ARTICLE PREMIER.

Des cas où le mari devient propriétaire de la dot et des droits qui en résultent.

100. Selon le droit romain, le mari devenait propriétaire des choses constituées en dot, lorsqu'elles avaient été estimées par le contrat : *quoties*

res æstimata in dotem datur, maritus dominium consecutus; *l.* 5, *C. de jur. dot.*; elles se détérioraient à ses risques et périls, et il profitait des accroissemens ; *l.* 10, §. 1, *Cod.* L'estimation était considérée comme une vente, et l'on accordait au mari l'action *ex empto*, pour demander la dot, lorsque la délivrance ne lui en avait pas été faite; *l.* 10, *Cod. de jur. dot*.

101. Ces principes avaient été adoptés en pays de droit écrit. V. Lapeyrère, *lett. D*, *n.*° 126, et Laroche-Flavin, *liv.* 6, *tit.* 41, *art.* 10. Catellan, *liv.* 4, *chap.* 32, rapporte un arrêt du mois de janvier 1667, qui avait jugé que la femme ne pouvait pas être contrainte de prendre le fonds qui lui avait été constitué avec estimation, et qu'elle pouvait en demander le prix. Une pareille décision fut rendue, le 20 juin 1713, par le parlement de Paris, quoique ce parlement fût sous l'influence immédiate du droit coutumier qui n'admettait pas la maxime : *dos æstimata*, *dos vendita*. V. Brillon, *mot Dot*. V. aussi Roussilhe, *tom.* 1, *pag.* 209 (*).

(*) Le parlement de Grenoble avait cependant apporté une modification assez importante au droit romain sur cette matière; il décidait que le fonds estimé par contrat ne pouvait être aliéné par le mari qu'autant qu'il présentait une solvabilité suffisante. V. *Expilly*, *arr.* 148.

Cette jurisprudence et les lois sur lesquelles elle était fondée, n'étaient pas sans inconvéniens graves: d'abord, elles faisaient supposer trop facilement l'aliénation du fonds dotal, et exposaient la femme à la perte de son patrimoine, si celui auquel elle s'unissait était enclin à la prodigalité, ou se livrait à de fausses spéculations; d'un autre côté, dès que le contrôle fut établi et qu'il fut ordonné que tout acte portant aliénation devrait contenir une estimation des biens aliénés, il devint très-difficile de connaître si l'estimation donnée aux choses dotales, l'avait été pour la perception des droits, ou pour en opérer la vente au mari.

Une pareille incertitude devait nécessairement apporter quelque changement dans l'adoption de la règle que l'estimation emportait vente; aussi, voyons-nous que, dès 1730, le parlement de Toulouse était devenu plus sévère dans son application; il décida, le 6 juin de cette année, qu'il fallait une stipulation précise de vente, sans laquelle l'estimation n'était plus regardée que comme faite pour le contrôle. Voici l'espèce de cet arrêt, telle qu'elle est rapportée par Roussilhe, *tom.* 1, *pag.* 209:

« Il s'agissait d'une femme qui, dans son contrat de mariage, s'était constituée en tous ses droits paternels et maternels, et avait ajouté : lesquels sont estimés à la somme de 600 liv. Pendant le mariage, ces biens furent vendus par la femme, conjointement avec son mari ; après la dissolution du mariage, elle demanda la nullité de la vente, comme contenant aliénation du fonds dotal. Contre cette demande l'on opposa que le contrat contenait estimation du fonds, qu'ainsi il fallait le considérer comme vendu au mari, aux termes de la loi, *quoties*, *Cod. de jur. dot.*, qu'il avait pu validement vendre ;

» A quoi la femme répliquait, que l'estimation faite dans leur contrat de mariage ne marquait pas suffisamment une intention de vendre, et qu'il aurait au moins fallu ajouter que son mari reconnaissait la somme sur ses biens, pour la rendre, le cas ayant lieu, ou quelque terme approchant; que c'était plutôt une simple appréciation de la valeur de ses biens, à cause du contrôle, qu'une vente : elle faisait encore valoir la circonstance que les biens qu'on avait donnés au futur époux, avaient également été estimés, et que son mari était décédé insolvable ; d'où elle concluait que quand même on pourrait regarder l'estimation comme vente, c'était le cas où elle pourrait réclamer son fonds quoique estimé. L'arrêt annulla la vente, et les motifs qui le déterminèrent furent que l'intention n'était pas suffisamment marquée, et que c'était plutôt une appréciation qu'une estimation réelle. »

102. Les auteurs du Code civil ont fait cesser tous les doutes sur ce point ; ils ont décidé, quant

aux immeubles, que l'estimation donnée à ceux constitués en dot, n'en transporte point la propriété au mari, s'il n'y en a déclaration expresse; *Cod. civ.*, *art.* 1552; et en ce qui concerne les meubles, ils ont conservé le principe tracé par la loi romaine : « Si la dot, porte l'article 1551, consiste en objets mobiliers, mis à prix par le contrat, sans déclaration que l'estimation n'en fait pas vente, le mari en devient propriétaire, et n'est débiteur que du prix donné au mobilier. »

Ainsi, aujourd'hui, pour que le mari devienne propriétaire des objets constitués, il faut, pour les meubles, que le constituant se borne à leur donner une estimation, et pour les immeubles, qu'il y ait manifestation formelle de son intention en les estimant, d'en transporter la propriété sur la tête du mari. Il est cependant un cas où le mari pourrait disposer des choses dotales comme propriétaire, lors même qu'elles n'auraient pas été mises à prix, c'est celui où la dot, ou partie de la dot serait composée de choses fongibles; on conçoit, en effet, que le mari, ne pouvant user de ces choses sans les consommer, il doit pouvoir en disposer, sauf à en rendre pareille quantité et qualité à la dissolution du mariage; *res in dotem datæ, quæ pondere, numero, mensura constant mariti periculo sunt; quia in hoc dantur, ut eas maritus ad arbitrium suum distrahat; et quandoque soluto matrimonio, ejusdem generis et qualitatis alias restituat vel ipse, vel heres ejus; l. 42, ff. de jur. dot.*

103. Les modifications apportées au droit romain, par la jurisprudence ancienne et le Code civil, sur les effets de l'estimation donnée aux choses dotales, n'ont pas altéré le principe quant à ses conséquences, c'est-à-dire que, dès que le vœu de la loi est rempli par le contrat de mariage, il y a ou il n'y a pas transfert de propriété; s'il y a transfert, il faut le considérer comme une véritable vente intervenue entre le constituant et le mari, vente dont les suites doivent être régies par les lois de ce contrat; *æstimatio venditio est, l.* 10, §. 5, *in fin., ff. de jur. dot.*

Il suit de là, 1.° que s'il y a lésion dans l'estimation de l'immeuble constitué en dot, la femme ou ses héritiers peuvent se pourvoir contre le mari en rescision de la vente ou en augmentation du prix donné à l'immeuble; *l.* 12, §. 1, *ff. de jur. dot.* V. *Cod. civ., art.* 1674 *et suiv.* V. aussi Roussilhe, *tom.* 1, *pag.* 207.

M. Merlin, *dans son Répertoire, mot Dot,* dit que cette action est indistinctement accordée au mari comme à la femme, et pour toute espèce de lésion; il se fonde sur la *loi* 6, §. 2, *ff. de jur. dot.*, qui est ainsi conçue : *si in dote danda, circumventus alteruter, etiam majori annis vigenti quinque succurrendum est, cum bono et æquo non conveniat, aut lucrari aliquem cum damno alterius, aut damni sentire per alterius lucrum.*

Roussilhe, *tom.* 1, *pag.* 208, est d'un avis opposé; il pense que le mari ne peut exercer l'action en rescision, pour cause de lésion, lors même qu'elle serait d'outre moitié; il dit que plusieurs arrêts l'ont ainsi jugé, et que c'est là l'opinion commune.

Ce qui a pu donner lieu à cette différence d'opinion, c'est que sous l'ancienne jurisprudence, les auteurs étaient partagés sur la question de savoir si l'acheteur pouvait, comme le vendeur, demander la rescision pour cause de lésion. V. Pothier, *de la Vente*, *n.°* 372; Dumoulin, *de contr. usur.*, *quæst.* 14; Automne, *ad leg. C. de rescend. vend.*; Cujas, *liv.* 16, *obs.* 18, et les auteurs qu'il cite; Despeisses, *de l'Achat*, *sect.* 4, *n.°* 1, ℣ 8; Lapeyrère, *lettre L.*, *n.°* 89. Mais aujourd'hui que le Code, art. 1686, a décidé que la rescision pour lésion n'aurait pas lieu en faveur de l'acheteur, il n'y a plus de doute que le mari ne serait pas admis à quereller l'estimation exorbitante qui aurait été donnée à l'immeuble constitué;

2.° Que si le mari est évincé du fonds dotal, dont la vente lui aura été faite par le contrat de mariage, il ne sera point tenu de restituer à la femme ou à ses héritiers le prix donné à l'immeuble; *l.* 49, *ff. solut. matr.* Cependant, comme le constituant est tenu de garantir les objets constitués, si le mari, par l'effet de cette garantie, obtient le paiement du prix, cette somme deviendra dotale et devra par conséquent être restituée; *l.* 16, *ff. de jur. dot.*

104. Si dans les biens constitués en dot il se trouvait des créances sur des particuliers, ou des rentes sur l'Etat, dont le contrat contînt l'énonciation, mais sans mise à prix, le mari en deviendrait-il propriétaire?

Nous ne le pensons pas : ce n'est pas que nous croyons que, pour opérer le transport, la mise à prix fût nécessaire, car cette estimation serait superflue et même ridicule, puisque la valeur de la créance serait connue par son énonciation même; mais il faudrait ici, selon nous, une déclaration formelle de la part du constituant de vouloir transférer sur la tête du mari la propriété de la créance, pour qu'il pût en supporter les pertes, si elle en subissait par la suite. Nous disons, pour qu'il pût en supporter les pertes, et non point pour qu'il pût en disposer comme de sa chose propre, parce qu'il est évident que le mari pourrait, dans tous les cas, qu'il y eût ou non déclaration de transfert en sa faveur, exiger le montant des créances et en disposer à sa valonté.

On pourrait opposer, il est vrai, à cette opinion, les termes de l'art. 1551, qui ne fait aucune distinction entre les objets mobiliers corporels, et les droits incorporels, et qui, par les mots *objets mobiliers*, semble comprendre tout ce qu'on entend par biens meubles ; mais on répond que s'il est vrai que cette disposition paraisse absolue par la manière dont elle est conçue, il n'est point dans son esprit, et il n'a pas été dans l'intention du législateur de l'étendre aux créances et aux droits de cette nature. En effet, comment concevoir que les auteurs du Code aient pu penser qu'il suffirait de la simple énonciation d'une créance constituée en dot pour que la propriété en fût transférée au mari ? Car il n'arrivera jamais qu'on donne à une créance une estimation autre que celle énoncée dans son titre constitutif à moins que le débiteur n'offrît qu'une solvabilité douteuse. D'un autre côté, les seuls mots : *mise à prix*, dont s'est servi le législateur, font suffisamment connaître que bien qu'il ait employé les termes *objets mobiliers et mobilier*, il n'a cependant voulu désigner par-là que ce qui est compris dans le mot *meuble*, d'après l'art. 533 du Code civil.

ARTICLE II.

Des droits du mari, comme administrateur des biens dotaux.

105. Le mari seul a le droit de poursuivre les débiteurs et détenteurs de la dot; *Cod. civ., art.* 1549, *n.º* 2, *in pr.* Il était naturel, en effet, que le mari,

en qualité de chef de la société conjugale, pût exercer exclusivement toutes les actions relatives au paiement de la dot. Chez les Romains, le même droit lui était accordé : *Si pater marito tuo stipulanti promiserit dotem : non tibi, sed marito contrà successores soceri competit actio ; l.* 5, *C. de dot. prom. De his, quæ in dotem data ac direpta commemores, mariti tui esse actionem, nulla est dubitatio ; l.* 11, *Cod. de jur. dot.* V. aussi *l.* 3, *Cod. de jur. dot.; l.* 41, *ff. Cod.;* et *l.* 11, *Cod. de rei vind.*

Le législateur, en employant ces mots : *le mari seul*, a voulu ne laisser aucun doute sur l'intention où il était de refuser à la femme, tant que durerait le mariage, l'exercice de toute action contre les débiteurs et détenteurs de la dot. Il n'est donc pas douteux que si la femme agissait elle-même pour obtenir la délivrance de sa dot, elle ne fût déclarée non recevable, comme étant sans qualité pour poursuivre.

106. Mais faudrait-il le décider ainsi dans le cas où elle exercerait ses poursuites *assistée de son mari?*

Cette question s'est présentée dans la cause des mariés Bal, contre le sieur Birel, et a été décidée négativement par arrêt de la Cour de Turin, du 10 août 1811. Voici l'espèce de cet arrêt :

« Le 3 mai 1804, contrat de mariage entre Séraphine Birel et Maurice Bal. Guillaume Birel intervient dans le contrat, et constitue à sa fille une somme de 1,500 fr., payable à terme, moyennant quoi sa fille renonce à tous droits paternels et autres.

Birel ne paie pas la dot au terme convenu, et sa fille, *assistée de son mari*, intente contre lui une action en paiement devant le Tribunal.

Le père soutient que la constitution est nulle, et, en outre, que, lors même qu'elle ne le serait pas, le Tribunal devrait rejeter la demande, attendu qu'elle ne pouvait être formée que par le mari, à qui l'administration de la dot appartient.

Les époux Bal réfutent le moyen de nullité, et ajoutent que, quant à l'exception prise de ce que la dame Bal a introduit elle-même l'action en paiement, ils font observer que c'est en faveur de cette dernière que la dot a été constituée, et que, par conséquent, c'est à elle qu'appartient le droit d'en exiger le paiement; qu'au surplus l'action ayant été formée *avec l'assistance du mari*, c'est comme si le mari l'avait intentée lui-même.

Jugement qui repousse l'exception proposée, et condamne Birel au paiement de la dot.

Appel. — Birel reproduit les moyens qu'il a fait valoir en première instance.

Arrêt. — « Considérant.......

» Considérant que l'exception proposée par l'appelant, de ce qu'en tout cas l'action pour demander la dot en question n'appartiendrait point à la fille, mais à l'époux de celle-ci, porterait à faux; car d'abord la dot ayant été constituée et promise à la fille, *ibi pour consigner à ladite fille, à titre de dot, savoir la somme de* 1,500 *fr.*, il s'ensuit que c'est à elle que l'action directe, pour en réclamer le paiement, appartiendrait;

» Que cependant le mari, d'après l'art. 1549 du Cod. civ., ayant le droit d'administrer les biens dotaux, d'en percevoir les fruits et les intérêts, ainsi que de recevoir le remboursement des capitaux, et l'épouse Birel n'ayant agi en cette cause qu'avec son intervention et son autorisation, elle serait censée avoir poursuivi ses droits au nom et pour l'intérêt de son mari :

» Par ces motifs, la Cour confirme. »

Cet arrêt ne nous paraît point conforme aux vrais principes, et il est facile de voir, en effet, combien les dispositions de l'art. 1549 y ont été méconnues.

Remarquons d'abord, comme nous l'avons déjà dit, que le législateur, en employant les termes : *le mari seul*, etc., a porté une disposition prohibitive contre la femme, disposition qui ne doit souffrir aucune exception, puisqu'il n'en est point dans la loi.

Vainement, dirait-on avec les auteurs de l'arrêt, que la dot ayant été constituée et promise à la fille, c'est à elle qu'appartient l'action directe pour en réclamer le paiement. C'est là, nous ne craignons pas de le dire, un raisonnement essentiellement erronné.

Dans tous les cas possibles, la dot n'est-elle pas toujours constituée à la fille? Quels que soient les termes du contrat, n'est-ce pas toujours elle qui est le sujet de la libéralité? Il n'est donc pas juste de dire que la dot lui ayant été promise, c'est à elle qu'appartient le droit de la réclamer? Je ne crois pas que l'on puisse supposer un cas, dans une constitution dotale, où la dot ne soit pas constituée à la future.

Les auteurs de l'arrêt n'étaient pas mieux fondés en principes, lorsqu'ils ont dit que la femme n'ayant agi dans la cause qu'avec l'intervention du mari, elle était censée avoir poursuivi ses droits en son nom et pour son intérêt. D'abord, nous ne voyons pas qu'on puisse éluder ainsi une disposition prohibitive par la supposition d'un fait qui ne remplirait pas même le vœu de la loi; d'un autre côté, la dot ne consistant ici qu'en une somme de 1,500 fr., le mari en est devenu propriétaire dès le jour de la célébration du mariage, et, par conséquent, son droit de propriété se joignait encore à la loi, pour lui attribuer plus exclusivement, s'il est possible, le droit d'en exercer l'action envers le constituant.

Non-seulement le législateur n'a pas voulu accorder à la femme la faculté d'exercer l'action en paiement de sa dot, puisqu'il a dit positivement le contraire, mais encore nous croyons qu'il ne l'aurait pas pu sans blesser ouvertement les motifs mêmes de sa décision.

En effet, la femme n'a pas l'administration des biens dotaux, 1.° parce qu'il était naturel que cette administration appartînt au chef de la société conjugale, et que la lui ôter c'eût été altérer son autorité; 2.° parce que la loi suppose dans la femme une inexpérience ou un manque d'aptitude aux affaires, qui est en quelque sorte inhérente à son sexe; 3.° parce qu'en accordant cette administration à la femme, et en lui permettant de poursuivre les débiteurs de sa dot, on la mettait dans le cas de blesser les convenances morales que le législateur a voulu faire respecter autant qu'il était en lui.

Enfin on trouve dans Sirey, *tom.* 22, 2.e *part.*, *pag.* 247, un arrêt de la Cour de Limoges directement opposé à celui de la Cour de Turin : les circonstances sont identiques.

8,000 francs avaient été constitués en dot à Marie Dauge, mariée au sieur Louis Fredon. La mère de celui-ci, Suzanne Chambor, avait reçu, au moment du contrat, une somme de 3,000 fr.

Le 17 août 1819, Marie Dauge, autorisée de son mari, fait faire une saisie-arrêt entre les mains d'un débiteur de la succession de Suzanne Chambor, sa belle-mère. Dénonciation au débiteur saisi; assignation en validité devant le Tribunal de Rochechouart.

Les héritiers Chambor ont soutenu que la saisie

était nulle, parce que le mari ayant l'usufruit de la dot, et en étant même propriétaire, puisqu'elle était mobilière, la femme n'avait pu former d'action en remboursement; qu'elle était seulement créancière de son mari de la même somme.

La demanderesse a soutenu qu'elle avait pu faire un acte conservatoire, et que son mari, l'assistant et l'autorisant, avait approuvé les poursuites, et que les débiteurs qui paieraient sur ses poursuites seraient valablement libérés.

5 février 1821, jugement qui casse et annulle la saisie-arrêt, ainsi que ce qui l'avait précédée.

Appel.

« La Cour, attendu, en fait, que la somme qui fait l'objet de la saisie-arrêt est dotale à Marie Dauge, épouse Fredon; que cependant la saisie a été faite à sa requête, et que son mari n'a paru dans l'acte de saisie que pour autoriser sa femme;

» Attendu, en droit, que, d'après la disposition de l'art. 1549 du Code civil, le mari seul a le droit de poursuivre les débiteurs et détenteurs des biens dotaux, et de recevoir le remboursement des capitaux; que ce droit lui est exclusivement personnel, et doit être exercé directement par lui; qu'ainsi une semblable poursuite, faite au nom de la femme, *lors même qu'elle serait assistée de son mari*, est irrégulière,

» Met l'appel au néant; ordonne que ce dont est appel sortira son plein et entier effet, etc. »

La Cour de Limoges, trouvant dans la loi une disposition formelle, n'a pas cru devoir motiver son arrêt autrement que sur les termes mêmes de cette disposition; mais il est évident que si elle eût voulu joindre aux motifs tirés des termes de l'art. 1549 d'autres raisons non moins puissantes, elle n'en eût pas manqué. Il en est une sur-tout qui nous paraît dominer toutes les autres, celle tirée de la nécessité de ne pas heurter cette bienséance sociale, qui veut que le mari seul ait l'autorité conjugale et l'exercice de toutes les actions et de tous les droits résultant du mariage.

107. L'action en paiement de la dot a pour objet le recouvrement entier des sommes promises, ou la délivrance complète des choses constituées; on n'a jamais suivi parmi nous les dispositions des lois 17 *et* 18, *ff. solut. matr.*, *et* 84, *ff. de jur. dot.*, qui ne permettent d'exercer l'action de la dot qu'à raison de ce que peut faire le constituant, sans le mettre à la gêne. Tous les biens de celui qui aurait promis la dot pourraient être saisis et vendus, faute de paiement, sans égard à l'état fâcheux où il pourrait être réduit par suite des exécutions dirigées contre lui. V. Merlin, *mot Dot*, §. 6.

108. Cependant, si le constituant était le père ou quelqu'une des personnes auxquelles la loi accorde des alimens, ne serait-il pas fondé à se retenir une

partie des biens saisis, pour se payer des alimens auxquels il aurait droit?

Les auteurs des Pandectes françaises, qui rapportent l'opinion de M. Malleville, pensent qu'il le pourrait, et disent que, dans ce cas, on estimerait ce que le père devrait payer, d'après ses facultés, sans se priver du nécessaire, et qu'on réduirait là son obligation.

Nous ne partageons point cet avis; nous croyons, au contraire, que ceux qui ont droit à des alimens ne peuvent point réclamer, et qu'il ne doit pas leur être accordé un capital quelconque, pour leur en tenir lieu; les raisons de le décider ainsi sont nombreuses et concluantes :

1.° L'obligation de fournir des alimens se réduit à subvenir aux besoins de la personne qui les réclame; elle ne s'étend pas au-delà du paiement d'une pension annuelle ou mensuelle, soit en nature, soit en argent, et souvent même les Tribunaux ordonnent que ces alimens seront consommés dans la maison même de celui qui les doit. V. *Cod. civ., art.* 210 *et* 211.

2.° En laissant un capital ou des immeubles à celui qui a droit à des alimens, il pourrait arriver qu'il les aliénât et qu'il en dissipât le prix, ce qui rendrait nulle la disposition qui porte que lorsque celui qui fournit ou qui reçoit des alimens est replacé dans un état tel que l'un ne puisse plus en donner, ou que l'autre n'en ait plus besoin, la décharge en réduction peut en être demandée. V. *Cod. civ.*, *art.* 209.

3.° Enfin, la raison d'humanité sur laquelle paraît reposer l'opinion des auteurs que nous réfutons peut être également invoquée par le mari. Ne pourrait-il pas arriver, en effet, que le mari fût contraint, si ce principe était adopté, de faire l'abandon d'une partie de la dot au moment même où elle lui serait le plus nécessaire? Ne pourrait-il pas même arriver qu'il ne fût pas dans la situation de pouvoir fournir des alimens qui lui seraient réclamés, par les charges nombreuses que son ménage ferait peser sur lui? Placé ainsi dans l'alternative de priver sa famille des moyens d'existence que lui offriraient les revenus de la dot, ou de s'en dessaisir en faveur du constituant, pourrait-on exiger de lui qu'il sacrifiât ainsi les premiers intérêts de sa femme et de ses enfans à ceux de son beau-père? Nous ne le croyons pas, et nous persistons ainsi à penser que le constituant ne pourrait s'opposer à la saisie et à la vente de ses biens, sous le prétexte qu'ayant droit à des alimens, il aurait celui de se retenir une partie des biens saisis, pour y faire face; seulement nous le croirions fondé, s'il se liait une instance sur son opposition, à demander que, conformément à la loi, il lui fût accordé des alimens en proportion de la fortune du poursuivant.

109. Le débiteur de la dot ne se libère valable-

ment qu'autant qu'il délivre l'objet même qui a été constitué ; le mari ne peut être contraint de recevoir une autre chose en paiement, quoique la valeur de ce qui est offert soit égale ou plus considérable ; on doit suivre à cet égard les règles tracées pour le paiement. V. *Cod. civ.*, *art.* 1243. Ainsi, lorsqu'un fonds a été constitué en dot, c'est le fonds qu'il faut livrer et non sa valeur. Ce principe, lorsque l'aliénation du fonds dotal n'a pas été permise par le contrat, doit être exécuté rigoureusement, et il ne suffirait pas du consentement du constituant et de celui du mari pour opérer un pareil changement à la constitution. On sent, en effet, que l'immeuble constitué en dot étant inaliénable, on violerait ouvertement cette règle en laissant au constituant la faculté de donner, et au mari celle de recevoir autre chose que ce qui aurait été constitué.

Cependant, comme il n'y a aucun danger à courir pour la femme, lorsque la dot a été constituée en deniers, il est permis au mari de recevoir des immeubles en paiement de la dot; *Cod. civ.*, *art.* 1553 *et* 1559 ; mais alors l'immeuble reçu par le mari n'est point dotal, et il peut être aliéné; *d. art.* 1553. Il en était de même sous l'ancienne jurisprudence; Carondas, *liv.* 11, *Rép.* 16 ; Lapeyrère, *lett. F*, *n.*° 82 ; Brillon, *mot Dot*, *n.*° 50 ; Sirey, *tom.* 10, 2.e *part.*, *pag.* 351.

110. Si le mari reçoit la dot constituée en argent,

et qu'avec cet argent il achète des immeubles, les immeubles acquis ne seront pas dotaux, à moins que la condition de l'emploi n'ait été stipulée par le contrat de mariage; *Cod. civ.*, 1553.

Cette disposition a fait disparaître une difficulté sérieuse qui s'était élevée sur la manière dont devaient être conciliés plusieurs textes du droit romain, qui paraissaient entièrement contradictoires. Les lois 54, *ff. de jur. dot.*, et 22, *in f.*, *ff. solut. matr.*, décident, en effet, que les choses acquises des deniers de la dot sont dotales, tandis que les *lois 12, Cod. de jur. dot., et ult., Cod. de serv. in pign. dot.*, portent une décision contraire. Si la comparaison de ces textes et l'interprétation qu'on pouvait en donner n'étaient pas aujourd'hui de pure spéculation, nous aurions pu faire connaître, dans tous leurs détails, ce qu'en ont dit les interprètes du droit romain, et la manière dont chacun d'eux expliquait ces antinomies; mais nous croyons pouvoir mieux employer le tems et l'espace que nous consacrons à ce Traité. Si toutefois quelques personnes désiraient connaître ce qui a été dit de plus remarquable sur ce point, elles peuvent consulter la glose sur les lois 54, *ff. de jur. dot.*, et 12, *C.*, *au même titre;* Cujas, *Obs.*, *lib.* 5, *observ.* 29; Pothier, *in Pand.*, *lib.* 25, *tit.* 3, *n.*° 85; Ferrière, *Jurisprudence du Code*, *liv.* 3, *tit.* 32; et Roussilhe, *tom.* 1, *pag.* 215.

Les parlemens des pays de droit écrit, obligés de se prononcer lorsque ces textes étaient invoqués devant eux, décidèrent, moins par argumentation que par l'extrême faveur dont ils entouraient la dot, que les choses acquises des deniers dotaux étaient dotales lorsque la femme ne trouvait pas dans les biens de son mari de quoi se payer de sa dot; alors il lui était accordé une action contre les tiers détenteurs, lorsque les choses acquises avaient été aliénées par le mari. V. *les arrêts cités par* Brillon, *mot Dot*, *n.*° 50.

110. Les derniers termes de l'art. 1553 rappellent l'usage où l'on est dans beaucoup de provinces, et particulièrement en pays de droit écrit, de stipuler une condition d'emploi dans le contrat de mariage, lorsque la dot consiste en une somme d'argent, et que le futur ne présente pas une garantie suffisante. Cette condition d'emploi se stipule ordinairement en achat d'immeubles francs d'hypothèques; le mari est alors tenu de s'y conformer exactement, et le constituant ou la femme doivent veiller à ce qu'elle s'exécute.

Lorsque la clause d'emploi a été insérée dans le contrat de mariage, le mari ne peut exercer son action en paiement qu'en offrant de s'y soumettre; le débiteur peut opposer de cette clause, et s'en faire une exception, au moyen de laquelle le mari doit être écarté, s'il ne présente qu'une solvabilité douteuse. Il ne suffirait pas même que, dans sa demande, il offrît simplement de faire l'emploi des deniers de la dot, il faudrait encore qu'il désignât l'immeuble, afin que la valeur pût en être connue de la femme et du constituant.

Nous disons *de la femme*, parce que nous croyons que son consentement est toujours nécessaire lorsqu'il s'agit d'employer les deniers de sa dot en acquisition d'immeubles. Plusieurs raisons se présentent pour le faire penser ainsi :

1.° Il est naturel que la femme soit consultée sur l'acquisition qui est faite en son nom et pour elle; car, qui peut être plus intéressé à connaître la nature, la situation et la valeur d'un immeuble que celui qui veut l'acquérir? Cette acquisition n'est pas seulement faite pour le tems que durera le mariage, elle doit l'être aussi pour le cas où il viendra à se dissoudre, et où la femme restera survivante. Il faut donc avoir égard aux intentions de la femme, dans cette dernière circonstance; car il serait injuste de la part du mari d'acheter pour sa femme des immeubles qu'il saurait ne pouvoir lui convenir s'il venait à mourir avant elle.

2.° On trouve dans l'art. 1435 du Cod. civ. une disposition entièrement conforme à notre opinion; cet article porte que « la déclaration du mari que l'acquisition est faite des deniers provenus de l'immeuble vendu par la femme, et pour lui servir de remploi, ne suffit point, *si ce remploi n'a été formellement accepté par la femme*; si elle ne l'a pas accepté, elle a simplement droit, lors de la dissolution de la communauté, à la récompense du prix de son immeuble vendu. » Or, si sous le régime de la communauté la femme doit accepter le remploi des deniers de ses biens vendus, quelle raison peut-il y avoir pour refuser, sous le régime dotal, toute participation à la femme dans l'emploi de ses deniers dotaux, lorsque, sous ce dernier régime, tout doit être interprété favorablement pour elle ?

M. Merlin, avec lequel nous différons d'opinion sur ce point, dit, pour justifier la sienne, que si le législateur eût eu l'intention d'assimiler l'emploi des deniers dotaux au remploi du prix des propres de la femme, vendus pendant la communauté, il s'en serait expliqué dans l'art. 1553, comme il l'a fait dans l'art. 1435; mais il est facile de voir que c'est ici une omission du législateur; car, on le répète, il n'existe aucune raison pour dispenser le mari d'obtenir le consentement de la femme lorsqu'il veut faire l'emploi de ses deniers dotaux, et il en est de très-équitables pour l'exiger.

M. Merlin dit encore, il est vrai, que lorsque le mari emploie en héritages les deniers dotaux qu'il a reçus avec cette destination, il agit non comme le *negotiorum gestor* de la femme, mais comme son mandataire constitué à cet effet par le contrat de mariage; et l'on sait que les acquisitions faites par le mandataire sont de plein droit censées faites par le commettant; au lieu qu'en employant le prix des propres de la femme, qu'il a vendus pendant la communauté, le mari n'agit que comme maître de la communauté même.

Cette distinction nous paraît fautive : le mari, en employant le prix des propres de la femme, n'agit point, en effet, comme maître de la communauté, il agit en cela comme mandataire de la femme, s'il en a contracté l'obligation par son contrat ; car on ne voit nulle part que la loi l'oblige à faire le remploi des propres de la femme ; on voit, au contraire, dans l'art. 1433, que « s'il est vendu un immeuble appartenant à l'un des époux, et que le prix en ait été versé dans la communauté, *sans remploi*, il y a lieu au prélèvement de ce prix sur la communauté, au profit de l'époux qui était propriétaire de l'immeuble vendu. » Il faut donc qu'il y ait stipulation de remploi dans le contrat de mariage, pour que le mari y soit contraint, et s'il y a stipulation, il n'agit pas comme maître de la communauté, mais comme mandataire.

Maintenant, si l'on considère l'acquisition faite par le mari mandataire comme si elle eût été faite par la femme elle-même, il faut rayer du Code l'art. 1435, dont la disposition devient inutile; mais si, au contraire, on écarte la distinction faite par M. Merlin, comme contraire à l'esprit et à la lettre de la loi, il s'établit alors une analogie parfaite entre les deux cas, et il devient de plus fort certain que, soit sous le régime de la communauté, soit sous le régime dotal, la femme a le droit de veiller à l'emploi de ses deniers dotaux.

3.° Enfin, ne serait-ce pas ouvrir une porte à la fraude que d'écarter la surveillance de la femme à l'emploi de ses deniers dotaux? Qui empêcherait le mari d'acheter, à un haut prix apparent, un immeuble pour employer la dot de sa femme, tandis que secrètement, et d'intelligence avec le vendeur, il ne paierait qu'une somme moindre, et rembourserait le surplus? Serait-il tems, après l'emploi, de quereller l'acquisition?

Disons donc que si le consentement de la femme à l'emploi de sa dot n'est pas dans la lettre de la loi sur le régime dotal, elle est toute dans son esprit, et qu'il y aurait des inconvéniens graves à ne pas l'exiger.

112. Si le débiteur de la dot se libérait sans exiger l'emploi, et que plus tard le mari devînt insolvable, la femme ou ses héritiers pourraient le contraindre à payer une seconde fois. Cela peut paraître rigoureux au premier aspect; mais, pour peu qu'on y réfléchisse, on sent qu'il est nécessaire d'user de cette sévérité pour ne pas compromettre la dot. C'était ainsi, au reste, qu'on le jugeait aux parlemens de Grenoble et de Bordeaux. V. *un arrêt du* 19 *janvier* 1773, *rapporté par* M. Piat-Desvial, avocat à Grenoble, dans un excellent recueil manuscrit que ce jurisconsulte a laissé à son fils, M.

Desvial, juge au Tribunal de cette ville. V. aussi Lapeyrère, *lett. C, n.*° 151, *édition de* 1706.

113. La clause d'emploi rend-elle dotal de droit le fonds acquis par le mari, postérieurement au mariage, ou faut-il qu'il déclare, dans l'acte d'acquisition, que le prix de l'immeuble provient des deniers constitués en dot à sa femme, et dont il fait ainsi l'emploi, conformément à son contrat de mariage?

L'art. 1553 du Cod. civ. n'exige pas de déclaration de la part du mari dans l'acte; il semble même faire pressentir qu'il suffit, pour imprimer au fonds le caractère de dotalité, que la clause d'emploi soit insérée au contrat de mariage. Nous ne pensons pas cependant que cela soit suffisant; et, malgré le silence de la loi, nous croyons cette déclaration nécessaire. Voici sur quoi est fondée notre opinion :

Un immeuble qui devient dotal est en quelque sorte retranché du commerce, puisqu'il reste inaliénable; ce fait, important pour les tiers, doit être connu, sans quoi ils seraient exposés à être trompés; or, si l'immeuble acquis par le mari devenait dotal par la seule insertion de la clause d'emploi au contrat de mariage, il en résulterait que, plus tard, si le mari voulait revendre l'immeuble par lui acheté, rien n'apprendrait au nouvel acquéreur la dotalité du fonds qui lui serait vendu.

D'un autre côté, il pourrait résulter de ce défaut

de déclaration les inconvéniens les plus graves. Supposons, par exemple, que la somme dotale, dont l'emploi serait exigé, fût de 2,000 fr., et que le fonds acquis par le mari fût d'une valeur double, faudrait-il considérer cet immeuble comme entièrement dotal, ou seulement jusqu'à concurrence de 2,000 fr.? Le considérer comme entièrement dotal serait une injustice, puisqu'on entraverait gratuitement par-là une portion de la fortune du mari; le considérer comme dotal, jusqu'à concurrence des 2,000 fr., serait une absurdité; car, comment concevoir un immeuble dotal en partie, et en partie non dotal? On se trouverait donc placé, en adoptant cette interprétation, dans l'alternative de faire vouloir au législateur ou une chose contraire à l'équité, ou une chose absurde, ce qui ne peut pas être.

114. Le mari à qui une dot en argent a été promise peut-il, pour en obtenir le paiement, faire vendre les immeubles de son épouse, devenue héritière du constituant?

Un arrêt de la Cour de Riom, du 11 février 1809, rapporté par Sirey, *tom.* 10, *part.* 2.e, *pag.* 72, a jugé que le mari n'en avait pas le droit; mais nous croyons que cette Cour s'est écartée de l'esprit et de la lettre de la loi sur la matière.

Voici comment cet arrêt est motivé :

« Attendu que le mari doit protection à sa femme;

qu'il serait inconvenant et contraire à tous les principes que, tenu à la conservation des biens de sa femme, ce mari pût les faire vendre, pour parvenir à se faire payer d'une dot dont il n'a que l'usufruit, et que lui ou ses héritiers doivent restituer à la dissolution du mariage, par mort ou autrement; que le mari, dans ce cas, n'a d'autre droit que de réclamer, contre sa femme, l'intérêt légal du montant de la dot qui lui fut constituée, ou de la contraindre au délaissement d'un usufruit d'immeuble, suffisant pour produire ce même intérêt. »

Ainsi, d'après les auteurs de cet arrêt, lorsqu'une somme a été constituée en dot, la femme qui n'a que des immeubles pour se libérer doit être dispensée de les vendre, pour remplir ses engagemens ou ceux du constituant qu'elle représente; il faut, pour que le mari puisse former une réclamation efficace, que la femme ait des sommes à sa disposition, autrement elle ne peut être poursuivie sur ses autres biens.

Ces motifs, nous ne craignons pas de le dire, sont autant d'erreurs qu'il est aisé de réfuter.

Le mari, avons-nous déjà dit, a le droit de poursuivre les débiteurs ou détenteurs de la dot; poursuivre, c'est diriger toute espèce d'exécutions; et, comme la loi ne fait aucune exception de personnes et de biens, il faut en conclure que, lors même que les poursuites sont dirigées contre la femme et sur ses biens immeubles, elles sont toujours régulièrement exercées; qu'il n'y a rien d'inconvenant que la femme qui résiste au paiement de la dot y soit contrainte par la vente de ses immeubles, et qu'il n'est pas vrai que, dans ce cas, le mari n'ait que le droit de réclamer un usufruit égal à l'intérêt de la somme constituée.

Le mari n'est bien, il est vrai, que l'administrateur des biens dotaux; mais, comme nous l'avons déjà expliqué, il est des cas où il en devient propriétaire, et alors, ayant le droit d'en disposer à sa volonté, *constante matrimonio*, il doit avoir nécessairement celui de les exiger; or, un des cas où le mari devient propriétaire de la dot est précisément celui où la constitution dotale consiste en une somme d'argent, sans condition d'emploi. L'effet de cette constitution est de mettre à sa disposition la dot entière, à la charge seulement par lui de la rendre à la dissolution du mariage. Si donc le mari a le droit d'employer et de disposer à son gré de la somme constituée, il n'est pas juste de la lui enlever, par la seule considération que la femme résiste, et qu'elle n'a pas, en espèces, la somme suffisante pour faire face à sa dette.

Mais, dira-t-on peut-être, s'opposer à la vente des immeubles de la femme, c'est assurer la conservation de la dot, sans rendre la condition du mari plus dure, puisqu'on lui accorde un usufruit égal à l'intérêt de la somme constituée. D'abord, quant à la garantie que cette mesure présente pour la dot, elle n'est imposée ni par la loi, ni par le contrat, et dès le moment que la constitution a été faite, sans obligation de fournir emploi, c'est imposer au mari une charge onéreuse qui peut nuire à son crédit, que de ne lui accorder d'autre droit que celui de percevoir les fruits des immeubles représentatifs de la dot; enfin, c'est aggraver sa condition que de lui ôter la disposition de la somme constituée, qui, quoiqu'il soit obligé de la restituer, peut devenir, dans ses mains, la source d'une fortune considérable.

Ce raisonnement acquiert bien plus de force si nous supposons que le mari, voulant se livrer à un commerce quelconque, n'ait contracté que sous la foi qu'il toucherait la dot en numéraire, et qu'il ne serait pas tenu d'en faire emploi en achat d'immeubles; ne serait-ce pas le tromper d'une manière cruelle que de l'obliger à recevoir, à la place de la dot, un usufruit égal à l'intérêt qu'elle aurait pu produire? Ne serait-ce pas injustement enchaîner son industrie et le priver du seul moyen, peut-être, d'acquérir une fortune pour subvenir aux besoins de sa famille, qui peuvent s'accroître chaque jour, et pour le soutien de laquelle l'usufruit de la dot peut devenir insuffisant? Prenons garde qu'en voulant veiller à la conservation de la dot, nous ne nous laissions entraîner à violer la loi et à commettre quelque injustice : ici la violation de la loi serait patente, puisque nous apporterions au contrat de mariage des changemens qui ne sont pas permis : « Les conventions matrimoniales, porte l'art. 1395, ne peuvent recevoir aucun changement après la célébration du mariage. » Qu'y a-t-il de plus clair et de plus impératif que cette disposition? Et ne serait-ce pas modifier les conventions des époux que de changer la nature de la dot constituée, que de convertir en immeubles une dot en deniers? Vainement dirait-on qu'il n'est pas dans les bienséances que le mari fasse vendre les biens de sa femme, pour obtenir le paiement de la dot en numéraire; mais est-il dans les bienséances qu'une femme résiste à remplir les obligations qu'elle ou celui qu'elle représente s'est imposées? Si sa dot court quelque danger, elle peut le prévenir en provoquant sa séparation de biens; mais si elle n'est pas exposée, la conduite de la femme est injuste, et la sanction qui lui est donnée, une erreur manifeste.

115. Si la constitution ne porte pas de terme de paiement, le mari peut exiger la somme promise aussitôt que le mariage est célébré, et le constituant ne peut la retenir sous aucun prétexte; il ne serait pas fondé, par exemple, à se refuser au paiement, en soutenant qu'il ne s'était décidé à faire cette constitution que parce qu'il se croyait débiteur de la femme, ce qu'il a su depuis n'être pas : *Si quis indebitam pecuniam, per errorem, jussu mulieris*

sponso ejus promisisset, et nuptiæ secutæ fuissent, exceptione doli mali uti non potest; l. 9, §. 1, *ff. de cond. caus. dat. caus. non secut.; l.* 5, §. 5, *ff. de dolo mal. et met. except.* Il ne le serait pas mieux, lors même qu'étant réellement débiteur de la somme qu'il aurait promise par erreur, à titre de dot, il eût pu écarter la demande de la femme par quelque exception péremptoire; *l.* 78, §. 5, *ff. de jur. dot.;* mais il pourrait opposer de compensation si le mari se trouvait son débiteur, pourvu que la somme due au constituant fût liquide et certaine. V. *Cod. civ.*, *art.* 1291. La raison en est que, dès que la dot consiste en choses fongibles ou en deniers, le mari en devient propriétaire du moment de la célébration du mariage, et qu'en cette qualité il est exposé à tous les dangers qui peuvent résulter de la situation dans laquelle il se trouve à l'égard des tiers. V. Roussilhe, *n.*° 233; V. aussi un arrêt de la Cour de Grenoble, du 13 décembre 1823, rapporté au *Journal de* M. Gautier, *tom.* 1.er, *pag.* 309.

On trouve bien quelques auteurs qui ont émis une opinion contraire; mais ils se sont évidemment trompés sur la nature des droits du mari sur la dot constituée en argent; ils ont pensé que ce dernier n'y avait qu'un droit d'usufruit, et non un droit de propriété, ce qui est entièrement contraire à toutes les idées reçues, et sur lesquelles il est inutile de s'appesantir. V. au reste le *Dictionnaire de* Brillon, *dernière édition, mot Compensation*, et les auteurs qu'il cite.

116. Si le constituant est mort, l'action en paiement de la dot peut être dirigée contre ses héritiers; chacun d'eux est alors obligé à l'acquittement de la constitution, pour sa part et portion virile, et hypothécairement pour le tout, comme pour les autres dettes de la succession, sauf leur recours, soit contre leurs cohéritiers, soit contre les légataires universels, à raison de la part pour laquelle ils doivent y contribuer. V. *Cod. civ., art.* 873.

117. S'il échoit de faire procéder au partage des biens du constituant, pour obtenir la délivrance de la dot, le mari a-t-il le droit de le provoquer sans le concours ou l'intervention de sa femme?

Pour résoudre cette question, il faut bien entendre ce que le législateur a voulu dire par ces mots: le mari *seul* a le droit de poursuivre les *débiteurs* et *détenteurs* de la dot; car c'est dans le sens attaché à ces expressions qu'elle gît toute entière.

Il ne nous paraît pas douteux que les auteurs du Code, en employant ces mots, *débiteurs* et *détenteurs*, n'aient eu l'intention d'accorder exclusivement au mari l'exercice des actions réelles et personnelles, c'est-à-dire que, soit que la dot consiste en deniers, soit qu'elle consiste en immeubles, soit que la dot soit due par le constituant ou par des tiers qui aient en leur possession les biens affectés à son acquittement, le mari *seul* a le droit d'en demander la délivrance. Comment concevoir, d'ailleurs, qu'on puisse poursuivre les détenteurs des biens dotaux sans exercer contr'eux une action en revendication, une action réelle? D'un autre côté, le législateur, en accordant ce droit au mari, n'a fait que renouveler sur ce point les dispositions des lois romaines; la *l.* 11, *Cod. de jur. dot.*, était formelle à cet égard : *De his quæ in dotem data ac direpta commemoras, mariti tui esse actionem, nulla est dubitatio.* La *l.* 9, *Cod. de rei vend.*, n'est pas moins expresse : *Doce ancillam, de quâ supplicas, dotalem fuisse, in notione præsidis; quo patefacto, dubium non erit vindicari ab uxore tuâ nequivisse.* Enfin, les parlemens des pays de droit écrit, et notamment celui de Provence, jugeaient conformément au droit romain.

Si donc il est certain que le mari peut exercer toutes les actions réelles qui se rattachent à la dot, ce serait se mettre en contradiction évidente avec ce principe, que de lui refuser le droit de provoquer le partage des biens dont cette même dot ferait partie; ce droit devient une conséquence nécessaire de l'interprétation naturelle de l'art. 1549, interprétation qui ne saurait raisonnablement être contestée.

Cependant, nous ne devons point dissimuler que cette doctrine, qui est au reste professée par plusieurs auteurs recommandables, entr'autres par M. Delvincourt (*), et qui a été consacrée par un arrêt de la Cour d'Aix (**), n'est pas restée sans contradicteurs.

M. Chabot-de-l'Allier, dans son Commentaire sur les successions, *tom.* 3, *pag.* 81 et *suiv.*, M. Dard, dans son Instruction sur les contrats de mariage, *pag.* 273, y sont formellement opposés; ils se fondent principalement sur les dispositions de l'art. 818 du Code civil, qui décide que le mari peut, sans le concours de sa femme, provoquer le partage des objets meubles ou immeubles à elle échus, qui tombent dans la communauté; *mais qu'à l'égard des objets qui ne tombent pas en communauté*, le mari *ne peut* en provoquer le partage sans le concours de sa femme.

Toutefois, il est facile de voir que ces auteurs, en le décidant ainsi, sont partis d'une fausse base, et qu'en appliquant l'art. 818 au régime dotal, ils lui ont donné une extension qu'il ne doit pas avoir. Remarquons, en effet, que les auteurs de cet article, en exigeant le concours de la femme dans l'action en partage des biens qui ne tombent pas en communauté, n'ont point pu avoir en vue le régime dotal, puisqu'alors ses termes se trouveraient en

(*) Tom. 3, pag. 382, aux notes, édit. de 1819.

(**) Rapporté au 14.e vol. de la jurisprudence du Code civil, pag. 289.

contradiction manifeste avec ceux de l'art. 1549, qui accordent au mari le droit exclusif de poursuivre les détenteurs des biens dotaux ;

Que, d'ailleurs, au moment où l'art. 818 fut converti en loi, le titre du contrat de mariage n'avait point encore été discuté, et qu'alors la majorité des rédacteurs du Corps législatif étant portée à établir le régime de la communauté comme droit commun de la France, ces législateurs, en adoptant l'article 818, ne durent penser qu'aux partages à provoquer sous ce régime; que les termes mêmes dans lesquels l'article est conçu le prouvent d'une manière indubitable; qu'il n'y est nullement parlé de biens dotaux, et que ces mots, *à l'égard des biens qui ne tombent pas dans la communauté*, ne s'appliquent qu'aux propres de la femme, à raison desquels la loi a refusé au mari l'exercice des actions immobilières, *Cod. civ.*, *art.* 1428, et, par conséquent, l'action en partage, ce qui est opposé au régime dotal où le mari a seul le droit de poursuivre les détenteurs des biens dotaux.

118. Si le constituant se libère, le mari seul peut passer quittance valable de la dot; c'est là du moins une conséquence immédiate du droit qu'il a d'en poursuivre les débiteurs. V. Despeisses, *de la Dot*, *part.* 1.re, *sect.* 2, *n.o* 8. Quant à la foi que mérite cette quittance, elle est toujours subordonnée aux circonstances. Dans l'ancienne jurisprudence, on

admettait plusieurs distinctions sur ce point; on distinguait les quittances publiques qui contenaient la mention de la réelle numération, de celles qui ne la contenaient pas : les premières faisaient pleine foi, non-seulement contre le mari, mais encore contre les tiers. V. Boniface, *tom.* 1.er, *pag.* 410, *édit. de* 1708; Catellan, *liv.* 4, *chap.* 46; Lapeyrère, *lett. D*, *n.°* 121, *édition de* 1725; Basnage, *sur la coutume de Normandie*, *art.* 410. On ajoutait aussi plus de foi aux reconnaissances qui se rapportaient à une constitution spéciale qu'à celles qui se référaient à une constitution de tous biens présens et à venir. Aujourd'hui, l'authenticité de la quittance ne suffirait pas pour la soustraire aux poursuites des tiers, alors même qu'elle contiendrait l'énonciation que les deniers ont été comptés au vu du notaire ; si des présomptions graves, précises et concordantes de fraude et de simulation étaient opposées contre cette quittance, elle serait, comme tout autre acte authentique, annullée par les Tribunaux. V. *Cod. civ.*, *art.* 1553.

La réelle numération serait bien, il est vrai, une circonstance que l'on pourrait invoquer en faveur de la reconnaissance du mari; mais comme ce fait peut être simulé comme tout autre, il faut laisser à ceux dont il blesse les intérêts la faculté d'en prouver la fausseté. Les Tribunaux ne pourraient pas, sans violer la loi, repousser les indices de fraude et de simulation qui seraient proposés, en invoquant la foi due aux actes authentiques, et l'énonciation de la réelle numération ; c'est ce qui a été formellement décidé par un arrêt de la Cour de cassation du 10 juin 1816 (*), dans l'espèce suivante :

« La dame veuve de Labrousse avait deux fils, Bertrand et Marc de Labrousse, et deux filles, Marie-Antoinette-Victoire et Jeanne-Rosalie de Labrousse : les deux fils émigrèrent.

» Bertrand de Labrousse, étant entré en France en l'an 10, se marie le 21 germinal an 11, et, dans son contrat de mariage, sa mère lui fait donation, par préciput, de toute la quotité disponible, alors d'un cinquième. Le 26 floréal même année, la dame veuve de Labrousse vend à son fils tous ses biens meubles et immeubles ; ce contrat de vente porte le prix des immeubles à 30,000 francs, *laquelle somme*, y est-il dit, *a été tout présentement comptée par ledit Bertrand de Labrousse à la dame sa mère, savoir*, 20,000 *francs en effets négociables*, *et* 10,000 *fr. écus ; tout pris et retiré par la dame veuve de Labrousse, après due vérification.* Ce même contrat porte le prix des meubles à 2,800 fr., laquelle somme a été également comptée.

» Le 21 messidor suivant, la dame veuve de Labrousse donne, devant notaire, quittance de 20,000 fr. d'effets négociables.

Peu de tems après, la dame veuve de Labrousse

(*) Sirey, tom. 16, 1.re part., pag. 449.

décède : ses deux filles, Marie-Antoinette-Victoire, épouse Fournier, et Jeanne-Rosalie, épouse Bovier-de-Bellevaux, prétendent que les divers actes passés entre leur frère et leur mère sont simulés; qu'ils n'ont été faits que pour les priver de leur réserve.

» 4 juin 1811, jugement du Tribunal de première instance de Sarlat, qui annulle les divers actes, attendu, porte ce jugement, que les présomptions qui militent contre la sincérité du contrat du 26 floréal an 11, résultent de la qualité des parties, du dépouillement absolu de la prétendue venderesse, de la vileté du prix, et sur-tout du défaut de moyens, pour acquérir, de la part de Bertrand de Labrousse, constatés par des écrits émanés de lui, qui sont produits au procès; d'où il suit que le contrat ne peut pas être regardé comme sérieux, et que, dès-lors, la propriété des objets vendus en apparence par la dame de Labrousse ne cessa point de résider sur sa tête. »

Appel par le sieur de Labrousse.

« 5 août 1812, arrêt de la Cour royale de Bordeaux, qui réforme le jugement du Tribunal de Sarlat, non pas parce que les présomptions de fraude et de simulation ne sont pas assez fortes pour entraîner l'annullation, mais parce que ce contrat, qui portait numération d'espèces, ne pouvait être renversé que par l'inscription de faux. »

Voici les termes de cet arrêt : « Attendu qu'il est établi, par l'acte de vente du 26 floréal an 11, que, sur les 30,000 fr., prix de la vente des immeubles, 10,000 fr. furent payés en écus, pris et retirés par la dame Salle, veuve de Labrousse, venderesse, après due vérification; que le prix des meubles, fixé à 2,800 fr., fut aussi compté sur l'acte de la venderesse, pris et retiré par elle; que par l'acte du 21 messidor an 11 la somme de 20,000 fr., qui avait été payée lors du contrat, en effets négociables, fut réalisée en écus, prise et retirée par la dame Salle, veuve de Labrousse, après due vérification: que ces faits, qui constituent le paiement effectif et réel de la totalité du prix de la vente établie par des actes publics revêtus des formes prescrites par les lois, doivent être regardés comme certains jusqu'à ce que les actes qui les constatent soient détruits par les voies légales; que jusques là les présomptions, les conjectures doivent disparaître et ne peuvent être d'aucune influence; que la loi défendant expressément d'admettre aucune preuve testimoniale contre et outre le contenu aux actes, lors même qu'il ne s'agit que d'une somme modique, à plus forte raison ne peut-on pas être admis à les attaquer et espérer de les faire détruire par de simples raisonnemens, des conjectures qui, le plus souvent, conduisent à l'erreur; que de là il résulte nécessairement que la vente consentie à Bertrand de Labrousse, que les lois ne défendaient pas, et dont il est prouvé qu'il a réellement payé le prix en présence du notaire et des témoins, qui, par les qualités et les fonctions qu'ils remplissent, ajouteraient encore à la force de la preuve résultante des actes, s'il restait quelque chose à désirer, doit être maintenue et produire tout son effet. »

Pourvoi en cassation pour violation de l'art. 1353 du Code civil, et fausse application de l'art. 1319 du même Code, en ce que l'arrêt attaqué avait jugé qu'il n'était pas permis d'admettre dans l'espèce la preuve de la simulation par présomption et par témoins, attendu que la convention de vente et la numération d'espèces étaient constatées par un acte public non argué de faux.

Arrêt. Après délibéré,

« La Cour, — Vu l'art. 1353 du Code civil,

» Attendu que l'arrêt dénoncé a jugé, en point de droit, que les contrats passés par-devant notaire ne peuvent être attaqués par des tiers intéressés, pour cause de simulation frauduleuse, que par la voie de l'inscription de faux, lorsque lesdits contrats contiennent numération d'espèces; que les présomptions et conjectures doivent disparaître, et ne peuvent être d'aucune influence, jusqu'à ce que les actes qui se trouvent revêtus des formes prescrites par la loi, aient été détruits et écartés par des voies légales;

» Attendu qu'en jugeant ainsi la Cour royale a fait une fausse application de l'art. 1319 du Code civil, dont il résulte seulement que l'acte authentique fait pleine foi de la convention qu'il renferme entre les parties contractantes, leurs héritiers ou ayant cause; que les demanderesses étaient des tiers intéressés à contester la validité de l'acte du 26 floréal an 11, puisqu'elles n'y avaient pas été parties, et que leur demande en nullité était fondée sur leur qualité de légitimaires dans les biens de la venderesse, dont la succession se trouvait entièrement ruinée par ledit acte;

» Attendu qu'en appliquant l'art. 1319 l'arrêt dénoncé a ouvertement violé l'art. 1353, qui abandonne aux lumières et à la prudence des magistrats les présomptions qui ne sont pas établies par la loi, lorsque l'acte est attaqué par cette voie, pour cause de fraude ou de dol; qu'il s'agissait uniquement, en effet, dans l'espèce particulière, de l'appréciation de présomptions qui tendaient à établir une simulation frauduleuse dans l'acte dudit jour 26 floréal an 11; que la Cour royale devait dès-lors se livrer à cette appréciation; que c'était dans cette unique appréciation que consistait tout le procès; que c'était l'unique question qui avait été jugée en première instance, la seule qui eût été discutée en cause d'appel, et la seule conséquemment qui fût à juger; que ce fut aussi la seule qui fut jugée par l'arrêt dénoncé, en rejetant la demande, sur le motif erronné que la simulation frauduleuse ne peut être opposée par des tiers contre les actes qui contiennent numération d'espèces, comme si la numération d'espèces n'était pas susceptible de simulation comme les autres stipulations des contrats;

qu'il y a donc dans l'arrêt dénoncé fausse application de l'art. 1319 du Code civil, et violation de l'art. 1353 combiné avec les art. 913 et 1349 du même Code; casse., » etc.

119. Les indices de simulation que l'on peut invoquer contre une quittance de dot peuvent être très-nombreux ; mais ordinairement ils se tirent, 1.° de la nécessité où se trouve le mari de prendre une voie détournée pour avantager sa femme; 2.° de la stipulation que les deniers ont été précédemment reçus; 3.° de l'impossibilité où a pu se trouver le constituant de se procurer la somme constituée et prétendue payée; 4.° du mauvais état des affaires du mari au moment où la reconnaissance a été passée; 5.° de la nature de la constitution de la dot.

Il n'est pas nécessaire du concours de ces cinq circonstances pour faire prononcer l'annullation de la quittance arguée de simulation; mais une seule aussi ne suffirait pas. Au reste, la gravité et le nombre des présomptions sont abandonnés à la prudence des magistrats.

120. La preuve de la simulation de tout acte, et par conséquent d'une quittance ou reconnaissance de dot, peut se faire non-seulement par indices et présomptions, mais encore par témoins; Dargentrée, *sur la coutume de Bretagne, art.* 269 *et* 270*;* Dumoulin, *sur le* §. 55 *de la coutume de Paris, gl.*

2, *n.*° 7 ; Brodeau, sur Louet, *lett. T*, §. 7 ; Rousseau-Lacombe fils, *Recueil des arrêts et réglemens notables ;* Pothier, *Traité des obligations, n.*° 777 ; *arr. cass. du* 20 *thermidor an* 9, *rapporté par* Sirey, *tom.* 2, *part.* 1.re, *pag.* 24, *et l'arrêt du* 10 *juin* 1816 *ci-dessus, n.*° 77 ; avec cette distinction importante cependant, que lorsque l'acte est attaqué par une des parties contractantes, il faut qu'il y ait eu commencement de preuve par écrit, ce qui n'est pas nécessaire lorsqu'il l'est par des tiers ; *arrêts de cass. des* 9 *février* 1808 *et* 7 *mars* 1820, *rapportés par* Sirey, *tom.* 8, 1.re *part.*, *pag.* 114, *et tom.* 20, 1.re *part.*, *pag.* 290.

121. Remarquons toutefois qu'une reconnaissance de dot ne peut être déclarée nulle comme simulée, qu'autant qu'elle fait fraude à la loi : supposons, par exemple, que la reconnaissance du mari ait eu pour objet, non pas de constater le paiement réel de la dot, mais une donation déguisée en faveur de la femme ; cette reconnaissance devra-t-elle être annullée, lors même que le mari aurait pu, au moment où elle a été faite, disposer de tout ou partie de son bien, ou devra-t-elle être entretenue ou réduite en cas qu'elle excède la quotité disponible? La jurisprudence de la Cour de cassation étant désormais fixe sur ce point, qu'une donation, sous la forme d'une vente, est valable, quand elle ne porte pas atteinte à la réserve légale,

il faut en dire autant de la quittance du mari, contenant un avantage indirect envers la femme. V. *arr., cass., des 22 août* et 19 *novembre* 1810 (*), et 29 juin 1813 (**). Cette opinion est au reste conforme à la jurisprudence du parlement de Dauphiné, qui a constamment jugé, et notamment par un arrêt du 7 juillet 1775 (***), que la reconnaissance de dot, faite par le mari à sa femme, valait comme donation à cause de mort, bien qu'elle fût simulée et reconnue telle en l'instance.

Mais, en considérant comme valable cette donation, il ne faut pas oublier que les libéralités entre époux étant toujours révocables, *Cod. civ., art.* 1096, la femme ne pourrait opposer efficacement de la jurisprudence que nous venons de rapporter, qu'autant que le mari n'attaquerait pas lui-même la reconnaissance, et ne la ferait pas déclarer simulée; car, s'il parvenait à en faire prononcer la simulation par les Tribunaux, la femme ne pourrait pas jouir du bénéfice subsidiaire que cette jurisprudence lui accorde, puisque le mari aurait le pouvoir de révoquer immédiatement sa libéralité.

122. L'action en paiement de la dot se prescrit,

(*) Sirey, tom. 10, 1.re part., pag. 371; tom. 11, part. 1.re, pag. 76.

(**) Sirey, tom. 13, 1.re part., pag. 378.

(***) V. la Jurisprudence de la Cour royale de Grenoble, de M. Villars, pag. 246.

comme toutes les autres actions par le laps de 30 ans. V. *Cod. civ.*, 2262. Quelques auteurs anciens, se fondant sur *la nov.* 100 *et sur l'auth. quod locum, C. de dote cautâ non numeratâ*, soutenaient que cette action ne durait que 10 ans; le parlement de Paris avait même consacré cette opinion par plusieurs arrêts, et notamment les 26 mai 1611, et 9 décembre 1614. V. Louet, *lettre D., chap.* 19, et Brodeau, sur le même chapitre. V. aussi Lamoignon, *en ses arrêtés, tit.* 29, *art.* 29. Mais plus tard on reconnut que c'était par une fausse interprétation de ces lois que cette doctrine avait été adoptée, et, dès-lors, la jurisprudence et le sentiment des auteurs devinrent unanimes sur ce point, que l'action en paiement de la dot ne se prescrivait que par trente ans. V. Despeisses, *part.* 1.re, *sect.* 2, *n.*° 27 ; Catellan, *liv.* 4, *chap.* 46 ; Argou, *tom.* 2, *pag.* 83; Roussilhe, *tom.* 2, *pag.* 4 *et suiv.*; Prévôt-de-la-Jannès, *Principes de jurisprudence*, *pag.* 83. Il fut délibéré, dit Brillon, *mot Dot*, *n.*° 75, dans la bibliothèque des avocats, en l'année 1712, où étaient MM. les gens du Roi, que l'action de la dot durait trente ans, et non dix ans. Il fut convenu que la première fois que cette question se présenterait, Messieurs les gens du Roi travailleraient à en établir la jurisprudence. C'était l'avis de M. le procureur général présent à la dissertation.

La jurisprudence et les auteurs modernes sont aussi conformes à cette doctrine. Un arrêt de la

Cour de Colmar, du 19 nivôse an 10, rapporté par Sirey, *tom.* 7, 2.ᵉ *part.*, *pag.* 918, a jugé que la prescription de dix ans, établie par le droit romain, en matière de dot, ne pouvait être opposée au mari par les auteurs de la constitution dotale; que ceux qui devaient fournir la dot n'étaient valablement libérés que par une quittance en bonne forme, ou par la prescription de trente ans. L'auteur du nouveau Dunod, *pag.* 262; Malleville et Dufour, *sur l'article* 1569 *du Cod. civ.*, partagent cette opinion, et il paraît certain maintenant qu'on soutiendrait sans aucun succès le système contraire.

123. Indépendamment du droit que le mari a de poursuivre le constituant en délivrance de la dot, il a encore celui d'exiger des débiteurs des sommes constituées le remboursement de tout ce qu'ils doivent en capitaux et intérêts; *l.* 11, *C. de jur. dot.*, *Cod. civ.*, *art.* 1549, *n.*° 2. S'il s'élève quelques difficultés à raison de ce recouvrement, ou si les débiteurs ne veulent pas payer, il a seul le droit de poursuivre et de défendre : tous les actes de procédure sont régulièrement faits à sa seule requête; toutefois, cela doit s'entendre de tous actes qui ne contiennent aucune aliénation directe ni indirecte; ainsi, il ne pourrait acquiescer à un jugement ni se désister de sa demande, sans être exposé plus tard à voir attaquer ces actes de nullités, s'ils avaient pour résultat une perte de tout ou partie de la dot.

V. Roussilhe, *n.*° 217. Cette prohibition s'étend au reste à toutes les instances que le mari peut intenter ou soutenir, soit contre les débiteurs ou détenteurs de la dot, soit contre toute autre personne.

124. Toutes les causes ayant pour objet les biens dotaux, dans lesquelles le mari est en qualité, soit comme demandeur, soit comme défendeur, sont dispensées du préliminaire de la conciliation; on ne trouve pas, il est vrai, de disposition formelle à cet égard dans les lois sur la procédure, mais cela résulte évidemment de l'interprétation naturelle de l'art. 48 du Code de procédure civile : « Aucune demande principale, porte cet article, introductive d'instance, entre parties capables de transiger, et sur des objets qui peuvent être la matière d'une transaction, ne sera reçue dans les Tribunaux de première instance que le défendeur n'ait été préalablement appelé en conciliation devant le juge de paix, ou que les parties n'y aient volontairement comparu. »

Ces termes, *entre parties capables de transiger, et sur des objets qui peuvent être la matière d'une transaction*, démontrent assez que les demandes relatives aux biens dotaux, et qui sont intentées par le mari, ou auxquelles il est obligé de défendre, doivent être comprises dans le nombre de celles où l'épreuve de la conciliation n'est pas nécessaire. Il est hors de doute que, n'ayant pas la capacité de disposer des biens dotaux, et ces biens ne pouvant être l'objet d'une transaction ; le mari est dispensé de la conciliation dans les causes qui les concernent. V. *Cod. civ.*, *art.* 2045 *et* 1554.

125. C'était une question très-controversée autrefois que celle de savoir si le mari pouvait recevoir le remboursement des rentes que sa femme lui avait apportées en dot. La divergence d'opinions naissait de ce qu'en pays coutumier les rentes étaient considérées comme immeubles, tandis qu'en pays de droit écrit elles étaient classées parmi les meubles. Les auteurs qui les considéraient comme immeubles refusaient au mari le droit d'en recevoir le remboursement. V. Lebrun, *de la Communauté*, *liv.* 2, *chap.* 2, *n.*° 20. Les auteurs des pays de droit écrit, au contraire, décidaient la question en faveur du mari, et lui donnaient plein pouvoir de passer quittance au débiteur de la rente sans le concours de sa femme. V. Roussilhe, *n.*° 256, *et les arrêts qu'il cite.* Cependant, il paraît que plus tard la jurisprudence devint unanime sur ce point; Bretonnier, *sur la quest.* 66 *de* Henrys, nous l'apprend lui-même :

« Le débiteur, dit cet auteur, a la liberté perpé-
» pétuelle de se libérer quand il lui plaît ; ainsi, si
» la rente procède du chef de sa femme, elle ne
» peut empêcher que son mari ne reçoive le rem-
» boursement du sort principal. La seule difficulté

» qu'il peut y avoir sur cela est de savoir si le
» mari a besoin du consentement de sa femme;
» autrefois cette question était fort controversée,
» mais à présent c'est une maxime certaine au palais,
» que le mari peut recevoir le remboursement des
» rentes de sa femme sans avoir besoin de son con-
» sentement; on regarde cela comme un acte d'ad-
» ministration. »

Sous notre législation actuelle, il ne peut plus y avoir le moindre doute sur ce point; le mari peut recevoir, sans aucune distinction, le remboursement de toute espèce de capitaux constitués en dot à sa femme; *d. art.* 1549, ℣. 2, et conséquemment celui d'une rente; il peut même, si le débiteur cesse pendant deux ans de servir la rente, faire déclarer le capital à jour et le contraindre au rachat; *Cod. civ.*, 1912.

Remarquons toutefois qu'il faut qu'il n'y ait qu'une constitution pure et simple de la rente, et que le contrat ne contienne aucune stipulation d'emploi; car, s'il était dit dans le contrat que le mari serait tenu d'employer les capitaux constitués en achats d'immeubles, bien qu'il ne fût pas parlé du cas où une rente serait rachetée par le débiteur, le mari ne devrait pas moins faire emploi du capital de la rente, comme de tous les autres qu'il aurait reçus.

126. En sa qualité d'administrateur des biens dotaux, le mari a le droit de passer et de renouveler

les baux; mais il doit entretenir ceux faits par sa femme antérieurement au mariage. Il n'en était pas ainsi avant le Code : le mari jouissait du bénéfice de la loi *emptorem*, *C. locat. conduct.*, qui permettait à l'acquéreur d'expulser le fermier ou le locataire lorsqu'il n'avait point acheté sous l'obligation d'entretenir le bail. Ce droit, établi en sa faveur, existait, que la dot fût estimée ou ne le fût pas; en cas d'estimation, il était considéré comme acquéreur; dans le cas contraire, il était assimilé à l'usufruitier, à qui la loi *arbores* 59, *ff. de usufr.*, accordait aussi le droit d'expulser le fermier.

Mais si le mari doit entretenir les baux antérieurs au mariage, la femme n'a pas le droit d'en passer depuis la célébration; s'il arrivait que, par absence ou condescendance du mari, la femme eût continué à consentir les baux sans procuration, le mari pourrait les faire annuller; cependant, si ces baux avaient été exécutés en sa présence, que les paiemens faits à la femme l'eussent été sans aucune opposition de sa part, on devrait considérer son silence comme un consentement tacite, et le déclarer non recevable dans son action en nullité. De même, si la femme avait reçu les prix de ferme, et qu'il fût constaté que le montant en eût été employé aux besoins communs et à ceux de la famille, les fermiers devraient être déclarés valablement libérés envers le mari; mais s'il s'élevait le moindre doute sur l'emploi des prix de ferme, l'action du mari resterait entière, et les fermiers devraient être condamnés à payer une seconde fois.

127. L'administration du mari s'étend sur tous les biens dotaux, tant meubles qu'immeubles ; elle doit être active, constante et telle que la dot ne se détériore pas. Nous verrons plus tard les obligations et les charges qu'elle impose ; quant aux droits qui peuvent en résulter, autres que ceux que nous venons de signaler, comme ils sont communs au mari usufruitier, comme au mari administrateur, nous avons cru devoir, pour ne pas nous livrer à des répétitions, en renvoyer l'exposition à l'article suivant.

ART. III.

Des droits du mari, comme usufruitier des biens dotaux.

128. En sa qualité d'usufruitier des biens dotaux, le mari en perçoit exclusivement les fruits et les intérêts ; *Cod. civ.*, 1549, ℣. 2. Cependant, il peut être convenu par le contrat de mariage que la femme touchera annuellement, sur ses seules quittances, une partie de ses revenus, pour son entretien ou ses besoins personnels ; *d. art.* 1549, ℣. 3.

Cette dernière disposition, qui n'est que la répétition de l'art. 1534, a été introduite bien inutilement dans le régime dotal, puisque la femme, pouvant se réserver en paraphernal une partie de ses biens, n'a pas besoin de stipuler qu'elle touchera, sur ses seules quittances, une partie de ses revenus; cette décision paraît même fondée sur une appréhension qu'il eût été bienséant et plus sage de ne pas signaler, la femme pouvant se garantir du fait qu'elle présuppose par la faculté qu'elle a de ne se constituer en dot qu'une partie de sa fortune. Au reste, comme le dit M. de Malleville sur cet article, il est rare de voir faire, dans les contrats de mariage, de semblables conventions; elles se font communément après, et s'exécutent entre gens honnêtes, quoiqu'elles ne soient pas obligatoires en justice.

129. Toutefois, cette clause, quelque rare qu'elle soit, pouvant donner lieu à des difficultés dans son exécution et dans ses résultats, il n'est pas inutile de les prévoir.

Première hypothèse.

Supposons qu'en se constituant tous ses biens une femme se soit réservé le droit de toucher, sur ses seules quittances, une partie de ses revenus pour ses besoins personnels, et que le contrat ne dise pas sur quels biens porterait cette réserve, la femme aurait-elle le droit de se prévaloir, à son choix, de certains revenus plutôt que d'autres, dont le recouvrement ou la réalisation serait plus difficile?

Il ne nous paraît pas douteux que, dans ce cas, les charges du ménage commun, l'éducation et l'entretien des enfans, ne dussent être préférés aux besoins personnels de la femme, et que cette dernière ne pût réclamer l'exécution de la clause stipulée en sa faveur qu'après que le mari aurait pris sur les revenus de la dot de quoi y faire face. Ainsi, par exemple, si dans les revenus des biens dotaux il se trouvait des prix de ferme ou de loyer échus, la femme ne pourrait pas s'en prévaloir de préférence au mari; elle devrait attendre que ce dernier eût prélevé de quoi pourvoir aux besoins de la famille. Il en devrait d'autant plus être ainsi que les besoins de la femme ne seraient pas, dans ce cas, des besoins urgens et de première nécessité, puisqu'elle trouverait déjà dans la maison conjugale de quoi les satisfaire: qu'alors les revenus qu'elle se serait réservés n'étant destinés qu'aux choses de luxe, ou tout au moins à des superfluités, il serait de toute justice de donner au mari la faculté de prendre les revenus les plus faciles à exiger, sauf à la femme à se prévaloir des autres.

130. *Deuxième hypothèse.*

Si, malgré le droit de préférence que nous accordons dans ce cas au mari, la femme se présentait aux débiteurs des prix de ferme ou de loyer, et qu'elle en reçût le montant sur la représentation de son contrat de mariage, ces débiteurs seraient-ils valablement libérés?

Nous ne le pensons pas. D'abord, ces débiteurs

ne pourraient pas savoir si la femme n'aurait pas déjà exigé d'autres personnes la somme qu'elle serait en droit de percevoir sur sa seule quittance. D'un autre côté, si le contrat ne portait qu'une quotité de revenus, comme le quart, le sixième, sans déterminer une somme fixe, les débiteurs ne pourraient pas non plus apprécier et fixer eux-mêmes le montant de cette quotité, et ils s'exposeraient par-là à payer plus que la femme n'aurait le droit d'exiger. Nous croyons donc que si les fermiers ou locataires avaient l'imprudence de payer entre les mains de la femme, sans appeler le mari ou sans son consentement par écrit, ils pourraient être recherchés par lui, sauf leurs recours contre la femme et sur ses revenus à venir seulement.

Toutefois, on pourrait objecter que ces mots de l'art. 1549, *sur ses seules quittances*, sembleraient faire penser que l'intention du législateur a été que la femme aurait le droit, sans l'intervention de son mari, de recevoir des fermiers des biens dotaux le le montant de sa réserve; mais, en y réfléchissant un peu, on acquiert bientôt la certitude que telle n'a pu être sa pensée, puisque, ainsi que nous venons de l'expliquer, les fermiers ou locataires ne pourraient jamais savoir si la femme n'aurait pas déjà reçu d'autres débiteurs, ou même du mari, ce qu'elle aurait le droit de recevoir d'après son contrat. Il faut donc toujours nécessairement que le mari soit présent, ou que la femme soit porteur ou d'une quittance signée et par elle et par son mari, ou d'une procuration de ce dernier.

131. *Troisième hypothèse.*

Si dans les biens dotaux il se trouvait des capitaux placés à intérêts, et que la somme que la femme aurait le droit d'exiger fût fixée par le contrat de mariage, celle-ci pourrait-elle exiger et les débiteurs payer valablement les intérêts de ces capitaux, jusqu'à concurrence de ce qui lui serait dû?

Nous ne le pensons pas non plus. 1.° Il y aurait ici la même raison que dans l'espèce précédente, c'est-à-dire que les débiteurs ne pourraient pas savoir si la femme ne se serait pas déjà prévalue sur d'autres débiteurs de la somme lui revenant; 2.° le mari devenant propriétaire de la dot, qui consiste en argent ou en choses fongibles, les détenteurs des deniers dotaux se trouvent, par cela seul, les débiteurs exclusifs du mari, et non ceux de la femme; ce serait au mari seul qu'ils devraient payer les intérêts des sommes placées entre leurs mains, à moins que la femme ne se présentât munie d'un mandat ou d'une autorisation de sa part.

132. *Quatrième hypothèse.*

Dans le cas d'une réserve, de la part de la femme, d'une partie de ses revenus, le mari aurait-il le droit de la faire réduire?

Pour l'affirmative on peut dire que, bien que la

femme ait le droit exclusif de disposer de cette réserve, il peut se présenter des circonstances où les facultés du mari ne lui permettant plus de pourvoir, même avec les fruits des biens dotaux, à toutes les charges du mariage, la femme doit nécessairement y contribuer pour une partie de ses revenus; que, dans le cas où tous ses biens sont paraphernaux, la loi, *Cod. civ.*, 1575, l'oblige à pourvoir aux besoins communs jusqu'à concurrence d'un tiers de ses revenus; qu'ici, quoique la loi se taise, il doit au moins en être de même, puisque cette réserve de la part de la femme lui est en quelque sorte paraphernale; qu'il serait d'ailleurs inconvenant que la femme fût dans l'opulence lorsque l'intérieur de sa maison manquerait du nécessaire.

Pour la négative on répond qu'il est de principe rigoureux que les conventions matrimoniales ne peuvent recevoir aucun changement après la célébration du mariage; *Cod. civ.*, 1395; que ce serait porter atteinte à cette règle que de réduire la réserve que la femme se serait faite d'une partie de ses revenus; que si bien il est vrai que la femme soit obligée de contribuer aux charges du mariage jusqu'à concurrence d'un tiers de ses revenus, ce n'est que dans le cas où tous ses biens sont paraphernaux; que cette disposition ne peut recevoir, dans le cas présent, aucune application, puisque tous les biens de la femme sont au contraire soumis à la dotalité, et que la réserve qu'elle s'est faite en est seule exceptée.

Cette dernière opinion nous paraît la plus conforme aux principes ; cependant, il pourrait arriver des circonstances tellement impérieuses qu'il serait bien difficile de la voir triompher. Si, par exemple, une partie des biens dotaux et ceux du mari étaient péris par un événement quelconque, que les enfans et leur père n'eussent pas même de quoi subvenir aux besoins de première nécessité, il est bien certain alors que si les Tribunaux ne prononçaient pas la réduction de la réserve, ils accueilleraient au moins l'action en paiement d'une pension alimentaire que ces enfans et le mari pourraient exercer contr'elle, conformément aux art. 205 et 207 du Cod. civ., ce qui produirait pour eux un résultat équivalent. Toutefois, hors le cas d'une absolue nécessité, nous croyons que la femme conserverait l'entière disposition des revenus qu'elle se serait réservés, et qu'elle pourrait opposer efficacement de la disposition de l'art. 1395.

133. Le mari, avons-nous dit, en sa qualité d'usufruitier des biens dotaux, en perçoit exclusivement tous les fruits. *Dotis fructuum ad maritum pertinere debere æquitas suggerit; cum enim ipse onera matrimonii subeat, æquum est eum etiam fructus percipere; l. 7, ff. de jur. dot.; Cod. civ., art.* 1549, ✠. 2. Comme chef de la société conju-

gale, c'est lui qui en dispose selon les besoins de la famille ; il n'est jamais obligé de les restituer après la dissolution du mariage ; mais il peut être contraint d'en rembourser le montant au propriétaire qui exerce une action en revendication contre lui, s'il est prouvé qu'il soit possesseur de mauvaise foi. Supposons, par exemple, qu'un fonds eût été constitué en dot, et que le mari sût, au moment du contrat de mariage, que le constituant n'en était pas propriétaire ; dans ce cas, le mari, connaissant le vice du titre en vertu duquel il jouissait de son usufruit, serait évidemment de mauvaise foi, et, par conséquent, tenu à la restitution de tous les fruits qu'il aurait perçus envers le propriétaire.

Le mari ne pourrait pas même repousser la demande en restitution de fruits, en se fondant sur ce que la femme à laquelle les biens auraient été donnés ignorait elle-même les vices du titre qui lui en avait transféré la propriété. La bonne foi de la femme ne pourrait pas le soustraire à cette restitution, parce que lui seul aurait possédé en vertu de sa qualité de mari, et lui seul aurait perçu et disposé des fruits restituables. C'est le possesseur, l'usufruitier qu'il faudrait considérer ici, et non la femme, bien qu'elle fût propriétaire. Ainsi, le mari qui aurait perçu les fruits d'un immeuble qu'il savait, au moment de la constitution, ne pas appartenir au constituant, ne pourrait, sous aucun prétexte, les répéter contre les héritiers de la femme, si le mariage venait à se dissoudre par le décès de cette dernière.

134. On divise les fruits en fruits naturels, industriels et civils; *Cod. civ.*, *art.* 582.

Les fruits naturels sont ceux qui sont le produit spontané de la terre. Le produit et le croît des animaux sont aussi des fruits naturels; *Cod. civ.*, 583.

Les fruits industriels sont ceux qu'on obtient par la culture; *d. art.* 583, ✠. 1.

Les fruits civils sont les loyers des maisons, les intérêts des sommes exigibles, les arrérages des rentes. Les prix des baux à ferme sont aussi rangés dans la classe des fruits civils; *Cod. civ.*, *art.* 584.

Les principes relatifs au droit qu'a le mari de se prévaloir de ces diverses espèces de fruits exigent quelques développemens; nous allons nous occuper d'abord de ceux qui ont trait aux fruits naturels et industriels; nous exposerons ensuite ceux qui se rattachent à la perception des fruits civils.

§. I.er

Droits du mari sur les fruits naturels et industriels.

135. Le Code ne trace aucune règle sur le mode de perception que le mari doit employer durant sa jouissance. Il ne détermine point non plus le cas où cette jouissance doit être restreinte ou étendue, se-

lon la nature des fruits qui en font l'objet: cette omission nous paraît grave, et il ne nous sera pas facile d'y suppléer, même en nous décidant par analogie ; car, bien que le législateur ait assimilé le mari à l'usufruitier, en ce qui concerne les obligations qu'il a à remplir. Il ne s'est point expliqué quant aux droits, et il est des circonstances où il devient très-difficile de ne pas blesser l'esprit de la législation sur le régime dotal, en appliquant au mari les dispositions qui règlent les droits de l'usufruitier. Dans cette conjoncture, nous avons cru ne pouvoir mieux faire que de recourir, pour les cas que la loi n'a pas prévus, aux lumières de la saine raison et de la justice, et de tâcher de concilier les intérêts de la dot avec les droits que le législateur a voulu conférer au mari.

136. Le mari a le droit de se prévaloir de tous les fruits naturels et industriels du fonds constitué en dot; *l.* 20, *Cod. de jur. dot.* Ce droit prend naissance le jour même où le mariage est célébré. Si la constitution avait précédé la célébration, et que les fruits eussent été perçus par le mari, ils ne lui appartiendraient point, et feraient partie de la dot : *Si fructus constante matrimonio percepti sint, dotis non erunt : si verò antè nuptias percepti fuerint, in dotem convertuntur; l.* 7, §. 1, *ff. de jur. dot.*

137. Lorsqu'il a été constitué un troupeau en dot,

le mari a le droit de se prévaloir de tout le produit qui peut en résulter. On entend par troupeau, dans le sens légal, la réunion de plusieurs animaux de même espèce, assortis de manière à pouvoir se reproduire; ainsi, on ne considérerait pas comme un troupeau un nombre quelconque de vaches ou de jumens, qui ne comprendrait pas les mâles suffisans pour sa reproduction.

138. Le mari profite du laitage, des fumiers et du croît du troupeau; mais il est tenu de remplacer les têtes qui périssent, afin que le troupeau puisse s'entretenir et se conserver: *Sed fœtus dotalium pecorum ad maritum pertinent; quia fructibus computantur; sic tamen, ut suppleri proprietatem prius opporteat, et summissis in locum mortuorum capitum ex adgnatis residuum in fructum maritus habeat; l. 10, ff. de jur. dot.* Le Code civil dit aussi que l'usufruitier est tenu de remplacer, jusqu'à concurrence du croît, les têtes des animaux qui ont péri. Que doit-on entendre par ces mots, *jusqu'à concurrence du croît?* Cela veut-il dire que si plusieurs têtes du troupeau viennent à périr, et qu'il n'y ait pas de croît, ou un croît suffisant pour remplacer les têtes qui sont péries, le mari ne doive pas être tenu de pourvoir, par d'autres moyens, à l'entretien du troupeau? S'il fallait s'en tenir à la rigueur du texte de l'art. 616 du Code civil, il n'y aurait pas de doute que le mari ne devrait rempla-

cer les têtes mortes que par celles que produirait le troupeau; mais il n'en doit pas être ainsi : le mari doit jouir en bon père de famille, et, par conséquent, il doit subvenir aux besoins du troupeau en achetant de ses deniers les bêtes nécessaires pour le compléter. De même, si le croît du troupeau ne produisait pas suffisamment de bêtes de même genre, et que le troupeau vînt à manquer de mâles ou de femelles, bien que le nombre de têtes fût complet ou plus considérable, le mari serait tenu d'échanger ou d'acheter celles qui lui seraient nécessaires pour la reproduction du troupeau.

La loi romaine va plus loin encore; elle soumet l'usufruitier à remplacer non-seulement les têtes mortes, mais encore les têtes inutiles; *l.* 68, *in fin.*, *et* 69, *ff. de usufruct.* On doit considérer comme têtes inutiles celles qui par leur vieillesse ne sont plus propres à la reproduction; dans ce cas, portent les deux textes que nous venons de citer, l'usufruitier devient propriétaire des bêtes remplacées, et il cesse de l'être quant à celles qu'il a remises en remplacement.

139. Le mari a aussi le droit de se prévaloir des cuirs des bêtes mortes; mais si tout le troupeau venait à périr sans la faute du mari, comme celui-ci ne serait pas tenu de le remplacer, il n'aurait pas le droit de se prévaloir des cuirs; ils appartiendraient à la femme; *Cod. civ.*, *art.* 616.

140. Mais si le mari, en sa qualité d'usufruitier des biens dotaux, est tenu d'entretenir le troupeau qui lui a été apporté en dot par la femme, il n'est pas obligé, lorsque la dot ne se compose que d'un ou de plusieurs animaux qui ne sont pas réunis en troupeau, de pourvoir à leur remplacement lorsqu'ils viennent à périr; *Cod. civ., art.* 615. Toutefois, il peut s'élever ici une question assez importante pour être examinée avec soin; c'est celle de savoir si le mari, dont la femme aurait apporté en dot plusieurs animaux d'espèces différentes, et qui n'auraient pas été estimés par le contrat de mariage, si le mari, disons-nous, aurait le droit, malgré l'inaliénabilité de la dot, de vendre ces mêmes animaux?

Ne perdons pas de vue que le mari, n'étant pas tenu de remplacer les bêtes dont il a l'usufruit, lorsque ce n'est pas un troupeau qui a fait l'objet de la constitution dotale, si ces bêtes périssent, elles périssent en même tems pour la femme et pour le mari : pour la femme, puisqu'à la dissolution du mariage le mari ou ses héritiers ne sont pas tenus de les restituer; pour le mari, puisqu'il en perd l'usufruit. D'après cela, malgré que le mari ne puisse régulièrement aliéner les biens dotaux, nous croyons qu'avant que les animaux perdent de leur valeur dans ses mains, non-seulement il peut les vendre, mais encore qu'il doit être considéré comme y étant obligé. Cela peut paraître rigoureux au premier aspect; mais si l'on se pénètre de la pensée que le mari doit veiller aux biens dotaux en bon père de famille, qu'il doit les régir et les administrer comme s'ils lui étaient personnels, on sera bientôt convaincu qu'il ne doit pas garder dans ses mains des biens qui vont infailliblement périr, alors sur-tout qu'il peut, en les vendant, conserver encore à la femme le prix de la vente, et à lui les intérêts que ce prix pourra produire.

141. Si la dot consiste en animaux rares, et qui soient destinés, par leur nature, à être montrés au public comme objets de curiosité, l'usufruit du mari est dans le produit des recettes qui sont faites en les montrant; mais ici, comme dans le cas précédent, si le mari n'est pas tenu de remplacer les têtes qui viennent à périr, puisque ce n'est point comme troupeau que ces animaux ont été constitués en dot, du moins il doit aussi, avant que les animaux aient perdu de leur valeur, par leur âge ou leurs infirmités, les vendre et en placer le prix, dont les intérêts deviennent alors l'objet de son usufruit.

142. Le mari n'a aucun droit au croît du troupeau et à la laine coupée avant la célébration du mariage; ces objets font partie de la dot et doivent être restitués. De même, si la célébration avait eu lieu au moment de la tonsure ou à celui où les brebis mettaient bas, le croît et la laine n'appartiendraient

pas exclusivement au mari; il devrait tenir compte à la femme d'une partie des dépenses qu'auraient nécessitées la nourriture et les soins donnés aux brebis pendant l'année : *Non solùm autem de fundo, sed etiam de pecore idem dicemus, ut lana ovium, fœtusque pecorum præstaretur; quarè enim si maritus propè partum oves doti acceperit item proximas tonsuræ, post partum et tonsas oves protinus divertio facto, nihil reddat? Nam et hic fructus toto tempore quo curantur, non quo percipiuntur, rationem accipere debemus; l.* 7, §. *ff. solut. matr.*

143. Si la dot consiste en biens ruraux ordinaires, tels que terres, prés, vignes et autres immeubles cultivables, les droits du mari s'étendent sur tout ce qu'ils produisent; il en perçoit exclusivement toutes les récoltes; la femme ni le constituant ne peuvent s'y opposer sous aucun prétexte; ils ne le pourraient pas alors même que le mari n'apporterait pas, dans son administration et dans sa manière de cultiver, tous les soins convenables. La femme aurait seulement le droit de demander, mais après la dissolution du mariage, une indemnité dans le cas où le fonds dotal aurait été détérioré. Ainsi, dès le jour de la célébration du mariage, le mari entre en jouissance et devient propriétaire des fruits pendans par branches et par racines : nous disons pendans par branches et par racines; car, si les récoltes sont coupées ou recueillies, il faut faire une dis-

tinction entre la constitution faite par la femme elle-même, et celle faite par un étranger.

Si la constitution est faite par un étranger, et que le constituant ait recueilli, dans des bâtimens non compris dans la constitution, les fruits des immeubles constitués, le mari n'y a aucun droit; mais si les fruits étaient sur place, quoique coupés ou détachés du sol, le mari pourrait s'en prévaloir comme de choses lui appartenant, à moins qu'il n'y eût, dans la constitution ou la donation, une réserve formelle à cet égard.

Si la constitution, au contraire, est faite par la femme, les fruits coupés et recueillis, et ceux qui ne sont que détachés du sol, n'appartiennent pas au mari, et font partie des paraphernaux de la femme, ou bien ils accroissent la dot s'il y a constitution de biens présens et à venir, ou de tous biens présens seulement.

La raison de cette distinction est que, dans le cas où la dot est constituée par un tiers, il y a libéralité; que l'acte qui la contient doit être interprété largement, et qu'alors il n'est pas à présumer que le donateur ait voulu se réserver les fruits à percevoir, si déjà il ne l'a fait, où s'il ne l'a exprimé dans le contrat de mariage. Dans le cas, au contraire, où il y a constitution faite par la femme, cette constitution ne doit pas être étendue au-delà de ce qu'elle comprend réellement; et si, au moment du contrat, une récolte est détachée du sol, et non encore enlevée, et qu'il ne soit pas stipulé dans les conventions matrimoniales qu'elle fait partie de la constitution, le mari ne peut s'en prévaloir qu'en tenant compte à la femme de sa valeur.

Remarquons, d'ailleurs, que lorsque la dot porte sur des immeubles, sur une prairie, par exemple, et qu'au moment de la constitution le foin soit coupé, mais non encore enlevé, il ne peut plus y avoir de doute sur la propriété de la récolte, puisque, dès que les fruits sont coupés ou détachés du sol, ils cessent d'être immeubles. V. *Cod. civ.*, *art.* 520.

144. Le mari ne doit percevoir les fruits de la première année qu'à la charge par lui de tenir compte à la femme des frais de labour et de semence, et de la valeur des engrais employés dans les immeubles constitués. On ne regarde, en effet, comme fruits que ceux desquels on a distrait les frais pour les obtenir : *Fructus eos esse constat, qui deducta impensa supererunt. Quod Scevola et ad mariti et ad mulieris impensas refert. Nàm si mulier pridiè vindemias doti dedit, mox sublatis à marito vendemiis divortit, non putat ei undecim duntaxat mensium fructus restitui : sed et impensas quæ antequam portiones fructuum fiant deducendæ sunt. Igitur, si et maritus aliquid impendit in eumdem annum utriusque impensæ concurrent. Ità et si impensarum à muliere factarum ratio habeatur, cum*

plurimis annis in matrimonio fuit, necesse est primi anni computari temporis, quod sit antè datum prædium; l. 7, ff. solut matr.

145. Le mari ne pourrait pas, pour se dispenser de payer une partie des frais de labour et de semence, opposer de ce que, dans les immeubles constitués, il en serait un ou plusieurs dont la récolte aurait manqué; les dépenses seraient prises en totalité sur les autres fruits : *Quod in sementem erogatur, si non responderint messes, ex vindemia deducetur : quia totius anni unus fructus est; l.* 8, §. 1, *ff. solut matr.*

Si les immeubles constitués étaient affermés à un colon partiaire, le mari ne pourrait, sous aucun prétexte, se prévaloir de la portion appartenant à ce fermier; cette portion de fruits lui étant donnée à titre de frais de culture et de semence.

146. Si la dot consiste en bois taillis ou de haute futaie le mari a aussi droit à leur produit; *l.* 7, §. 12, *ff. solut. matr.* Mais il est à cet égard plusieurs observations importantes à faire.

Il faut d'abord distinguer les bois taillis des bois de haute futaie.

Le mari jouit des taillis par les coupes qu'il peut faire pendant le mariage; mais comment et à quelles époques doit-il faire ces coupes? Voilà ce que la loi ne dit pas, et ce qu'il faut chercher à découvrir.

On trouve, au titre de l'usufruit, une disposition ainsi conçue : « Si l'usufruit comprend du bois taillis, » l'usufruitier est tenu d'observer l'ordre et la quo- » tité des coupes, conformément à l'aménagement » ou à l'usage constant des propriétaires ; *Cod. civ., art.* 590. Le mari, en sa qualité d'usufruitier des biens dotaux, doit-il observer les règles tracées par cet article ? Cela n'est pas douteux ; ainsi, il devra, lorsqu'il voudra faire une coupe dans le bois taillis constitué en dot, se conformer à l'aménagement établi par le constituant, suivre l'ordre et la quotité des coupes, de telle sorte que le bois conserve toujours le même état et offre toujours le même produit. Cependant, si le constituant, par ignorance ou par prodigalité, avait établi un aménagement ruineux pour ses bois, qu'il eût fait des coupes anticipées, sans laisser de baliveaux, le mari qui lui succéderait ne devrait pas suivre un semblable exemple ; il devrait alors se conformer à l'usage constant établi par les propriétaires.

147. Mais, en appliquant au mari la première disposition de l'art. 590, faudrait-il lui appliquer la seconde, qui porte : « sans indemnité, toutefois, en » faveur de l'usufruitier ou de ses héritiers, pour les » coupes ordinaires, soit de taillis, soit de baliveaux, » soit de futaie, qu'il n'aurait pas faites pendant sa » jouissance. »

En d'autres termes : que faudrait-il décider dans le cas où le mari n'aurait pas fait les coupes durant le mariage? Aurait-il le droit de les faire après, ou de réclamer une indemnité proportionnelle?

Il paraîtra peut-être extraordinaire de nous entendre demander l'application d'une partie de l'art. 590 au mari, et d'élever des doutes sur l'application de l'autre partie. Telle est cependant la situation où nous nous trouvons en ce moment, et ce qu'il y a de plus extraordinaire encore, c'est que nous nous voyons contraint, par notre propre conviction, de repousser cette disposition, comme contraire à l'esprit de la législation sur le régime dotal; c'est là, pour le dire en passant, un des embarras que nous fait essuyer le silence absolu de la loi sur les droits du mari, comme usufruitier des biens dotaux, et sur la nécessité où nous sommes de recourir aux décisions par analogie.

Expliquons toutefois notre opinion sur la question.

L'usufruitier, en négligeant de faire les coupes de bois auxquelles il a droit, peut bien être présumé en avoir voulu faire l'abandon au propriétaire; mais le mari qui a des charges à supporter, qui fait chaque jour des dépenses considérables pour subvenir aux besoins de son ménage, ne peut pas être considéré comme ayant eu la volonté de faire une libéralité. On doit supposer alors que, s'il a laissé passer l'époque des coupes, c'est qu'il en a été empêché par des circonstances indépendantes de sa volonté, et on doit lui tenir compte, ou à ses héritiers, d'une valeur égale aux coupes qu'il n'a pas faites. Il est d'ailleurs une autre raison décisive qui nous détermine à penser ainsi : c'est que le mari pourrait trouver dans cet abandon des moyens fréquens de faire à sa femme des libéralités indirectes, et d'excéder ainsi les bornes de la quotité disponible.

Si la dissolution du mariage survenait avant que l'époque de la coupe fût arrivée, le mari ou ses héritiers pourraient réclamer, sur le prix en provenant, une indemnité équivalente au tems qu'aurait duré le mariage. Si, par exemple, la coupe ne se faisait que tous les dix ans, et que le mariage en eût duré cinq, le mari ou ses héritiers auraient droit au produit de la moitié de la coupe. Telle est, au reste, l'opinion de Roussilhe, *n.*° 341 ; telle est encore celle de M. Proudhon, dans son *Traité de l'usufruit*, *tom.* 5, *n.*° 2735 *et suiv.*

148. Si le mari ne trouvait aucun usage établi par le propriétaire, il devrait alors, se réglant d'après les principes d'ordre et d'économie d'un bon père de famille, établir lui-même les coupes; il se conformerait pour cela à l'étendue des bois et au tems qu'ils mettent à croître ; il aurait soin d'observer les réglemens qui exigent de chaque propriétaire qu'ils laissent, en faisant leur coupe, un certain nombre de baliveaux.

Il arrive quelquefois que, dans les taillis, on trouve des arbres fruitiers; lorsque cela se rencontre, le mari doit préférablement les laisser debout au nombre des baliveaux; mais s'il les abat il n'est pas tenu de les remplacer.

149. Lorsqu'il existe des bois de haute futaie dans les biens constitués, le mari a le droit d'en jouir, en se conformant aussi, pour les coupes, à l'usage des anciens propriétaires, soit que ces coupes se fassent périodiquement sur une certaine étendue de terrain, soit qu'elles se fassent d'une certaine quantité d'arbres pris indistinctement sur toute la surface du domaine; *Cod. civ., art.* 591.

M. Proudhon, en expliquant cet article, en ce qui concerne l'usufruitier, décide que, si la forêt soumise à l'usufruit n'a pas été mise en coupe réglée par le précédent propriétaire, l'usufruitier ne peut pas le faire lui-même. Nous ne croyons pas qu'une pareille décision pût être portée à l'égard du mari : obligé de supporter les charges du mariage, de payer les impôts de tous les biens dotaux, il est juste que le mari ne les trouvent pas sans produit dans ses mains. Alors donc que les bois dotaux n'eussent pas été mis en coupes réglées par le constituant ou ses auteurs, le mari pourrait commencer lui-même les coupes, sauf à suivre l'usage établi par les anciens propriétaires; et, à défaut d'usage, les règles qu'un bon père de famille se prescrit encore à cet égard.

Mais, à part le produit des coupes, le mari n'a pas le droit de se prévaloir d'aucun arbre de la forêt; et s'il arrivait que quelques-uns fussent abattus par le vent, ou coupés en délit, et laissés sur place par les délinquans, le mari n'y aurait aucun droit comme fruits; la valeur devrait en être restituée par lui à la femme ou à ses héritiers; *l.* 7, §. 12, *ff. solut. matr.* V. Roussilhe, *n.*° 335; Domat, *de la Dot*, *liv.* 1, *tit.* 9, *sect.* 2, *n.*° 8.

Le mari a cependant le droit de prendre les arbres qui tombent d'eux-mêmes par vieillesse, parce qu'ils sont alors considérés comme fruits. V. Renusson, *Traité du droit de garde.* Il a aussi la faculté de recueillir les produits annuels des futaies; il peut envoyer son bétail paître dans la forêt en tems permis, et il a le droit lui-même d'y chasser.

150. Lorsque, dans les biens dotaux, il existe une pépinière, le mari jouit aussi de ses produits, à la charge toutefois de remplacer les sujets qu'il en tire, et de se conformer à l'usage des lieux pour le remplacement; *Cod. civ.*, *art.* 590, *in fin.* Le mari peut prendre dans les bois des échalas pour les vignes, mais seulement pour l'entretien de celles qui font partie de la dot, et non pour celles qu'il peut avoir en propre. V. *Cod. civ.*, 1593. Il peut aussi, lorsque des arbres fruitiers sont arrachés ou brisés par le vent, se prévaloir du débris, à la charge de remplacer chaque sujet abattu par de nouvelles plantes. V. *Cod. civ.*, 594.

151. Le produit des carrières appartient aussi au

mari : *si fundus in dotem datus sit, in quo lapis cæditur, lapidicinarum commodum ad maritum pertinere, quia palàm sit, eo animo dedisse mulierem fundum, ut iste fructus ad maritum pertineat; l. 8, ff. solut. matr.* Cependant, on trouve des auteurs qui pensent le contraire; ils se fondent sur ce que la pierre ne se reproduisant pas, les carrières ne peuvent être comptées dans les choses qui donnent des fruits : *lapidicinæ non annumerantur fructibus.* Mornac, *ad leg.* 32, *ff. de jur. dot.*; Roussilhe partage aussi cette opinion : « Les pierres » et les marbres qu'on tire d'une carrière, dit-il, » ne sont pas fruits, parce qu'il n'en renaît pas » d'autres à la place de ceux-là. » Mornac rapporte deux arrêts, l'un de 1613, et l'autre de 1615, qui avaient jugé en ce sens; toutefois, nous croyons que ces auteurs se sont écartés des vrais principes. D'abord, la *loi* 77, *ff. de verb. sign.*, range expressément le produit des carrières dans les fruits : *Frugem pro reditu appellari, non solùm quod frumentis, aut leguminibus : verum et quod ex vino, silvis cædius, cretifodinis, lapidicinis capitur.* D'un autre côté, quel serait l'avantage d'une dot qui ne consisterait qu'en une carrière, si le produit de son exploitation devait être rendu à la femme? Ne serait-ce pas une constitution illusoire? Ne faut-il pas toujours que les biens donnés en dot produisent des fruits *ad sustinenda onera matrimonii?*

On peut bien dire, il est vrai, que si l'on accorde

au mari le produit de l'exploitation de la carrière, il peut arriver qu'à la dissolution du mariage il ne reste rien à la femme; mais cette circonstance particulière ne peut point faire admettre un principe qui contrarierait toute la législation sur la dot. Il est malheureux qu'un pareil cas puisse se rencontrer ; mais l'adoption de ce système deviendrait bien plus funeste encore. D'ailleurs, ne voyons-nous pas, dans l'art. 1568 du Code civil, l'intention du législateur clairement manifestée? Plutôt que de rendre la dot infructueuse, en obligeant le mari ou ses héritiers à rendre tous les fruits perçus, dans le cas où un usufruit aurait été donné en dot, ne décide-t-il pas que tous ces fruits appartiendront au mari et qu'à la dissolution du mariage le droit seul d'usufruit devra être restitué?

D'ailleurs, pourquoi établirait-on une distinction entre les carrières et les mines? Le produit des mines n'est pas plus susceptible de se reproduire que celui des carrières; elles peuvent, comme celles-ci, s'épuiser pendant le mariage, et cependant le législateur et tous les auteurs n'ont pas balancé un seul instant de décider que le mari jouirait de leur exploitation. V. *l.* 7, §. 14, *solut. matr.;* Henrys, *liv.* 4, *qu.* 45; *Cod. civ.*, 598.

Mais en accordant au mari le produit des mines et des carrières, il faut bien retenir que cela ne peut avoir lieu qu'autant qu'elles sont ouvertes au moment du mariage; si l'exploitation n'en était pas commencée à cette époque, les choses resteraient en cet état, et le mari ne pourrait rien y changer.

152. Les pigeons des colombiers, les lapins de garennes, les ruches à miel, les poissons des étangs nous paraissent aussi devoir faire partie de la jouissance du mari; il est seulement tenu de veiller à l'entretien de ces objets, de manière à ce qu'à la dissolution du mariage ils soient dans le même état qu'au moment où il s'est mis en possession.

153. Le mari profite encore des accroissemens survenus par alluvion; *arg. ex l. 4, ff. de jur. dot.*; Lebrun, *des Successions, liv.* 2, *chap.* 5, *sect.* 1.re, *dist.* 2, *n.*° 5. Il en est de même des îles et atterrissemens qui se forment dans les rivières non navigables et non flottables, lorsque le fonds dotal se trouve riverain; mais il n'en serait pas ainsi de la partie de terrain que la force subite d'un fleuve ou d'une rivière détacherait d'un champ de la rive opposée, et viendrait se joindre au fonds dotal; n'y ayant pas là alluvion, il faudrait considérer cet accroissement comme extrà-dotal, et, par conséquent, comme hors de l'usufruit du mari; la raison en est que la femme, n'ayant jamais eu la propriété de cette portion de terrain, n'a pu se la constituer en dot. V. *Cod. civ.*, 1541.

154. Le mari n'a non plus aucun droit sur le tré-

sor trouvé dans le fonds dotal, à moins qu'il ne l'ait découvert lui-même; il est alors traité comme celui qui trouve un trésor dans le fonds d'autrui, la loi lui en accorde la moitié : *Si fundum viro uxor in dotem dederit et thesaurus fuerit inventus; in fructum enim non computabitur, sed pars ejus dimidia restituetur, quasi in alieno inventi; l. 7, §. 12, in f., ff. solut. matr.; Cod. civ.*, 598 *et* 716.

§. 2.

Droits du mari sur les fruits civils.

155. Les fruits civils sont les loyers des maisons, les intérêts des sommes exigibles, les arrérages des rentes et les prix des baux à ferme. Les loyers des maisons et les prix des baux à ferme appartiennent au mari jour par jour et au fur et à mesure de leur échéance, *de die in diem cedunt et quotidiè deberi incipiunt.* Il a seul le droit de les percevoir et d'en passer quittance. Si cependant la femme était dans l'habitude, son mari ne sachant ou ne pouvant écrire, de recevoir elle-même les prix des loyers et des baux à ferme, et d'en donner quittance aux fermiers ou locataires, nous croyons que ceux-ci seraient valablement libérés; et s'il était bien constaté que ces sommes eussent été employées dans le ménage commun, ou pour acquitter les dettes de la maison, le mari ou ses héritiers ne seraient pas fondés à les répéter après la dissolution du mariage.

156. Les intérêts des sommes dont le mari a le droit de se prévaloir sont les intérêts dus par le constituant, et ceux des créances dotales dues par des tiers.

Les intérêts de la dot, dit l'art. 1548, courent de plein droit, du jour du mariage, contre ceux qui l'ont promise, encore qu'il y ait terme pour le paiement, s'il n'y a stipulation contraire; ainsi, le mari a le droit d'exiger les intérêts de la dot du jour du mariage, quelle que soit d'ailleurs la personne qui ait constitué la dot. Si c'est la femme qui s'est fait elle-même la constitution, les intérêts sont pris sur ses biens paraphernaux; si elle n'en a pas, le mari n'a pas le droit de les prendre sur la dot durant le mariage; mais, à sa dissolution, la femme ou ses héritiers doivent en tenir compte au mari ou à ses successeurs.

157. Si le constituant a nourri et entretenu la femme pendant un certain tems, et que le mari n'ait rien dépensé pour elle, il n'est pas admis à réclamer les intérêts qui ont couru pendant ce tems : *In domum absentis uxore deducta, nullis in eam intereà ex bonis viri sumptibus factis, ad exhibitionem uxoris promissas usuras reversus vir improbè petit; l.* 69, §. 3, *ff*, *de jur. dot*. V. aussi la *l.* 42, §. 2, *ff. solut. matr.;* Roussilhe, *tom.* 1.er, *n.*o 318; Lapeyrère, *lett. D, édition de* 1706, *n.*o 166.

M. Merlin, dans son Répertoire de jurisprudence, mot *Intérêt*, est d'un avis opposé; il soutient que le logement, la nourriture et l'entretien fournis aux époux auxquels on a promis une dot, ne peuvent leur tenir lieu de cette même dot, à moins que cela n'ait été convenu expressément. Cependant, dit-il, si celui qui doit l'intérêt de la dot ne s'est point assujetti à loger et entretenir les époux, ceux-ci sont obligés de lui tenir compte de cet entretien, suivant l'estimation.

Cet auteur ajoute, et nous sommes de son avis sur ce point, que le mari pourrait exiger les intérêts si la femme avait quitté le domicile commun sans son consentement et sans y avoir été autorisée par la justice, lors même qu'il n'aurait pourvu à aucune de ses dépenses.

158. Si la dot consiste en une créance à terme sur un tiers, qui ne porte pas intérêt, le mari pourrait-il en exiger du constituant? Nous ne le pensons pas.

On peut dire, il est vrai, contre cette opinion, que, d'après les termes de l'art. 1548 du Code civil, le constituant doit toujours les intérêts de la dot, à moins que le contraire ne soit formellement stipulé; que la loi ne fait aucune distinction, et que la faveur de la dot doit faire présumer que le constituant, en donnant en dot une créance à terme ne portant point intérêt, n'a point eu l'intention d'en priver le mari, et qu'il s'est obligé tacitement à y suppléer jusqu'à l'échéance de l'obligation; qu'enfin, le mari ayant à supporter les charges toujours renaissantes du mariage, il ne faut pas que la dot demeure infructueuse dans ses mains pendant un tems qui peut être fort long.

Mais à cela on répond que les intérêts de la dot ne courent contre celui qui l'a constituée que lorsqu'il en reste détenteur; qu'ici le constituant, en se dessaisissant du titre de la créance en faveur du mari, a pleinement satisfait à ses obligations; que si le mari ne retire point d'intérêt pendant un certain tems, c'est à lui seul qu'il doit l'imputer, parce qu'il y a volontairement consenti; qu'il était libre de refuser une dot sans fruit; que d'ailleurs il a pu renoncer au bénéfice que la loi introduit en sa faveur, et qu'enfin une pareille stipulation n'ayant rien de contraire à la loi et aux mœurs, doit être réligieusement observée par les parties.

On peut ajouter que cette opinion est celle de plusieurs jurisconsultes recommandables, entr'autres de M. Delvincourt, dans son *Cours de droit civil*, *tom.* 2, *pag.* 502, *aux notes*.

159. Les intérêts de la dot, comme ceux des autres créances, se prescrivent par le laps de cinq ans; *Cod. civ.*, 2277. Ainsi, le mari qui, à partir de la célébration du mariage, aurait laissé passer cinq ans sans réclamer les intérêts des sommes cons-

tituées, pourrait être repoussé par l'exception de prescription, pourvu, toutefois, que la dot eût été constituée par tout autre que par la femme, la prescription n'ayant pas cours entr'époux; *Cod. civ., art.* 2253.

Cette opinion sur la prescription des intérêts de la dot, bien que fondée sur la loi, trouvera peut-être quelques contradicteurs. La manière dont l'art. 2277 est conçu, des motifs tirés de la nature et de la destination de ces intérêts, la faveur dont tous les législateurs ont entouré la dot, sont autant de moyens sur lesquels on ne manquera pas de s'appuyer pour nous réfuter; toutefois, quelques puissantes que puissent être toutes ces considérations, nous croyons que notre opinion doit prévaloir, et nous allons le démontrer en détruisant les objections principales des partisans de l'opinion contraire.

L'art. 2277, dit-on d'abord, ne parle nullement des intérêts de la dot; il déclare prescriptibles, par le laps de cinq ans, les arrérages de rentes perpétuelles et viagères; ceux des pensions alimentaires, les loyers des maisons, les prix des baux à ferme, les intérêts des sommes prêtées, *et généralement tout ce qui est payable par année ou à des termes périodiques plus courts.*

Quelle est, ajoute-t-on, celle de ces dispositions que l'on voudrait appliquer aux intérêts de la dot? Est-ce celle qui parle des intérêts des sommes prêtées? Mais ici il ne s'agit pas de prêt. La constitution n'a rien qui ressemble à cette espèce de contrat. Est-ce la disposition générale qui termine l'article? Mais il est évident qu'elle n'est pas mieux applicable, parce que, d'un côté, ce n'est pas par une décision vague et incertaine qu'on peut soumettre à la prescription les intérêts d'une dot dont la destination est en quelque sorte inviolable ; d'un autre côté, ces mots, *et généralement tout ce qui est payable par année ou à des termes plus courts*, ne se rapportent évidemment qu'aux intérêts ou arrérages de créances de la nature de celles qu'on vient d'énumérer, et non point à ceux de la dot qui forme un contrat à part, dont on ne peut anéantir les effets que par une disposition précise et spéciale.

A cela nous répondons, 1.° que le but de la loi, en soumettant à la prescription de cinq ans toute espèce d'arrérages et d'intérêts, a évidemment été d'empêcher la ruine des débiteurs, et de prévenir les difficultés auxquelles donnait lieu l'accumulation de ces mêmes arrérages; qu'aucune raison ne se présentait pour laisser exposés à ce danger ceux qui auraient constitué une dot, et que, vouloir établir une exception contr'eux, c'est heurter l'intention du législateur, qui, dans cette disposition, ne paraît pas équivoque;

2.° Que c'est une erreur grave de penser que la disposition générale qui termine l'art. 2277 ne comprend pas dans ses termes les intérêts de la dot; qu'il est au contraire de toute évidence que c'est pour éviter le détail de tous les genres d'arrérages qu'il voulait soumettre à la prescription de cinq ans, et, pour n'en excepter aucune, que le législateur a terminé cet article 2277 par une semblable disposition ; qu'on en trouve la preuve dans le discours même de M. Bigot-de-Préameneu, sur le titre de la prescription, où il s'exprime en ces termes : « la crainte de la ruine des débiteurs était admise » comme un motif d'abréger le tems ordinaire de » la prescription ; on ne doit excepter aucun des cas » auxquels ce motif s'applique. » Ainsi, il suffit que les intérêts de la dot soient payables par année, pour qu'ils soient frappés de la prescription quinquenale ; c'est, au reste, l'opinion de l'auteur du nouveau Dunod, pag. 249.

Mais, dit-on ensuite, les intérêts de la dot, comme ceux de la légitime, ont toujours été classés à part, et n'ont jamais été soumis aux règles générales. Ainsi, nous voyons que, dans l'ancienne jurisprudence, les intérêts de la dot, comme ceux de la légitime, pouvaient excéder le principal, bien qu'il fût de règle que les intérêts ne pussent être alloués au-delà du double. V. Despeisses, *tom.* 1.er, *pag.* 197, *col.* 1 ; Graverol, sur Laroche-Flavin, *liv.* 5, *tit.* 5, *arr.* 8 ; Chorier, sur Guypape, *pag.* 221 ; Bretonnier, sur Henrys, *tom.* 2, *pag.* 361 ; que de là il faut conclure qu'il faudrait nécessairement une disposition spéciale et nominative pour que cette espèce d'intérêts fût soumise à une prescription de cinq ans; que tant que le législateur ne se sera pas expliqué sur ce point d'une manière claire et précise, les intérêts de la dot pourront être réclamés jusqu'à la prescription de trente ans; qu'enfin, un arrêt de la Cour royale de Paris, du 23 juin 1818, rapporté par Sirey, *tom.* 19, 2.e *part.*, *pag.* 34, a jugé que l'art. 2277 ne s'applique pas aux arrérages de dots constituées antérieurement au Code, et qu'il ne s'applique pas même aux arrérages qui ont couru depuis sa promulgation.

Réponse : Les exceptions que l'ancienne jurisprudence avait admises en faveur des intérêts de la dot et de la légitime n'étaient pas fondées sur des motifs assez puissans pour lier nos législateurs modernes; ils ont dû, déterminés par des considérations d'un plus haut intérêt, comprendre dans une seule disposition tous les genres d'arrérages payables par année, pour mettre enfin un terme aux contestations, sans cesse renaissantes, qu'occasionnait le retard apporté dans les paiemens, et pour éviter la ruine des débiteurs qu'écrasaient des arrérages accumulés depuis tant d'années.

Quant à l'arrêt de la Cour de Paris, il ne juge point la question. Il s'agit en effet, dans l'espèce de cet arrêt, d'une dot constituée avant le Code, dont on décide que les intérêts, même ceux échus avant sa promulgation, ne peuvent être réglés par l'art. 2277, et cela conformément au principe de non rétroactivité. Il y a même plus : en décidant que l'art. 2277 n'est pas applicable, attendu qu'il ne peut avoir d'effet rétroactif, cet arrêt juge implicitement que si la constitution de dot avait été faite sous le Code, la prescription invoquée aurait été accueillie.

Au reste, on trouve aussi dans la jurisprudence des décisions desquelles on peut tirer de forts argumens en faveur du système que nous soutenons; ainsi, la Cour royale de Metz a décidé, par arrêt du 29 mai 1818, dans l'affaire Gouguenheim, que la prescription de cinq ans s'applique aux intérêts du prix de vente d'immeubles, tout comme aux intérêts des sommes prêtées, par le motif que l'article 2277 soumet à la prescription de cinq ans tous les intérêts payables par année, *sans aucune distinction de la nature des créances;* de même, la Cour de Limoges, par arrêt du 17 juillet 1822, s'est aussi prononcée en ce sens et par les mêmes motifs.

Or, si, comme l'ont décidé ces arrêts, il ne faut faire aucune distinction et ne point s'arrêter à la nature des créances portant intérêts, la dot ne doit pas être exceptée de la disposition.

160. Les intérêts des sommes dues par des tiers, et qui font partie de la dot, appartiennent aussi au mari; il a également droit aux arrérages des rentes constituées, qui ne sont autre chose que des intérêts de créances; mais que faut-il décider à l'égard de

ceux de la rente viagère? Le mari a-t-il le droit de se prévaloir de chaque annuité, ou n'a-t-il seulement droit qu'aux intérêts que ces annuités peuvent produire ?

Dupérier, dans ses *Questions notables*, *tom.* 3, *liv.* 1, *qu.* 7, dit que le mari n'a droit qu'aux intérêts, et qu'il doit restituer aux héritiers de la femme tout ce qu'il a reçu ; l'auteur des observations sur cette question, ajoute que, par arrêt du 20 juin 1638, il fut jugé que le mari ou ses héritiers étaient comptables des fruits ou des annuités de la rente. Roussilhe paraît être aussi de cet avis.

Aujourd'hui la question nous paraît résolue en sens contraire par le Code civil ; l'art. 588 décide que l'usufruit d'une rente viagère donne à l'usufruitier, pendant la durée de son usufruit, le droit d'en percevoir les arrérages, *sans être tenu à aucune restitution ;* l'art. 1568 dispose aussi que, si un usufruit a été constitué en dot, le mari ou ses héritiers ne sont obligés, à la dissolution du mariage, que de restituer le droit d'usufruit, *et non les fruits échus durant le mariage.*

De la combinaison de ces deux articles il résulte évidemment que le mari ne peut pas être tenu de restituer les annuités de pension qu'il peut avoir reçues, 1.° parce qu'il est assimilé à l'usufruitier, qui n'est pas obligé, en cas de constitution d'usufruit, de restituer les fruits perçus ; 2.° qu'il serait même possible que dans l'usufruit qui formerait la dot de la femme, il se trouvât une rente viagère, et qu'alors. si on admettait que le mari fût obligé d'en rendre les arrérages échus pendant le mariage, on ferait dire au législateur, en même tems, oui et non sur la même question, ce qui serait une absurdité.

§. 3.

Droits du mari sur la dot, lorsqu'elle consiste en usines, artifices, fonds de commerce et autres biens de cette nature.

161. Il arrive souvent qu'un père constitue en dot à sa fille un fonds de commerce, des usines et autres choses semblables. La manière dont le mari doit jouir de ces diverses espèces de biens, n'est pas facile à déterminer ; ne produisant, à proprement parler, aucune espèce de fruits, il semble qu'on ne pourrait guère leur appliquer les règles ordinaires sur les fruits naturels et industriels, et encore moins sur les fruits civils ; d'un autre côté, les nombreuses difficultés que peuvent faire naître l'exploitation de ces objets, leur nature, leur conservation ; toutes ces circonstances nous ont déterminé à entrer dans quelques développemens, qui, je l'espère, jetteront un grand jour sur la matière, et rendront plus facile la solution des doutes qu'elle peut présenter.

162. *Première hypothèse.*

Si la dot consiste en un fonds de commerce, il y a plusieurs distinctions à faire.

1.° Si les marchandises qui le composent ont été estimées par le contrat, sans déclaration que l'estimation n'en emporte pas vente, les droits du mari sont certains et déterminés ; il devient propriétaire du fonds de commerce, et il n'est plus soumis qu'à la restitution du prix porté au contrat, à la dissolution du mariage.

2.° Lorsque les objets du commerce sont rangés dans les choses fongibles, tels que vins, grains, huiles, sucre, café, etc., la règle à observer est la même que pour les choses estimées par le contrat ; c'est-à-dire, que le mari en est propriétaire, à la charge par lui d'en rendre pareille qualité et quantité à la dissolution du mariage.

3.° Mais si les marchandises consistaient en draperie, soierie, objets de goût, nouveautés, etc., que faudrait-il décider, s'il n'avait point été stipulé d'estimation, qu'il eût été seulement dit par le constituant qu'il donnait en dot son fonds de commerce à sa fille ? Le mari pourrait-il se libérer, à la dissolution du mariage, en rendant pareille quantité et qualité de marchandises, ou devrait-il être contraint à en payer l'estimation ? Remarquons que, pendant la durée du mariage, la plupart des marchandises peuvent passer de mode, et par conséquent perdre entièrement de leur valeur.

Remarquons, en second lieu, que ces objets doivent, en quelque sorte, être rangés parmi les choses fongibles, puisque le mari ne peut en jouir qu'en les vendant pour en acheter d'autres ; cela posé, il semblerait que le mari devrait en être considéré comme propriétaire, et être tenu à restituer le prix du fonds de commerce, et non les marchandises. Mais, en le décidant ainsi, devrait-on, si le fonds de commerce venait à périr, à être incendié, par exemple, rendre le mari passible de la perte, et l'obliger d'en payer la valeur? La question prend ici un caractère plus grave, et devient, selon nous, plus difficile à résoudre. Qu'on oblige le mari à payer l'estimation des marchandises qui, rendues en nature, n'auraient plus de valeur, cela se conçoit ; mais qu'on fasse supporter au mari la perte d'un fonds de commerce non estimé par le contrat, dont il n'est par conséquent pas devenu propriétaire, voilà où serait l'injustice, et cependant telle est la nécessité où l'on se trouve placé en obligeant le mari à rendre, non pas des marchandises semblables à celles comprises dans le fonds de commerce, mais leur estimation, puisqu'alors on le considère implicitement comme acquéreur de ce fonds de commerce et comme devant en supporter la perte en cas d'événement.

Pour concilier tous les intérêts, il nous semble qu'il faudrait décider que si bien le mari doit être considéré comme propriétaire des marchandises du fonds de commerce, ce n'est pas d'une manière absolue et indéfinie, de telle sorte, par exemple, qu'immédiatement après la célébration du mariage, il pût vendre tout ce qui le compose, et ne plus le faire valoir; car, alors, il contreviendrait à l'intention du constituant, qui, en le donnant en dot, a évidemment eu l'intention que son gendre prît la suite de ses affaires, et y trouvât des moyens d'existence pour sa famille et pour lui; que, cependant, ne pouvant jouir de ce fonds de commerce qu'en vendant les marchandises pour en acheter d'autres en remplacement, il est juste de le considérer, sous ce rapport seulement, comme propriétaire, et de l'obliger, à la dissolution du mariage, de rendre, non des marchandises semblables à celles qui composaient le fonds de commerce, puisqu'il serait à peu près certain qu'elles n'auraient plus qu'une valeur de beaucoup inférieure, mais leur estimation au moment de la célébration du mariage.

Il suivrait de là, que si, par un événement quelconque, il arrivait que le fonds de commerce vînt à périr, la perte resterait pour la femme, à moins qu'il ne vînt à être prouvé qu'elle aurait eu lieu par la faute du mari.

Cette opinion nous paraît devoir d'autant plus être adoptée, qu'il faut bien retenir que le mari ne pourrait être considéré propriétaire des marchandises que d'une manière éventuelle et subsidiaire;

car, s'il arrivait que la dissolution du mariage eût lieu assez tôt pour que les objets compris dans le fonds de commerce n'eussent pas perdu de leur valeur et de leur débit, le mari pourrait évidemment se libérer en les restituant, et on ne pourrait pas alors le contraindre à en payer l'estimation.

4.° Si le fonds de commerce consistait en une auberge, un café, une académie de jeux, etc., le mari jouirait de leur produit, en entretenant, à ses frais, l'établissement. Ainsi, il ne pourrait réclamer, à la dissolution du mariage, ce qu'il aurait dépensé pour les gages des domestiques et l'ornement des salles ; mais en serait-il de même des dépenses qu'il aurait faites pour le renouvellement du mobilier qu'il aurait été obligé de faire ? Cela ne nous paraîtrait pas juste : dans de semblables établissemens, le renouvellement des objets de décors et d'ameublement, sont, en quelque sorte, d'une nécessité absolue. Le cafetier ou le restaurateur qui ne suivrait pas l'usage et la mode pour le renouvellement de son mobilier, courrait le risque de voir déserter sa clientelle, de perdre tout le produit de son état, et de ne laisser, à la dissolution du mariage, qu'un fonds de commerce perdu, ou presque entièrement ruiné. Il conviendrait donc alors d'obliger la femme ou ses héritiers à rembourser au mari, non pas la valeur entière du mobilier qui aurait été renouvelé, mais au moins la plus value de ce mobilier sur celui constitué en dot.

163. *Deuxième hypothèse.*

Lorsque la constitution dotale comprend des usines ou artifices, il est encore quelques observations particulières à faire sur les droits du mari qui dérivent de la nature de l'établissement.

1.° Si l'usine constituée est une papeterie ou un artifice qui soit mis en mouvement par le secours de l'eau, le mari jouit de tout ce qui en fait partie et de tous les produits qui en résultent ; il profite aussi des eaux pour l'irrigation de ses propriétés ; il peut même en louer l'usage, pourvu que l'usine n'en souffre pas. Si le mari ne veut ou ne peut pas faire valoir lui-même l'usine dotale, il peut l'affermer à un tiers, et alors il se prévaut des prix de ferme.

Mais si, au contraire, il exploite lui-même l'usine, tous les produits qui sont le résultat de son industrie et des matières premières qu'il a fournies, lui appartiennent ; il peut en disposer à son gré ; ces produits ne sont pas considérés comme des fruits civils, et ne s'acquièrent pas jour par jour ; ils ne sont acquis au mari qu'au fur et à mesure de leur fabrication.

Si, lors de la constitution dotale, il existait des marchandises confectionnées et prêtes à être vendues, elles ne feraient pas partie de la dot, à moins que le constituant ne s'en fût formellement expliqué ; mais si, à la même époque, il se trouvait des matières premières destinées à être mises en œuvre, elles seraient comprises dans la constitution, parce qu'ici il y aurait destination du constituant, et que ces matières seraient considérées comme une partie intégrante, ou, tout au moins, accessoire de l'usine constituée.

Toutefois le mari en profitant de ces choses n'en serait néanmoins que l'usufruitier, et, à la dissolution du mariage, il devrait en rendre une quantité égale, ou bien l'estimation à dire d'experts.

164. 2.° Si les eaux par lesquelles l'usine serait mise en mouvement venaient à se tarir ou à se perdre par un événement imprévu, que faudrait-il décider relativement aux droits du mari sur l'établissement et sur ses dépendances? Serait-il obligé de les conserver, ou pourrait-il les aliéner, dans le cas où il trouverait à le faire?

Cette question ne nous paraît pas d'une solution facile.

Le mari ne peut aliéner les biens dotaux que dans les cas prévus par la loi; hors ces cas, la femme ou ses héritiers peuvent faire révoquer l'aliénation après la dissolution du mariage; telle est la disposition formelle de la loi, art. 1559 et 1560; il semble qu'on ne peut s'en écarter.

D'un autre côté, l'usine, sans l'élément qui la met en jeu, n'est plus qu'un objet non-seulement sans produit dans les mains du mari, mais encore onéreux par les réparations et les impôts auxquels il est assujetti. En le vendant à un tiers, qui peut lui-même, par des eaux dont il est propriétaire, lui redonner toute son activité, le mari pourrait en tirer encore un avantage considérable ; mais sa volonté est paralysée par la loi, qui n'admet de motifs d'aliénation que ceux qu'elle a spécialement prévus.

Que décider dans une telle conjoncture ?

Malgré toute la sévérité de la loi, nous pensons que si la vente avait lieu, et que, plus tard, le mari étant devenu insolvable, la femme voulût faire révoquer la vente, cette aliénation devrait être entretenue, pourvu qu'elle eût été faite sans fraude par le mari et à une époque où sa solvabilité n'était pas douteuse : nous nous fondons sur ce que la vente de l'usine serait, dans ce cas, commandée par l'intérêt même de la femme, et par la nécessité de conserver sa dot, sinon en totalité, du moins en partie ; que, sans cette aliénation, l'usine serait restée infructueuse dans ses mains, et qu'alors même qu'elle parviendrait à en obtenir le délaissement, elle serait encore sans aucun produit.

Toutefois ne perdons pas de vue qu'il faudrait, pour que cette décision prévalût, que l'usine et les bâtimens en dépendans ne pussent être employés à aucune autre exploitation lucrative ; car, si, en les conservant, on pouvait les louer, ou en retirer un revenu raisonnable, en les destinant à un autre genre d'industrie, pas de doute alors que la femme ne pût exercer utilement son action en revendication.

165. *Troisième hypothèse.*

La dot peut avoir pour objet un fourneau destiné à fondre la gueuse, des forges, une verrerie; pour ces trois espèces d'usines, il faut avoir des approvisionnemens considérables de charbon, pour l'entretien des feux; presque toujours il y a des bois mis en coupes réglées pour être charbonnés au fur et à mesure des besoins du fourneau; lorsqu'il en est ainsi, le mari doit suivre exactement l'usage établi par le constituant afin qu'il n'y ait jamais chômage dans l'usine par manque de charbon.

Lorsque les bois destinés à l'exploitation des usines n'ont pas été mis en coupes réglées, de telle sorte qu'il puisse arriver qu'un jour leur entière consommation soit effectuée, le mari en jouit de la même manière, sans être tenu à aucune restitution, quant à ce, à la dissolution du mariage; toutefois cela ne doit être ainsi que lorsque les bois, divisés par coupes, ne sont pas suffisans pour l'entretien des fourneaux; s'il en était autrement, le mari, devant jouir en bon père de famille, devrait lui-même établir le réglement des coupes, afin de ne pas détériorer les bois et d'en perpétuer la conservation pour l'usage des usines.

Si lors de la constitution il se trouvait des marchandises fabriquées, il faudrait décider, comme dans l'hypothèse précédente, que le mari n'y aurait aucun droit ; mais s'il s'en trouvait en fabrication, elles feraient partie de la dot, et le mari pourrait en disposer à son gré, sauf à lui à en rendre l'estimation à la dissolution du mariage. La raison de la différence est qu'en faisant la constitution dotale, le constituant ne pourrait être considéré comme ayant eu l'intention de se réserver des marchandises qui n'étaient qu'ébauchées, et dont il ne pouvait alors tirer aucun parti ; tandis que celles qui seraient entièrement confectionnées ne pourraient plus être regardées comme faisant partie de l'établissement constitué en dot, puisque, bien loin d'y être attachées, elles seraient destinées, au contraire, à être mises immédiatement en vente.

SECTION II.

Des obligations du mari envers les biens dotaux et des charges auxquelles il est soumis à l'occasion de ces mêmes biens.

ARTICLE PREMIER.

Des obligations du mari envers les biens dotaux.

166. Les obligations du mari envers les biens dotaux, sont les mêmes que celles de l'usufruitier, à l'égard des biens soumis à son usufruit ; telle est du moins la règle générale tracée par le Code civil, art. 1562. Cette disposition n'est pas exempte

d'inconvéniens graves dans son application ; quelquefois elle se trouve en opposition avec le texte même de la loi de laquelle elle est tirée ; quelquefois aussi elle en blesse l'esprit et en outre les conséquences ; cependant, nous voyons qu'il eût été difficile de faire mieux, sans se livrer à des répétitions qui eussent choqué le goût, et cette briéveté rigoureuse qui doit régner dans tout système de législation. Dans cet état de choses, nous avons senti la nécessité de donner à cette partie de notre ouvrage, les développemens les plus propres à remplir l'espèce de lacune que présente la loi sur cette matière ; pour y parvenir, nous nous sommes efforcé de réunir dans cette section tous les principes que le Code civil, le droit romain et la jurisprudence pouvaient présenter sur les obligations de l'usufruitier, après en avoir écarté toutefois ceux qui pourraient heurter l'ensemble de la législation sur le régime dotal.

167. La première obligation à laquelle le mari est soumis, est de faire faire un inventaire des meubles et un état des immeubles constitués en dot ; *Cod. civ.*, 600. Le motif de cette décision, est que le mari, comme l'usufruitier, est intéressé à faire constater l'état des biens dont il va se mettre en possession, pour pouvoir plus tard se garantir de toutes recherches de la part de la femme ou de ses héritiers, et en même tems pour pouvoir répéter les dépenses qu'il aura faites dans les biens

dont il a l'usufruit. Cet inventaire et cet état sont aussi dans l'intérêt de la femme, puisqu'ils fixent invariablement l'objet de la réclamation qu'elle aura à former à la dissolution du mariage.

Toutefois il est à remarquer que l'inventaire du mobilier n'est nécessaire qu'autant que c'est la femme elle-même qui se le constitue en dot, car, lorsque c'est un tiers, ce mobilier étant l'objet d'une donation, le contrat doit en contenir un état estimatif qui reste annexé à l'acte, *Cod. civ.*, 948, et qui tient lieu d'inventaire.

168. Mais aux frais de qui doit être fait cet inventaire? Nous croyons que cette question doit se résoudre contre celui des époux qui a le plus d'intérêt à ce qu'il soit fait; or, c'est sans contredit à la femme qu'il importe le plus que cette formalité soit remplie, puisque c'est-là le seul titre qu'elle puisse avoir pour constater l'existence de son mobilier et de ses titres de créances, dans le cas sur-tout où elle s'est fait une constitution générale de biens présens et à venir, sans aucune désignation détaillée des biens présens. On peut bien dire, à la vérité, que le mari est aussi intéressé à faire faire un inventaire, puisque, ainsi que nous l'avons dit au numéro précédent, c'est pour lui un moyen de faire connaître les améliorations et les dépenses qu'il aura faites pendant la durée du mariage; mais remarquons que cet intérêt n'est, en quelque sorte, que secondaire, puis-

qu'il repose sur des circonstances encore incertaines, et qui peuvent ne pas exister.

M. Proudhon, qui examine cette question dans son Traité de l'usufruit, tom. 2, n.° 792, la décide, il est vrai, contre l'usufruitier ; mais nous ne pouvons nous décider à adopter les raisons sur lesquelles il s'appuie. Il commence par invoquer la disposition de l'art. 600 du Code civil, qui porte que *l'usufruitier ne peut entrer en jouissance qu'après avoir fait dresser, en présence du propriétaire ou lui dûment appelé, un inventaire des meubles, et un état des immeubles.* « Or, dit-il, » dès que l'usufruitier ne peut entrer en jouissance » qu'après avoir fait dresser l'inventaire, il doit » donc le faire dresser ; donc, c'est sur lui seul que » pèse cette obligation, comme une charge de sa » jouissance ; donc, il doit seul en supporter les » frais. »

Ce raisonnement nous paraît vicieux.

Il n'est pas vrai, en effet, que par cela que l'usufruitier est tenu de faire faire inventaire des biens soumis à l'usufruit, il soit obligé d'en payer les frais, car, alors, il faudrait en dire autant du tuteur qui entre en gestion de la tutelle, art. 451 ; de l'exécuteur testamentaire, art. 1031 ; de l'héritier bénéficiaire, art. 794 ; du mari, lorsqu'il échoit une succession, en partie mobilière et en partie immobilière, à la femme mariée sous le régime de la communauté, art. 1414, etc., puisque, dans tous ces cas, il y a aussi obligation imposée par la loi de faire faire inventaire, et cependant jamais ces divers administrateurs n'ont été soumis à en payer les frais.

« Il importe peu, dit encore M. Proudhon, que » l'inventaire soit fait dans l'intérêt du propriétaire, pour lui servir de titre lors de la cessation » de l'usufruit; car, quoiqu'une obligation soit faite » dans l'intérêt du prêteur, les frais n'en sont pas » moins à la charge de l'emprunteur. Pourquoi » n'en serait-il pas ainsi de l'inventaire nécessité » par le don d usufruit? »

Pourquoi? Parce qu'il n'y a aucune espèce d'analogie entre un inventaire à faire entre l'usufruitier et le propriétaire, et une obligation entre un prêteur et un emprunteur; parce qu'il y a d'ailleurs des principes certains à l'égard du paiement des frais de l'obligation; et qu'en ce qui concerne le paiement des frais de l'inventaire, il n'existe aucune disposition qui s'explique clairement contre l'usufruitier; que, bien loin de là, tous les articles que nous venons de citer lui sont favorables, puisqu'il y a analogie parfaite entre sa position et celle du tuteur, de l'exécuteur testamentaire, du mari, etc.

Au reste, il y a encore une raison qui doit rendre la position du mari usufruitier des biens dotaux, plus favorable que celle de l'usufruitier ordinaire, c'est celle qui se tire de ce que, pour l'usufruitier proprement dit, tout est avantage et bénéfice dans son usufruit; tandis que, pour le mari, l'emploi qu'il est obligé de faire des fruits qu'il perçoit, aux charges du mariage, rend son usufruit, en quelque sorte, plus onéreux que lucratif.

169. Dans l'ancienne jurisprudence, lorsque le mari négligeait de faire inventaire, et qu'il venait par affiliation dans les biens de sa femme, les effets mobiliers qui se trouvaient dans la maison à la dissolution du mariage, étaient présumés appartenir à cette dernière; le mari n'y avait aucun droit; c'est ainsi que le jugeait le parlement de Grenoble. V. *arrêt du* 6 *septembre* 1784, rapporté par M. Villars, *pag.* 257 *et* 258. C'est aussi de cette manière que l'a jugé la Cour de la même ville, le 8 mars 1810, en ces termes :

« Considérant qu'il est certain, en principe, que » lorsque le mari vient s'affilier dans la maison de » la femme, sans faire inventaire, tout ce qui est » dans la maison est censé appartenir à la femme; » et que si le mari a vendu, depuis le mariage, » quelques objets mobiliers et capitaux de bes» tiaux, il en doit remploi ou récompense à la » femme. » Villars, *eod. loc.*

Roussilhe, n.° 275, professe aussi la même doctrine.

« Il arrive souvent, dit-il, qu'un homme entre » gendre dans une maison qui est meublée et où

» il y a des bestiaux desquels il n'est point chargé
» par inventaire, la femme peut-elle demander
» les bestiaux qui sont au décès du mari, ou les
» héritiers de celui-ci peuvent-ils se dispenser de
» les remettre, en disant que tout est présumé ap-
» partenir au mari ?

» Il y aurait de l'injustice de faire perdre à la
» femme ce qui lui appartient ; ainsi, on doit lui
» accorder tout ce qu'elle peut établir qui lui ap-
» partenait au tems de son mariage ; et comme on
» ne saurait présumer qu'une maison soit sans
» meubles et bestiaux, de simples présomptions
» doivent suffire pour faire obtenir à la femme
» tout ce qu'on peut présumer qui était chez elle
» lors de son mariage, et elle doit être admise à
» la preuve par témoins, comme elle avait tels
» meubles et tels bestiaux. Je l'ai toujours vu pra-
» tiquer ainsi. »

Aujourd'hui, si le mari se mettait en possession des biens dotaux sans avoir fait procéder à l'inventaire ordonné, la femme ou ses héritiers pourraient être admis à prouver, soit par titres, soit par témoins, soit par commune renommée, de la valeur du mobilier ; c'est ainsi du moins que le décident les articles 1415 et 1504 du Code civil, dont les dispositions doivent être appliquées à la femme mariée sous le régime dotal, comme à la femme commune en biens.

Si le mari négligeait aussi de faire dresser l'état

des immeubles constitués en dot, il serait censé les avoir reçus en bon état, et obligé de les rendre tels à la dissolution du mariage : toutefois nous croyons que la preuve du contraire devrait être admise en cas de contestation, soit par la représentation des baux, soit par témoins.

170. L'usufruitier, suivant l'art. 600, ne peut entrer en jouissance qu'après avoir rempli le préalable de l'inventaire et de l'état descriptif; en est il de même du mari ?

Nous n'hésitons pas à penser qu'oui; mais ceux qui auraient le droit de demander l'exécution rigoureuse de cette disposition se déterminent rarement à le faire; souvent même on n'exige du mari ni l'inventaire, ni l'état prescrits, et il finit presque toujours par être exposé aux suites fâcheuses qu'entraînent ordinairement l'omission de ces formalités.

171. Le Code, en soumettant le mari à *toutes* les obligations de l'usufruitier, *art.* 1562, semblerait l'obliger à donner caution pour la réception de la dot; cependant, il n'en est point ainsi; le mari en est formellement dispensé par l'art. 1560, qui n'est d'ailleurs que la répétition des *lois* 1 *et* 2, *Cod. ne fidej. vel mand. dot. dent.*, ainsi conçues : *sivè ex jure, sivè ex consuetudine lex proficiscitur, ut vir uxori fidejussorem servandæ dotis exhibeat : tamen eam jubemus aboleri. — Generali definitione constitutionem pristinam ampliantes, sancimus nul-*

lam esse satisdationem, vel mandatum pro dote exigendum, vel à marito, vel à patre ejus, vel ab omnibus qui dotem suscipiunt. Si enim credendam mulier sese, suamque dotem patri mariti existimaverit, quare fidejussor, vel alius intercessor exigitur, ut causa perfidiæ in connubio eorum generetur?

Au motif que cette loi donne elle-même de sa décision, Dumoulin, *de usuris*, *n.*° 154, en ajoute un autre non moins juste; il dit que les cautions de dot n'ont point été admises, parce que, dans peu de tems, vu la fréquence des mariages, tous les habitans d'une même cité se trouveraient liés par des cautionnemens réciproques, ce qui ne manquerait pas de donner naissance à de nombreuses contestations: *fidejussores dotium propter frequentiam matrimoniorum non admittuntur : quod his admissis, brevi possit contingere civitatis unius vel provinciæ cives, aut incolas omnes, mutuis fidejussoribus institutos esse : qua ex re lites in immensum dubio procul orirentur.*

La jurisprudence des parlemens de Provence et de Dauphiné était conforme aux dispositions des lois 1 et 2, *Cod. de fidej. vel mand. dot. dent.*; V., pour le parlement de Grenoble, Expilly, *plaid.* 2; Basset, *tom.* 2, *liv.* 4, *tit.* 8, *chap.* 2; et pour celui d'Aix, *les Maximes du palais*, *tom.* 1.er, *max.* 22, *pag.* 169. Cependant, la jurisprudence de cette dernière Cour avait été long-tems contraire.

Le parlement de Toulouse exigeait que le mari donnât caution, ou que les deniers fussent placés; Laroche-Flavin, *liv.* 6, *tit.* 61, *art.* 1. Celui de Bordeaux distinguait le cas où le mari était insolvable au moment de la constitution, de celui où l'insolvabilité était survenue depuis; dans ce dernier cas, la caution était exigée; Lapeyrère, *lett. D*, *n.*os 123 et 135.

172. Mais si le mari est affranchi par la loi de tout cautionnement pour la réception de la dot, il peut cependant y être soumis par le contrat de mariage; *d. art.* 155, *in fin.;* Cujas, *ad tit. ne fidej. vel mand. dot. dent.* Dès que cette obligation cesse d'être le résultat d'une disposition législative, qu'elle est au contraire celui du consentement libre du mari, ce qu'elle peut avoir d'odieux disparaît, et elle devient alors un moyen précieux pour dissiper toutes les appréhensions sur la conservation de la dot.

173. Le mari n'étant point obligé de donner caution, on demande s'il pourrait en exiger une de la femme pour sûreté du paiement de la dot, et si, ce cautionnement fait, il devrait être entretenu? Cujas, *ad tit. Cod. ne fidej. vel mand. dot. dent.*, se prononce pour la négative; il invoque, en faveur de son opinion, le motif même de la loi qui dispense le mari de cette obligation. Il est à remarquer cependant que ce savant commentateur, *eod. loc.*,

décide que le cautionnement du mari, consenti avant le mariage, est valable, et qu'il émet un avis contraire à l'égard de la femme.

Quoiqu'il en soit, il nous paraît plus conforme aux principes d'admettre la validité du cautionnement de la femme comme celui du mari, lorsqu'il a été consenti dans le contrat de mariage; mais que, dans aucun cas, le mari ni la femme ne peuvent être contraints de donner caution.

Nous disons dans le contrat de mariage, car si le cautionnement avait eu lieu postérieurement, et par un autre acte, il devrait être annullé comme contraire à la disposition qui porte que les conventions matrimoniales ne peuvent recevoir aucun changement après la célébration du mariage; *Cod. civ.*, 1395.

174. Le mari doit jouir en bon père de famille, c'est-à-dire apporter dans l'administration des biens dotaux tous les soins qu'il apporterait dans sa chose propre; il répond de toutes les pertes qui sont le résultat de son dol et de sa faute : *in rebus dotalibus virum præstare oportet tàm dolum quam culpam; quia causa sua dotem accepit : sed etiam diligentiam præstabit, quam in suis rebus exhibet; l.* 17, *in pr.*, *ff. de jur. dot.*

Il suit de là qu'il doit s'abstenir de tout ce qui peut détériorer les biens : *fructuarius causam proprietatis deteriorem facere non debet, nec quid-*

quam facere in perniciem proprietatis ; l. 13, §. 4, *de usufr. et quemadm. quis.* Ainsi, il ne doit pas changer la forme des lieux de quelque manière que ce soit ; *l.* 13, §. 7, *ff. eod.;* il ne lui serait pas permis, par exemple, de convertir une maison ordinaire en hôtellerie, ni d'établir des bains où il n'en existerait pas, *d.* §. 7. Il ne pourrait pas non plus achever une construction commencée; *l.* 61, *ff. Cod.*; à moins que le bâtiment ne fût destiné à mettre la récolte à l'abri, *l.* 13 *et* 50 *ff. eod.*, ou que cela lui eût été permis par le contrat, *d. l.* 61.

175. S'il est dû des servitudes au fonds dotal, le mari ne doit pas les laisser perdre, ni le charger d'aucune servitude nouvelle : *Julianus, lib.* 16 *digestorum scripsit, neque servitutes fundo debitas posse maritum amittere, neque ei alias imponere; l.* 5, *ff. de fund. dot.*

176. Non-seulement le mari ne peut pas faire de changemens aux biens dotaux, lorsqu'il en résulte une perte pour la femme, mais il est certains cas où il doit s'en abstenir, lors même que ces biens augmenteraient de produit ; ainsi, il ne pourrait pas changer une promenade touffue ou une avenue en un plan d'olivier, ou en toute autre chose plus productive : *et si fortè voluptuarium sit prædium, viridaria vel gestationes, vel deambulationes arboribus fructuosis opacas atque amœnas habent,*

non debet dejicere, ut fortè hortos olitarios faciat, vel aliud quid quod ad reditum spectat; l. 13, *ff. eod.*

177. De l'obligation de jouir en bon père de famille, dérive celle de cultiver avec soin les fonds dotaux; cependant, il faut remarquer que le mari n'est responsable de sa négligence à cet égard qu'autant que les biens en éprouvent une détérioration sensible. Le produit des choses dotales appartenant au mari, il lui est facultatif de ne pas s'en prévaloir, pourvu, toutefois, que la propriété de la dot n'en souffre pas; il pourrait donc, si cela lui convenait, ne pas cultiver les fonds et négliger de se faire payer des fermiers, sans que, plus tard, il pût être recherché à raison de sa négligence.

178. Le mari est tenu à toutes les réparations d'entretien. Les grosses réparations demeurent à la charge de la dot, à moins qu'elles n'aient été occasionnées par défaut de réparations d'entretien depuis l'entrée en jouissance du mari, auquel cas le mari en est aussi tenu; *Cod. civ.*, 605.

Les grosses réparations sont celles des gros murs et des voûtes, le rétablissement des poutres et des couvertures entières; celui des digues et des murs de soutenement et de clôture aussi en entier;

Toutes les autres réparations sont d'entretien; *Cod. civ.*, 606.

Il résulte de ces termes de la loi, que toutes les

réparations qui ne sont pas comprises dans le nombre de celles qu'elle désigne comme grosses réparations, restent à la charge du mari; ce n'est point, en effet, dans l'objet d'indiquer par des exemples quelles réparations doivent être mises à la charge de l'usufruitier, que l'art. 606 a été rédigé tel qu'il est, mais évidemment pour déterminer, d'une manière absolue toutes celles qu'il doit supporter; nous en trouvons la preuve dans les termes mêmes du dernier alinéa de cet article, dans lequel on lit : *toutes les autres réparations sont d'entretien.* Il ne peut donc s'élever aucune difficulté sur la nature et le genre des réparations qui sont à la charge du mari.

179. Mais ce qui n'est pas aussi facile à décider, c'est de savoir si le mari peut obliger la femme à faire les réparations auxquelles la loi soumet le propriétaire, ou si le mari est obligé d'en faire l'avance, sauf à lui à répéter, à la dissolution du mariage, la somme avancée?

Le savant professeur Toullier, au titre de l'usufruit, tom. 3, pag. 301 et suivantes, agite cette question quant au propriétaire, et la résout en sa faveur. Nous ne partageons pas cette opinion en ce qui concerne la femme, bien que, sous ce rapport, la condition du propriétaire et de la femme soit la même.

Deux raisons paraissent avoir déterminé l'opinion

de M. Toullier : la première, que la disposition de l'art. 605, qui met à la charge du propriétaire les grosses réparations, n'est pas impérative ; qu'elle n'a pour but que de limiter les obligations de l'usufruitier aux réparations d'entretien ; la seconde, que le propriétaire et l'usufruitier n'étant pas tenus de rebâtir ce qui est tombé de vétusté, ou ce qui est détruit par cas fortuit, et les grosses réparations ne pouvant être occasionnées que par l'une ou l'autre de ces deux causes, il en résulte que, dans aucun cas, le propriétaire ne peut être contraint à reconstruire, à moins qu'il ne le juge à propos pour la conservation de sa propriété.

A cela nous répondons, 1.° l'art. 605 ne dit point, il est vrai, que le propriétaire devra faire les réparations qui sont à sa charge dès qu'il en sera requis, mais il est évident que le législateur, en indiquant celles qu'il doit supporter, a nécessairement entendu qu'il pourrait y être contraint; s'il en était autrement, il serait au pouvoir du propriétaire d'anéantir entièrement le droit de l'usufruitier, en se refusant à toute espèce de réparations, ce qui serait souverainement injuste, et ce que le législateur à même voulu prévenir par l'art. 599, qui porte que « le propriétaire ne peut, par son fait, *ni de quel-» que manière que ce soit*, nuire aux droits de l'u-» sufruitier. »

Supposons, en effet, qu'un usufruitier, après avoir joui pendant quelques années d'un bâtiment, se vît contraint de l'abandonner à cause du mauvais état d'un mur de refend; supposons que cet usufruitier ne pût pas faire les avances nécessaires pour cette réparation, et qu'alors il s'adressât au propriétaire pour la faire lui-même; pense-t-on que dans cette circonstance celui-ci pût se refuser à la réclamation de l'usufruitier, et que ce refus pût être sanctionné par les Tribunaux? Non sans doute, ce propriétaire, lors même qu'il serait exposé à ne pas jouir de long-tems de son bâtiment, serait considéré comme nuisant au droit de l'usufruitier et inévitablement condamné à la seule lecture de l'art. 599.

Comment concevoir, d'ailleurs, autrement que de cette manière, le sens de l'art. 605? Il n'a pour but, dit-on, que de limiter l'usufruitier aux réparations d'entretien? Mais, cependant, il met à la charge du propriétaire un certain nombre de réparations importantes, qui sont soigneusement indiquées par l'art. suivant. Si le législateur eût eu l'intention de n'obliger le propriétaire à coopérer à ces réparations, qu'en en remboursant le prix à la fin de l'usufruit, il l'eût dit formellement; il ne se serait pas servi de ces expressions si directement attributives: *les grosses réparations demeurent à la charge du propriétaire.*

2.° Bien que le propriétaire ne soit pas tenu de rebâtir ce qui est tombé de vétusté, il n'en doit pas moins rétablir les gros murs, les voûtes, etc., lorsqu'ils menacent ruine; car, bien certainement, ils n'est pas besoin que ces objets aient croulé pour qu'il soit nécessaire de les reconstruire; il suffit que leur mauvais état soit constaté, pour qu'il y ait lieu à les rétablir; d'ailleurs, il est évident que l'art. 607 ne s'applique qu'aux reconstructions entières, et non à ce qui est tombé en partie. Cela est tellement vrai, que, s'il en était autrement, le propriétaire ne serait tenu, dans aucun cas, à réparer, pas même à rembourser le prix des réparations que la loi met à sa charge; car il est bien certain que si une maison toute entière, tombée de vétusté, était reconstruite par l'usufruitier, le propriétaire ne serait pas tenu de lui rembourser, à la cessation de l'usufruit, la somme que sa réidification lui aurait coûté; il dirait, avec raison, à l'usufruitier, l'art. 607, en décidant que ni le propriétaire, ni l'usufruitier ne sont tenus de rebâtir ce qui est tombé de vétusté, m'a libéré de toute espèce d'allégation à votre égard, et ce langage, dans la bouche du propriétaire, pourrait être également tenu à l'usufruitier lorsqu'il ne s'agirait que d'une partie de l'objet soumis à l'usufruitier, pourvu qu'il fût tombé de vétusté; en sorte que, de cette manière, ainsi que nous venons de le dire, toutes les réparations, de quelque genre qu'elles fussent, resteraient pour le compte de l'usufruitier, ce qui est évidemment contraire à la loi.

A l'appui de ces observations, qui nous paraissent

réfuter complètement l'opinion de M. Toullier, nous pouvons citer, à l'appui de la nôtre, celle de M. Salviat, dans son Traité de l'usufruit, de l'usage et de l'habitation, et celle de l'auteur du nouveau Desgodets ;

Ce dernier, tom. 2, pag. 270, s'exprime en ces termes :

« De son côté, l'usufruitier peut exiger les grosses
» réparations, quand elles sont nécessaires, et que
» leur retard lui ferait éprouver de la perte, ou
» quand elles donnent une juste crainte du dépé-
» rissement de l'immeuble avant la fin de l'usufruit.
» Par exemple, des murs sont tellement déversés,
» que personne ne veut louer la maison sujette à
» l'usufruit; il devient donc nécessaire de redresser
» ces murs. En vain le propriétaire alléguerait-il
» qu'ils peuvent encore durer long-tems dans l'état
» où ils sont: le motif déterminant est que cet état
» empêche réellement l'usufruitier de louer la mai-
» son : si ce point de fait est constant, c'en est
» assez pour que l'usufruitier ait droit de demander
» la réparation. »

Si le propriétaire refuse de faire les réparations réclamées, un jugement rendu sur un rapport d'experts, autorise l'usufruitier à le faire faire aux frais du propriétaire, après l'expiration d'un délai accordé à ce dernier. En conséquence, exécutoire est délivré au greffe, sur la représentation des quittances des ouvriers et fournisseurs.

M. Salviat, tom. 1, pag. 169, dit aussi : « L'usu-
» fruitier, de son côté, est aussi autorisé à citer en
» justice le propriétaire, pour le forcer aux répara-
» tions qui lui sont personnelles. »

De tout cela il faut donc conclure que le propriétaire peut être contraint par l'usufruitier à faire faire lui-même les réparations à sa charge, et par analogie, que la femme peut être soumise à la même obligation envers les biens dotaux.

Il faut seulement remarquer, à l'égard de cette dernière, que le prix de ces réparations doit d'abord être pris sur ses paraphernaux, et, à défaut de paraphernaux, sur la dot; elle peut même se faire autoriser à en aliéner une partie, conformément à l'art. 1558, pour faire face aux dépenses.

180. La dernière, et une des plus importantes obligations du mari envers les biens dotaux, est celle de veiller à ce qu'ils ne soient pas prescrits pendant le mariage.

En règle générale, les immeubles dotaux sont imprescriptibles; mais ce principe souffre plusieurs exceptions : la première qu'indique la loi est lorsque la prescription a commencé avant le mariage; dans ce cas, le fonds dotal peut être prescrit par celui qui le possède, et le mari, si la prescription s'acquiert, en demeure responsable envers la femme ou ses héritiers; cependant, s'il ne restait, lors de la célébration du mariage, que peu de jours pour consommer la prescription, le mari serait affranchi de cette obligation : *si fundum quem Titius possidebat bona fide, et longi temporis possessione poterat sibi quærere, mulier ut suum marito dedit in dotem, eumque petere neglexerit, vir cum id facere posset, rem periculi sui fuit, planè si paucissimi dies ad per fruendam longi temporis possessionem superfuerunt, nihil erit quod imputabitur marito ; l. 16, ff. de fund. dot, Cod. civ., 1561, in pr., et 1562 in fin.*

Cette exception, portée par l'art. 1561, fut vivement contestée lors de la discussion au Conseil-d'Etat; on soutenait qu'elle était contraire au principe de l'imprescriptibilité absolue du fonds dotal, et qu'il fallait tout au plus déclarer la prescription suspendue pendant le mariage, comme au cas de minorité; qu'il suffirait d'un concert frauduleux entre le mari et l'usurpateur du fonds dotal, pour le faire perdre à la femme.

On répondit à cela que la suspension de la prescription pendant le mariage, pouvait laisser trop long-tems la propriété incertaine ; que si la prescription avait commencé trois ans avant le mariage, et qu'il durât 50 ans, il en résulterait que la prescription ne s'accomplirait que 27 ans après sa dissolution, au moyen de quoi l'action subsisterait pendant 80 ans. La discussion laissa quelque tems les opinions incertaines; cependant, plus tard, l'article fut adopté tel qu'il avait été présenté; V. *le Procès-verbal, séance du 4 brumaire an 12.*

La 2.e exception à l'imprescriptibilité du fonds dotal a lieu lorsqu'il a été déclaré aliénable par le contrat; on sent qu'alors la propriété de l'immeuble constitué en dot devenant incertaine pour la femme, cet immeuble pouvant passer, par l'autorisation de l'aliéner, dans le domaine d'un tiers, rien ne s'oppose plus à ce que la prescription puisse l'atteindre; il faut en dire autant lorsque par le contrat on estime le fonds dotal, avec déclaration expresse qu'on entend par cette estimation en transporter la propriété au mari.

Ainsi, dans ces deux cas, le mari ne peut être soumis à aucune responsabilité, puisque, à proprement parler, il n'existe plus de fonds dotal, que, par conséquent, la femme ne peut éprouver aucune perte par l'effet de la prescription.

L'immeuble dotal peut être prescrit, en 3.e lieu, après la séparation de biens. La femme, reprenant alors l'administration de ses biens, pouvant agir et interrompre elle-même la prescription, il est juste de faire cesser l'imprescriptibilité prononcée; mais aussi, dans ce cas, le mari n'est soumis à aucune responsabilité; *Cod. civ.*, 1561. Peu importe que la prescription ait commencé avant ou après le mariage, pourvu qu'elle ne soit pas accomplie; le mari demeure affranchi de cette garantie; cependant il faudrait décider ici, comme le fait la loi romaine en faveur du mari, que s'il restait peu de jours, lors du jugement qui prononcerait la séparation de biens, pour que la prescription fût acquise, le mari en demeurerait responsable.

181. Jusqu'à présent nous n'avons vu le mari demeurer garant des prescriptions acquises que dans un cas seulement, celui où la prescription a commencé avant le mariage ; mais il ne faut pas perdre de vue que l'art. 1561 ne parle que des immeubles dotaux, et que par conséquent les dettes actives constituées à la femme ne se trouvent pas comprises dans sa disposition, elles peuvent être prescrites pendant le mariage, et que si le mari n'a pas fait ses diligences pour en opérer le recouvrement, ou qu'il ait négligé d'interrompre la prescription, il demeure responsable de la perte de la créance ; *l.* 7, *in. pr. de jur. dot;* Boniface, *tom.* 1, *liv.* 6, *tit.* 3, *ch.* 8 ; Rousseau-la-Combe, *mot Dot, sect.* 4, *n.°* 7 ; Roussilhe, *n.°* 441 ; Maximes du palais, *tom.* 1, *max.* 50.

182. Mais, pour que le mari puisse être recherché à raison de la prescription d'une créance de la femme, il faut qu'elle lui ait été connue ; car, dit Roussilhe, n.° 442, « un droit compris vaguement,
» sans énonciation expresse dans une constitution
» générale, est censé avoir été ignoré par le mari,
» et alors il n'en est pas responsable. Par exemple,
» ajoute-t-il, celui qui entre gendre dans une mai-
» son, si la femme s'est constitué en dot tous ses

» biens, qu'elle ait des obligations chez les procu-
» reurs, si le mari l'ignore, il est évident qu'il ne
» peut être garant de la prescription de pareils
» effets. »

Il suit de là, qu'il faut, pour qu'on puisse imputer au mari la perte de la créance, qu'elle ait été mentionnée dans le contrat de mariage, et que la remise du titre ait été faite au mari. V. Dupérier, *Maximes de droit*, *tom.* 3, *liv.* 2, *pag.* 131 *et suivantes.*

Nous disons qu'il faut que la remise du titre ait été faite au mari, car, si par l'effet de la rétention du titre, ou par toute autre cause légitime, il n'a pas pu exiger la créance constituée, il ne doit être soumis à aucune responsabilité : *Mævia marito suo, inter alias res dotis, etiam instrumentum solidorum decem tradidit, quo Otacilius eidem Mæviæ caverat, daturum se, cum nuptum ire cœpisset decem milia : ex eo instrumento maritus nihil exegit, quia nec potuit. Quæsitum est si dos à marito petatur, an compellendum sit etiam illam summam, quæ instrumento continetur, refundere? Respondi, potuisse quidem eum, cui actiones mandatæ sunt, debitorum convenire : sed si sine dolo malo vel culpa exigere pecuniam non potuit, neque dotis nomine eum conveniri posse neque mandati judicio; loi* 49, *ff. solut. matr.*

183. Lorsque le mari a pu exiger la créance, ou

interrompre la prescription, et qu'il ne l'a pas fait, il devient garant, comme nous venons de le dire, de la perte qu'éprouve la femme. Quelques auteurs soutiennent que dans ce cas, comme dans celui de la prescription du fonds dotal, si, à la dissolution du mariage, le mari se trouvait insolvable, la femme pourrait agir contre le tiers possesseur, comme s'il n'y avait point eu de prescription. V. Dupérier, *tom.* 1, *pag.* 508, *et tom.* 3, *pag.* 131; Morgues, *sur les statuts*, *pag.* 418; Cambolas, *liv.* 4, *ch.* 27, *n.*° 3, et l'annotateur de Dupérier, *pag.* 515, qui cite un arrêt du 20 juin 1623, qui, selon cet auteur, avait acquis l'autorité de maxime. L'auteur du nouveau Dunod est d'un avis contraire; voici ce qu'il dit à ce sujet :

« On peut d'autant moins, dit-il, pag. 315, ad- » mettre la femme à se faire restituer contre la » prescription, dans le cas de l'insolvabilité de son » mari, que toutes ses actions doivent être exercées » en son nom; elle a donc dans son mari un repré- » sentant légitime qui doit agir pour elle; s'il est » insolvable, elle doit s'imputer de n'avoir pas fait » prononcer sa séparation de biens pour agir » elle-même; ainsi, la prescription ne lui est pas » moins imputable qu'à son mari, ce qui suffit, sui- » vant Faber, *in Cod.*, *liv.* 2, *tit.* 35, *def.* 6, pour » lui faire refuser la restitution contre la pres- » cription, lors même que son mari est insolvable; » cela ne peut plus faire difficulté. »

Cette opinion me paraît préférable à celle de Morgues, de Cambolas et de l'annotateur de Dupérier. Ce serait, en effet, une inconséquence d'admettre le recours de la femme contre le tiers possesseur, après avoir reconnu le principe que la prescription peut être acquise contre elle ; il faudrait une disposition formelle pour dépouiller le détenteur d'un droit que lui assure la loi, et que tant qu'il n'y a pas d'exception admise par elle, il faut l'exécuter sans modifications.

184. Du principe que le mari doit veiller à ce que des tiers ne prescrivent pas les biens dotaux pendant le mariage, il suit nécessairement qu'il ne peut les prescrire lui-même : la prescription, dit l'art. 2253, ne court point entr'époux ; il serait contraire, en effet, à la société du mariage, que les droits de chacun des époux ne fussent pas, l'un à l'égard de l'autre, respectés et conservés, et il est juste d'ailleurs qu'il n'y ait point de prescription là où il ne peut pas y avoir d'action pour l'interrompre. V. les motifs de la loi du 24 ventôse an 12 sur la prescription.

ARTICLE II.

Des charges auxquelles le mari est soumis à l'occasion des biens dotaux.

185. Le mari doit supporter toutes les charges annuelles qui sont censées dettes des fruits ; *Cod. civ.*, 608.

On met au premier rang de ces charges les contributions ; *Cod. civ.* 608 ; *l.* 52, *ff. de usufr. et quemad.*

Les contributions sont ou ordinaires, ou extraordinaires. Les contributions ordinaires sont celles qui se paient annuellement ; elles sont à la charge du mari, et ne peuvent être répétées à la dissolution du mariage ; les contributions extraordinaires sont celles qui se paient en une seule fois, comme l'emprunt forcé, ou les réquisitions en tems de guerre, ou qui se paient par surcroît et pendant un certain tems seulement ; celles-ci sont prises sur la dot ; le mari tient compte seulement des intérêts ; mais comme c'est ordinairement lui qui en fait l'avance, il a la répétition du capital à la dissolution du mariage ; *Cod. civ.*, 609.

186. Il arrive quelquefois que pour l'ouverture d'un canal de navigation, ou d'une grande route ; ou pour la construction d'un pont, un ou plusieurs départemens sont appelés à contribuer aux dépenses qui sont faites par la voie des centimes additionnels aux contributions ordinaires, bien que cette espèce de contribution puisse, sous quelques rapports, être considérée comme extraordinaire, néanmoins elle reste à la charge du mari, attendu que, presque toujours, elle se perçoit pendant plusieurs années consécutives, et au moyen d'une répartition très-minime. V. la loi du 16 septembre 1807.

187. On compte, en deuxième lieu, au nombre des charges annuelles qui doivent être acquittées par le mari, la pension viagère et les rentes affectées sur les biens dotaux. V. *Carondas*, en ses Pandectes, liv. 2, n.° 13, et en ses Observations, au mot *Usage*. Il est naturel, en effet, que la femme ayant des rentes à payer, les arrérages en soient acquittés sur le produit de ses biens dotaux, sur-tout lorsque la dot comprend les immeubles sur lesquels ces rentes ont été affectées. Mais la femme resterait-elle débitrice de ces arrérages, dans le cas où le mari aurait négligé de les acquitter pendant le mariage ?

Cette question s'est présentée dans l'espèce suivante :

Jeanne-Marie Robert était débitrice, en qualité d'héritière du sieur Robert son père, d'une rente, au capital de 4,000 fr., affectée sur un domaine situé aux Granges, près de Grenoble ; le 5 octobre 1781, elle épouse M. Ducros, avocat, et se constitue tous ses biens présens et à venir, dans lesquels se trouvent compris le domaine des Granges. Pendant le mariage, M. Ducros néglige de servir la rente, et, plus tard, Marie Robert, son épouse, fait prononcer sa séparation de biens. La dame veuve de la Coste, à laquelle la rente était due, fait faire une saisie-arrêt entre les mains du fermier de la dame Ducros, dans l'objet d'obtenir le paiement des arrérages échus pendant le mariage, et que M. Ducros n'avait pas payés ; sur cette saisie une instance se lie, et le 25 novembre 1819, jugement du Tribunal de Grenoble, qui déclare la saisie de la dame veuve de la Coste valable ; ordonne, en conséquence, que le fermier se videra les mains en celles de la saisissante, et condamne la dame Ducros aux dépens.

Appel.

La dame Ducros fait soutenir devant la Cour, qu'au moyen de l'offre qu'elle fait de servir la rente, à dater de la séparation de biens, elle ne doit pas être tenue de payer les arrérages échus pendant le mariage ; que son mari ayant joui des fruits de sa dot, lui seul était tenu du paiement de ces arrérages ; que si madame de la Coste eût poursuivi M. Ducros, elle eût été infailliblement payée ; que, ne l'ayant pas fait, elle ne peut aujourd'hui, où tout recours de la dame Ducros contre son mari est inefficace, se pourvoir contre elle en paiement des arrérages qu'elle a négligé d'exiger.

On répondait, dans l'intérêt de la dame de la Coste, que bien que le mari soit tenu de servir lui-même et sur les fruits qu'il perçoit les rentes dues par sa femme, le créancier n'est pas pour cela déchu de son droit contre la femme ; que, bien loin de là, il conserve toujours contre elle une action réelle, dérivant de son hypothèque, qui ne peut être éteinte que par les moyens indiqués par la loi ; que, d'un autre côté, quoique le mari soit obligé, en sa qualité d'usufruitier des biens dotaux, de payer les arrérages échus pendant le mariage, l'action du créancier contre la femme n'est pas pour cela en suspens ; il peut faire saisir contre elle le gage de sa créance, le faire vendre, et faire tomber par-là ses exécutions sur les biens dotaux, même pendant le mariage ; or, continuait-on, si pendant le mariage l'action du créancier peut atteindre les biens de la femme, pourquoi cette action lui serait-elle refusée après la dissolution ou après la séparation de biens ? D'ailleurs, où ne conduirait pas l'admission d'un pareil système ? Parce qu'un créancier aurait été indulgent et humain envers son débiteur, on voudrait diminuer ses sûretés, scinder ses actions, multiplier ses débiteurs, et lui ôter toutes les garanties que lui assurent son titre et la loi.

Sur ces débats, arrêt en ces termes :

« Considérant que quoique le mari jouisse des
» fruits des biens dotaux, et soit tenu, à l'égard
» de ces mêmes biens, de toutes les obligations
» de l'usufruitier, il n'est pas moins constant en
» droit que les biens dotaux de la femme restent
» toujours affectés directement au paiement des
» rentes ou intérêts des capitaux dus par ces mê-
» mes biens antérieurement au mariage, et que si
» le mari néglige de les acquitter, le créancier
» peut en poursuivre directement le paiement sur
» les biens dotaux, sauf le recours de la femme

» sur les biens personnels du mari ; et dans le » cas où ce recours serait infructueux, celle-ci » doit s'imputer d'avoir choisi un tel procureur » fondé ; que la raison de le décider ainsi, est » que le mariage d'une femme débitrice ne peut » pas changer la position de son créancier, et » donner à celui-ci un débiteur autre que celui » qu'il avait auparavant ; que si, par la loi, le » mari est tenu, à l'égard des biens dotaux, de » toutes les obligations de l'usufruitier, et par » conséquent d'acquitter les intérêts ou rentes, ce » principe n'a trait qu'aux obligations du mari » envers les biens dotaux qu'il administre, mais » nullement vis-à-vis les tiers :

» Par ces motifs, la Cour confirme. »

Cour royale de Grenoble, 1.re Chambre, audience du 7 août 1820.

188. Indépendamment des charges annuelles et des contributions extraordinaires auxquelles le mari est assujetti, il est encore tenu de payer les dépens faits dans les procès qui concernent sa jouissance, et des autres condamnations auxquelles ces procès pourraient donner lieu; *Cod. civ.*, 613. Si le procès a trait à la propriété, la femme les supporte, et si le mari les a avancés, il les répète à la dissolution du mariage, à moins que le procès intenté par le mari ne soit évidemment injuste; Bacquet, *des Droits de justice*, *ch.* 21, *n.*° 40; Boniface, *tom.* 4, *liv.* 6, *tit.* 12, *ch.* 3.

189. Mais si le procès était relatif à une action en revendication, intentée par un tiers, le mari ne devrait supporter aucuns frais, par la raison que le constituant étant tenu à la garantie des objets constitués, serait aussi garant des dépens auxquels le mari pourrait être condamné; *Cod. civ.*, 1547.

190. En règle générale, la dot doit rester intacte dans les mains du mari, à moins qu'il ne s'agisse d'acquitter des dettes de la femme antérieures au mariage; cependant, si le mari a autorisé sa femme à soutenir un procès dans lequel elle ait succombé, on peut exécuter le jugement sur les biens dotaux, le mari ne peut s'y opposer; Lapeyrère, *lett. D*, *n.os* 32 *et* 44; Basset, *tom.* 1.er, *liv.* 2, *tit.* 31, *ch.* 9; Roussilhe, *n.o* 421; arrêt de la Cour royale de Nîmes, rapporté par Sirey, *tom.* 4, 2.e *part.*, *pag.* 537; arrêt de la Cour de Toulouse, du 20 juillet 1822, Sirey, *tom.* 23, 2.e *part.*, *pag.* 9. Un autre arrêt de la Cour de Besançon, du 28 avril 1806, est allé plus loin : il a jugé que lorsqu'une femme plaide pour ses biens dotaux, le mari est responsable des dépens, non-seulement s'il l'a autorisée à plaider, mais encore s'il a refusé de le faire sans en déduire les motifs. V. Sirey, *tom.* 7, 2.e *part.*, *pag.* 894.

191. Mais on ne peut poursuivre contre le mari et sur les biens dotaux, l'exécution des jugemens

et arrêts correctionnels ou criminels, rendus contre la femme, tant que dure le mariage. Lapeyrère cite un arrêt du 9 janvier 1658, qui a jugé qu'une somme de 150 fr., à laquelle une femme avait été condamnée pour un délit, ne pouvait être exigée sur sa dot, au préjudice de son mari ; un autre, du 11 mars 1667, donna main-levée au mari, d'une saisie faite pour dommages et intérêts, des meubles dotaux de sa femme. V. Brillon, mot *Dépens*, *n.*° 32. Roussilhe, *tom.* 2, *n.*° 342, ajoute qu'on ne peut faire saisir les fruits de la dot, lors même que le délit a été commis avant le mariage, pourvu que la condamnation n'ait été prononcée qu'après. V. *Cod. civ.*, 1424, *in fin.*

192. La dot n'est acquise au mari, pour en percevoir les fruits, qu'autant que les dettes ont été distraites des biens qui la composent : *bona non dicuntur nisi deducto œre alieno.* Il suit de là que le mari ne peut les retenir sans payer toutes les dettes de la femme. Cette charge imposée au mari est une suite inévitable du transfert des biens de la femme dans sa possession. Le mariage de cette dernière ne peut point changer la condition du créancier envers lequel elle s'est engagée ; et quoique la loi assure au mari l'usufruit de tous les biens constitués en dot, cela ne peut s'entendre que de ce qui reste, déduction faite des dettes qui les grèvent ; encore, cette obligation de payer les

dettes de la femme ne doit pas être prise d'une manière absolue, il y a des distinctions importantes à faire, et nous allons voir que, tout en réservant aux tiers les droits qu'ils peuvent avoir acquis sur les biens dotaux, la loi a veillé à ce que ceux du mari n'en fussent point altérés.

193. La femme peut avoir diverses espèces de dettes ; elle peut avoir contracté personnellement et avant son mariage des obligations et souscrit des billets ; elle peut avoir fait des dettes et s'être obligée pendant le mariage ; enfin, elle peut être débitrice envers des tiers, à raison des biens qui lui surviennent par succession, donation ou testament.

En ce qui concerne les dettes contractées avant le mariage, il faut distinguer si les titres qui les constatent ont une date certaine, ou s'ils n'en ont pas ; dans le premier cas, si ce sont, par exemple, des obligations notariées, ou des promesses sous seing privé, enregistrées, point de doute que le mari ne doive les acquitter dès l'époque où elles deviennent exigibles ; mais il n'en est pas ainsi lorsque les promesses dont on réclame le paiement ne sont pas enregistrées, ou lorsque les dettes ne sont constatées que par les livres ou mémoires des créanciers. On sent, en effet, combien il serait facile, si l'on soumettait le mari à payer de pareilles dettes, de nuire à ses droits sur les biens dotaux ; la femme pourrait souscrire et antidater des promesses simulées, faire de faux comptes chez les marchands, et contraindre de cette manière son mari à subvenir, malgré lui, à de folles dépenses, à des prodigalités, et détourner ainsi la dot de sa véritable destination. Sans doute il est malheureux pour des créanciers de bonne foi de se voir enlever tout recours pour obtenir leur paiement ; mais il fallait choisir entre exposer le mari à perdre la dot et diminuer les sûretés de quelques créanciers, qui, avec un peu de prudence, peuvent éviter un malheur qui serait sans remède pour le mari ; d'ailleurs, ces créanciers devaient savoir, en contractant avec leur débitrice, qu'elle pouvait se marier, se constituer tous ses biens en dot, et détruire ainsi leurs moyens de recouvrer leurs créances ; on a donc pris un parti sage, en se prononçant, dans ce cas, en faveur du mari.

194. Mais en admettant que les créanciers sont sans recours sur les biens constitués en dot, il ne faut pas en conclure qu'ils ne puissent pas agir contre la femme et sur les paraphernaux, dans le cas où elle pourrait en avoir ; en refusant aux créanciers toute action contre le mari, on n'a pas pu porter atteinte à la validité de leurs créances ; elles subsistent dans toute leur intégrité, et ont tout leur effet contre la femme, dès lors qu'il ne s'agit plus de sa dot ; ils pourraient donc, si la

femme ne s'était fait qu'une constitution spéciale, et qu'il lui survînt des biens paraphernaux, se pourvoir contre elle en paiement de ce qui leur serait dû.

195. Si la femme n'avait contracté aucune dette avant le mariage, mais qu'après, et sans y avoir été légalement autorisée par la justice, elle eût souscrit des promesses ou fait des dettes, le mari ne serait pas tenu de les acquitter. V. Guypape, *qu.* 447. La nullité de ces engagemens serait même prononcée par les Tribunaux, si l'on en poursuivait l'exécution sur les biens dotaux ; les créanciers ne seraient pas mieux recevables dans leurs poursuites, après la dissolution du mariage, s'ils formaient de nouveau leurs réclamations ; *arr. de la Cour de Riom*, *du* 2 *février* 1810; Sirey, *tom.* 14, 2.e *part.*, *pag.* 99. V. aussi *tom.* 22, *pag.* 225.

Il s'était cependant élevé quelques doutes dans l'ancienne jurisprudence, sur le point de savoir si le mari ne devait pas être tenu de payer les dettes de la femme, relatives à son entretien ou aux besoins du ménage; quelques auteurs, entr'autres Fromental, *mot Dot*, *p.* 25, et Bouvot, *tom.* 2, *qu.* 11, pensaient que le mari devait payer ce qui avait été fourni à la femme pour le ménage ou pour son entretien ; mais on jugeait assez généralement le contraire, sur-tout lorsqu'il était prouvé que le mari avait remis à la femme l'argent nécessaire pour ce genre de dépenses. Raviot, sur Périer, *qu.* 249, *n.*° 9, rapporte un arrêt du 28 mars 1708, par lequel le marchand Boyer, qui avait fourni des étoffes à la dame N...., fut condamné, et le mari mis hors de cour sur l'action intentée contre lui, quoique les étoffes fussent d'un prix et d'une qualité médiocres, et qu'elles eussent été propres à être employées à l'usage du mari lui-même ; on jugea, dit Raviot, que les marchands ne doivent rien donner à crédit aux femmes mariées, et que le mari, ayant remis à sa femme l'argent nécessaire pour acheter ce qui convenait au ménage, ne devait point être recherché à raison de ces fournitures.

Taisand, sur la coutume de Bourgogne, *tit.* 4, *art.* 1, *n.*° 2, cite aussi un arrêt du 8 janvier 1693, par lequel on jugea que le sieur Dupelu, marchand, ne pouvait se pourvoir sur la dot d'une femme pour le paiement de 450 fr. d'étoffes qu'il lui avait fournies. « La raison de douter, dit Taisand, était qu'à Dijon l'usage est que les femmes lèvent chez les marchands des étoffes pour s'habiller, et que les marchands leur en fournissent de bonne foi, sans exiger des billets ou des procurations de leurs maris. »

196. Lorsqu'il échoit une succession à la femme qui s'est fait une constitution générale, le mari est tenu de payer toutes les dettes qui grèvent les

biens qui la composent ; il doit s'empresser de purger les hypothèques et privilèges, et de liquider l'hoirie de façon qu'elle ne soit pas absorbée par les intérêts des sommes dues.

Il arrive quelquefois que le mari, voulant éviter la vente d'une partie des biens dotaux, pour acquitter les dettes auxquelles ils sont affectés, s'engage personnellement envers les créanciers de la succession, qui sont devenus ceux de la femme; dans ce cas, si le mari paie le montant des obligations qu'il a souscrites, il le répète à la dissolution du mariage, mais sans intérêts, attendu qu'ayant joui des fruits des biens que l'on aurait été obligé de vendre, il s'opère une compensation entre ces mêmes fruits qu'il a perçus et les intérêts des sommes qu'il a avancées. On ne pourrait pas dire que les fruits des biens dotaux lui appartenant, et n'étant pas tenu d'en rendre compte à sa femme, il ne peut s'opérer aucune compensation avec les intérêts des sommes qu'il a payées à sa décharge : il est facile de voir, en effet, que, dans ce cas, le mari n'a aucun droit aux fruits perçus sur la partie des biens dotaux qui est censée appartenir aux créanciers ; que la dot ne se compose réellement, comme nous l'avons déjà dit, que des biens apportés par la femme, toute distraction faite des dettes, et que par conséquent, s'il perçoit des fruits, il doit en tenir compte à sa femme, ou les compenser avec l'intérêt des sommes qu'il a avancées pour elle.

SECTION III.

De l'inaliénabilité des biens dotaux.

197. De tous tems la dot de la femme a été l'objet de la sollicitude des législateurs; chez les Romains, si féconds en lois justes et sages, elle était entourée d'une faveur spéciale, sa cause était préférée à toute autre, et sa conservation d'intérêt public: *dotium causa semper et ubique præcipua est : nam et publicè interest dotes mulieribus conservari* ; *l.* 1, *ff. solut. matr.*

Le moyen le plus sûr de conserver la dot, était sans contredit de la rendre inaliénable ; aussi verrons-nous que les Romains prirent de bonne heure cette mesure en faveur de la femme, et que plus tard elle fut aussi adoptée par notre ancienne jurisprudence et notre législation moderne.

198. La première disposition qui prohiba l'aliénation des biens dotaux fut la loi Julia. Faite sous le règne d'Auguste, cette loi défendait au mari d'aliéner le fonds dotal situé en Italie, sans le consentement de la femme, et de l'hypothéquer, lors même qu'elle y consentirait : *fundum Italicum dotale maritus, invita uxore, ne alienato, neve consentiente obligato ;* mais on reconnut bientôt son insuffisance et le peu de garantie que présentait la seule nécessité du consentement de la femme.

L'empereur Justinien, par la loi unique, *Cod. de rei. uxor. act.*, sans abroger la loi Julia, y fit deux additions importantes ; par la première, il étendit la prohibition à tous les biens dotaux, en quelque lieu qu'ils fussent situés ; par la deuxième, il défendit l'aliénation, lors même que la femme y donnerait son consentement : *et cum lex Julia fundi dotalis Italici alienationem prohibebat fieri à marito non consentiente muliere, hypothecam autem nec si mulier consentiebat : interrogati sumus, si oporteat hujus modi sanctionem non super Italicis tantummodò fundis, sed pro omnibus locum habere ? Placet itaque nobis eumdem observationem non tantum in Italicis fundis, sed etiam in provincialibus extendi. Cum autem hypothecam (ei) etiam ex hâc lege donavimus, sufficiens habet remedium mulier, et si maritus fundum alienare voluerit. Sed ne et consensu mulieris hypothecæ ejus minuantur, necessarium est, et in hâc parte mulieribus subvenire : hoc tantummodò addito, ut fundum dotalem non solùm hypothecæ titulo dare nec consentiente muliere maritus possit, sed nec alienare : ne fragilitate naturæ suæ in repentinam deducatur inopiam, d.* §. 15.

La raison qui fit prohiber l'aliénation du fonds dotal, alors même que la femme y donnerait son consentement, se trouve dans les derniers mots du §. que nous venons de rapporter : *ne fragilitate naturæ suæ in repentinam deducatur inopiam.* L'expérience avait appris que l'influence que le mari exerce sur la femme rendait nulle en quelque sorte la défense qui lui était faite d'aliéner le fonds dotal sans l'approbation de cette dernière ; l'affection ou la violence pouvait arracher le consentement de la femme, et alors la loi était sans résultat utile.

199. Quoiqu'il en soit, cette prohibition, à quelques légères modifications près que nous ferons bientôt connaître, passa avec le droit romain dans notre ancienne jurisprudence; tous les parlemens de droit écrit observèrent la loi Julia. V., pour Aix, *Maximes du palais, tom.* 1.er, *pag.* 177; pour Toulouse, Catellan, *liv.* 4, *chap.* 45; pour Grenoble, Basset, *pag.* 187, *édition de* 1686; *acte de notoriété, du* 26 *juin* 1782; Villars, *jurisprudence de la Cour royale de Grenoble, pag.* 246; pour Dijon, Raviot, sur Périer, *qu.* 151, *n.*o 14.

Une déclaration de Louis XIV, du 21 avril 1664, permit cependant aux maris, dans les provinces de Lyonnais, Mâconnais, Forêz et Beaujolais, d'aliéner la dot de leurs femmes lorsqu'elles y consentiraient. Voici les termes de cet édit :

« Voulons, déclarons et statuons que toutes les » obligations ci-devant passées, et qui se passeront » à l'avenir, sans aucune force ni violence, par les » femmes mariées, dans notre pays de Lyonnais

» Mâconnais, Forêz et Beaujolais, sur lesquelle saucun arrêt n'est encore intervenu, soient bonnes » et valables, et que par icelles les femmes ayant » pu par le passé, et puissent à l'avenir obliger » valablement, sans aucune distinction, tous et un » chacun leurs biens dotaux et paraphernaux, sans » avoir égard à la disposition de la loi Julia, que » nous avons abrogée et que nous abrogeons à cet » égard, sans qu'aux pays susdits l'on puisse plus » y faire aucun fondement, ni avoir aucun égard. » Si donnons, etc. »

200. Les rédacteurs du Code civil ne furent pas d'abord de l'avis de l'inaliénabilité de la dot; le projet portait un article conçu en ces termes : « Les » immeubles constitués en dot ne sont pas inaliénables; toute convention contraire est nulle, sauf » la stipulation du droit de retour, et autres dispositions permises par le Code, etc. »

On disait, pour soutenir cet article lors de la discussion au Conseil-d'Etat (V. *le procès-verbal du* 13 *vendémiaire an* 12), que « lorsque la femme » se constituait elle-même une dot, il était peu conforme au droit de propriété qu'elle se privât de » ce droit et s'imposât à elle-même des entraves » qui seraient souvent suivies de regrets; que cette » incapacité civile nuirait à la société entière, et » n'était qu'une espèce de substitution dont la femme » se grevait elle-même; que lorsque la dot était cons-

» tituée par des parens, ils pouvaient stipuler, soit » un droit de retour, soit les dispositions permises » par l'art. 1048 du Code civil, et sous ce rapport » leur intérêt se trouvait satisfait. »

M. Portalis répondait à ces observations, présentées par M. Berlier, « qu'on s'était formé une » fausse idée de l'inaliénabilité de la dot, lorsqu'on » avait craint qu'elle ne mît obstacle au droit de » retour et qu'elle ne ramenât les inconvéniens des » substitutions. En effet, continuait cet orateur, » l'inaliénabilité n'existe et n'a de résultat que pen- » dant la durée du mariage ; elle s'évanouit aussitôt » qu'il est dissous. Pendant le mariage, elle a le dou- » ble objet de conserver la dot à la femme et les » fruits de la dot au mari. Sous le premier rapport, » elle empêche le mari de disposer seul de la dot » sous aucun prétexte, et la femme d'en disposer, » même avec le consentement du mari, sans cause » légitime ; sous le second, elle interdit à la femme » de donner sa dot entre vifs; mais elle lui laisse la » faculté d'en disposer par testament, parce qu'alors » la donation n'a d'effet que dans un tems où le » mari n'a plus aucun droit aux fruits. Ainsi, la dot » devenant aliénable après la dissolution du ma- » riage, il est évident que l'inaliénabilité n'a rien » de commun avec les substitutions ni avec le droit » de retour, qui ne peut avoir lieu qu'à une époque » où l'inaliénabilité a cessé. »

M. Treilhard disait « qu'il serait difficile de con-

» cilier l'inaliénabilité de la dot avec l'intérêt du » commerce et l'abolition des substitutions; que » même dans les pays de droit écrit on avait si » bien reconnu que l'inaliénabilité de la dot était » impossible, qu'on l'avait modifiée par une foule » d'exceptions. »

Le consul Cambacérès répondait « que le prin- » cipe de l'inaliénabilité n'avait jamais été modifié » que par deux exceptions, qui même étaient con- » troversées. La dot ne pouvait être aliénée que pour » racheter le mari de l'esclavage et pour payer les » dettes pour lesquelles il était retenu en prison; » encore, dans ce dernier cas, fallait-il qu'il ne pût » se dégager par la cession de biens. L'inaliénabi- » lité, au surplus, n'était pas établie pour ramener » la dot dans les mains du père, mais pour conser- » ver le fonds affecté aux charges du mariage, et » le patrimoine des enfans. »

Après cette discussion, que nous ne rapportons ici qu'en substance, le principe de l'inaliénabilité fut conservé et consacré en ces termes :

« Les immeubles constitués en dot ne peuvent » être aliénés ou hypothéqués pendant le mariage, » ni par le mari, ni par la femme, ni par les deux » conjointement. » *Art.* 1554.

Ainsi, point de doute qu'aujourd'hui, comme sous le droit romain, toute aliénation des immeubles dotaux ne fût déclarée nulle par les Tribunaux, lors même que la femme et le mari l'auraient volontairement consentie.

201. Mais que doit-on entendre ici par le mot *aliénation?* La loi 1, *Cod. de fund. dot.*, nous l'apprend elle-même ; c'est, dit cette loi, tout acte par lequel la propriété est transférée : *est autem alienatio omnis actus per quem dominium transfertur.* On peut ajouter à cette définition, un peu trop générale, que tout ce qui tend à grever ou diminuer le fonds dotal est aussi considéré comme aliénation. Celui, par exemple, qui laisse acquérir une servitude, ou qui laisse prescrire celle déjà acquise, est censé aliéner tout comme celui qui vend ou qui donne : *alienationis verbum etiam usucapionem continet : vix est enim ut non videatur alienare, qui patitur usucapi; eum quoque alienare dicitur qui non utendo amisit servitutes; l. 28, ff. de verb. sign.* Il ne serait donc pas nécessaire, pour que la femme eût un recours utile, qu'il y eût aliénation proprement dite ; il suffirait que le fonds dotal fût grevé ou diminué d'une manière quelconque.

202. Sous l'ancienne jurisprudence, quelques parlemens des pays de droit écrit, et notamment celui de Grenoble, jugeaient que tant que le fonds constitué en dot n'était pas en la possession du mari, il ne cessait point d'être aliénable ; que l'inaliénabilité ne commençait que du jour de la tradition ; on en concluait que le mari pouvait traiter sur les actions dotales alors même qu'elles pouvaient avoir pour objet des immeubles.

M. Villars, dans son *Recueil de jurisprudence de la Cour de Grenoble*, rapporte, au mot *Dot*, plusieurs arrêts qui l'avaient ainsi jugé.

M. Gautier, dans son *Journal de jurisprudence de cette même Cour, tom.* 2, *pag.* 323 *et* 327, *et tom.* 3, *pag.* 128 *et* 188, en rapporte aussi plusieurs entièrement conformes, en sorte que ce point n'est maintenant plus contesté à Grenoble.

Mais il n'en est pas ainsi devant la Cour de cassation; appelée deux fois à statuer sur cette question, deux fois elle l'a décidée en sens contraire.

Pour faire connaître d'une manière exacte quelles ont été les raisons qui ont déterminé ces deux Cours dans leurs décisions, et avant de présenter nous-mêmes quelques observations sur cette question importante, nous ne croyons pouvoir mieux faire que de rapporter ici en substance les motifs des deux principaux arrêts qu'elles ont rendus dans des espèces entièrement identiques.

Cour de Grenoble. — 10 août 1826 (*).

Le 11 février 1806, vente par François Romey, à Jean-Louis Alléobert, son beau-frère, de tous les droits successifs revenant à Victoire Alléobert dans la succession d'Alléobert père.

Le 17 avril 1822, les mariés Romey demandent, contre Jean-Louis Alléobert, la nullité de la vente du 11 février 1806.

(*) Journal de M. Gautier, tom. 5, pag. 128.

Par jugement du 20 novembre 1824, le Tribunal de Valence en prononce la nullité.

Appel devant la Cour de Grenoble, qui,

« Attendu qu'avant le Code civil la loi romaine et la jurisprudence du parlement de Dauphiné reconnaissaient trois espèces de biens, les meubles, les immeubles et les noms, voies, droits et actions;

» Que d'après ces lois et cette jurisprudence il n'y avait de bien dotal inaliénable, pendant le mariage, que celui dont le mari était mis en possession, soit à l'époque du mariage ou pendant le mariage; le fonds n'est dotal, dit la loi 13, §. 2, *ff. de fundo dotali*, que lorsque la tradition en a été faite au mari, et ce n'est que depuis ce moment que l'aliénation lui en est prohibée : *dotale prædium sic accipimus, cùm dominium marito quæsitum est, ut tunc demùm alienatio prohibeatur;* la loi 5, *de divisione, ff. solut. matrim.* ne répute bien dotal que celui dont la tradition est faite au mari, *sed quo primum dotale prædium constitutum est, id est traditâ possessione;* une foule d'autres lois établissent le même principe, et la jurisprudence des parlemens des pays de droit écrit, et particulièrement celle du parlement de Dauphiné, n'a jamais varié dans son application;

» Qu'il résulte également des lois romaines et de la jurisprudence, que le mari avait la libre disposition des actions dotales, que cette troisième espèce de biens reposait sur sa tête, qu'il pouvait vendre et céder, et sur laquelle il avait le droit de traiter à son gré; ce principe, qui découlait de la législation romaine sur le régime dotal, était appuyé sur plusieurs textes positifs, et entr'autres sur la loi 2, *Cod. de oblig. et act.* En appliquant ces principes au traité passé entre François Romey, mari de l'intimée, et Jean Louis Alléobert, appelant, le 11 mai 1806, François Romey, mari et maître des droits des biens dotaux de sa femme, dont la constitution était générale, a pu transiger sur l'action héréditaire qui compétait à celle-ci sur les biens de son père, jusqu'au partage; il est évident que ne pouvant pas même connaître d'avance les fonds qui formeraient la portion de son épouse, il ne pouvait être considéré comme propriétaire d'aucun de ces fonds dans le sens qu'y attache la loi 13, §. 2, *ff. de fundo dotali*, ci-dessus citée; et comme cette loi décide expressément que ce n'est que lorsque la propriété du fonds dotal est acquise au mari que l'aliénation lui en est défendue, il faut décider, par la même raison, que François Romey, qui n'a vendu que des droits successifs, et non la propriété déja acquise d'un immeuble, n'a pas aliéné le fonds dotal. La vente du 11 mai 1806 ne peut être rescindée sous ce prétexte, etc. »

Cour de cassation. — 28 février 1825 (*).

(*) Sirey, tom. 25, 1.re part., pag. 421, V. aussi tom. 2, 1.re part., pag. 6.

Dans l'espèce de cet arrêt, Amans Reynaud, agissant en qualité de futur époux de Marie Aymes, et comme son procureur fondé, ensuite de son contrat de mariage, traite, le 15 février 1774, avec les cohéritiers de Guillaume Poux, à raison du supplément de légitime que la future épouse avait droit de prétendre dans la succession de ce dernier, moyennant la somme de 1,214 livres.

Le mariage suit de près le traité, et les choses restent en cet état pendant près de quarante ans. Ce n'est qu'en 1814 que la veuve Reynaud demanda la nullité de ce traité, fondée sur ce qu'il contenait une aliénation de fonds dotal.

Le 18 juillet 1818, jugement qui annulle le traité et ordonne qu'il sera expédié à la veuve Reynaud un supplément de légitime en corps héréditaire.

Appel par les héritiers Poux.

17 juin 1820, arrêt de la Cour royale de Toulouse, qui confirme le jugement du Tribunal de première instance en ces termes :

« Attendu, en fait, que Marie Aymes était saisie d'un droit de légitime en corps héréditaire, du chef de son aïeul maternel, lorsqu'elle s'unit à Reynaud; que les biens sujets à cette légitime consistent pour la majeure partie en immeubles; que son contrat de mariage ne contient aucun pouvoir, en faveur dudit Reynaud, d'aliéner les droits constitués; que celui-ci les a néanmoins aliénés par l'acte du 15 janvier 1774, en les abandonnant pour une somme d'argent, et que cette somme n'a tourné en aucune manière au profit de la femme;

» Attendu, en droit, qu'il résulte de l'extension donnée à la loi *Julia*, par l'ordonnance de l'empereur Justinien, placée au Code sous le titre de *rei ux. act.*, qui a régi ce pays jusqu'à la promulgation du Code civil, et dont le principe a été consacré par l'art. 1554 de ce dernier Code, que le mari ne pouvait pas, même avec le consentement de son épouse, aliéner le fonds dotal, sauf quelques cas d'exception, dans aucun desquels les époux Reynaud ne se trouvaient placés; d'où il suit évidemment que l'acte du 15 janvier 1774, qui contient en résultat cette aliénation illégale, ne peut être opposé comme un obstacle à la demande de ladite Marie Aymes, et que, par une conséquence ultérieure, le Tribunal de Villefranche a bien jugé en accueillant cette demande. »

Pourvoi en cassation des héritiers Poux.

Arrêt.

« Attendu que l'action dirigée par la femme Reynaud, contre l'acte du 15 janvier 1774, était une action en nullité, et non une action en rescision, puisqu'elle avait pour objet, ainsi que l'arrêt attaqué le décide, de faire annuller cet acte comme contenant aliénation d'un fonds dotal faite par le mari sans le consentement de la femme, et sans y avoir été autorisé d'aucune manière;

» Attendu que, suivant les lois romaines, comme

suivant le Code civil, la légitime était due en corps héréditaire; que l'arrêt attaqué juge en fait, que les biens sujets à la légitime de la femme Reynaud consistaient pour la plus grande partie en immeubles; qu'il suit de là que cette femme s'étant constitué en dot tous ses droits maternels, cette légitime formait un fonds dotal inaliénable, etc. — La Cour rejette. »

203. On voit par ces deux arrêts que la question offre encore des doutes sérieux; car, il faut le dire, la Cour de cassation n'a rien présenté dans ses motifs qui tendît à repousser le §. 2 de la loi 13, *Cod. de jur. dot.*, sur lequel la Cour de Grenoble a principalement fondé ses arrêts; il paraît même que le moyen tiré de cette loi n'a pas été discuté devant la Cour suprême, et qu'il n'y a pas été dit non plus un seul mot de celui puisé dans la distinction des actions considérées dans les pays de droit écrit comme une troisième espèce de biens. Cette omission est importante; mais voyons si les élémens qui conduisent à la solution de la question devaient nécessairement être puisés dans ces autorités méconnues.

Un principe reconnu par les deux Cours, et déjà établi par nous, c'est que sous le droit romain le fonds dotal était inaliénable. Un autre principe non moins certain, c'est que la prohibition d'aliéner n'atteignait le mari que lorsque le domaine des biens constitués lui avait été transféré; *l.* 13, §. 2, *C. de jur. dot.* L'un était la règle générale, l'autre l'exception.

Mais quand le domaine du fonds constitué était-il acquis au mari ? Quels étaient les moyens que la loi romaine reconnaissait pour la transmission des biens ? Fallait-il absolument que la tradition eût lieu pour que le mari acquît le domaine des choses dotales ? Voilà ce qu'il faut examiner.

Sous le droit romain on reconnaissait, parmi les moyens d'acquérir, la tradition et les successions ; la tradition était considérée comme le complément de tous les contrats, car il n'y avait point de transfert de propriété sans tradition. Dans la constitution dotale, par exemple, il ne suffisait pas que le contrat eût eu lieu, pour que le mari devînt maître de la dot, il fallait encore que la tradition des biens constitués lui eût été faite ; aussi décidait-on que le fonds donné en dot n'était frappé de dotalité et d'inaliénabilité que lorsque le domaine en était acquis au mari : *dotale prædium sic accipimus, cum dominium marito, quæsitum est, ut tùnc demum alienatio prohibeatur.*

Mais le domaine des choses dotales ne s'acquérait pas seulement par la tradition, il était encore transféré par succession ; ainsi, lorsque la femme se constituait en dot tout ce qui pouvait lui revenir dans la succession de son père décédé, après le partage opéré, il n'était pas besoin de tradition pour que le domaine des biens compris dans la part revenant à la femme fût acquis au mari ; il en était saisi de plein droit, car on n'exigeait point de tradition de la part de la femme en faveur du mari, le mariage en tenait lieu : *fundi istius dominium simplici traditione ac nudo brutoque corporis contactu in maritum translatum est*, Vinnius, *Instit.*, *lib.* 2, *tit.* 1, §. 40.

De même, lorsque la femme se constituait en dot tous ses biens présens et à venir, et que durant le mariage elle était appelée à succéder à quelqu'un, la tradition n'était point encore nécessaire pour faire passer sur sa tête et sur celle du mari la propriété des choses qui lui étaient laissées par le défunt.

Or, si la femme, et par suite le mari, acquéraient le domaine des choses constituées par succession et sans le secours de la tradition, ces mêmes choses étaient frappées de dotalité et d'inaliénabilité du moment même où la femme était investie du droit de succéder.

De là, la distinction immédiate et nécessaire du cas où le mari aliénait les droits afférens à sa femme, dans une succession à laquelle elle était appelée, de celui où il aliénait l'action en délivrance des objets constitués en dot par le père ou un étranger. Dans la première hypothèse, il y avait aliénation de bien dotal, puisque le domaine des choses comprises dans la succession lui était acquis ; dans la seconde, au contraire, la tradition n'ayant pas eu lieu, et le domaine des choses constituées n'étant pas encore transféré au mari, il n'y avait point encore de dotalité, et par conséquent l'aliénation était valable.

De cette manière, et par l'application naturelle de ces principes, se trouve réfutée la doctrine consacrée par la jurisprudence de la Cour de Grenoble.

Vainement viendrait-on dire, pour échapper à notre distinction, que dans les pays de droit écrit les actions formaient une troisième espèce de biens, qui n'étaient ni meubles, ni immeubles, et dont le mari avait par conséquent la libre disposition. Cette objection s'évanouirait devant le principe, désormais incontestable, que le droit de la femme et du mari, sur une partie de succession échue, et faisant partie de la contitution dotale, ne consiste pas en une action, mais bien en un droit acquis dont ils sont investis, par la maxime si connue et si généralement adoptée : *le mort saisit le vif son hoir, plus prochain et habile à lui succéder ;* dès le moment en effet qu'une succession s'ouvre, l'héritier est saisi, de plein droit, du domaine, de tout ce qui le compose, et non pas seulement d'une action, pour en revendiquer la propriété.

Il est bien vrai, et nous ne le contestons pas, que le mari est maître des actions dotales ; mais en ce sens seulement qu'elles ont pour objet de demander la délivrance des choses constituées, dont le mari n'a pas encore le domaine, dont il n'a pas été saisi par un moyen légal, équivalent à la tradition ; hors de là, la loi frappant d'inaliénabilité les biens constitués en dot, si le mari les aliène il viole la loi, et l'acte qui intervient doit être annullé.

Ainsi, en résumé, le mari, sous l'ancien droit, pouvait aliéner les immeubles constitués, en tant que le domaine n'en était pas encore arrivé sur sa tête, par un des moyens d'acquérir indiqués par la loi, parce qu'alors il n'était pas encore frappé de dotalité; mais dès le moment que le mari se trouvait saisi, par un de ces mêmes moyens, du domaine des biens faisant partie de la dot, la prohibition d'aliéner paralysait son pouvoir, il ne pouvait plus valablement en disposer.

204. Remarquons que cette question, née sous l'ancien droit, ne se présenterait plus aujourd'hui; dès le moment de la constitution, tous les biens qui la composent deviennent dotaux et par conséquent inaliénables, et il en est de même de toutes les actions qui peuvent compéter au mari pour la revendication des choses dotales.

205. L'inaliénabilité prononcée par l'art. 1554, n'est applicable qu'aux dotes constituées depuis le Code ; celles constituées avant sa promulgation sont régies par les lois existantes à l'époque du

contrat de mariage. Ce principe, que nous donnons aujourd'hui pour certain, a été pendant long-tems l'objet des plus sérieuses discussions, et la jurisprudence même a été long-tems incertaine sur ce point. La difficulté s'était présentée sous des points de vue différens; on avait d'abord agité la question de savoir si les biens constitués en dot dans un pays où elle était aliénable, avaient été, à la promulgation du Code, frappés d'inaliénabilité. Un Arrêt de la Cour d'appel de Montpellier, du 12 janvier 1809, avait jugé l'affirmative. Cette Cour s'était fondée principalement sur ce que les mariages contractés avant la promulgation du Code civil, devaient être régis par ce Code pour tous les objets qui n'étaient pas droits acquis, ou dont les parties n'avaient pas fait dans leur contrat de mariage une stipulation expresse ou particulière; que la faculté d'aliéner dont on pouvait user ou ne pas user, n'était pas un droit acquis et irrévocable, et qu'elle avait été par conséquent anéantie par l'art. 1554 du Code civil. Mais sur le pourvoi en cassation, pour violation de l'art. 2 et fausse application de l'art. 1554 du Code civil, la Cour suprême cassa l'arrêt de la Cour de Montpellier, par les motifs suivans :

« Attendu que la loi ne dispose que pour l'avenir, et qu'elle n'a point d'effet rétroactif;

» Que si, dans certains pays de droit écrit, il existait des lois ou usages particuliers, suivant

» lesquels la femme avait le droit d'aliéner et hy-
» pothéquer le fonds dotal, cette faculté formant
» une condition tacite des constitutions dotales fai-
» tes sous l'empire de cette jurisprudence, est un
» droit acquis qui n'a été aboli par aucune loi;
» qu'on ne peut faire résulter l'abrogation de cette
» faculté de l'art. 1554 du Code civil, qui prohibe
» l'aliénation des biens dotaux, puisqu'elle n'a
» pour objet que les biens placés, par la volonté
» expresse des parties, sous le régime dotal établi
» par ce Code; qu'il résulte, au contraire, de
» l'art. 1557, que même sous ce régime l'immeu-
» ble dotal peut être aliéné lorsque l'aliénation a
» été permise par le contrat de mariage. » V. Sirey, *tom.* 11, *pag.* 347.

Un autre arrêt de la Cour de cassation, du 27 août 1810, Sirey, *tom.* 10, *part.* 1.re, *pag.* 372, rendu sur les conclusions de M. Merlin, avait aussi formellement consacré cette doctrine; il s'agissait, dans l'espèce de cet arrêt, d'une femme normande, qui avait fait donation entre vifs d'un immeuble à l'un de ses enfans, en vertu de l'art. 432 de la coutume de Normandie qui l'y autorisait. La donation avait été faite sous le Code civil, et elle voulait la faire annuller, en se fondant sur l'art. 1554 de ce Code; mais sa demande ne fut pas accueillie.

On avait ensuite élevé la question relativement aux effets des placités et de la coutume de Normandie, sur les dots constituées sous leur régime, et sur la validité des engagemens ou aliénations faites par des femmes normandes, après la promulgation du Code civil.

Un premier arrêt de la Cour de Rouen, du 8 mai 1813, avait décidé que les placités et la coutume de Normandie, qui ne permettaient l'aliénation des biens dotaux qu'avec la permission de la justice et l'avis des parens, étaient des statuts réels, dont les effets s'étendaient même après la promulgation du Code civil, de telle sorte que la femme normande n'avait pas pu aliéner valablement les immeubles dotaux situés en Normandie, avec la seule autorisation de son mari, conformément à l'art. 217 du Code civil.

Sur le pourvoi cet arrêt fut cassé. La Cour considéra que la coutume et les placités de Normandie ne devaient être regardés que comme des statuts personnels qui avaient été modifiées par l'art. 217 du Code civil. La cause, renvoyée par-devant la Cour royale de Paris, cette Cour jugea comme celle de Rouen. Enfin, la cause de nouveau portée devant la Cour de cassation, il fut rendu un dernier arrêt le 27 février 1817, sections réunies, qui décida que les placités et la coutume de Normandie étaient des statuts réels qui régissaient les contrats de mariage même après la promulgation du Code civil; que, par conséquent, la femme normande mariée antérieurement à ce Code, et séparée de biens par son contrat, n'avait pu postérieurement aliéner valablement ses immeubles dotaux situés en Normandie, avec la seule autorisation de son mari.

Voici les motifs de cet arrêt important :

« Attendu que la prohibition faite à la femme séparée, par l'article 127 des placités, est conçue en termes généraux ; que cet article ne fait aucune différence entre la femme séparée judiciairement et la femme séparée volontairement ; qu'une disposition spéciale aurait été nécessaire pour exclure la séparation contractuelle, et qu'au lieu d'insérer une pareille disposition, le législateur a compris, dans une expression générale, les deux espèces de séparations ;

» Attendu, en second lieu, que le statut est personnel lorsqu'il règle directement et indéfiniment la capacité générale et absolue des personnes pour contracter ; que le statut est réel, au contraire, lorsqu'il a principalement et directement les biens pour objets, et sur-tout la conservation d'une espèce particulière de biens dans les familles ;

» Attendu que le rapprochement des art. 126 et 127 des placités établit la réalité du statut contenu dans ce dernier article ; qu'en effet, d'après l'art. 126, la femme normande séparée de biens peut vendre et hypothéquer sans aucune espèce d'autorisation, et même sans qu'il y ait lieu au remploi, ses meubles présens et à venir, et les immeubles par elle acquis depuis la séparation ; que, par l'art. 127, au contraire, le législateur occupé, dans l'intérêt de la femme séparée et de sa famille, de la conservation des biens dotaux et des propres échus par succession depuis la séparation, a formellement prohibé d'aliéner ses biens sans l'avis des parens et la permission de justice; qu'une prohibition ainsi limitée donne à ce statut un caractère réel, puisqu'il est au contraire de l'essence du statut personnel de produire une capacité ou incapacité indéfinie;

» Attendu que la réalité du statut contenu dans l'art. 127 des placités résulte en outre de la combinaison de cet article avec les art. 539 et 540 de la coutume de Normandie; qu'en effet la femme non séparée, dont l'immeuble est aliéné avec l'autorisation maritale, a droit, d'après les art. 539 et 540 de la coutume, à une récompense sur les biens de son mari et à une action subsidiaire contre l'acquéreur; que la femme séparée, qui n'a aucun droit ni à cette récompense, ni à l'action subsidiaire, trouve du moins une garantie réelle de ses droits dans la prohibition par le statut;

» Attendu, enfin, qu'en général la réalité des statuts ne peut être sur-tout méconnue lorsque l'intérêt des enfans et la conservation d'une espèce particulière de biens dans les familles ont été bien plus encore l'objet de la sollicitude du législateur que l'intérêt des vendeurs eux-mêmes; que ce principe, invariablement observé, s'applique naturellement à la cause, puisqu'il est évident, d'après la deuxième partie de l'art. 127 des placités, que le législateur s'est bien plus occupé encore de l'intérêt de la famille et des héritiers de la femme normande séparée, que de l'intérêt de la femme elle-même; qu'en effet, d'après la deuxième partie dudit article, quoique la vente des immeubles dotaux et des propres échus par la succession depuis la séparation, ait été faite par la femme sans avis de parens et sans permission de justice, le contrat, malgré sa nullité, peut être néanmoins exécuté, du vivant de la femme, sur les meubles et sur le revenu des immeubles, après l'échéance et l'immobilisation de ce revenu; que, dès que ce statut est réel, les dispositions de l'art. 217 du Code civil n'ont porté aucune atteinte aux droits réels acquis lors du mariage, en vertu dudit statut; qu'en le décidant ainsi la Cour royale de Paris a fait une juste application de l'art. 127 des placités, et n'a violé ni l'art. 223 de la coutume de Paris, ni aucune des dispositions du Code civil.»

L'existence de ces arrêts, et sur-tout la sollennité du dernier, ne laissent plus aucun doute sur l'inapplicabilité des dispositions de l'art. 1554 du Code civil aux dots constituées antérieurement à sa promulgation. Quel que soit le genre d'aliénation, qu'il s'agisse de vente ou de donation, ou d'aliénations indirectes, c'est toujours la loi sous le règne de laquelle le contrat a été passé qui doit être appliquée lorsqu'il s'agit de prononcer sur leur validité ou invalidité. V., au reste, Sirey, *tom.* 11, 1.re *part.*, *pag.* 40; *tom.* 14, 1.re *part.*, *pag.* 132; *tom.* 15, 1.re *part.*, *pag.* 389; 2.e *part.*, *pag.* 106 *et* 110; *tom.* 17, 1.re *part.*, *pag.* 122, *et* 2.e *part.*, *pag.* 4.

206. Une autre question, non moins importante, qu'ont fait naître les dispositions de l'art. 1554, est celle de savoir si la femme peut aliéner sa dot mobilière?

Portée devant plusieurs Cours royales et devant la Cour de cassation, elle a toujours été résolue pour l'inaliénabilité, et aujourd'hui on regarde la jurisprudence comme fixée sur ce point. Voici, en résumé, les raisons produites de part et d'autre dans les diverses discussions auxquelles cette question a donné lieu :

Pour l'aliénation on disait :

1.° Que suivant l'art. 1598 tout ce qui est dans le commerce peut être vendu lorsque des lois particulières n'en ont pas prohibé l'aliénation. Or, la loi Julia et la loi au *Cod. de rei uxoriæ act.* ne déclaraient inaliénable que le fonds dotal, c'est-à-dire les immeubles dotaux; le Code n'a pas une disposition plus étendue; l'art. 1554 ne parle que des immeubles constitués en dot, et dans ces art. 1557, 1558, 1559, 1560 et 1561, le législateur n'emploie jamais d'autres termes que ceux d'immeuble dotal ou de fonds dotal, d'où la conséquence que c'est des immeubles dotaux seulement dont il a entendu prononcer l'inaliénabilité;

Que, bien certainement, s'il eût été dans l'intention des rédacteurs du Code d'étendre l'inaliénabilité à la dot mobilière, ils s'en seraient formellement expliqués; que si bien la dot a toujours été l'objet d'une faveur spéciale, ce n'a jamais été jusqu'à forcer l'interprétation de la loi pour lui faire produire un effet qui n'est ni dans sa lettre, ni dans son esprit;

2.° Que toute personne peut contracter une obligation, si elle n'en est pas déclarée incapable par la loi; *Cod. civ.*, 1123; que d'après l'art. 1124 les incapables de contracter sont les mineurs, les interdits et les femmes mariées, dans les cas exprimés par la loi. Or, les femmes mariées sous le régime dotal peuvent s'obliger, avec l'autorisation de leur mari, sur leurs biens mobiliers dotaux, puisque aucun article du Code ne leur défend de s'obliger sur ces biens, et que l'art. 1554 ne contient de prohibition qu'à l'égard seulement des immeubles dotaux;

3.° Que, d'après l'art. 2092, quiconque s'est obligé personnellement est tenu de remplir son engagement sur tous ses biens mobiliers et immobiliers, présens et à venir, et qu'ainsi la femme qui sous le régime dotal a pu valablement contracter et s'obliger sur sa dot mobilière, doit remplir ses engagemens sur cette même dot;

4.° Qu'enfin, un débiteur, qui est tenu de remplir ses engagemens sur tous ses biens, doit par conséquent les remplir sur ses créances, puisque, aux termes de l'art. 529, les créances font partie des biens; que suivant l'art. 1166 les créanciers peuvent exercer tous les droits et actions de leur débiteur; et suivant l'art. 770 du Code de procédure civile, tout créancier peut se faire colloquer en sous-ordre sur son débiteur colloqué lui-même dans un ordre, de même que l'art. 557 du même Code donne au créancier le droit de saisir et arrêter entre les mains d'un tiers les sommes et effets dus à son débiteur.

Pour l'inaliénabilité on répondait:

1.° Que dans les pays de droit écrit c'était un principe constant consacré par la jurisprudence (V. Henrys, *tom.* 2, *qu.* 141, *pag.* 1772 *et suiv.*), que la femme ne pouvait, quoiqu'avec l'autorisation de son mari, aliéner sa dot mobilière, même indirectement, en contractant des obligations exécutoires sur ses meubles ou deniers dotaux; que ce principe et cette jurisprudence étaient fondés sur ce que l'inaliénabilité de la dot est de l'essence même du régime dotal, puisque le régime dotal n'a d'autre objet que d'assurer la dot en prohibant à la femme le droit de l'aliéner pendant le mariage;

2.° Qu'il résulte du procès-verbal de la discussion du Code civil que les auteurs de ce Code ont voulu maintenir le régime dotal tel qu'il existait dans les pays de droit écrit, sauf les modifications qu'ils ont formellement exprimées, et qu'ils n'ont aucunement dérogé à la prohibition qui était faite à la femme mariée sous le régime dotal, d'aliéner par des obligations ou autrement sa dot mobilière;

3.° Que si l'art. 1554 du Code civil n'a expressément prohibé l'aliénation qu'à l'égard des immeubles dotaux, de même que la loi Julia et la loi *de rei uxoriæ actione*, c'est que d'après les dispositions du Code civil, comme d'après les dispositions du droit romain, le mari étant seul maître de la dot mobilière, dont il a la propriété ou la libre possession, lui seul peut en avoir la disposition, et qu'ainsi, sous ce rapport, la femme se trouvant dans l'heureuse impuissance d'aliéner elle-même directement ses meubles ou deniers dotaux, il était inutile de lui en interdire l'aliénation;

4.° Qu'on ne peut pas plus conclure de l'art. 1554 du Code civil qu'on ne concluait de la disposition semblable de la loi Julia et de la loi *de rei uxoriæ actione*, que la femme ait le droit, pendant le mariage, d'aliéner, au profit de tierces personnes, par des obligations qui pourraient être arrachées à sa faiblesse, la créance qu'elle a contre son mari, puisque dans ce cas sa dot ne serait plus réellement garantie, et perdrait ainsi le caractère qui lui est imprimé par le régime dotal;

5.° Que l'art. 1541 du Code civil qui se trouve au chapitre du régime dotal, dispose, d'une manière générale et sans aucune distinction entre les meubles et les immeubles, que tout ce que la femme se constitue ou qui lui est constitué en contrat de mariage est dotal s'il n'y a stipulation contraire, et que cette disposition se trouverait réellement sans objet quant au mobilier, si le mobilier déclaré dotal était cependant aliénable de la part de la femme ;

Qu'il en résulterait encore que pour le très-grand nombre de femmes qui n'ont pour dot que du mobilier, il n'y aurait pas réellement de régime dotal; qu'elles n'auraient à choisir, en se mariant, qu'entre le régime de la communauté et le régime exclusif de communauté, et que cependant il est dit généralement dans l'art. 1391 du Code civil, que les époux peuvent se marier, ou sous le régime de la communauté, ou sous le régime dotal; et qu'au second cas, sous le régime dotal, les droits des époux et de leurs enfans seront réglés par les dispositions du chap. 3 du tit. du contrat de mariage;

6.° Qu'enfin, si le législateur avait entendu que la femme pourrait librement aliéner son mobilier dotal avec l'autorisation de son mari, il n'aurait pas dit dans les articles 1555 et 1556, à l'égard de tous les biens dotaux généralement, que la femme pourrait les donner pour l'établissement de ses enfans, avec l'autorisation de son mari ou de la justice; qu'il eût suffi de dire qu'elle pourrait, avec l'une ou l'autre autorisation, donner ses immeubles dotaux, puisque, si elle avait le droit, avec l'autorisation de son mari, d'aliéner sa dot mobilière.

elle avait, par une suite nécessaire, le droit de la donner avec la même autorisation.

Il est facile de voir, par le rapprochement de ces divers motifs, que nous avons puisés en partie dans un arrêt de la Cour de cassation du 1.er février 1819, combien les derniers sont infiniment plus forts d'équité et de doctrine que les premiers, aussi voit-on que dans le nombre de décisions qui ont été rendues sur cette question, il n'en est qu'une seule qui ne les ait pas adoptés : c'est un jugement du Tribunal de Saint-Yrieix qui fut infirmé par la Cour de Limoges ; tous les autres arrêts sont confirmatifs, ce qui, vu leur grand nombre, est presque unique dans les annales judiciaires. V., pour tous ces arrêts, Sirey, *tom.* 9, 2.me *part., pag.* 326 *et* 387; *tom.* 10, 1.re *part., pag.* 341 ; *tom.* 19, 1.re *part., pag.* 146 ; *tom.* 21, 2.me *part., pag.* 84; *tom.* 24, 2.me *part., pag.* 318 ; *tom.* 26, 2.me *part., pag.* 191; V. en outre Villars, jurisprudence de la Cour royale de Grenoble, qui cite ou rapporte cinq arrêts de cette Cour, dont le plus récent est sous la date du 5 juillet 1820.

207. L'inaliénabilité de la dot s'étend non-seulement à toute aliénation directe, mais encore à tous les actes qui peuvent lui porter indirectement atteinte; ainsi, la femme mariée ne peut renoncer, au profit des créanciers de son mari, à l'hypothèque qu'elle a sur ses biens, à raison des sommes qui lui

ont été constituées en dot; arrêt de la Cour de cassation, du 28 juin 1810, rapporté par M. Bazile, *Mémorial de jurisprudence, tom.* 15, *pag.* 28.

Ainsi elle ne peut donner main-levée de l'inscription prise sur les biens de son mari pour la sûreté de sa dot; arrêt de la Cour de Paris, du 26 prairial an 10; V. Sirey, *tom.* 2, 2.me *part.*, *pag.* 298.

Ainsi encore elle ne peut compromettre sur une contestation qui intéresse sa dot, alors même que par le contrat elle aurait été déclarée aliénable; arrêt de la Cour de Nîmes, du 26 février 1812, rapporté au *Mémorial de jurisprudence, tom.* 20, *pag.* 373.

208. Mais pourrait-elle, si elle s'était fait une constitution générale, surenchérir dans une vente de biens volontaire ou par expropriation forcée?

Cette question a été diversement résolue par plusieurs Cours.

La Cour d'Aix (Sirey, *tom.* 15, 2.me *part.*, *pag.* 158), et la Cour de Grenoble (Villars, *jurisprudence de la Cour de Grenoble*, *pag.* 315) se sont décidées pour l'affirmative; la Cour de Lyon (Sirey, *tom.* 13, 2.me *part.*, *pag.* 367) a jugé en sens contraire. Il s'agissait dans le premier de ces arrêts, d'une femme qui, sous la loi de brumaire an 7, se présentait pour enchérir dans la vente des biens de son mari; on lui opposait deux motifs d'exclusion, le premier fondé sur son incapacité, attendu que comme femme du saisi elle était censée représenter le saisi, qui ne pouvait se rendre adjudicataire; *l. du* 11 *brumaire an* 7, *art.* 20.

Le second résultant de son insolvabilité notoire, attendu que sa fortune consistait uniquement dans sa dot et ses avantages matrimoniaux, et que l'inaliénabilité de l'un et de l'autre ne laissant aucun bien à sa disposition, elle ne présentait point une garantie suffisante en cas de revente à la folle enchère.

Un jugement du Tribunal de Draguignan adopta ces motifs, la femme fut écartée; mais, sur l'appel, ce jugement fut infirmé : la Cour considéra principalement : 1.° que d'après la loi de brumaire an 7, tout citoyen était appelé à enchérir, le saisi seul excepté; que la femme du saisi n'étant point nominativement écartée, elle devait jouir des droits de faire des offres comme toute autre personne;

2.° Que la femme étant créancière inscrite sur les biens expropriés de la somme de 103,000 fr., il était impossible de la considérer comme notoirement insolvable;

3.° Qu'il n'était pas plus juste de l'écarter sous le prétexte de l'inaliénabilité de sa dot, et du danger que cette dot pouvait courir dans le cas où elle se rendrait adjudicataire;

Qu'en point de droit, s'agissant ici d'une dot mobilière, la femme pouvait *la donner*, *l'aliéner* ou *l'hypothéquer*, moyennant le concours du mari dans l'acte, ou son consentement par écrit, aux termes de l'art. 217 du Code civil; faculté qui était encore confirmée par la disposition des articles 1554 et suivans, qui ne défendent l'aliénation que de l'immeuble dotal, et ne prescrivent que dans ce cas des formalités de justice.

Dans l'arrêt de la Cour de Grenoble, il sagissait également d'une femme qui se présentait pour enchérir dans la vente des biens de son mari exproprié, mais on avait envisagé la question sous un autre point de vue; on avait soutenu, pour refuser à la femme le droit d'enchérir, que, mariée avec une constitution générale, elle ne pouvait acquérir à titre onéreux, indépendamment de la prohibition portée par l'art. 1554, qui la mettait dans l'impossibilité d'aliéner sa dot pour payer le prix de son acquisition; on avait aussi soutenu, mais secondairement, que la femme et le mari, n'étant en quelque sorte qu'une seule et même personne, l'enchère faite par la femme, devait être considérée comme faite par le mari, ce que la loi prohibait formellement.

Malgré ces observations la Cour admit la femme à enchérir; elle se fonda sur ce que, d'apres le droit romain, la femme qui s'était constituée tous ses biens en dot pouvait acquérir pour elle et en son nom, suivant la *l.* 26, *ff. de jur. dot.*, et la *l.* 6, *Cod. si quis alteri vel sibi*;

Que les lois nouvelles n'excluent point la femme

du droit de se rendre adjudicataire des biens de son mari, débiteur saisi; que l'art. 20 de la loi de brumaire an 7, et l'art. 713 du Code de procédure ne repoussent des enchères que le débiteur saisi et les personnes notoirement insolvables;

Que l'art. 1595 du Code civil dispose que le mari peut valablement passer vente de ses biens à sa femme, même non séparée de biens, lorsque cette vente a une cause légitime telle que le remploi de deniers à elle appartenant, en se conformant à la loi pour l'extinction des hypothèques affectées sur les mêmes biens.

Il est facile de voir combien ces arrêts se sont écartés des vrais principes sur la matière :

D'abord il n'est pas vrai, comme la Cour de Grenoble l'a décidé, que les *lois* 26, *ff. de jur. dot.*, et 6, *Cod. siquis alt. vel sibi,* permettent à la femme mariée avec une constitution générale d'acquérir à titre onéreux.

Il résulte bien de ces lois que la femme mariée peut acheter, mais il n'y est nullement question de femme ayant une constitution de tous biens On peut se convaincre de la vérité de cette assertion en lisant ces deux textes; les voici :

Ita constante matrimonio permutari dotem posse dicimus, si hoc mulieri utile sit : si ex pecunia in rem aut ex re in pecuniam. Idque probatum est; l. 26, ff. de jur. dot.

Multum interest, utrumne uxore tua comparante

pecuniam numerasti, ei que possessio tradita est : an contractu emptionis à te nomine tuo habito tantùm uxoris nomen post instrumentis inscribi feceris. Nam si quidem uxor tua nomine suo emit, eique res traditæ sunt, nec in te quicquam de his processit, non nisi de pretio adversus eam, in quantum tu pauperior, et illa locupletior facta est, habes actionem. Quod si tu quidem emisti, et tibi tradita est possessio, tantùm autem nomen uxoris quondam tuæ instrumento inscriptum est, res gesta potior quam scriptura habetur. Si verò ab initio negotium uxoris gerens comparisti nomine ipsius, empti actionem nec illi, nec tibi quæsisti, dum (quæ) tibi non vis, nec illi potes. Quare in dominii quæstione ille potior habetur, cui possessio à domino tradita est; l. 6, C. si quis alt. vel sibi.

Ce n'est donc pas dans ces lois que la Cour de Grenoble pouvait trouver une disposition favorable à la doctrine qu'elle a voulu consacrer, mais bien dans l'art. 217 du Code civil, qui permet à la femme d'aliéner ou d'acquérir à titre onéreux, avec le concours du mari dans l'acte, ou son consentement par écrit. De cet article, en effet, on aurait pu conclure que la femme pouvait surenchérir, sur-tout en en combinant les dispositions avec l'art. 20 de la loi de brumaire an 7, et avec l'art. 710 du Cod. de proc. civ., qui admettent tout citoyen à faire une surenchère, pourvu qu'elle soit du quart au moins du principal de la vente; aussi, n'est-ce pas en contestant à la femme sa capacité personnelle d'acquérir que nous prétendons lui refuser le droit de surenchérir, mais en la considérant, lorsqu'elle est mariée avec une constitution générale, comme complètement insolvable dans ses rapports avec l'adjudicataire ou les créanciers.

Expliquons notre pensée :

Lorsque la femme est mariée sous une constitution générale, tous ses biens sont dotaux; si ce sont des immeubles, l'art. 1554 en prohibe directement l'aliénation; si ce sont des biens meubles, la jurisprudence, fondée sur l'esprit de la loi, en prononce aussi l'inaliénabilité, principe que la Cour d'Aix a méconnu; en sorte que par l'effet de ces dispositions, quoiqu'elle ait une dot considérable, elle se trouve dans une impuissance telle, qu'elle ne pourrait pas même disposer des sommes qui feraient partie de sa constitution dotale pour payer le prix de sa surenchère; placée dans une telle position, il est évident qu'elle est pour les créanciers, ou pour l'adjudicataire avec qui elle serait appelée à contester la validité ou l'invalidité de son enchère, comme si elle était entièrement insolvable, et alors ils sont bien fondés à soutenir qu'elle ne peut pas être admise à surenchérir, puisque l'art. 713 du Cod. de proc. civ. ne permet pas que les personnes notoirement insolvables puissent se rendre adjudicataires.

Et comment, en effet, pourrait-on se pourvoir

contre elle, si, ne payant pas, l'immeuble était revendu à la folle enchère, et qu'elle fût tenue de la différence de son prix d'avec celui de la vente? Où prendrait-on pour remplir cette différence, puisque tous ses biens se trouveraient inaliénables, et que les fruits seraient la propriété du mari?

Enfin, ce qui tranche la question de manière à enlever tout doute, c'est que, suivant l'art. 712, celui qui a enchéri est tenu par corps de la différence de son prix d'avec celui de la vente à la folle enchère, ce qui ne peut pas avoir lieu contre la femme, puisque la contrainte personnelle ne peut être prononcée contre la femme qu'en cas de stellionat; *Cod. civ.*, 2066 *et* 2063.

On peut au reste opposer aux arrêts des Cours d'Aix et de Grenoble, celui de la Cour de Lyon, que nous avons indiqué ci-dessus, dont la date est plus récente, et dont les motifs nous paraissent plus conformes à l'esprit et à la lettre de la loi.

209. Ce que nous venons de dire sur cette dernière question nous conduit naturellement à examiner le point de savoir à qui appartient ce que la femme acquiert pendant le mariage, lorsqu'elle est mariée sous le régime dotal, et qu'elle n'a pas de biens axtradotaux.

On trouve dans le droit romain deux textes précis sur cette question : le premier est la loi *Quintus Mucius*, *ff. de donat. int. vir. et ux*; et le deuxième, la *l.* 6, *au Cod. eod.* La première de ces lois dispose que lorsqu'il s'agit de savoir d'où une femme tient quelque chose, il est plus convenable de présumer que c'est de son mari ou de ceux qui étaient sous sa puissance, afin d'écarter tout soupçon de gains illicites et déshonorans pour la femme : *Quintus Mucius ait : cum in controversiam venit, undè ad mulierem quid pervenerit ; et verius et honestius est, quod non demonstratur undè habeat, existimari à viro aut qui in potestate ejus esset, ad eam pervenisse evitandi autem turpis quæstus gratia circà uxorem hoc videtur Quintus Mucius probasse.*

Le second décide que les choses déposées pendant le mariage au nom d'une femme appartiennent au mari : *etiam si uxoris tuæ nomine res quæ tui juris fuerant, depositæ sunt : causa proprietatis ea ratione mutari non potuit, et si donasse te uxoris res tuas ex hoc quis intelligat, cum donatio in matrimonio facta, prius mortua ea quæ liberalitatem accepit, irrita sit. Nec est ignotum, cum probari non possit, undè uxor matrimonii tempore honestè quæsierit, de mariti bonis eam habuisse veteres juris auctores marito crediderint*

Il suit de là que pour que la femme ait droit aux choses par elle acquises pendant le mariage, il faut qu'elle prouve clairement avec quels deniers elle les a payées; et comme lorsqu'elle est mariée sous une constitution générale elle ne peut pas aliéner sa dot immobilière, et que les sommes constituées appartiennent au mari, il en résulte qu'elle n'a réellement rien à elle, et que par conséquent elle ne peut rien acquérir.

Il en est de même lorsque, mariée avec une constitution spéciale, elle n'a pas de biens paraphernaux. On sent, en effet, qu'admettre dans ces deux cas que la femme peut acquérir pour son propre compte, ce serait tolérer des gains illicites et honteux, ou des donations déguisées, que les lois réprouvent également. V., au reste, Rousseau-la-Combe, mot *Femme*, *n.*° 2.

On jugeait même, sous l'ancienne jurisprudence, que lorsque la femme avait des biens à elle propres, elle n'avait pas le droit de faire aucune épargne qu'elle pût s'appliquer, en faisant en son nom une acquisition quelconque. Ses revenus devaient être consommés dans le ménage commun, et elle ne pouvait réclamer, sous aucun prétexte, les objets achetés. On trouve dans Denisart, mot *Femme*, deux arrêts qui l'avaient ainsi jugé : le premier, du 10 juillet 1739, décida que la marquise de Rouvroi, autorisée par son mari à régir et administrer ses biens personnels, dans lesquels se trouvait comprise une pension de 3,000 fr. que lui faisait la maison d'Orléans, n'avait pas pu faire, sur ses revenus, ni sur sa pension, aucune épargne dont elle eût le droit de disposer.

Le second de ces arrêts, sous la date du 7 août 1742, décida que le paiement des dettes du sieur de la Musauchere, acquittées par sa femme, avec subrogation des droits des créanciers, n'avait pas rendu la femme propriétaire de ces créances.

On a pensé, lors de ces deux arrêts, dit Denisart, qu'une femme ne peut pas réclamer ni prétendre avoir employé ses propres revenus à faire des acquisitions; qu'au contraire ils avaient dû être consommés pendant le mariage, et qu'il serait dangereux de juger autrement, parce qu'une femme qui aurait droit de consommer des revenus dont elle a une jouissance séparée, emploierait ceux de son mari à faire des acquisitions qu'elle supposerait avoir payées, et que par ce moyen les avantages indirects se multiplieraient.

Un arrêt du parlement de Grenoble, du mois de mai 1675, jugea même que ce qu'une femme gagnait en nourrissant un enfant étranger, appartenait au mari, et que ses créanciers pouvaient faire saisir les sommes dues pour le nourrissage, sans que la femme pût s'y opposer.

La jurisprudence moderne paraît vouloir suivre cette doctrine. Un arrêt de la Cour de Riom, du 22 février 1809, rapporté par Sirey, *tom.* 12, 2.me *part.*, *pag.* 198, et par M. Bazile, dans son *Mémorial de jurisprudence*, *tom.* 12, *pag.* 228, a jugé que le mari devient propriétaire de l'immeuble acquis par la femme, lorsqu'elle n'a que des biens dotaux. Dans les motifs de cet arrêt on y reconnaît formellement que non-seulement les revenus de la dot, mais encore le produit de l'industrie et du travail de la femme appartiennent au mari.

210. Quelques jurisconsultes, tout en reconnaissant le principe que la femme qui n'a pas de biens paraphernaux, ne peut acquérir que pour son mari, pensent néanmoins qu'il doit être modifié en ce sens que le prix de l'objet acquis doit être restitué au mari, comme provenant évidemment de ses deniers; mais que la chose achetée doit rester dans le patrimoine de la femme; ils se fondent, pour soutenir cette opinion, sur la *loi* 8, *Cod. si quis alteri vel sibi*, qui décide que celui qui achète une chose en son propre nom, quoiqu'avec les deniers d'autrui, devient propriétaire de la chose achetée : *qui alienâ pecunia comparat, non ei cujus nummi fuerunt, sed sibi tàm actionem empti quam dominium, si ei fuerit tradita possessio, quœrit.*

Ils se fondent encore sur la loi 6, au même titre, qui dit positivement que si la femme achète en son nom avec l'argent de son mari, et que la tradition de l'objet acheté lui ait été faite, son mari n'aura d'action contre elle que seulement à raison du prix : *si quidem uxor tua nomine suo emit, ei que res tradita sunt, nec in te quicquam de his processit : non nisi de pretio adversus eam, in quantum tu pauperior et illa locupletior facta est, habes actionem.*

Enfin, ils citent Boërius, *decis*. 81, et Mornac, sur la loi *Quintus Mucius*, qui professent la même doctrine.

Cependant, s'il est vrai, comme nous n'hésitons pas à le penser, et comme l'ont ainsi jugé les deux derniers arrêts que nous venons de citer, que le produit même de l'industrie de la femme appartienne au mari, il faut nécessairement décider qu'elle n'a pas le droit de se retenir l'objet acquis, puisque la plus value, lorsqu'il y en a une, n'est autre chose que le produit de cette même industrie.

211. L'inaliénabilité de la dot s'étend-elle à la femme marchande publique? En d'autres termes, une femme marchande publique peut-elle hypothéquer et aliéner ses biens dotaux pour éteindre ou assurer le paiement des dettes qu'elle a contractées à raison de son négoce?

Avant la promulgation du Code de commerce, cette question avait été agitée devant quelques Tribunaux. La Cour de Rouen (*), entr'autres, avait déclaré valable une obligation contractée par une femme marchande publique, en faveur d'un fabricant, pour fournitures de marchandises de son commerce.

Cette Cour s'était fondée principalement sur l'art. 220 du Code civil, qui dispose que « la femme, si

(*) V. Sirey, tom. 17, 2.e part., pag. 191.

» elle est marchande publique, peut, sans l'autori-
» sation de son mari, s'obliger pour ce qui concerne
» son négoce. » Elle avait considéré cette disposition comme réglant seule la capacité de contracter des femmes marchandes publiques; mais cet arrêt fut cassé à l'audience de la Cour suprême, le 19 décembre 1810 (*), sur les conclusions de M. Merlin, qui avait requis la cassation de l'arrêt dans l'intérêt de la loi.

Aujourd'hui il ne peut plus y avoir d'incertitude sur ce point. L'article 7 du Code de commerce dispose formellement que la femme marchande publique ne peut aliéner et hypothéquer ses biens dotaux, lorsqu'elle est mariée sous le régime dotal, que dans les cas déterminés par le Code civil. Or, les cas déterminés par le Code civil sont les exceptions contenues dans les art. 1555 et suivans, dans lesquelles on ne trouve aucune disposition en faveur de la marchande publique. Peut-être eût-il été plus juste et plus conforme à la liberté du commerce de ne point soumettre la femme marchande publique à cette prohibition; on aurait évité par-là des résultats toujours bien rigoureux et quelquefois bizarres dans l'application des règles qui la prononcent.

Ainsi, par exemple, lorsqu'une femme est mariée sous le régime dotal et avec une constitution générale, elle ne peut s'établir commerçante, ou du

---

(*) V. Sirey, tom 11, 1.re part., pag. 39.

moins consentir aucun engagement valable pour son négoce.

Ainsi encore, la femme marchande publique, mariée sous le régime dotal, ne peut aliéner sa dot, et cependant elle engage valablement sa personne, puisque la loi du 15 germinal an 6 la soumet à la contrainte par corps pour les dettes commerciales par elle faites. Y a-t-il rien de plus déraisonnable, de plus inconséquent, disons le mot, que cette contradiction? Quoi! une femme marchande publique peut compromettre sa liberté et il ne lui est pas permis d'engager ou d'aliéner sa dot, qui est infiniment moins précieuse! D'un autre côté, la femme marchande publique, étant soumise à la contrainte par corps, ne peut-elle pas se servir de cette disposition rigoureuse pour éluder la prohibition d'aliéner ses biens dotaux? Ne peut-elle pas se faire emprisonner et obtenir ensuite la permission d'aliéner qui lui était d'abord refusée? Mais, dira-t-on, on ne lui accordera point cette autorisation si elle en abuse; les Tribunaux en ont le droit, à la vérité, mais jamais ils n'en usent. J'ai toujours vu, dans ma pratique, accorder indistinctement la faculté de s'obliger à la femme, soit pour tirer son mari de prison, soit pour s'en tirer elle-même. C'est donc là, il faut le dire, un grand vice dans la loi. Sans doute il faut apporter une rigueur salutaire dans l'application des règles conservatrices de la dot, mais il ne faut cependant pas rendre l'intention du législateur inconséquente et injuste. Plus tard, il faut l'espérer, on sentira ces imperfections et on les fera disparaître avec quelques autres qui déparent ce corps de droit français, monument désormais impérissable de la sagesse de nos législateurs.

ARTICLE PREMIER.

Exceptions à l'inaliénabilité des biens dotaux.

212. Le principe de l'inaliénabilité de la dot n'est pas tellement absolu qu'il ne souffre quelques exceptions. Pour ne rien laisser à l'arbitraire, le législateur a pris soin de les spécifier d'une manière précise; il a corrigé en cela l'ancienne jurisprudence, qui présentait sur ce point une foule de décisions diverses, et qui avait limité ou étendu, selon les tems et les lieux, le nombre de ces exceptions. En faisant connaître quelles sont aujourd'hui celles que le Code a admises, nous rappellerons ce que le droit romain disposait sur cette matière, et les modifications qu'y avaient apportées les parlemens de droit écrit.

213. *Première exception.*

L'immeuble dotal ou, pour parler plus exactement, les biens dotaux peuvent d'abord être aliénés lorsque l'aliénation en a été permise par le contrat de mariage; *Cod. civ.*, 1557. Il peut arriver des circonstances où cette aliénation soit commandée par la nécessité et dans l'intérêt même de la femme; comme, par exemple, lorsque les biens sont très-éloignés du domicile des époux, ou sont d'une exploitation difficile et très-dispendieuse, il serait trop rigoureux alors de ne pas laisser à la femme ou au constituant la faculté d'en permettre l'aliénation par le contrat de mariage; mais, dans ce cas, il faut que l'autorisation de vendre soit expressément stipulée : une stipulation indirecte ou équivoque ne remplirait point l'intention du législateur, et les Tribunaux ne l'admettraient pas comme suffisante. On sent facilement sur quel motif est fondée cette opinion, qui peut paraître rigoureuse au premier aspect. L'inaliénabilité de la dot étant de l'essence du régime dotal, tout ce qui s'en écarte doit être restreint dans des bornes étroites; il faut donc que la clause du contrat qui autorise l'aliénation soit claire et précise.

214. Quelques personnes avaient pensé que lorsqu'un contrat de mariage, passé en pays de droit écrit, contenait une constitution générale, la dot devenait par-là inaliénable, alors même que l'aliénation en était autorisée par une clause du contrat; mais c'était une erreur dans l'ancienne comme sous la nouvelle législation. Sous l'ancien droit écrit, la dotalité pouvait être modifiée par une stipulation autorisant l'aliénation des biens dotaux; Fromental, *verbo Dot;* Catellan, *liv.* 4, *chap.* 45; Védel, Serres, *instit.*, *pag.* 190, et plusieurs autres l'attestent d'une

manière formelle ; et aujourd'hui, lors même que les parties auraient déclaré se marier sous le régime dotal, et que sous ce régime la dot soit inaliénable, il n'est pas douteux qu'elles ne pussent encore stipuler l'aliénation des biens constitués, puisque la loi l'autorise.

Ces doutes de quelques jurisconsultes avaient donné lieu à une instance devant la Cour de Bordeaux, entre la dame Lagarde et le sieur Aristoy. La demoiselle Brocas, par son contrat de mariage avec le sieur Lagarde, s'était fait une constitution de tous biens, néanmoins avec faculté de les aliéner.

Par acte du 1.er février 1806, les époux Lagarde consentirent, en faveur du sieur Aristoy, une obligation de 5,417 francs; ils affectèrent au paiement de cette somme un domaine provenant des successions des père et mère de la demoiselle Brocas.

Le 12 juin 1810, le domaine fut saisi, et pendant les formalités et les délais de l'expropriation la dame Lagarde mourut, laissant son fils pour son héritier. Celui-ci attaqua l'obligation et la saisie, en soutenant que la dot de sa mère n'avait pu être aliénée ni hypothéquée. Jugement, le 26 mars 1811, qui fait droit aux conclusions du fils Lagarde ; mais, sur l'appel, arrêt, le 30 juillet suivant, qui, « attendu que quoique par son contrat de mariage Marie Brocas se soit constitué tous ses biens, elle ne les avait pas frappés d'inaliénabilité, puisque par le même acte elle donnait à son mari le pouvoir de les vendre, d'où il suit que ces biens manquaient d'un des caractères de la dotalité; la Cour, réformant, permit à Aristoy de continuer ses exécutions. » MM. Ravez et Peyronnet plaidaient dans cette cause.

215. Lorsque, ensuite de l'autorisation d'aliéner, les biens dotaux ont été vendus, le prix en provenant reste dotal, en ce sens que la femme ne peut l'aliéner par des engagemens souscrits par elle. Le mari peut se prévaloir des deniers, mais il en reste débiteur envers la femme ou ses héritiers, et la somme doit rester intacte dans ses mains.

216. Il peut arriver que le contrat de mariage permette seulement d'hypothéquer les biens dotaux, et non de les aliéner. Cette autorisation doit alors être restreinte dans ses limites, et bien que la femme doive en subir toutes les conséquences, et que la vente de ses biens puisse en être la suite, il ne faudrait pas en conclure que l'autorisation d'hypothéquer emportât celle de vendre. Il faudrait, je le répète, une stipulation spéciale et précise pour être autorisé à consommer une aliénation proprement dite : l'évidence de cette observation doit au reste frapper tous les bons esprits.

217. Nous avons dit qu'il faudrait une stipulation

précise pour conférer au mari la faculté d'aliéner les biens dotaux; cependant, il ne faut pas conclure de là que cette faculté ne pût s'induire de clauses équipollentes; ainsi, je suppose, par exemple, qu'il fût dit dans le contrat de mariage que, dans le cas où l'immeuble constitué ne serait plus en la possession du mari au moment de la restitution de la dot, il ne serait tenu de restituer que la valeur ou le prix. Il n'est pas douteux qu'une pareille stipulation ne fût suffisante pour autoriser le mari à vendre et pour rendre l'aliénation irrévocable; *Fontanella*, *de pact. nupt.*, *claus.* 5, *glos.* 8, *part.* 13, *n.*° 18, *et claus.* 9, *glos.* 5, *part.* 1.re, *n.*° 15, est entièrement de cet avis; voici en quels termes il exprime son opinion : *regulariter fundi dotalis alienatio prohibita est, etiamsi accederet uxoris consensus, nisi dictum fuisset quod si non staret fundus penes maritum tempore restitutionis, solveretur pretium vel valor, tùnc enim alienatio est valida et solum pretium restituitur, licet fundus fuisset in dotem datus inæstimatus.*

218. Mais s'il était dit dans le contrat de mariage que le mari pourrait aliéner les biens dotaux en cas de nécessité, de quelle manière cette nécessité pourrait-elle être constatée, et quel genre de besoins pourraient légitimer la vente?

En 1826, je fus appelé à donner mon avis sur une question semblable. Le contrat de mariage portait : *Toutefois le mari est autorisé à aliéner le domaine ou partie du domaine constitué à la future, mais seulement quand besoin sera.*

A l'époque du mariage, l'époux avait environ 60,000 fr. de biens lui appartenant et un état honorable et lucratif; sur les biens constitués, dont la valeur était de 20,000 fr., était affectée une rente de 360 fr.

En peu d'années le mari, qui s'était livré à quelques spéculations commerciales, eut consumé toute sa fortune. En s'écartant de sa profession, il en avait presque entièrement perdu les produits, et ce qu'il en retirait ne s'élevait pas annuellement à plus de 600 fr. Dans cette position, étant père de quatre enfans, ayant à payer la rente de 360 fr. et quelques dettes personnelles s'élevant à 2,000 fr., le mari vendit le domaine de sa femme; il fut dit dans la vente que l'aliénation avait lieu pour payer plusieurs annuités de la rente de 360 fr. et pour pourvoir aux besoins de la famille et du ménage.

Trois ans après le mari décéda; la femme attaqua la vente par deux moyens : le premier tiré de ce que les énonciations qu'elle contenait, et qui tendaient à la légitimer, n'étaient pas exactes; qu'il n'était point dû d'arrérages de la rente de 360 fr., mais seulement celle de l'année courante, et que les revenus du domaine étaient suffisans pour soutenir les charges du mariage;

Le second, qu'il était vrai que son mari était

pressé par un créancier auquel il était dû 1,200 fr., mais qu'elle n'était pas obligée de payer sur ses biens dotaux ce que pouvait devoir son mari.

Les choses en cet état, consulté sur la validité de la vente, je crus pouvoir dire, dans l'intérêt de la femme, qu'elle était fondée dans son action en nullité ; que, bien que le produit du domaine ne s'élevât pas au-delà de 1,300 fr., le mari pouvait, avec ce revenu et le gain de sa profession, faire face à la rente et aux besoins de la famille; qu'à la vérité il ne pouvait plus, avec des revenus aussi bornés, soutenir l'état de maison que sa fortune antérieure et le rang qu'il tenait dans le monde semblaient nécessiter ; mais que cette considération devait disparaître devant le besoin de conserver la dot de la femme intacte aux enfans; que tant qu'il n'y avait pas urgence extrême pour payer les dettes de la femme, et pour subvenir aux autres charges du mariage, la vente ne pouvait pas être valable ;

Que l'on ne pouvait présenter comme motif d'urgence la nécessité de payer les créanciers du mari; que la clause du contrat, *quand besoin sera*, ne pouvait pas le regarder ; qu'enfin, l'acquéreur n'était pas fondé à soutenir que la vente était encore commandée par le besoin de pourvoir aux dépenses de l'éducation des enfans, dépenses auxquelles, disait-il, on ne pouvait faire face avec 12 ou 1300 fr. de rente que pouvaient avoir les époux au moment de l'aliénation ; que si la fortune des parens ne leur permettait plus d'élever leurs enfans d'une manière distinguée, ils devaient se conformer à leur position et leur donner des états moins élevés, mais tout aussi honorables que ceux auxquels ils paraissaient destinés dans le principe ; qu'enfin, l'acquéreur aurait dû, avant d'acheter, obliger le mari à obtenir de la justice l'autorisation de vendre ; que c'était le seul moyen de faire constater d'une manière légale si le cas de la clause du contrat de mariage était arrivé ; qu'il devait s'imputer de n'avoir pas pris une précaution aussi simple et que lui indiquait l'article 1558, in pr. du Code civil.

Le Tribunal de première instance annulla la vente, et sur l'appel interjeté par l'acquéreur, les parties traitèrent.

219. *Deuxième exception.*

Bien que la femme ne puisse pas aliéner les biens dotaux, elle peut cependant les donner pour l'établissement de ses enfans : *si constante matrimonio tibi mater domum tradidit : hanc in tuis bonis fecit; l. 19, Cod. de donat. int. vir. et ux. Si dotare filiam volens, genero res tuas obligasti pertinere ad te beneficium, senatus-consulti, falsò putas. Hanc enim causam ab eo beneficio esse removendam prudentes viri putaverunt; l. 12, Cod. ad senatus-consulti Vellei.* V. *l.* 6, *Cod. de rev. donat.* Cette règle était dans l'ancien droit une conséquence de l'obligation imposée aux père et mère de doter leurs enfans; aujourd'hui, cette obligation n'existant plus, il semblerait que la femme eût dû être privée de la faculté de donner ses biens dotaux; mais le législateur a sagement pensé que ce qui cessait d'être une obligation légale n'en restait pas moins une obligation imposée par la nature et l'affection, et il a laissé à la femme la faculté de la remplir.

L'ancienne jurisprudence des parlemens de droit écrit avait complètement consacré cette exception à l'inaliénabilité des biens dotaux : on jugeait dans tous que la femme pouvait, avec le consentement de son mari, donner sa dot à ses enfans, en faveur de leur mariage. V. Catellan, *liv.* 4, *chap.* 4; Chorier, sur Guypape, *pag.* 223; Boniface, *tom.* 1, *liv.* 5, *tit.* 4, *chap.* 2; Lapeyrère, *lett. D*, *n.*os 118 *et* 119; Louet, *lett. D*, §. 40; Serres, *Inst., au dr. fr.;* Automne, *part.* 2, *pag.* 244. On décidait même dans certaines Cours que la femme pouvait faire de semblables donations sans le consentement de son mari. Mornac, dans ses arrêts, *tom.* 4, *pag.* 381, en rapporte un qui confirma une donation faite à un fils sans autorisation du mari. Catellan, *liv.* 4, *chap.* 4, en cite un autre, du mois de mars 1676, qui jugea qu'une mère avait pu donner la moitié de sa dot, consistant en 2,400 fr., à son fils, sans le consentement de son mari, et non par contrat de mariage : le motif de l'arrêt fut que la donation faite par une mère à son fils ne devait pas être regardée comme une aliénation.

220. Quelques parlemens étaient encore allés beaucoup plus loin; ils décidaient que la femme pouvait donner sa dot à des parens collatéraux et même à des étrangers; cependant, la jurisprudence de ces parlemens, celle du parlement de Dauphiné exceptée, n'était pas bien fixe sur ce point; Dupérier, *liv.* 1.er, *qu.* 3, dit qu'il existe plusieurs arrêts du parlement de Provence qui avaient confirmé des donations faites à des collatéraux par des femmes sans enfans; mais il ajoute qu'il y en a plusieurs autres qui en ont prononcé la nullité; Boniface en cite plus de dix, tous contradictoires, et l'annotateur de Dupérier, sur la qu. 3 du liv. 1.er, s'exprime ainsi sur cette question :

« Je n'ai point vu de question sur laquelle il soit intervenu dans le même parlement tant d'arrêts opposés les uns aux autres. Il semble qu'on puisse soutenir le pour et le contre, puisque pour l'un et l'autre on trouve des préjugés. »

La Cour de Grenoble, par arrêt du 25 juin 1822, a jugé, conformément à la jurisprudence du parlement auquel elle a succédé, que la femme avait pu, avec le consentement de son mari, donner ses biens dotaux par contrat de mariage à des parens collatéraux. Dans l'espèce de cet arrêt, les époux Brun, mariés en 1770, sous le régime dotal, font, le 28 germinal an 12, donation à Marie Brun, leur nièce, à cause de son mariage avec Giraud-Teissère, de tous leurs biens présens et à venir. Le 27 novembre

1806, Hélène Rosset, femme Brun, fait un testament par lequel elle lègue la jouissance de ses biens à son mari, et institue Jean-Pierre Mille, son neveu, pour son héritier. Le 13 août 1818, long-tems après le décès d'Hélène Rosset, Mille fit assigner les mariés Teissère en conciliation sur la demande qu'il se proposait d'intenter contre eux, en nullité de la donation du 28 germinal an 12. Une instance s'étant liée, le Tribunal de Die, par jugement du 7 juillet 1821, débouta Mille de sa demande, et le condamna aux dépens.

Appel de ce jugement.

Devant la Cour, Mille soutenait que la donation de biens dotaux devait être annullée, parce qu'elle était faite à un parent collatéral, et que le Code civil, sous l'empire duquel elle était faite, ne permettait de semblables donations qu'en faveur des enfans.

Les mariés Teissère convenaient que la donation était postérieure de quelques mois à la promulgation du Code civil; mais ils soutenaient que la jurisprudence du parlement de Dauphiné, qui permettait la donation des biens dotaux par contrat de mariage à des collatéraux, avait l'effet d'un statut réel. c'est-à-dire que la femme qui, avant le Code civil, pouvait donner ses biens dotaux, avait pu user de la même faculté après la promulgation de ce Code; que peu importait que la donation eût été faite sous le Code civil, puisque le contrat de mariage de la donatrice remontait à plus de trente ans avant son émission, ce qui suffisait pour valider la donation.

La Cour, qui, comme on le voit, avait à juger non-seulement la question de savoir si la donation des biens dotaux pouvait être faite à des parens collatéraux, mais encore celle du statut réel, jugea en ces termes :

« Considérant que la jurisprudence du parlement de Dauphiné validait la donation des biens dotaux faite par la femme, autorisée par son mari en contrat de mariage, lors même qu'elle avait lieu en faveur d'étrangers ou collatéraux ;

» Considérant que cette jurisprudence avait l'effet d'un statut réel ;

» Considérant que, par une conséquence de cette réalité, la femme qui avant le Code civil pouvait donner ses biens dotaux en vue d'un mariage, a pu user de la même faculté après la promulgation de ce Code ;

» Considérant qu'en effet les dispositions du Code civil n'ont porté aucune atteinte à l'efficacité du statut réel qui, à l'époque du mariage de la femme donatrice, régissait les biens dotaux ;

» Considérant que porter une décision contraire, qu'appliquer les dispositions du Code aux dots antérieures à sa promulgation, ce serait faire rétroagir le Code civil, ce serait contrevenir à l'art. 2 de ce Code, lequel est ainsi conçu : « La loi ne dispose que » pour l'avenir; elle n'a point d'effet rétroactif ; »

» Considérant que le contrat d'Hélène Rosset, femme Brun, par lequel elle se constitua tous ses biens en dot, étant antérieur de plus de trente années à la promulgation du Code civil, la donation faite par la Rosset à Marie Brun, dans le contrat de cette dernière avec Joseph Giraud-Teissère, ne peut point être arguée, quoique postérieure à la promulgation du Code civil;

» Considérant que c'est sur la foi de la jurisprudence, tenant lieu de statut réel dans le ci-devant Dauphiné, avant la promulgation du Code civil, que la donation dont s'agit est intervenue;

» Considérant que c'est sur la foi de cette donation que le mariage d'entre Giraud-Teissère et la Brun a eu lieu:

» Par ces motifs, la Cour confirme. »

221. Le Code permet aussi à la femme de donner ses biens dotaux pour l'établissement de ses enfans; mais il ne l'autorise pas à en disposer en faveur de parens collatéraux ou d'étrangers : la femme, porte l'art. 1555, peut, avec l'autorisation de son mari, ou, sur son refus, avec permission de justice, donner ses biens dotaux pour l'établissement des enfans qu'elle aurait d'un mariage antérieur; mais si elle n'est autorisée que par justice elle doit réserver la jouissance à son mari; l'art. 1556 ajoute : elle peut aussi, avec l'autorisation de son mari, donner ses biens dotaux pour l'établissement de leurs enfans communs.

Les termes dans lesquels sont conçus ces deux articles, bien qu'ils paraissent clairs et précis, ouvrent cependant un vaste champ aux interprétations, et peuvent donner lieu à une foule de difficultés.

222. La première question que font naître ces dispositions, est celle de savoir ce qu'il faut entendre par ces expressions, *pour l'établissement* des enfans. N'a-t-on voulu désigner par-là que l'action de les doter par contrat de mariage ? Ou bien a-t-on voulu désigner toute espèce d'établissemens propres à assurer aux enfans une existence ou un état dans le monde ?

Il n'est pas facile, au premier aspect, de décider cette question : de puissantes raisons paraissent militer en faveur de l'une et de l'autre opinion; toutefois, après un long et mûr examen, nous avons cru devoir nous décider pour l'extension de la donation à toute espèce d'établissemens. Voici sur quoi nous nous sommes fondé.

D'abord, le mot *établissement* n'est dans aucune de ses acceptions synonyme de mariage (*).

(*) Pothier, qui l'emploie, Traité des personnes et des choses, part. 1.re, sect. 4, art. 4, ne lui donne d'autre sens que celui de profession, d'état, d'emploi, etc. : quoique le tuteur, dit-il, ne puisse entamer les fonds des mineurs pour ses alimens et son éducation, il peut néanmoins le faire pour *former son établissement*. Ainsi, dans les familles d'artisans,

Peut-être dans les anciens recueils de jurisprudence ce mot a-t-il été employé en ce sens, et plus tard a-t-il, par corruption, passé dans la pratique ; mais, à coup sûr, il n'a pu être substitué ou mis à la place du mot *mariage* par les rédacteurs du Code ; on voit même que lorsqu'il est employé dans la loi pour exprimer l'union conjugale, on le fait suivre immédiatement de ces mots : *par mariage ;* ainsi, l'art 204 du Code civil porte : « l'enfant n'a » pas d'action contre ses père et mère pour *un éta-* » *blissement par mariage* ou autrement. »

Cette observation grammaticale jette, selon nous, un grand jour sur la question ; il n'est pas douteux, en effet, que si ce mot *établissement* ne signifie autre chose qu'un état, qu'une entreprise, etc., il peut bien dans son sens général comprendre le mariage, puisque celui qui se marie passe dans un nouvel état ; mais on ne peut nullement en argumenter, pour soutenir que la femme ne peut, d'après

---

un tuteur peut être autorisé à prendre sur les fonds du mineur de quoi lui faire apprendre un *métier*, ou le faire recevoir maître.

Dans une famille noble, continue cet auteur, ou de gens vivant noblement, le tuteur peut, lorsque les revenus du mineur ne sont pas suffisans, être autorisé à prendre sur les fonds de quoi le mettre en équipage, ou lui obtenir un *emploi* militaire. Les frais de degrés, et principalement de doctorat, peuvent aussi être considérés comme servant à l'*établissement* d'un mineur.

les art. 1555 et 1556, donner ses biens dotaux que lors du mariage de ses enfans.

Il est facile, en second lieu, de se convaincre que l'intention du législateur a été d'accorder à la femme la faculté pleine et entière de disposer de ses biens dotaux en faveur de ses enfans, pour toute espèce d'établissement; en ce qui concerne les filles, ce ne peut être, à la vérité, que pour les faciliter à se marier que la loi a permis à leur mère d'aliéner sa dot; c'est-là, on peut le dire, le seul ou presque le seul établissement qu'elle puisse former; mais il n'en est pas ainsi des garçons: avant de songer à *s'établir par mariage*, il faut qu'ils se créent une existence, un état qui puisse les mettre à même d'y penser. Lors donc qu'un jeune homme est arrivé à un âge où le tems et les études ont mûri sa raison, où il peut entreprendre quelque chose, choisir un état, mettre enfin son industrie à profit, ce serait une absurdité de penser que sa mère ne pourrait valablement lui donner une partie de sa fortune pour former un établissement; d'ailleurs, ne pourrait-il pas arriver que quelques circonstances, quelque infirmité, par exemple, missent les enfans dans le cas de ne pouvoir se marier? Alors la loi, qui permettrait à leur mère de leur faire un avantage en cas de mariage, demeurerait-elle muette et sans effet, parce qu'ils se trouveraient placés dans une situation à en avoir un plus pressant besoin? Non sans doute, cela ne peut pas être; l'intention du législateur est toujours humaine et juste.

Une mère de famille établit ses filles en les mariant, en les plaçant dans une communauté, en leur créant un commerce; elle établit ses garçons en leur achetant un office de notaire, d'avoué, d'huissier; en leur achetant un fonds de commerce; en les associant à une entreprise; en leur fournissant un cautionnement pour un emploi quelconque. Or, puisque dans tous ces cas il y a établissement, dans tous ces cas aussi il doit y avoir autorisation à la femme de donner ses biens dotaux.

223. Une seconde question à laquelle peut donner lieu l'interprétation de l'art. 1555, est celle de savoir si lorsque les enfans ont des biens personnels, et que le mari refuse son autorisation, la justice peut, sans s'arrêter à ce refus, permettre la donation?

Au premier aspect il semblerait que l'usufruit des biens dont la femme voudrait disposer étant réservé au mari, personne n'aurait le droit de se plaindre, puisque la disposition ne nuirait à personne, et que d'ailleurs elle n'aurait pour objet que l'établissement des enfans, en faveur desquels la loi veille à la conservation de la dot; il paraîtrait même, d'après la rédaction de l'art. 1555, que l'autorisation de la justice ne serait exigée que comme une simple formalité, toujours nécessaire lorsqu'il s'agit de l'aliénation des biens dotaux, mais qui, dans aucun cas, ne peut être refusée, puisque la loi permet à la femme, sans aucune restriction, de donner ses biens dotaux pour l'établissement de ses enfans, pourvu que dans le cas où le mari refuse son autorisation, l'usufruit lui soit réservé.

Cependant, il n'en doit pas être ainsi. D'abord, il ne faut pas perdre de vue le principe que la dot ne peut être aliénée que lorsqu'il y a urgence ou nécessité; *l.* 1, *ff. de fundo dot.*; cette nécessité, niée par le mari, doit être encore appréciée par la justice, qui peut, par conséquent, refuser aussi son autorisation, lorsqu'elle ne juge pas l'aliénation nécessaire; et dans le cas que nous examinons, si les biens personnels des enfans sont suffisans pour leur établissement, malgré que la femme offre de réserver à son mari la jouissance de ceux dont elle veut disposer, l'autorisation de la justice peut être refusée, parce qu'alors il n'y a réellement pas nécessité.

Par la même raison, si les biens des enfans n'étaient qu'en partie suffisans pour leur établissement, la donation devrait être autorisée pour une partie; la justice apprécierait et déterminerait la somme à laquelle serait portée la donation, et dans ce cas encore l'usufruit devrait être réservé au mari.

223. *Autre question.* — La femme doit-elle demander d'abord l'autorisation du mari avant de recourir à la justice ?

Plusieurs circonstances pourraient rendre cette question d'une solution difficile : supposons, par exemple, que les époux soient séparés de fait, ou que le mari soit absent ; ou bien encore que la femme, connaissant l'opposition que son mari apporterait à sa libéralité, s'adresse immédiatement à la justice, sans faire constater son refus ; dans tous ces cas il semblerait que la femme en offrant de réserver la jouissance à son mari, ce dernier, étant sans intérêt, dût être déclaré non recevable à attaquer la donation ; toutefois cela mérite examen.

En règle générale, la femme ne peut donner, aliéner, hypothéquer ses biens sans le consentement par écrit du mari, ou sans son concours dans l'acte ; *Cod. civ.*, 217 ; ce n'est que sur son refus qu'elle peut recourir à la justice ; *Cod. civ.*, 219 et 1555. Mais si les époux ne vivent pas ensemble ; si la femme ignore le domicile de son mari, ou si celui-ci est absent, il deviendra fort difficile pour la femme d'obtenir ou son refus, ou son autorisation ; il peut même arriver qu'il soit urgent pour l'établissement des enfans d'obtenir promptement cette autorisation, et alors pourquoi, dit-on, la permission de la justice ne suffirait-elle pas ? L'art 222 du Code civil ne dispose-t-il pas, d'ailleurs, que si le mari est interdit ou absent, le juge peut, en connaissance de cause, autoriser la femme, soit pour ester en jugement, soit pour contracter? Oui, cela est vrai; mais de quelle absence le législateur a-t-il voulu parler dans cette disposition ? Est-ce de l'absence déclarée, de l'absence légale, ou bien du cas où le mari ne se trouve pas actuellement dans le lieu de la résidence de la femme? Cela n'est pas facile à expliquer. D'un autre côté, la femme, même en réservant la jouissance à son mari, peut lui en faire essuyer la perte, en dissipant elle-même le produit de cette jouissance, sans offrir d'ailleurs aucune garantie qui puisse mettre le mari dans le cas d'opérer efficacement le remboursement des fruits qui lui seraient dûs.

Au milieu de ce conflit, il faut décider que si les époux sont séparés de fait, et que le mari n'habite pas le même lieu que la femme, si son domicile est connu, quelle que soit d'ailleurs la certitude que la femme puisse avoir de son refus, elle doit le faire constater par le silence ou la réponse du mari, sur acte extrajudiciaire; si elle négligeait ces précautions, et qu'elle s'adressât directement, dans ce cas, à la justice, le mari, malgré la réserve qui lui serait faite de la jouissance des biens donnés, pourrait incontestablement attaquer plus tard la donation; il pourrait dire à sa femme : « Les articles » 219 et 1555 vous obligeaient, avant de recourir » à la justice, de demander mon autorisation; ce » n'était que *sur mon refus* que vous pouviez vous

» adresser aux Tribunaux; peu importe que vous
» m'ayez réservé la jouissance des biens donnés ;
» car vous ou vos enfans pouviez dissiper les fruits
» qui constituaient cette jouissance et la rendre ainsi
» nulle pour moi ; d'un autre côté, lors même que
» ces fruits seraient intacts, vous avez méconnu l'au-
» torité maritale que la loi m'accorde sur vous,
» et dont j'ai le droit de réclamer l'exercice; ce
» droit m'est précieux ; il l'est peut-être plus pour
» moi que l'usufruit des biens que vous avez alié-
» nés sans mon consentement ; la justice doit donc
» anéantir tout ce que vous avez fait, sans m'avoir
» préalablement consulté. »

224. L'autorisation dont il vient d'être parlé dans le n.° précédent, doit-elle être donnée dans l'acte même, ou peut-elle être donnée par un acte postérieur ?

On ne peut rien inférer sur cette question des articles 1555 et 1556. L'article 217, qui exige, pour que la femme puisse aliéner valablement, le concours du mari dans l'acte, ou *son consentement par écrit*, ne fait pas mieux préjuger de quelle manière la question doit être résolue, puisqu'il n'indique point à quelle époque ce consentement doit être interposé : mais on trouve dans la loi 9, §. 5, *ff. de auct. et cons. tut et cur.*, une disposition qui, en jugeant par analogie, peut conduire à la solution de la difficulté. Il est dit dans cette loi que le tuteur doit participer à l'acte même qui intéresse son mineur, et qu'une autorisation postérieure, ou donnée par lettre ne suffirait pas : *tutor statim in ipso negotio præsens debet auctor fieri. Post tempus verò, aut per epistolam interposita ejus auctoritas nihil agit.* Pothier, *Traité de la puissance maritale*, n.° 74, applique cette disposition au mari : « L'autorisation du mari, dit-il, peut bien être interposée avant le contrat pour lequel il autorise sa femme, pourvu que la femme, par le contrat, se dise autorisée; mais il ne suffirait pas, pour que le contrat de la femme fût valable, que l'autorisation du mari fût intervenue depuis le contrat, quoique la femme, dans le contrat, se fût dite d'avance autorisée de son mari, dans la confiance qu'elle avait d'obtenir cette autorisation; cet acte ayant été absolument nul, faute d'autorisation, n'a pu être confirmé par l'autorisation qui est survenue depuis; le néant ne pouvant pas être susceptible de confirmation. »

Lapeyrère, *lettre D*, *n.*° 100, rapporte un arrêt du parlement de Bordeaux, du 28 mai 1751, qui vient corroborer cette opinion; il fut jugé par cet arrêt qu'une donation faite par la dame de Boat, sans autorisation de son mari, était nulle, quoique celui-ci l'eût ratifiée quatre jours après. La Cour, dit l'arrêtiste, cassa la donation sur les poursuites de la femme, et motiva sa décision sur ce que l'autorisation devait être insérée dans l'acte, pour *habiliter la personne.*

M. Merlin examine aussi cette question, dans son Répertoire, mot *Autorisation maritale*; il dit que la jurisprudence du Châtelet était conforme à celle du parlement de Bordeaux; mais il fait remarquer que le contraire paraît avoir été jugé par trois arrêts du parlement de Dijon, rapportés par le président Bouhier, *chap.* 19, *n.*os 36 *et* 40. Cependant il termine, donnant son propre avis sur le question, par dire que la ratification donnée par le mari à un acte fait par sa femme sans autorisation, ne peut pas valider cet acte par rapport à celle-ci, à moins qu'elle ne comparaisse elle-même dans la ratification, et qu'elle ne se la rende commune.

M. Perrin, dans son Traité des nullités, pag. 321, est d'un avis contraire; il dit que le système qui est opposé à son opinion est appuyé sur des motifs assez faibles, qu'il sort du droit commun et qu'il ne doit pas être suivi. Il rapporte un arrêt de la Cour de cassation, du 21 germinal an 12, qui, au lieu de déclarer non recevable le femme Césan, qui plaidait sans l'autorisation de son mari, lui ordonna de se la procurer, ou d'obtenir à son défaut celle du Tribunal de son domicile. On pourrait joindre à cette décision un autre arrêt de la Cour de Colmar, sous la date du 28 novembre 1816, qui a décidé qu'un acte de partage signé par la femme, sans autorisation du mari, devient valable ou efficace par l'approbation ultérieure du mari; mais ces autorités, quelque recommandables qu'elles soient, ne sauraient nous décider à accueillir cette doctrine que nous croyons contraire à l'esprit de la loi. L'autorisation actuelle du mari est essentiellement nécessaire pour rendre la femme *habile* à contracter : l'acte ne reçoit sa validité que de cette autorisation, et toute ratification postérieure ne peut faire que cet acte, de nul qu'il était, devienne légal et valable; or, si une femme avait donné ses biens ou une partie de ses biens dotaux pour l'établissement de ses enfans, sans l'autorisation actuelle de son mari, la donation serait nulle et ne pourrait être validée par une autorisation ou confirmation postérieure du mari; le seul moyen qui resterait à la femme pour exécuter légalement son dessein, serait de paraître elle-même dans l'acte d'autorisation, et d'y renouveler dans les formes voulues sa libéralité.

Il est facile de voir, au reste, à quels absurdes résultats pourrait conduire une autre interprétation de la loi : un mari, par l'effet de la faculté qu'il aurait de ratifier ou de ne pas ratifier sa donation, tiendrait dans ses mains l'existence de ce contrat. C'est en quelque sorte lui-même qui ferait ou annulerait la libéralité, selon sa volonté ou son caprice, et l'immuable loi des conventions se trouverait ainsi soumise à l'influence des passions ou des intérêts de personnes qui n'en seraient point les auteurs. Cet inconvénient se ferait plus particulièrement sentir dans le cas où la femme viendrait à décéder après avoir fait la donation. Ne serait-il pas ridicule de laisser, dans ce cas, au mari le droit de donner un effet à la volonté de la femme, alors qu'elle ne pourrait plus la manifester elle-même?

Il pourrait même arriver une circonstance qui ferait ressortir encore davantage l'erreur d'un pareil système. Supposons que la femme, après avoir fait une donation de sa dot, sans le consentement de son mari, en faveur d'un premier enfant, reconnaisse le vice de sa libéralité, et de concert avec le donataire, laisse la donation sans exécution; supposons que plus tard elle en fasse une seconde régulière, c'est-à-dire, avec l'autorisation de son mari, en faveur d'un deuxième enfant; que les choses étant ainsi, il plaise au mari de ratifier la première donation; que deviendra alors la deuxième? Ou plutôt quelle sera celle qui devra prévaloir? Quel sera celui des donataires qui sera légalement investi, car tous les deux auront un titre authentique et régulier? Certes, l'interprétation de la loi, qui laisse de pareilles appréhensions, et qui fait craindre de semblables résultats, ne peut obtenir la sanction des bons esprits, et nous n'hésitons pas à décider, avec Pothier, Merlin et Lapeyrère, que la ratification postérieure du mari ne saurait valider la donation faite par la femme sans son consentement actuel.

225. La femme peut-elle, avec l'autorisation de son mari, ou, sur son refus, avec permission de

justice, douner ses biens dotaux pour l'établissement de ses petits-enfans ? En d'autres termes : le mot *enfans*, employé dans les art. 1555 et 1556, comprend-il les petits-enfans ?

Cette question n'est pas d'une solution aussi facile qu'on pourrait le penser. Dans le droit romain il n'était pas douteux que le mot *liberi* ne fût collectif de plusieurs degrés de générations : *Liberorum appellatione nepotes et pronepotes continentur*, *l.* 220, *ff. de verb. signif. Si dotali instrumento*, dit aussi la *l.* 48, *ff. solut. matr.*, *ità stipulatio interposita sit*, *ut liberorum nomine dos apud maritum resideat : nepotum quoque nomine dos retinebitur ;* mais est-il bien sûr que chez nous le mot *enfans* ait la même étendue que le *liberi* des Romains ? Voilà ce qu'il n'est pas aisé de décider.

Furgole, des Testamens, ch. 7, sect. 6, n.° 125, qui examine la question dans le cas d'une disposition fidéicommissaire, n'hésite pas à penser que le testateur en appelant les enfans de l'institué, n'ait entendu y comprendre aussi les descendans, et cela par la seule force du mot *enfans* qu'il a employé.

« Le mot *enfans*, dit-il, comprend par son » énergie et par la signification que la loi et l'usage » lui ont attribuée, et non par interprétation ou » extension, tous les descendans, à quelque degré

» qu'ils soient, lorsqu'ils sont à la place de ceux du
» premier degré de génération qui sont décédés
» sans avoir recueilli ; et quoique les fidéicommis
» soient des charges, et qu'ils soient par conséquent
» de rigueur, on doit néanmoins y admettre les per-
» sonnes qui sont appelées selon la signification la
» plus étendue des paroles, parce que *pleniùs in-*
» *terpretamur morientium voluntates.* »

Cet auteur cite à l'appui de son opinion deux arrêts, l'un du 5 décembre 1536, l'autre du 10 février 1659 ; il va même plus loin, il pense qu'il faudrait décider ainsi la question, lors même qu'il s'agirait de l'interprétation d'un acte entre vifs.

Dumoulin, sur la Coutume de Paris, *tit.* 1, §. 15, *gl.* 1, ne s'explique pas moins expressément sur la question : *verbum gallicanum* enfans *non est de se restrictum ad primum, vel alium gradum : sed indifferenter supponit quosvis descendentes, sicut verbum* liberi *in lege romanâ.*

Merlin, *Répertoire de jurisprudence*, mot *Enfant*, §. 2, partage l'avis de ces deux auteurs ; il cite deux arrêts du parlement de Dijon, dont il rapporte les espèces dans ses questions, mot *Enfant*, §. 1. Un autre du parlement de Paris, dans la cause du marquis d'Escars ; et enfin, deux arrêts de la Cour de cassation, des 14 fructidor an 10, et 5 janvier 1807.

De semblables autorités sont respectables, sans doute, mais nous ne les croyons pas suffisantes pour faire décider la question dans le sens qu'elles indiquent. Voici sur quoi nous basons notre opinion.

Raisonnant d'abord sur les lois 220, *ff. de verb. sign. et* 48, *ff. solut. matr.*, qui paraissent avoir eu une grande influence sur la décision de la question dans l'ancien droit, nous disons que bien loin qu'elles soient opposées au système que nous allons établir, elles tendent au contraire à le consolider, et cela n'est pas difficile à démontrer ; d'abord, dans le sens ordinaire, le mot *liberi*, chez les Romains, ne s'appliquait point à la fois aux enfans ou descendans : on peut consulter, sur ce point, tous les lexicographes, aucun ne lui donne une signification aussi étendue ; si, dans le langage du droit, il en fut autrement, ce ne fut qu'après que le jurisconsulte Calistrate l'eut ainsi décidé, et que sa décision eut été érigée en loi. Or, si ce ne fut que par exception à son sens ordinaire que les Romains appliquèrent le mot *liberi* aux descendans, il faut dire aussi que chez nous, tous les grammairiens et l'académie elle-même ne donnant au mot *enfans* que la signification d'enfans au premier degré, elle ne devra être appliquée aux descendans que lorsque nos législateurs lui auront donné une pareille extension ; jusqu'alors il faudra conserver à cette expression son sens grammatical.

Quant aux auteurs ci-dessus cités, ils ont raisonné toujours dans la supposition que le mot *enfans* était l'expression représentative du *liberi* des Romains ; ce qui n'est pas, puisque, ainsi que je viens de le dire, ce mot ne s'applique dans notre langue qu'aux enfans au premier degré, et nullement aux descendans ; l'opinion des uns a entraîné l'assentiment des autres, sans qu'aucun d'eux ait examiné la question sous le point de vue grammatical, le seul qui dût fixer particulièrement leur attention.

Au reste, Henrys, qui traite la question qui nous occupe dans son liv. 5, qu. 83, la décide d'une manière entièrement opposée à Furgole et à Merlin. Voici comment il s'exprime à ce sujet :

« Il faut remarquer, dit-il, qu'en latin le mot
» *liberi* est bien plus étendu et d'une plus ample
» signification que ne serait en France le mot
» *enfans ;* car au lieu que, pour descendre plus
» bas, nous disons : *les enfans des enfans*, ou les
» petits-enfans, et que nous n'avons point de nom
» propre qui renferme plusieurs degrés, les Latins
» ne se servaient pour cela que du mot *liberi*, tout
» ainsi que, sous le nom collectif de *parentes* ils
» comprenaient six degrés de la ligne supérieure ;
» ils en font autant de la ligne inférieure, sous le
» nom collectif de *liberorum.* »

On trouve dans l'art. 62 de l'ordonnance de 1735 une disposition qui vient à l'appui de l'opinion d'Henrys.

« Celui, porte cet article, qui aura été institué héritier, à la charge d'élire un des enfans du testateur, *ne pourra élire un des petits-enfans ou descendans* ; encore que celui des enfans dont ils sont issus fût mort avant que le choix eût été fait, et si tous les enfans du premier degré décèdent avant ledit choix, le droit d'élire demeurera caduc et éteint, le tout à moins que le testateur n'en ait autrement ordonné. »

M. Merlin, *Répertoire*, mot *Enfant*, prétend, il est vrai, que cet article 62 de l'ordonnance de 1735 n'avait point changé la jurisprudence, et que plus tard on avait jugé la question de la même manière qu'elle l'était auparavant. Les arrêts que rapporte ce jurisconsulte justifient en effet la vérité de son assertion ; mais cette jurisprudence ne nous paraît pas moins hasardée, la disposition de l'art. 62 de l'ordonnance expliquant d'une manière claire et précise le sens que l'on devait désormais attacher à ce mot *enfans*.

Au reste, si des doutes sérieux pouvaient s'élever sur la manière de décider cette question sous l'ancien droit, nous ne pensons pas qu'il puisse en exister encore depuis la promulgation du Code civil. On voit en effet, par une foule de dispositions de ce Code, que les rédacteurs, sans se prononcer formellement sur la question, se sont exprimés de manière à ne laisser aucune incertitude sur le sens que l'on doit désormais attacher au mot *enfans*.

Lorsqu'il s'agit, par exemple, d'une disposition où il ne peut pas y avoir d'équivoque sur l'interprétation du mot *enfans*, ce mot est employé seul et sans celui de descendans; mais, au contraire, lorsque la disposition doit s'appliquer aux enfans et descendans, elle l'énonce formellement; ainsi, l'art. 141 porte que si le père a disparu, laissant des *enfans* mineurs issus d'un commun mariage, la mère en aura la surveillance.

Il est certain, par la contexture même de cet article, que la surveillance de la mère ne pourrait pas s'étendre sur les petits-enfans en même tems que sur les *enfans ;* il n'y a donc point de doute sur le sens à attacher à ce mot *enfans* dans cette disposition, et l'on ne pourrait pas dire, sans tomber dans une erreur grossière, que ce mot comprenant les petits-enfans, ceux-ci se trouveraient soumis à la surveillance énoncée dans cet article.

Il en est de même de l'art. 197, où il est dit que s'il existe des *enfans* issus de deux individus qui ont vécu publiquement comme mari et femme, et qui soient tous deux décédés, la légitimité des *enfans* ne peut être contestée sous le seul prétexte du défaut de représentation de l'acte de célébration, toutes les fois que cette légitimité est prouvée par une possession d'état qui n'est point contredite par l'acte de naissance.

Dire en effet ici que dans ce mot *enfans* sont compris les petits-enfans ne serait pas moins absurde que dans la disposition de l'art. 141; le sens de la disposition est trop clair pour qu'on puisse avoir une pareille pensée. Nous pourrions multiplier les citations et les exemples du mot *enfans* employé seul, n'ayant d'autre signification que celle d'*enfans* au premier degré; mais ce serait abuser de la patience du lecteur, sans rien ajouter à sa conviction. Nous ferons seulement observer que toutes les fois que le mot *enfans* est employé sans celui de descendans, la rédaction de l'article est toujours faite de manière à ôter toute incertitude sur le sens que l'on doit attacher à ce mot.

Mais dans les cas, au contraire, où le législateur a voulu étendre une disposition quelconque aux descendans, il ne s'est pas contenté d'employer le mot *enfans* seul, il y a joint celui de descendans; ce qu'il n'aurait pas fait s'il eût entendu donner au mot *enfans* toute l'étendue qu'on lui donnait à tort autrefois.

Plusieurs citations vont justifier ce que j'avance.

Art. 731. « Les successions sont déférées aux *enfans et descendans* du défunt, à ses ascendans et à ses parens collatéraux, dans l'ordre et suivant les règles ci-après déterminées. »

Art. 911, ℣. 2. « Seront réputées personnes interposées, les pères et mères, *les enfans et descendans*, et l'époux de la personne incapable. »

Art. 1051. « Si, dans les cas ci-dessus, le grevé de restitution au profit de *ses enfans* meurt, laissant *des enfans au premier degré et des descendans* d'un enfant prédécédé, ces derniers recueilleront par représentation la portion de l'enfant prédécédé. »

Art. 1075. « Les pères et mères et autres ascendans peuvent faire entre *leurs enfans et descendans* la distribution et le partage de leurs biens.

On voit par la contexture de tous ces articles qu'il ne peut y avoir de doute maintenant sur la véritable signification du mot *enfans*. Le législateur, en s'exprimant comme il l'a fait, lui a rendu son sens grammatical qu'une prétendue analogie avec le *liberi* des Romains lui avait ôté. Il était en effet injuste de laisser ainsi l'exécution de la loi et des contrats dans le vague des conjectures, puisqu'il serait nécessairement arrivé des cas où il eût été impossible de donner au mot *enfans* la signification d'enfans et de descendans; les deux premiers articles que nous avons cités (141 et 197) le prouvent clairement.

Au reste, et nous ne craignons pas de le répéter, aucun lexicographe n'a donné au mot *enfans* une signification autre que celle d'enfans au premier degré, et nous ne croyons pas qu'aucun auteur moderne l'ait entendu différemment. Les jurisconsultes qui sous l'ancien droit ont manifesté une opinion contraire étaient partis, comme nous l'avons déjà dit, d'un faux principe, en disant que puisque nous traduisions le mot *liberi* par le mot *enfans*, ce dernier devait nécessairement avoir une signification aussi étendue que celui qu'il représentait.

226. *Troisième exception.*

Les biens dotaux peuvent encore être aliénés pour tirer de prison le mari ou la femme; *Cod. civ., art.* 1558, ℣. 2. V. *l.* 21, *in pr., ff. solut. matr.*

Il est toutefois plusieurs observations importantes à faire sur cette disposition, qui, bien qu'elle paraisse claire et précise, laisse encore beaucoup de questions à résoudre. Nous allons les indiquer en réunissant autour d'elles les élémens qui peuvent conduire à leur solution.

Première observation.

Quoique la femme puisse s'obliger pour retirer son mari de prison, elle ne pourrait pas le faire sans l'autorisation de la justice, et sans que la vente ne fût faite aux enchères et après l'apposition de trois affiches successives; *dit art.* 1558, ℣. 1. Il était même de jurisprudence sous l'ancien droit écrit que quelque favorable que fût le cas d'aliénation, elle ne pouvait avoir lieu sans l'autorisation du juge. V. Fromental, *verbo Dot.*, *pag.* 256; Catellan, *liv.* 4, *chap.* 1; et Domat, *tom.* 1.er, *pag.* 339. Il n'en était pas ainsi en pays coutumier. Pothier, *Traité de la puissance maritale*, *n.*o 35, dit que cette opinion était fondée sur un arrêt du 27 août 1564, rendu *consultis classibus;* mais il ajoute, *n.*o 39, d'après l'avis de Lebrun, que la femme mineure n'était pas dispensée de cette autorisation. V. aussi Pothier, *ibid.*, *n.*° 40.

L'autorisation de la justice est d'une nécessité telle que celle du mari ne serait pas suffisante alors même que la femme serait séparée de biens. Ce qui pourrait rendre la chose douteuse, c'est qu'on trouve dans l'article 1449 la disposition suivante : « La femme séparée ne peut aliéner ses immeubles *sans le consentement du mari ou sans être autorisée en justice, à son refus.* » Or, si la femme n'a besoin de l'autorisation de la justice que lorsque le mari refuse son consentement, on peut dire que si le mari l'autorise elle peut valablement s'obliger en vertu de ce même art. 1449.

Mais ce raisonnement serait vicieux : l'art. 1449 autorise, il est vrai, la femme séparée à aliéner ses biens seulement avec l'autorisation de son mari; mais cette faculté n'est accordée qu'à la femme mariée sous le régime de la communauté, et non à la femme mariée sous le régime dotal; c'est dans les art. 1554 et 1558 qu'il faut chercher les principes applicables à cette dernière, encore qu'elle soit séparée de biens; or, nous voyons que l'art. 1558 ne permet l'aliénation du fonds dotal, pour tirer le mari de prison, qu'après que l'autorisation de la justice a été accordée à la femme, et qu'il n'est nullement parlé de l'autorisation du mari.

C'est au reste de cette manière que la question a

été jugée par la Cour d'Aix, le 8 février 1813, dans l'espèce suivante. V. Sirey, *tom.* 13, 2.e *part.*, *pag.* 275.

Thérèse Payan avait son mari dans les prisons pour dettes.

Elle désira le tirer de prison en aliénant un immeuble dotal.

Pour cela, elle demanda la permission de la justice, aux termes de l'art. 1558 du Code civil.

Le Tribunal de Tarascon remarqua d'abord que dans l'espèce Thérèse Payan ne justifiait pas d'un refus d'autorisation de la part de son mari; qu'elle s'adressait à la justice, croyant l'autorisation du mari insuffisante.

Il fut donc question de savoir si dans l'espèce la loi pouvait se contenter de l'autorisation du mari, et le Tribunal de Tarascon se prononça pour l'affirmative en se fondant sur l'art. 1449 du Code civil.

Thérèse Payan interjeta appel; elle se fonda sur la généralité de l'art. 1558 du Code civil et sur la fausse interprétation donnée à l'art. 1449.

Sur cet appel, arrêt qui,

« Considérant que l'art. 1449 du Code civil, sur lequel le Tribunal de première instance s'est fondé pour décider que Thérèse Payan pouvait aliéner ses immeubles dotaux sous la seule autorisation de son mari, fait partie de la section 3.e, chap. 2, tit. du contrat de mariage et des droits respectifs des époux;

» Qu'on ne peut appliquer cet article au cas où les

époux se trouvent mariés sous le régime dotal et régis par l'art. 1554 dudit Code, portant que les immeubles constitués en dot ne peuvent être aliénés ou hypothéqués pendant le mariage, ni par la femme, ni par les deux époux conjointement, sauf les exceptions qui suivent;

» Considérant que l'art. 1558, en mettant au nombre de ces exceptions le cas où il s'agit de tirer de prison le mari ou la femme, porte qu'en ce cas l'immeuble dotal peut être aliéné avec permission de justice et après trois affiches;

» Qu'il est d'autant moins permis de s'écarter de cette règle, qu'on ne pourrait décider que l'autorisation du mari suffit, qu'en le rendant juge des motifs qui nécessitent la vente du bien dotal pour obtenir sa liberté, ce qui serait le constituer juge en sa propre cause, contre le principe *nemo potest esse auctor in rem suam*,

» La Cour reçoit Thérèse Payan appelante du jugement du 29 décembre 1812, et de même suite met l'appellation et ce dont est appel au néant; émendant, autorise ladite Payan à vendre, après trois affiches, et aux enchères, la propriété rurale, etc., pour le prix en provenant être employé, sans divertissement de deniers, au paiement de la créance de François Lacroix, en principal, intérêts et frais, à l'effet de tirer Joseph Mouret de prison. »

227. *Seconde observation.*

La femme peut s'obliger et aliéner ses biens dotaux pour tirer son mari de prison, mais non pour empêcher qu'il y soit mis. V. Soëfve, *tom.* 1, *cent.* 4, *n.*° 40. V. aussi Pothier, *de la puissance maritale*, *n.*° 38. Il ne suffirait pas, par exemple, que plusieurs jugemens, emportant contrainte par corps, eussent été obtenus contre le mari, et que commandement lui eût été fait de payer, sous peine d'y être contraint par prise de corps. La loi est positive; elle exige que le mari soit incarcéré, puisqu'elle n'autorise l'aliénation des biens dotaux que pour *tirer* le mari de prison.

On ne doit cependant pas se dissimuler qu'il pourrait arriver un concours de circonstances où cette disposition serait bien rigoureuse : je suppose, en effet, que le mari, arrêté et près d'être traduit en prison, offre pour s'y soustraire l'obligation de sa femme, et que sur cette offre l'acte soit dressé avec une énonciation détaillée du titre de créance, des poursuites faites et de l'arrestation du débiteur, pourrait-on, dans ce cas, annuller plus tard le contrat, sous le prétexte que le mari n'était pas en prison, et que ce n'était pas pour l'en *tirer* que l'obligation ou l'aliénation du fonds dotal a eu lieu? Ne serait-ce pas user d'une rigueur trop sévère que de ne consulter que la lettre de la loi? Nous sommes forcé de convenir que dans une telle conjoncture nous nous déciderions à maintenir la vente; mais il faudrait cependant qu'il fût prouvé jusqu'au dernier degré d'évidence qu'il n'existerait aucune intelligence entre les époux et le créancier, et qu'ils n'eussent point eu l'intention de frauder la loi.

228. *Troisième observation.*

Le Code ne fait aucune distinction entre les différentes dettes à raison desquelles le mari a été emprisonné. Sous l'ancien droit les auteurs et les Cours étaient divisés d'opinion. Faber, dans son Code, *liv.* 4, *tit.* 21, *déf.* 16, pense que la dot ne peut être aliénée que lorsque le mari est incarcéré pour crime ou délit; Lapeyrère, *pag.* 381, *n.*° 106, est du même avis. Basset, *tit.* 3, *liv.* 4, *chap.* 5, *et liv.* 4, *tit.* 5, *chap.* 5, rapporte plusieurs arrêts rendus dans le même sens; Despeisses, du *dot*, *sect.* 2, *n.*° 33, et Fromental, mot *Dot*, *pag.* 256, sont aussi de cette opinion. V. enfin la *Coutume de Normandie*, *art.* 441.

Boniface, *tom.* 4, *liv.* 6, *tit.* 9, *chap.* 2 e, rapporte un arrêt du parlement de Toulouse, qui valida une obligation contractée par la femme, dont le mari était emprisonné pour dettes civiles; mais il en cite un autre, *tom.* 2, *liv.* 4, *tit.* 20, *chap.* 7, qui accorda à la femme la restitution envers son obligation, et un troisième qui la refusa; Rousseau-Lacombe, mot *Restitution*, *sect.* 2, *n.*° 6, rapporte aussi un arrêt du parlement de Paris, du 6 septembre 1743, qui permit l'aliénation, sans distinguer si le mari était détenu pour crime ou pour dettes civiles. Catellan, *liv.* 4, *chap.* 1, en cite plusieurs qui avaient jugé dans le même sens.

Lors de la discussion au Conseil-d'Etat (1), le consul Cambacérès fit observer que si le mari se trouvait en prison pour raison d'un délit ou pour dettes contractées au jeu, il ne serait pas juste que la dot de la femme servît à l'en tirer. On répondit que tels étaient en effet les principes, mais qu'on s'était conformé à la jurisprudence dans leur application.

Il est évident d'après cela que l'on pensait alors que la jurisprudence était fixée sur ce point, que la dot pouvait être aliénée pour tirer le mari de prison, quelle que fût d'ailleurs la cause de l'emprisonnement; cependant rien n'était moins certain, comme on vient de le voir, par les autorités que nous venons d'indiquer ci-dessus; toutefois nous croyons que s'il pouvait s'élever à cette époque quelque doute sur la jurisprudence, on a sûrement adopté le parti le plus sage et le plus conforme à l'humanité, en autorisant l'aliénation dans tous les cas. Cette disposition est au reste limitée par la faculté laissée au juge d'accorder ou de refuser son autorisation.

229. *Quatrième observation.*

Mais s'il est vrai que la femme puisse aliéner sa dot pour tirer le mari de prison, dans le cas même où il y aurait été mis pour délit ou dettes contrac-

---

(1) V. le procès-verbal, séance du 4 brumaire an 12, *tom.* 3, *pag.* 185.

tées au jeu, nous ne pensons pas cependant que l'aliénation de la dot puisse être autorisée, lorsque le mari peut obtenir sa liberté au moyen d'une cession de biens.

Cette opinion peut, au premier aspect, paraître extraordinaire, elle est même contraire à ce qui se pratique journellement dans un grand nombre de Tribunaux, mais nous ne persistons pas moins à penser que la véritable interprétation de la loi est de notre côté ; nous croyons pouvoir le démontrer.

Il a toujours été dans l'intention du législateur de ne permettre l'aliénation de la dot que dans le cas d'une nécessité impérieuse, ou lorsqu'elle était évidemment utile à la femme. V. *ll.* 26 *et* 73, *ff. de jur. dot.*, *et* 21, *ff. de pact. dot.;* procès-verbal, séance du 4 brumaire an 12, *tom.* 3, *pag.* 185 ; c'est sur ces principes qu'ont été basées les exceptions à l'inaliénabilité que la loi détermine. Il suit évidemment de là, que lorsque le législateur à permis l'aliénation de la dot, pour tirer le mari de prison, ce n'a été que dans le cas où il ne pourrait pas s'en sortir lui-même. On sent en effet combien il serait contraire à l'esprit de la loi, de penser qu'il dût suffire que le mari fût emprisonné, pour qu'on permît à la femme de s'obliger ; il pourrait en résulter les abus les plus graves : ainsi, en partant de ce principe, essentiellement vicieux, il ne serait pas nécessaire de s'informer si le mari n'aurait pas de biens pour acquitter lui-même sa dette, ce qui serait une injustice et une absurdité, puisque par-là on ouvrirait une porte à la fraude et à la collusion. Le mari, d'intelligence avec son créancier, pourrait, en se faisant emprisonner, absorber, à son profit, la dot entière de la femme, sans nuire à sa propre fortune, ce qui ne peut jamais être dans une bonne législation.

La loi, en permettant l'aliénation de la dot pour tirer le mari de prison, n'a donc entendu le faire que dans le cas où il serait absolument impossible de l'en sortir par d'autres moyens, et principalement lorsqu'il serait constant que le mari n'aurait aucuns biens. On trouve même dans la Coutume de Normandie, une disposition précise sur ce point. L'art. 441 déjà cité, dispose que l'aliénation de la dot n'est permise à la femme que « pour rédimer son » mari, *n'ayant aucuns biens* de prison de guerre, » ou cause non civile....., ou pour la nourriture d'elle, » de son mari, de ses père et mère, ou de ses enfans, » ou *extrême nécessité.* »

Que s'il reste au mari emprisonné quelque portion de son patrimoine, et qu'il soit dans le cas d'être admis au bénéfice de la cession de biens, il faut, avant toute aliénation de la dot, qu'il offre à ses créanciers de leur faire l'abandon de ce qu'il possède, puisque par-là il peut recouvrer sa liberté, se faire décharger de la contrainte personnelle, et dispenser sa femme de s'obliger pour lui.

Vainement, dirait-on que la loi ne faisant aucune

mention du cas où le mari peut être admis à la cession de biens, on ne peut pas être admis à proposer cette distinction que le législateur n'a pas faite lui-même; il est vrai que l'art. 1558 est conçu d'une manière absolue, et qu'on ne trouve rien dans ses termes qui puisse étayer notre opinion; mais, nous l'avons déjà dit, c'est dans son esprit qu'il faut chercher cette modification. Or, n'est-il pas évident que le législateur n'a pu entendre accorder cette aliénation de la dot que *dans le cas de la nécessité la plus impérieuse?* V. le procès-verbal de la séance du 4 brumaire an 12, c'est-à-dire, lorsqu'il serait bien constaté qu'il ne resterait au mari aucun moyen de se tirer lui-même de prison; qu'en le décidant autrement, on violerait le grand principe de la conservation de la dot, pour consacrer une évidente injustice.

Au reste, la doctrine que nous professons sur ce point n'est pas nouvelle: on la retrouve dans une foule d'auteurs recommandables, entr'autres, dans Faber, *Cod. ad. senatus-consultum Vell., liv. 4, tit. 21, déf.* 16; voici comment il décide la question : *Aliud tamen dicendum foret, si ex causâ civili et pro debito maritus in carceres detrusus proponeretur, et diversitatis ratio est, quia pro civili debito vir captus potest bonis cedere, atque ità consequi liberationem, non item cum ex causâ delicti : item quoniam aliter posito jure facile fraus fieret senatus consulto, eo scilicet duntaxat acto per credito-*

rem, ut in carceres maritus conjiceretur, statìmque mulier nimio mariti amore vita se spoliaret.

Fromental, mot *Dot*, *pag*. 256, partage l'avis de Faber, pourvu, dit-il, qu'il s'agisse d'*un roturier;* car, si c'était un NOBLE, l'autorisation serait accordée à la femme, lors même que le mari pourrait être admis à la cession de biens.

Pothier, *Traité de la puissance maritale*, *n.*° 37, affirme, d'après Lebrun, que l'opinion du barreau est de restreindre l'autorisation d'aliéner la dot pour tirer le mari de prison au cas auquel le mari ne pourrait en être retiré autrement; que s'il y était détenu pour une dette pour laquelle un débiteur peut être admis à la cession de biens, l'autorisation ne devrait pas être accordée.

Roussilhe, *tom* 1.er, *chap*. 15, *sect*. 4, *art*. 5, *n.*° 418, est, il est vrai, d'un avis opposé; il dit qu'anciennement l'on décidait que l'obligation de la femme était nulle, quoique faite pour sortir son mari de prison, si celui-ci pouvait s'en tirer en faisant cession de biens, mais que cette jurisprudence a changé, et qu'on valide aujourd'hui les obligations des femmes. Il cite à son appui Prohet, sur l'art. 7 de la Coutume d'Auvergne, et un arrêt du 16 septembre 1665, qui confirma une aliénation faite par une femme pour tirer son mari de prison, quoique le mari pût en sortir par la voie de la cession.

Nous ignorons en quoi consiste cette nouvelle jurisprudence dont parle Roussilhe. Malgré toutes les recherches les plus minutieuses que nous ayons pu faire sur la matière, nous n'avons pu parvenir à découvrir un seul arrêt qui ait jugé la question dans le sens qu'indique cet auteur, pas même celui qu'il cite sous la date du 16 décembre 1665.

Il existe cependant un arrêt de la Cour de Paris, rapporté par Sirey, *tom.* 5, 2.e *part.*, *pag.* 190, qui paraîtrait avoir jugé selon l'opinion de Roussilhe; mais cet arrêt, comme on peut s'en convaincre en le lisant, fut rendu dans des circonstances particulières qui déterminèrent évidemment la Cour. On trouve d'ailleurs, à la suite de cette décision, des observations judicieuses de l'arrêtiste, qui démontrent que cet arrêt ne doit pas être considéré comme autorité sérieuse sur la question.

230. *Cinquième observation.*

La loi romaine permettait l'aliénation de la dot, non-seulement pour tirer le mari de prison, mais encore pour en sortir ses proches parens : *Sed et si ideò maritus ex dote expendit, ut à latronibus redimeret necessarias mulieri personnas, vel ut mulier vinculis vendicet de necessariis suis aliquem, reputatur ei id quod expensum est : sivè pars dotis sit, pro eâ parte; sivè tota dos sit, actio dotis evanescit; l.* 21, *in pr.*, *ff. solut. matr.* V. aussi la *loi* 20, *eod. tit.* Cette loi était observée en France, mais seulement en ce qui concernait les père et mère du mari ou de la femme, ou du moins la jurisprudence ancienne offre peu d'exemples d'aliénation pour d'autres personnes. Rousseau-Lacombe, mot *Autorisation*, *sect.* 2, *n.°* 17, dit qu'une femme avait été autorisée à aliéner sa dot pour retirer son fils de prison, mais ces cas étaient fort rares.

Le Code n'a point une disposition aussi étendue; il se borne à permettre l'aliénation pour tirer de prison le mari ou la femme, et sans doute l'obligation de cette dernière serait annullée si elle avait lieu pour acquitter la dette de son père incarcéré. Il est sans doute à regretter qu'on n'ait pas suivi l'ancienne jurisprudence quant au père et à la mère du mari et de la femme; la cause de la liberté était aussi précieuse que celle des alimens, et nous verrons bientôt que l'aliénation de la dot est autorisée pour fournir des alimens à la famille, dans les cas prévus par les art. 203, 205 et 206 du Code civil; peut-être est-ce un oubli du législateur; mais enfin la loi est telle; il faut l'exécuter dans toute sa rigueur. V. toutefois *Pandectes françaises*, *tom.* 12, *pag.* 244, et la *loi* 21, §. 1, *ff. ad senatus-cons. Vell.*

231. *Sixième observation.*

Quoique l'aliénation de la dot soit en quelque sorte autorisée, dans le cas qui nous occupe, plutôt en faveur du mari qu'en faveur de la femme, néanmoins, si celle-ci s'y oppose, le mari ne peut pas demander et les Tribunaux ne doivent pas accorder l'autorisation d'aliéner pour le tirer de prison. Cela s'explique facilement : la femme, bien que soumise au régime dotal, n'en demeure pas moins propriétaire exclusive de ses biens dotaux, et par conséquent l'aliénation n'en peut avoir lieu contre son gré ; la permission de la justice, obtenue par le mari, ne suffirait pas même pour valider l'aliénation ; la femme pourrait toujours en demander l'annullation, parce qu'il n'appartient pas au magistrat d'ôter à la femme son droit de propriété sur les biens qui lui ont été constitués en dot.

232. *Quatrième exception.*

L'aliénation de la dot est encore permise pour fournir des alimens à la famille, dans les cas prévus par les articles 203, 205 et 206 du Code civil ; *Cod. civ., art.* 1558, ♈. 3. La loi romaine avait une disposition semblable : *manente matrimonio, non perituræ uxori ob has causas dos reddi potest ; ut sese suosque alat ; ut fundum idoneum emat ; ut in exilium, vel in insulam relegato parenti præstet alimonia, aut ut egentem virum fratrem, sororemve sustineat ; l.* 73, §. 1, *ff. de jur. dot.* V. aussi *l.* 20, *ff. solut. matr.*

En rapprochant ce texte des articles 203, 205 et 206, on voit que le droit romain étendait la faveur des alimens beaucoup plus loin que les lois nouvelles ; les époux ne doivent, d'après ces dernières, de secours alimentaires qu'à leurs enfans et ascendans et à leurs beau-père et belle-mère ; encore faut-il qu'à l'égard de ceux-ci la belle-mère n'ait pas convolé, et que celui des époux qui produisait l'affinité, et les enfans issus de son union avec l'autre époux ne soient pas décédés.

Les lois romaines que nous venons de citer autorisaient l'aliénation de la dot, même pour fournir des alimens aux frères et sœurs des époux; le Code, en admettant le régime dotal dans toute sa rigueur, devait restreindre ces secours aux beaux-pères et belles-mères, afin de ne pas trop multiplier les cas d'aliénations.

233. Bien qu'il soit constaté que les engagemens de la femme ont eu lieu pour fournitures à sa famille, on ne doit point en prononcer la validité et en ordonner l'exécution sur les biens dotaux, si la permission du juge ne les a pas autorisés; c'est ainsi que l'a jugé la Cour de Limoges dans la cause de la demoiselle Landon contre Avanturier et Barden-Rigal, par arrêt du 18 juin 1808, rapporté par Sirey, *tom.* 9, 2.e *part.*, *pag.* 326.

234. De quelle manière faudrait-il que la nécessité de fournir des alimens à la famille fût constatée, pour que le juge pût autoriser l'aliénation? Faudrait-il attendre que des poursuites fussent dirigées par ceux à qui la loi les accorde? Ou bien suffirait-il d'alléguer simplement l'état de dénuement de ceux auxquels les secours devraient être fournis? Il nous

paraît que, pour prévenir le refus du juge ou des difficultés ultérieures sur la validité de l'aliénation, on devrait se munir d'un acte de notoriété délivré par le juge de paix du domicile des parens, établissant leur pauvreté.

235. *Cinquième exception.*

Lorsque la femme a des dettes dont l'origine est antérieure au contrat de mariage, et dont la date a été rendue certaine par l'enregistrement, la loi permet aussi l'aliénation de la dot pour en acquitter le montant; *Cod. civ.*, 1558, ℣. 4. Nous avons déjà fait connaître quelle espèce de dettes sont à la charge des biens dotaux ; nous y renvoyons : nous nous bornerons ici à faire quelques observations qui n'ont pu y trouver place.

236. La disposition qui permet l'aliénation de la dot pour payer les dettes de la femme n'est pas nouvelle; on trouve dans les lois 72 et 85, *ff. de jur. dot.*, des principes certains sur cette matière : *Mulier bona sua omnia in dotem dedit, quæro an maritus, quasi heres oneribus respondere cogatur? Paulus respondit, eum quidem qui tota ex repromissione dotis bona mulieris retinuit, à creditoribus ejus conveniri non posse, sed non plus esse in promissione bonorum, quàm quod super est deducto ære alieno. — Fundum filiæ nomine pater in dotem dederat : hujus heredi filiæ ex asse, creditoribus*

patris urgentibus, utilius videtur potiùs fundum qui dotalis est distrahere, quod minùs fructuosus sit, et alios hereditarios uberiore reditu retinere. Maritus consensit, si nulla in eâ re captio sit futura. Quæro an ea pars dotis quæ in hoc fundo est, mulieri manente matrimonio rectè solvatur? Respondit, si pretium creditori solvatur, rectè solutum.

L'ancienne jurisprudence était aussi conforme à ces lois ; elle était même allée plus loin ; elle validait l'aliénation faite pour acquitter les dettes de la femme, alors même qu'elle avait eu lieu sans l'autorisation de la justice. On trouve sur ce point, dans le Recueil de M. de Beaumont, conseiller au parlement de Grenoble, un arrêt ainsi rapporté :

« Les mariés Bayle, assistés de Brun, leur procureur, présentent requête tendante à ce qu'il plaise à la Cour leur permettre de vendre le domaine dont il s'agissait au plus offrant et dernier enchérisseur, après les affiches accoutumées, pour être le prix en provenant employé au paiement des créanciers légitimes. M. Aubert Labâtie, avocat général, consent qu'il soit permis de vendre. La Cour, après délibéré, déclare n'y avoir lieu à la requête, attendu que la loi permet l'aliénation. Ainsi décidé le 13 juin 1738, en audience publique. » M. de Barral, président. M. de Beaumont ajoute que depuis on rejetait de semblables requêtes, et qu'elles n'étaient pas même passées en taxe.

On trouve encore dans le Recueil de ce conseiller deux autres arrêts semblables : le premier, du 27 juillet 1741, dans la cause de Jean Buquet, contre Jeanne Bulianne; le deuxième, du 5 septembre de la même année, dans la cause du sieur Labalme, contre le sieur Bouveron de Montoison.

238. La nouvelle jurisprudence n'est pas moins uniforme que l'ancienne sur ce sujet : plusieurs arrêts de la Cour de Grenoble, entr'autres deux des 28 décembre 1809 et 28 août 1817, ont entretenu des ventes faites avant la promulgation du Code civil, sans autorisation de justice, et la Cour de cassation a consacré de nouveau cet ancien principe dans l'espèce suivante, rapportée par Sirey, *tom.* 22, 1.re *part.*, *pag.* 406.

En 1741, mariage entre demoiselle de Montarzin et le sieur Defay-Devilliers fils : les époux se soumettent au régime dotal. Antérieurement au mariage, les immeubles de la demoiselle Montarzin avaient été grevés d'hypothèques, savoir : pour une somme de 3,500 fr. envers le sieur de Linage, et pour une somme de 3,000 fr. au profit du sieur Defay-Devilliers père, en vertu d'une obligation consentie par la demoiselle Montarzin le 26 novembre 1737.

12 novembre 1752, vente de gré à gré, *et sans formalités de justice*, de quelques immeubles dotaux de la demoiselle de Montarzin aux sieurs Clopet; cette vente est consentie par les sieurs Devilliers père

et fils, l'un beau-père et l'autre mari de la demoiselle de Montarzin. Les époux Devilliers décèdent : la dame Devilliers laisse pour héritiers les époux Fayard qui demandent contre les sieurs Clopet la nullité de la vente des immeubles dotaux, consentie le 12 novembre 1752.

Les sieurs Clopet opposent de prescription, et, au fond, ils répondent au moyen tiré de l'inaliénabilité des biens dotaux, qu'il y a exception pour le cas où l'aliénation est nécessaire pour acquitter les dettes de la femme antérieures au mariage, et hypothéquées sur le fonds dotal; que dans l'espèce la vente n'a eu lieu que pour payer 6,500 fr. dus au sieur de Linage et au sieur Devilliers père.

Jugement du Tribunal de première instance qui admet le moyen de prescription.

Appel de la part des époux Fayard.

28 mai 1819, arrêt de la Cour de Grenoble, qui, sans s'arrêter au moyen de prescription, rend un arrêt interlocutoire qui ordonne qu'avant faire droit les mariés Fayard prouveront par actes, et dans le délai de six mois, que les 3,000 fr. que la demoiselle de Montarzin devait au sieur Defay-Devilliers père, et les 3,500 fr. qu'elle devait au sieur de Linage avaient été par elle acquittés à l'époque de la vente de ses immeubles.

Pourvoi en cassation.

Arrêt. — « Attendu que l'arrêt dénoncé a rendu hommage, en point de droit, aux principes relatifs à l'inaliénabilité du fonds dotal pendant le mariage; mais il a pensé que le beau-père et le mari avaient pu aliéner une portion du fonds dotal, afin d'acquitter les dettes contractées par la femme avant le mariage, et hypothéquées par elle sur le fonds devenu dotal dans la suite, et qu'en conséquence le tiers détenteur, pour se maintenir dans la possession des biens vendus par le beau-père et le mari, pouvait exciper des droits qui appartenaient aux vendeurs sur ces biens; que la qualité dotale survenue depuis n'avait pu affranchir des dettes et des hypothèques contractées auparavant;

« Considérant que cette doctrine est dans une parfaite harmonie avec les principes du droit romain, suivant lesquels de pareilles dettes et hypothèques diminuaient d'autant la dot, *dotem minuebant;*

» Attendu, en point de fait, qu'il a paru démontré à la Cour de Grenoble que les dettes dont il s'agit existaient avant le mariage; d'où elle infère, d'une part, que le beau-père et le mari étaient encore créanciers de la femme des 3,000 fr. que le beau-père lui avait prêtés avant le mariage, et d'autre part, ils avaient acquitté de leurs deniers les 3,500 fr. dus à de Linage, autre créancier de la femme; d'où la conséquence (tant que cette présomption ne serait pas détruite par une preuve contraire) que le beau-père et le mari avaient employé le prix de la vente au paiement des anciennes dettes hypothécaires de la femme;

» Attendu, néanmoins, que l'arrêt a réservé aux demandeurs le droit de combattre cette présomption en prouvant le contraire dans le délai de six mois, à peine de forclusion ;

» Attendu que l'arrêt n'a violé aucune loi en chargeant les héritiers de la femme de fournir cette preuve ; car une présomption légale, puisée dans des actes publics, militait contre eux ; eux seuls devaient être censés saisis des pièces relatives à la séparation de biens qui avait eu lieu et à l'administration du père et du mari, et non pas les tiers détenteurs, jouissant tranquillement de la chose depuis près de soixante ans ;

» Considérant que la loi romaine défend bien l'aliénation volontaire du fonds dotal, à peine de nullité, mais que dans le cas d'une aliénation nécessaire motivée sur une cause qui a précédé le mariage, et qui diminuait le fonds dotal, le droit romain n'a pas prescrit aucune formalité particulière; rejette, etc. »

239. Non-seulement la jurisprudence ancienne validait les ventes faites pour acquitter les dettes de la femme, alors même qu'elles étaient faites sans autorisation de la justice, mais encore lorsque le prix de ces ventes excédait de beaucoup les sommes dues.

Par un premier arrêt, rendu en 1714, le parlement de Grenoble entretint la vente d'un domaine considérable, faite pour payer les dettes dotales affectées sur ces biens, quoique le prix excédât de plus d'un tiers la quotité des dettes.

Par un autre arrêt du même parlement, rendu le 4 juillet 1741, au rapport de M. de Fusselet, la vente d'un domaine dotal, appartenant à Magdeleine Truffet, fut maintenue, quoique le prix de vente excédât aussi de plus d'un tiers les dettes à payer.

Enfin, par un troisième arrêt, toujours de la même Cour, rendu le 10 août 1784, au rapport de M. Anglès, la vente d'une maison faisant partie d'une constitution dotale, fut entretenue quoiqu'il n'y eût que le tiers du prix employé à l'acquittement des dettes et que le mari se fût prévalu des autres tiers.

Ainsi, d'après cette dernière jurisprudence, il suffisait que la vente des biens dotaux eût eu pour objet le paiement des dettes, pour qu'elle fût régulièrement intervenue, quelle que fut d'ailleurs leur quotité; c'est encore ce qu'a jugé la Cour de Grenoble, par arrêt du 9 avril 1808, dans la cause de Joseph Gastoud, contre Marie Guinard, femme Liothier.

Liothier avait vendu, le 15 mai 1806, les immeubles dotaux pour acquitter les dettes de la Guinard, sa femme; celle-ci demande et obtient sa séparation de biens, et attaque la vente de nullité. On soutenait de sa part, 1.° que le mari ayant, pendant son administration, laissé arrérager les intérêts des dettes dotales, la vente avait été passée plutôt pour acquitter sa dette propre que celle de la femme; 2.° que l'on avait vendu la moitié plus de biens qu'il n'en fallait pour acquitter les dettes dotales; 3.° qu'on aurait dû vendre les fonds détachés du domaine, fonds dont le prix aurait été suffisant pour tout payer; à ce sujet on prouvait, même par les extraits du parcellaire, que le domaine était d'une commune division : mais toutes ces objections furent inutiles, la règle l'emporta, et la Cour (1.re Chambre) maintint la vente.

239. Aujourd'hui le Code ayant rendu commune à tous les cas qu'il indique, la nécessité de l'autorisation de la justice, on ne pourrait plus invoquer la jurisprudence que nous venons de faire connaître. Il est certain que si une vente de biens dotal avait lieu sans l'intervention de l'autorité judiciaire, elle devrait être annullée, quelle que fût la cause pour laquelle elle pourrait avoir eu lieu.

240. *Sixième exception.*

Un sixième cas où les biens dotaux peuvent être aliénés, est celui où il est nécessaire de faire de grosses réparations pour la conservation de l'immeuble dotal; *Cod. civ.*, 1558, ℣. 5. Nous avons déjà vu ce qu'on entend par grosses réparations et quelles sont celles qui sont à la charge de la dot : ce sont celles des gros murs et des voûtes, le rétablissement des poutres et des couvertures entières; celui des digues, et murs de soutenement et de clôture aussi en entier; *Cod. civ.*, 606.

Mais pour que l'aliénation soit autorisée il faut que les grosses réparations à faire soient indispensables pour la conservation de l'immeuble dotal; il ne suffirait pas que la réparation à faire fût simplement utile, alors même qu'elle augmenterait de valeur l'immeuble dotal: si elle n'était indispensable pour sa conservation, l'aliénation ne devrait pas être permise. V. *Cod. civ.*, 1558, ✡. 5. Le droit romain avait des dispositions plus larges sur ce point que le Code civil; toutes les fois que l'aliénation était utile ou nécessaire à la femme, elle était tolérée : V. *l.* 26, *ff. de jur. dot; l.* 21, *ff. de pact. dot; l.* 1, *ff. de fund. dot.*

241. Le juge ne doit permettre l'aliénation de la dot, pour réparations indispensables à la conservation de l'immeuble dotal, que lorsque la demande qui en est faite est appuyée d'un certificat d'un ou de deux architectes ou entrepreneurs, constatant qu'il est réellement d'une nécessité absolue de faire ces grosses réparations; cette précaution n'est malheureusement pas assez observée dans la pratique de plusieurs Tribunaux; en général on est pas assez sévère sur les permissions demandées; souvent même on ne cherche pas à s'éclairer sur la vérité des faits allégués dans les requêtes présentées dans l'objet d'obtenir l'autorisation d'aliéner la dot; de là une multitude d'abus et de difficultés qu'on pourrait facilement prévenir.

242. *Septième exception.*

Lorsque l'immeuble dotal se trouve indivis avec

des tiers et qu'il est reconnu impartageable, l'aliénation étant alors indispensable, sa licitation en est permise par la loi; *Cod. civ., art.* 1558, ℣. 6, et le prix provenant de la vente de la portion dotale demeure dotal : *si fundus communis in dotem datus erit, et socius egerit cum marito communi dividundo, adjudicatusque fundus socio fuerit, in dote erit quantitas qua socius marito damnatus fuerit : aut si omissa licitatione, extraneo addictus is fundus fuerit, pretii portioquæ distracta est; l.* 78, §. 4, *in pr., ff. de jur. dot.* V. aussi Serres, *Inst. liv.* 2, *tit.* 8, *pag.* 192.

243. Mais pour que la licitation du fonds dotal, lorsqu'il est indivis avec un tiers, soit ordonnée, il faut, comme on vient de le voir, que l'immeuble ne puisse pas se partager entre les copropriétaires, et que cela soit constaté ou par la nature même de l'héritage, ou par une vérification faite par experts. Cependant les mots, *reconnu impartageable*, de l'art. 1558, ne doivent pas être entendus de manière qu'il faille s'abstenir d'autoriser la licitation, lorsque le partage ne peut s'opérer qu'avec de grandes incommodités ou une diminution considérable de valeur dans l'immeuble à partager; en général, toutes les fois que, par le partage, l'héritage est exposé à subir une dépréciation, ou que la jouissance de chaque portion serait trop incommode et trop gênante pour les propriétaires, on doit ordonner

que l'objet indivis sera licité. *Si commodè dividi non potest, si divisio sine cujusquam injuriâ fieri non potuerit; si divisio tam difficilis, ut pars impossibilis videatur*, §. 5, *Inst. de officio jud.; l.* 3, *comm. divid.* On trouve au reste dans les articles 827 et 1686 du Code civil, une explication certaine de l'art. 1558 : « Si les immeubles, dit le premier de ces articles, ne peuvent pas se partager *commodément*, il doit être procédé à la vente par licitation devant le Tribunal. » Et le deuxième : « Si une chose commune à plusieurs ne peut être » partagée *commodément et sans perte*, la vente s'en » fait aux enchères, et le prix en est partagé entre » les copropriétaires. » C'était aussi de cette manière qu'on le jugeait autrefois, comme l'atteste M. Merlin, dans son Répertoire de jurisprudence, mot *Licitation*, §. 1. Voici comment s'exprime cet auteur à ce sujet : « Parmi nous, comme à Rome, pour être en droit de provoquer la licitation d'un héritage ou de tout autre immeuble, il n'est pas nécessaire qu'il y ait impossibilité physique de le partager, il suffit qu'on soit convenu de ne point partager la chose, ou qu'en la partageant il puisse y avoir de *l'incommodité ou de la perte* pour quelqu'un des copropriétaires.

244. S'il a été reconnu que l'immeuble ne pouvait se partager commodément, qu'il ait, en conséquence, été licité et adjugé au mari, ce dernier pourra-t-il disposer, comme de sa chose propre, de

la partie qu'il aura acquise, ou bien tout l'immeuble sera-t-il dotal à la femme? La loi 78, *ff. de jur. dot.*, §. 4, répond à cette question; elle décide que dans ce cas il n'y a de dotal que la portion que la femme avait apportée en dot; mais qu'en cas de dissolution du mariage, l'autre portion, qui n'était parvenue au mari qu'à cause de celle qu'il avait reçue en dot de sa femme, sera rendue par lui, c'est-à-dire, qu'il ne pourra réclamer que le prix qu'il aura donné au copropriétaire pour la portion acquise : *quòd si marito fundus fuerit adjudicatus, pars utique data in dotem dotalis manebit : divortio autem facto sequetur restitutionem, propterquam ad maritum pervenit, etiam altera portio, scilicet ut recipiat tantùm pretii nomine à muliere, quantùm dedit ex condemnatione socio.*

La solution de cette question n'est pas sans bizarrerie, car, en même tems que la loi déclare qu'il n'y a de dotale que la portion apportée en dot par la femme, elle oblige le mari à conserver et à rendre l'autre portion lors de la dissolution du mariage, pour ne réclamer que le prix payé au copropriétaire; c'est-à-dire que, bien qu'il n'y ait de dotale que la portion qui faisait partie de la dot, l'autre n'en reste pas moins inaliénable dans les mains du mari, puisqu'il est astreint à la restituer à la dissolution du mariage.

Les auteurs des Pandectes françaises, sur l'art. 1558, décident, contre la disposition de la loi romaine

que nous venons de rapporter, que l'immeuble adjugé au mari ensuite de la licitation est dotal pour le tout : « La licitation, disent-ils, n'est qu'un partage,
» la femme est censée avoir été toujours propriétaire
» de l'immeuble entier, et l'avoir apporté en mariage.
» Dans le cas de la communauté, il serait propre
» pour le tout. Il doit de la même manière être
» dotal pour le tout. Le mari a seulement contre
» sa femme une créance de la somme qui a été
» payée aux autres copropriétaires pour leur part;
» et il peut retenir cet immeuble, dans le cas où il
» y aurait lieu à restitution, jusques à ce qu'elle
» lui soit remboursée. »

Cette opinion nous paraît bien hasardée, indépendamment de ce qu'elle est opposée aux termes de la loi; on ne voit pas, en effet, comment le fait de la licitation et l'adjudication qui serait passée au mari, de l'immeuble indivis, pourrait imprimer à la part appartenant à des tiers, le caractère de dotalité. La licitation n'est qu'un partage, dit-on, et la femme est censée avoir été toujours propriétaire de l'immeuble entier et l'avoir apporté en mariage D'abord il n'est pas vrai que la licitation soit un partage; la licitation est la vente d'un objet à partager, ce qui est bien différent; il n'est pas plus vrai que la femme soit censée avoir été toujours propriétaire de l'immeuble; elle était propriétaire de sa part indivise, et voilà tout : mais supposons que la licitation soit un partage et que la femme fût censée propriétaire de l'immeuble entier, que pourrait-on conclure en faveur de la question, telle qu'elle est résolue par ces auteurs? Rien, absolument rien : la part acquise par l'effet de la licitation n'ayant pas été constituée en dot ne pourrait être considérée comme dotale, et quoique la femme en fût reconnue propriétaire on ne pourrait nullement la faire entrer dans sa constitution; elle serait seulement rangée parmi les biens paraphernaux, et non sujette, par conséquent, aux droits du mari et à l'inaliénabilité prononcée par la loi.

245. *Huitième exception.*

Indépendamment de tous les cas dans lesquels la dot peut être aliénée, et que nous venons de signaler, la loi permet encore d'échanger l'immeuble dotal : *ità constante matrimonio, permutari dotem posse dicimus, si hoc mulieri utile sit; quòd si fueri factum : fundus, vel res dotalis efficitur; l.* 26 *et* 27, *ff. de jur. dot.*; *Cod. civ.*, 1559.

Pour que l'échange ait lieu régulièrement, plusieurs choses sont à observer :

La première, que l'immeuble qui doit être reçu en échange soit de la même valeur que l'immeuble dotal, ou tout au moins que cette valeur ne soit pas au-dessous des quatre cinquièmes. On aperçoit facilement le motif de cette disposition : il ne fallait pas, en permettant l'échange du fonds dotal, ouvrir une voie aux aliénations indirectes, en prenant pour prétexte que la propriété d'un immeuble, d'un prix bien inférieur à la valeur du fonds appartenant à la femme, lui présenterait quelque utilité. Toutefois il est à regretter qu'on n'ait pas laissé au juge la faculté de déterminer les cas où l'échange pourrait avoir lieu, quelle que fût d'ailleurs la valeur de l'immeuble reçu en échange. Il peut arriver en effet une multitude de circonstances où il pourrait être très-avantageux à la femme d'échanger l'immeuble dotal, alors même qu'il serait d'une valeur bien supérieure à celui offert en contre-échange.

Supposons, par exemple, que dans un domaine constitué en dot à la femme, il y ait deux maisons de maître, mais pas assez de prairies pour son exploitation, et qu'on soit obligé chaque année de dépenser des sommes considérables en achat de fourrages; ne conviendrait-il pas, dans ce cas, de permettre l'échange d'une des deux maisons, dont la propriété serait en quelque sorte inutile et infructueuse, contre une prairie, alors même que sa valeur serait de moitié inférieure à celle de la maison? Nous citons ce cas comme nous pourrions en citer beaucoup d'autres, dans lesquels l'échange serait d'une évidence incontestable et d'une utilité indispensable pour la dot.

Il faut en deuxième lieu, pour que l'échange soit valable, que l'utilité en soit justifiée; celui qui n'offrirait qu'un mince avantage, ou qui n'en présenterait pas du tout, ne devrait pas être autorisé, ou s'il l'était, il pourrait plus tard être attaqué comme étant intervenu contre la disposition formelle de la loi. Mais de quelle manière cette justification exigée devrait-elle avoir lieu? Voilà ce qui n'est pas expliqué dans l'art. 1559. Nous pensons qu'avant de permettre l'échange, le Tribunal devrait, en ordonnant l'estimation des deux immeubles par experts, charger ces mêmes experts de s'expliquer sur l'utilité et l'avantage qu'offrirait en résultat l'opération demandée ; il serait fort difficile en effet d'en pouvoir justifier différemment.

Il faut enfin, pour la validité de l'échange, que la femme y consente, et que lorsque la procédure des experts est faite, la justice donne son autorisation. Toutes ces conditions sont de rigueur, et l'inobservation de l'une d'elles emporterait la nullité de l'échange, si elle était demandée.

246. On avait agité autrefois la question de savoir à qui devait appartenir le bénéfice de l'échange du fonds dotal; les uns soutenaient qu'il appartenait à la femme; les autres, que les créanciers du mari pouvaient le réclamer; mais plusieurs arrêts décidèrent que les créanciers n'y avaient aucun droit. V. Boniface, *tom.* 1, *pag.* 374. Aujourd'hui on n'élèverait sûrement pas la question ; il est certain que quelque grand que fût le bénéfice qui résulterait de l'échange, la femme seule en profiterait, et que le mari ni ses créanciers ne seraient fondés à le réclamer.

247. Lorsque la justice a autorisé l'échange et qu'il s'est effectué, l'immeuble reçu en échange devient dotal; *Cod. civ.*, 1559, ✠ 2 : *quòd si fuerit factum : fundus dotalis efficitur*; *d. l.* 27, *ff. de jur. dot.*

En règle générale, le copermutant qui est évincé de la chose qu'il a reçue en échange, a le choix de conclure à des dommages-intérêts, ou de répéter sa chose; *Cod. civ., art.* 1705; toutefois je crois que l'application de cette règle ne pourrait avoir lieu en faveur du mari, et qu'il ne pourrait pas, à son gré, répéter l'immeuble dotal ou demander des dommages-intérêts. En ne concluant qu'à des dommages-intérêts, il enfreindrait le principe de l'inaliénabilité, puisque par le fait il aliénerait véritablement le fonds dotal, ce qui ne lui est pas permis; il faudrait donc, si ce cas se présentait, décider, contre l'art. 1705, que le mari n'aurait pas l'option et qu'il serait obligé de reprendre l'immeuble. Cependant il pourrait arriver une circonstance qui rendrait la question beaucoup plus difficile à décider, ce serait celle où, avant l'éviction, le copermutant aurait aliéné l'immeuble dotal échangé; dans ce cas, le tiers acquéreur pourrait-il être évincé par le mari, ou bien ce dernier serait-il obligé d'exercer seulement l'action en dommages-intérêts contre le copermutant?

Il faut savoir, à cet égard, que d'après les lois romaines le copermutant évincé n'avait point d'action contre le tiers qui avait acquis l'immeuble par lui donné en échange : la loi 4, *Cod., de rer. permut.*, est expresse sur ce point : *cùm precibus tuis expresseris placitum inter te et alium permutationis intercessisse, eumque fundum à te datum vendidisse, contrà emptorem quidem te nullam habere actionem perspicis, cùm ab eo susceperit dominium, cui te tradidisse titulo permutationis non negas.* Un arrêt de la Cour de cassation (1) a même consacré ce principe, adopté au reste par tous les anciens auteurs, V. Faber, *Cod. liv. 4, tit. 41, déf. 9*; *Corvinius, in Cod., lib. 4, tit. 64*; Perezius, *in l. 4, Cod. de rer. perm.* Il suivrait de là que le mari, alors même qu'il serait évincé de la chose reçue en échange, ne pourrait pas, dans ce cas, réclamer celle qu'il aurait donnée en contre-échange, et qu'il n'aurait aucune action contre le tiers détenteur qui l'aurait acquise. Ainsi, n'ayant plus que des dommages-intérêts à exiger de son copermutant, l'aliénation du fonds dotal se trouverait consommée sans que la somme provenant de l'adjudication des dommages-intérêts fût même déclarée dotale, et qu'il en pût être fait emploi utile en faveur de la femme.

Toutefois, ce cas seul excepté, nous croyons que le mari ne pourrait jamais renoncer à l'immeuble dotal pour s'en tenir à l'action en dommage, sans contrevenir à la prohibition de l'aliénation de la dot, quelque positif que soit l'art. 1705 du Code civil. Vainement dirait-on que cet article ne faisant

(1) V. Sirey, tom. 5, 1.re part., pag. 97.

aucune distinction nous ne devons pas en faire nous-même, en créant une exception qui serait défavorable au mari, puisqu'elle lui ôterait l'option que lui laisse la loi, cette objection ne serait d'aucun poids; il suffirait toujours, pour la détruire, d'invoquer le principe de l'inaliénabilité de la dot; principe absolu qui ne souffre d'exceptions que celles qu'il détermine lui-même d'une manière claire et positive, et qui par conséquent suffirait pour écarter à jamais l'application de l'art. 1705.

248. Outre les exceptions que nous venons de faire connaître, et qui résultent des termes mêmes du Code civil, le droit romain et l'ancienne jurisprudence en admettaient encore plusieurs autres : ainsi le fonds dotal pouvait être aliéné, 1.° pour donner la liberté aux esclaves; *l.* 24, *Cod., ad senat.-cons. Vell.*;

2.° Pour dons pieux; *l.* 5, §. 8, *ff. de donat. int. vir. et ux.* Toutefois, la jurisprudence de plusieurs parlemens était contraire. V. *arr. du parlement de Toulouse, du mois de novembre* 1655, rapporté par Albert, *lett. D., pag.* 153; Boniface, *tom.* 1, *liv.* 7, *tit.* 4, *chap.* 1; Dupérier, *qu.* 3, *liv.* 1;

3.° Pour l'achat d'un fonds plus avantageux; *l.* 73, §. 1, *ff. de jur. dot.*;

4.° Lorsque la femme commettait des recélés, ou qu'elle volait son mari pendant le mariage, ses biens dotaux en étaient responsables. V. Argou, *de la Dot et des Propres.*

249. Dans tous les cas où l'aliénation des immeubles dotaux est permise, l'excédant du prix de vente, s'il y en a, demeure dotal, et il en est fait emploi comme tel au profit de la femme; *Cod. civ.*, 1558, *ỳ. ult.*, *et* 1559; si cet excédant n'est que d'une petite somme dont l'emploi ne puisse être fait, le mari en reste débiteur comme de la dot en argent, et dans ce cas il peut en disposer, sauf à la restituer, à la dissolution du mariage, comme les autres sommes qui ont pu être constituées en dot.

250. Dans les cas aussi où les biens dotaux peuvent être aliénés, c'est par les moins utiles qu'il faut commencer; *l.* 85, *ff. de jur. dot.*; Maximes du palais, *tom.* 1, *tit.* 4, *n.°* 9. Ainsi on doit préférer un immeuble de luxe et qui produit peu à ceux d'un produit plus considérable; le magistrat, avant de permettre l'aliénation, doit s'informer de la nature et du rapport de tous les biens appartenant à la femme, afin de juger quels sont ceux qu'il est plus avantageux de mettre en vente dans l'intérêt de la dot.

SECTION IV.

Du recours contre l'aliénation des biens dotaux.

251. Les exceptions à l'inaliénabilité des biens dotaux étant déterminées d'une manière précise par la loi, il n'est pas permis de s'en écarter quelle que soit d'ailleurs la gravité des cas; s'il en était autre-

ment la garantie accordée à la dot n'existerait plus, et les abus les plus dangereux naîtraient des principes mêmes sur lesquels reposent sa conservation. Mais, malgré la précieuse sévérité du législateur et toutes les précautions qu'il a pu prendre pour empêcher l'aliénation des biens dotaux, rien n'est plus fréquent que de voir des maris dissipateurs ou des femmes égarées par des suggestions ou par de faux calculs, vendre sciemment les biens constitués en dot.

Dans ces conjonctures, le législateur devaient tracer les règles à observer pour la révocation des aliénations qui seraient faites hors les cas d'exception qu'il avait pris soin d'indiquer lui-même.

Ces règles peuvent, selon les circonstances, s'appliquer à la femme, au mari ou au tiers : nous allons développer successivement la doctrine propre à chacun de ces cas, et résoudre les questions qu'elle peut faire naître.

ARTICLE PREMIER.

Du recours accordé à la femme.

252. Si, hors les cas d'exception prévus par la loi, la femme ou le mari, ou tous les deux conjointement, aliènent les immeubles dotaux, la femme ou ses héritiers peuvent faire révoquer l'aliénation.; *Cod. civ.*, 1560, *in pr.*

La loi, en accordant à la femme le droit de faire

révoquer l'aliénation de ses biens dotaux, ne distingue point le cas où elle les a aliénés elle-même, de celui où le mari, ou tous les deux conjointement, ont méconnu la prohibition ; le motif de cette disposition se puise dans la facilité avec laquelle la femme peut être séduite ou circonvenue par son mari ; on suppose avec raison que, lorsqu'elle aliène sa dot, c'est par l'influence qu'il exerce sur elle et jamais par sa propre et libre volonté. L'action révocatoire est donc toujours ouverte à la femme, quelle que soit la personne qui ait aliéné le fonds dotal ; elle pourrait même exercer ce droit dans le cas où le mariage n'ayant pas suivi les conventions matrimoniales, le futur aurait néanmoins aliéné le fonds constitué en dot : c'est la disposition de la loi 4, *ff. de fund. dot.* : *lex Julia quæ de dotali prædio prospexit, ne id marito liceat obligare, aut alienare, pleniùs interpretanda est, ut etiam de sponso idem juris sit, quod de marito ;* c'est aussi l'avis de Despeisses, *part.* 1.re, *sect.* 3, *n.*o 29.

253. Mais bien que la femme ait la faculté de faire révoquer l'aliénation de ses biens dotaux, elle ne peut cependant l'exercer qu'après la dissolution du mariage, ou après qu'elle a fait prononcer sa séparation de biens ; *Cod. civ.*, 1560, *in pr.* ; tant que dure le mariage la femme n'est point maîtresse des actions dotales, qui résident toutes sur la tête de son mari, par conséquent elle ne saurait agir régulièrement

contre les tiers détenteurs; mais dès que le mariage est dissous ou que la séparation de biens a été prononcée, elle reprend l'exercice de tous ses droits, et alors elle peut provoquer elle-même la révocation des ventes faites à son préjudice.

Sous l'ancien droit, la femme ne pouvait pas non plus agir, pendant le mariage, pour la revendication de ses biens dotaux aliénés. V. Despeisses, *part.* 1.re, *sect.* 3, *n.*o 29. Il y avait bien quelques auteurs qui soutenaient le contraire; V. Rousseau-Lacombe, mot *Dot*, *pag.* 228; Maximes du palais, *tom.* 1.er, *max.* 26, *pag.* 85; V. aussi Basset, *tom.* 2, *liv.* 4, *tit.* 3, *chap.* 4, *pag.* 188; mais cette opinion n'avait pas prévalu. On trouve dans le Journal de la Cour de Grenoble, *tom.* 1.er, *pag.* 346, un arrêt qui a jugé, d'après la jurisprudence du parlement de Dauphiné, que la femme, pendant la durée du mariage, n'avait point d'action pour revendiquer le fonds dotal aliéné par son mari.

254. Il est cependant une circonstance où la femme peut, *constante matrimonio*, faire révoquer l'aliénation de ses immeubles dotaux, c'est celle où, par une clause spéciale de son contrat, elle s'est réservé la faculté de les vendre elle-même. En se faisant une pareille réserve, la femme s'est en quelque sorte exceptée du droit commun, elle a modifié à son égard la rigueur des principes qui font considérer le mari comme maître de toutes les actions dotales,

elle s'est sur-tout assuré l'exercice de l'action en revendication même pendant le mariage, dans le cas auquel son mari aliénerait ses immeubles. Il est facile de concevoir, en effet, qu'en stipulant dans son contrat qu'elle aurait la faculté de vendre ses immeubles dotaux, elle n'a pas entendu que cette faculté pût devenir illusoire par un fait qui ne serait pas le résultat de sa volonté, par la vente, par exemple, que son mari ferait lui-même de ces immeubles. Ne perdons pas de vue ici que les conventions matrimoniales assurant à la femme le droit d'aliéner ses biens dotaux, aucun autre acte ne peut postérieurement le lui enlever, et que ce serait réellement l'en priver que de vouloir lui opposer l'art. 1560 du Code civil, auquel elle s'est soustraite par la clause qu'elle a fait insérer en sa faveur dans son contrat de mariage.

C'est au reste de cette manière que la Cour de Grenoble a décidé la question par un arrêt du 13 février 1824, rapporté dans le Journal de jurisprudence de cette Cour, de la manière suivante :

9 avril 1808, contrat de mariage entre Anne Lépine et Jean Guillermet.

La future épouse se constitue en dot la généralité de ses biens présens et à venir......; mais elle se réserve la faculté de liciter, vendre ou aliéner, ainsi que bon lui semblera, les immeubles qui pourront lui revenir par la suite à titre de succession ou autrement, pour le prix en provenant être retiré par ledit

Guillermet son futur époux, et demeurer seul dotal.

Les père et mère d'Anne Lépine décèdent, et par acte du 17 mars 1812, Jean Guillermet, sans le concours de sa femme, se disant, contre la teneur de son contrat de mariage, agir suivant les pouvoirs à lui donnés dans cet acte, de vendre et aliéner, ainsi que bon lui semblera, les immeubles qui pourront échoir à son épouse, à titre de succession ou autrement, cède à Louis Lépine, son beau-frère, à périls et risques, et pour le prix de 3,100 fr., tous les droits qui pouvaient compéter à sa femme sur les successions paternelle et maternelle.

Le 24 janvier 1821, les mariés Guillermet ont demandé contre Louis Lépine la nullité de l'acte du 17 mars 1812, comme contenant aliénation d'immeubles dotaux.

16 juillet 1822, jugement du Tribunal civil de Valence, qui déclare les mariés Guillermet non recevables dans leur action en nullité, savoir : le mari, parce qu'il aurait été tenu à des dommages-intérêts envers Lépine, et la femme, parce qu'elle ne pouvait faire révoquer l'aliénation de ses biens dotaux *constante matrimonio* ; ce jugement réserve à la femme Guillermet tous ses droits, pour les faire valoir après la dissolution du mariage ou la séparation de biens.

Les mariés Guillermet interjettent appel de ce jugement.

Arrêt :

« Attendu qu'Anne Lépine, en contractant mariage avec Jean Guillermet, le 9 avril 1808, sous le régime dotal, se constitua tous ses biens présens et à venir, en se réservant la faculté de liciter, vendre et aliéner, ainsi que bon lui semblerait, les immeubles qui pourraient lui échoir par la suite, à titre de succession ou autrement;

» Attendu que ledit Guillermet, ayant ensuite, par acte du 17 mars 1812, passé vente à Louis Lépine, des droits compétens à son épouse, dans les biens de ses père et mère, parmi lesquels se trouvaient des immeubles, moyennant la somme de 3,100 fr., a vendu ce qu'il n'avait pas le droit de vendre lui-même, d'après la réserve que s'était faite Anne Lépine dans son contrat de mariage;

» Attendu que les mariés Guillermet sont recevables à faire révoquer l'aliénation du fonds dotal pendant le mariage, *art.* 1560 *du Code civil*, et sur-tout dans l'espèce, où, par une clause spéciale du contrat, la femme s'était réservé à elle seule la faculté de vendre;

La Cour, sans s'arrêter aux exceptions de Lépine, a mis l'appellation et ce dont est appel au néant, et a déclaré le traité du 17 mars 1812 nul et de nul effet.

255. Le tiers détenteur contre lequel la femme exercerait son action révocatoire ne serait pas rece-

vable à lui opposer l'ignorance où il était, au tems du contrat, que le fonds vendu fût dotal : *cùm vir prædium dotale vendidit scienti vel ignoranti rem dotis esse, venditio non valet; l. 42, ff. de usurp. et usucap.;* il ne serait pas admis non plus à opposer de prescription, à moins qu'elle n'eût commencé après la dissolution du mariage; *Cod. civ.*, 1560, 1561, *in pr.,* 2255 *et* 2256; *l.* 16, *ff. de fund. dot.*, ou après la séparation de biens; *Cod. civ.*, 1561.

256. Dans le ressort de l'ancien parlement de Bordeaux, la prescription de l'action pour faire révoquer l'aliénation du bien dotal, courait du jour même de l'aliénation, lorsque le mari n'en était pas garant et n'avait contracté aucune obligation personnelle; c'est ainsi du moins que l'a jugé la Cour de Limoges, par un arrêt du 26 mars 1819, dans la cause du sieur Longour, contre la dame Dérignoux; mais, comme le pense l'arrêtiste Sirey, *tom.* 20, 2.e *part.*, *pag.* 75, cet arrêt n'est pas conforme aux principes : le mari est propriétaire de la dot, lui seul peut exercer l'action pour la réclamer; la femme ne peut intenter l'action en nullité du vivant de son mari; comment donc la femme qui a aliéné sa dot peut-elle être réputée passible de prescription avant la dissolution du mariage? *Contrà non valentem agere non currit præscriptio.* L'arrêt dit, il est vrai, que c'était parce qu'alors, les intérêts du mari

étant les mêmes que ceux de la femme, on ne pouvait présumer qu'il l'avait empêchée d'agir ; mais ce n'est pas le mari qu'on supposait empêcher la femme d'agir pour interrompre la prescription, c'est la loi elle-même qui lui refusait toute action durant le mariage. M. Sirey, en faisant ces observations, ajoute : « On a cité dans la cause Lapeyrère, *lett. P, n.° 87* ; Salviat, au mot *Velleïen, pag.* 550, et Dunot, *Traité des prescriptions*, *chap.* 3 ; tous enseignent que la prescription court contre les femmes mariées quand le mari n'est point garant, mais cette doctrine n'est relative qu'aux cas ordinaires, selon le droit commun, lorsque la femme est maîtresse de ses actions, et que les biens sont paraphernaux ou adventices. La règle ne peut s'appliquer au cas où les biens sont dotaux, dont la femme n'a aucunement l'administration, et à l'égard desquels elle n'a pas d'action.»

257. La prescription ne pouvant commencer, en faveur de l'acquéreur, qu'après la dissolution du mariage, ou lorsque la séparation de biens a été ordonnée, elle n'est acquise au tiers détenteur, même de bonne foi, qu'après trente ans révolus ; ce n'est pas ici le cas d'appliquer l'art. 2265 du Code civil, qui dispose que celui qui acquiert de bonne foi, et par juste titre, un immeuble, en prescrit la propriété par dix ans, si le véritable propriétaire habite dans le ressort de la Cour dans l'étendue duquel l'immeuble est situé, et par vingt ans, s'il est domicilié

hors de ce ressort; on ne le peut pas, parce que, d'un côté, l'action en révocation de l'aliénation des biens dotaux est une action réelle dont l'exercice dure trente ans, et que, de l'autre, bien que l'acquéreur soit de bonne foi, il ne peut jamais dire qu'il possède en vertu d'un juste titre, puisque la vente qui lui a été faite est réprouvée par la loi.

Sous l'ancien droit on accordait également trente ans à la femme pour exercer son action contre les tiers. V. Despeisses, *part.* 1.re, *sect.* 3, *n.*° 29; V. aussi Maximes du palais, *tom.* 1.er, *pag.* 185, aux notes, où l'on cite Boniface, *tom.* 1.er, *liv.* 8, *tit.* 2, *chap.* 14, et un arrêt par lequel une femme fut reçue, plus de dix ans après la mort de son mari, à revendiquer le fonds dotal qu'elle avait vendu conjointement avec lui.

Il paraîtrait cependant, d'après l'arrêt de la Cour de Limoges, du 26 mars 1819, que nous venons de citer, que le parlement de Bordeaux considérait l'action en nullité contre tout acte d'aliénation de bien dotal comme une simple action en rescision, et que dès-lors elle était prescriptible par dix ans; mais cette jurisprudence ne pourrait plus être invoquée aujourd'hui. V. *arr. de la Cour de Grenoble, du* 28 *mai* 1819, rapporté par Villars, *pag.* 256; V. aussi M. Dard, *dans son Traité du contrat de mariage*, *pag.* 291.

258. L'action de la femme, en révocation de l'alié-

nation de ses biens dotaux, n'est point éteinte par la réception qu'elle aurait faite après la dissolution du mariage des intérêts ou d'une portion du prix de vente. Despeisses, *part.* 1.re, *tit.* 15, *sect.* 3, *n.°* 29, *n.°* 2, dit « qu'elle n'a pas reçu les fruits pour approuver le contrat, mais pour n'être en si grande perte, et empêcher que l'acquéreur ne jouît en même tems de la chose et du prix. » On pourrait ajouter à ces motifs, déjà très-puissans, ceux qu'on trouve dans un jugement de la Cour de cassation, du 23 messidor an 2, rapporté par Sirey, *tom.* 1.er, 1.re *part.*, *pag.* 90, dont voici l'espèce :

« Anne Bonniol avait épousé en première noces Benoît Guerin. Ses père et mère l'avait instituée, par son contrat de mariage, leur héritière universelle, conjointement et par égale part avec Bonniol-Dutremont, son frère germain, à la charge de payer les dots de leurs sœurs. — Jeanne Castal, leur tante, leur avait donné une somme de 2,500 fr. à partager par tiers entr'eux.

» Anne Bonniol, devenue veuve, épousa en secondes noces Jean Challier; il paraît qu'elle jouit de tous les biens pendant que son frère était au service, c'est-à-dire depuis 1740 jusqu'en 1749. — Par acte notarié, du 24 mars 1758, Anne Bonniol, dûment autorisée par son mari, a cédé à Bonniol-Dutremont, son frère, tous les biens et droits qui leur étaient échus au décès de leurs père et mère et de leurs sœurs, ainsi que sa part dans la donation de leur tante, pour une somme de 2,500 l. C'est cet acte qui a donné lieu au procès.

» Le second mari étant décédé, elle attaqua cet acte de nullité, d'après les dispositions de la Coutume d'Auvergne, relatives aux formalités nécessaires pour l'aliénation des biens dotaux et comme présentant un vil prix : une sentence de la ci-devant sénéchaussée d'Auvergne, du 1.er septembre 1779, le déclara nul, et ordonna le partage demandé par Anne Bonniol.

» L'appel de cette sentence fut d'abord porté au parlement de Paris, et ensuite, après sa suppression, au Tribunal du district d'Issoire, qui, par jugement du 25 prairial an 3, a infirmé la sentence de la sénéchaussée d'Auvergne, et par suite de cette infirmation, a ordonné l'exécution de l'acte du 24 mars 1758, sur le fondement qu'Anne Bonniol en avait couvert la nullité par la perception qu'elle avait faite, pendant plusieurs années de viduité, pour arrérages d'une rente annuelle de 50 livres, créée à son profit, au moyen d'une somme de 1000 fr. dont son frère resta son débiteur sur le prix principal de l'acte de cession.

» La demande en cassation, dirigée contre le jugement, a été principalement fondée sur une contravention aux dispositions de la Coutume d'Auvergne, qui veulent que le mari et la femme, conjointement ou séparément, ne puissent aliéner les biens dotaux de la femme à son préjudice, sans l'avis des parens et décret du juge; en ce que l'acte du 24 mars 1758, contenant cession de biens dotaux, devait être déclaré nul; les demandeurs en cassation soutenaient aussi qu'Anne Bonniol n'avait point ratifié cet acte en recevant les arrérages d'une rente dont le capital faisait le prix de la vente, parce qu'un acte qui porte une nullité absolue, ne se ratifie que par une déclaration positive d'un mandat *ad hoc*, ou une convention nouvelle.

» Jugement. — Considérant que l'art. 3 du chap. 14 de la Coutume d'Auvergne, proscrit l'aliénation des biens dotaux; que l'art. 7 établit que dans les cas de la plus absolue nécessité elle ne peut avoir lieu qu'avec connaissance de cause et décret du juge; que dans l'espèce ces formalités n'ont pas été remplies, et que l'exécution, pendant plusieurs années, du traité de 1758, ne peut valider un acte nul dans son principe, et qui n'a point été valablement confirmé depuis la viduité de la mère du demandeur;

» Le Tribunal casse le jugement rendu entre les parties, le 15 prairial an 3, par le Tribunal du district d'Issoire, pour contravention à l'art. 3, chap. 14 de la Coutume d'Auvergne, qui porte : « Le mari et la femme, conjointement ou séparément, constant le mariage ou fiançailles, ne peut vendre, aliéner, permuter ni autrement disposer des biens dotaux de ladite femme, au préjudice d'icelle, et sont telles dispositions nulles et ne sont validées par serment. »

259. Les auteurs des Pandectes françaises, *tom.* 12, *pag.* 254, disent que la fin de non-recevoir tirée de la réception des intérêts du prix de vente par la femme, dépendrait beaucoup des circonstances; que si la femme avait reçu en connaissance de cause, et sans faire de réserves par sa quittance, elle pourrait être regardée comme ayant ratifié l'acte fait par son mari.

Ce raisonnement ne nous paraît pas conforme aux vrais principes : dès qu'un acte renferme une nullité absolue et d'ordre public, il ne peut être ratifié ni tacitement ni expressément; frappé d'un vice radical qui lui ôte l'existence légale rien ne peut la lui rendre, le néant, comme dit Pothier, *Traité de la puissance maritale*, *n.°* 74, ne pouvant pas être susceptible de confirmation. La femme pourrait, il est vrai, consentir, après la dissolution du mariage, une vente des mêmes biens en faveur des acquéreurs de son mari, mais alors ce ne serait point là une ratification du premier acte, mais un acte nouveau, qui ne recevrait son exécution que du jour où il serait revêtu de toutes les formes voulues par la loi.

Que la femme reçoive donc les arrérages ou une partie du prix de ses biens aliénés, qu'elle fasse ou non des réserves dans les quittances passées par elle, aucune exception ne pourra lui être opposée à raison de ce; elle pourra toujours dire, je n'ai pas pu ratifier ou confirmer un acte entaché dès sa naissance d'un vice radical qui le faisait considérer comme n'étant pas, et qui ne pouvait reprendre une existence qu'il n'avait jamais eue.

260. Si le mari et la femme avaient vendu conjointement le fonds dotal, et qu'il eût été stipulé que la femme, présente au contrat, avait reçu une partie ou totalité du prix de vente, les acquéreurs seraient-ils fondés à réclamer la restitution de ce qu'ils auraient payé, et la femme devrait-elle le restituer? Faber, *Cod.*, *liv.* 5, *tit.* 7, *déf.* 8, pense que non.......: *sed in illo etiam quod bonis dotalibus per maritum et uxorem simùl venditis quamvis utrique solutum pretium probetur, tamen tota pecunia præsumitur ad maritum solùm pervenisse, tanquàm ad potentiorem.*

Ces derniers mots : *tanquàm ad potentiorem*, ajoutés par l'annotateur de Faber, expliquent le motif de l'opinion de cet auteur; la femme, en effet, est censée n'être intervenue au contrat que par condescendance, et le mari, maître de la dot et chef de la société conjugale, est toujours considéré comme s'étant prévalu des sommes payées par les acquéreurs des biens dotaux; V. Nov. 61, *cap.* 2; Despeisses, du *Dot*, *part.* 1.re, *sect.* 3, *n.°* 29. Cependant, s'il était démontré que la totalité ou partie du prix eût tourné au profit de la femme, on pense qu'alors on pourrait l'obliger à restituer; mais il faudrait que cela fût prouvé par titres authentiques et non suspects.

261. La femme dont l'immeuble dotal a été aliéné, a-t-elle, concurremment avec l'action en révocation de l'aliénation, une hypothèque légale sur les biens de son mari, pour le prix de l'immeuble vendu ; en d'autres termes, la femme a-t-elle l'option de reprendre ses immeubles dotaux indûment aliénés, ou d'en réclamer le prix, par action hypothécaire, sur les biens propres de son mari ?

Cette question a été résolue affirmativement par arrêt de la Cour de cassation, du 24 juillet 1821, dans la cause de la dame de Croy-Chanel, contre les créanciers de son mari. Quelques auteurs, parmi lesquels on remarque M. Grenier, se sont élevés contre la doctrine consacrée par cet arrêt ; nous avons nous-même examiné la question, et nous allons risquer, au milieu d'autorités si recommandables, d'émettre notre opinion.

Le fonds dotal, déclaré inaliénable dans l'ancien comme dans le nouveau droit, assure à la femme l'entière conservation du patrimoine qu'elle a apporté à son mari ; quelles que soient les aliénations qui puissent être faites postérieurement par les époux, la propriété n'en est point transférée aux acquéreurs ; la révocation de l'aliénation doit toujours être prononcée, et la femme réintégrée dans la possession de ses biens : aucune circonstance ne peut lui enlever l'exercice de cette action ; elle est comme impérissable dans ses mains.

Mais en assurant ainsi à la femme la conservation

de sa dot immobilière, le législateur avait-il assez fait, ou a-t-il voulu plus tard lui accorder de nouveaux moyens de mettre ses biens à l'abri? Voilà ce qui, au premier aspect, ne paraît pas certain, et semble présenter de graves incertitudes. La loi 30, au *Cod., de jur. dot.*, est devenue la base d'un système qui donnerait tout-à-la fois à la femme, et le droit de revendiquer ses immeubles, et celui d'agir par l'action hypothécaire sur les biens propres de son mari; c'est ainsi du moins que l'a entendu la Cour de cassation dans l'arrêt précité. Il s'agit donc d'examiner, dans le texte même de cette loi 30, si réellement la femme a le choix entre les deux actions, ou, pour mieux dire, si elle a une hypothèque sur les biens de son mari pour le prix de ses immeubles vendus.

Voici les termes dans lesquels est conçue cette loi 30, au *Cod., de jur. dot.*, sur laquelle est fondé principalement l'arrêt de la Cour de cassation :

In rebus dotalibus, sivè mobilibus, sivè immobilibus, seu se moventibus, si tamen extant, sivè æstimatæ, sivè inæstimatæ sint, mulierem in his vindicandis omnem habere post dissolutum matrimonium prærogativam, jubemus, et neminem creditorum mariti qui anteriores sunt, posse sibi potiorem causam, in his per hypothecam vindicare, cùm eædem res et ab initio uxoris fuerint, et naturaliter in ejus permanserint dominio. Non enim quòd, legum subtilitate transitus earum in patri-

monium mariti videatur fieri; ideò rei veritas deleta et confusa est. Volumus itaque eam in rem actionem, in hujus modi rebus quasi propriis habere, et hypothecariam omnibus anteriorem : ut sivè ex naturali jure ejusdem mulieris res esse intelligantur, sivè secundùm legum subtilitatem ad mariti substantiam pervenire videantur, per utramque viam, sivè in rem, sivè hypothecariam ei plenissimè consulatur......

C'est dans ces mots, *volumus itaque eam IN REM ACTIONEM habere, et HYPOTHECARIAM possidere, ut PER UTRAMQUE VIAM, sivè IN REM, sivè HYPOTHECARIAM, ei plenissimè consulatur*, qu'on a vu l'existence de l'action hypothécaire sur les biens du mari; cependant, nous ne croyons pas que cela résulte d'aucune de ces expressions de la loi; il suffit pour s'en convaincre de la lire attentivement : on y voit qu'il y est toujours parlé de biens dotaux, et nullement de ceux du mari; le législateur romain, pour ôter même toute espèce de doute sur ce point, après avoir dit en commençant qu'il s'agit de biens dotaux, *in rebus dotalibus*, multiplie les pronoms et les locutions les plus propres à faire comprendre que c'est de ces mêmes biens qu'il entend parler, et non de ceux du mari : *in his vindicandis*, *in his* per hypothecam *vindicare*, *cùm eædem res*, *in hujus modi rebus;* tous ces mots, très-rapprochés les uns des autres, se rapportent aux premiers, *in rebus dotalibus*, et non aux biens du mari, dont il n'est parlé nulle part dans la loi.

Les partisans du système opposé disent, il est vrai, que la femme rentrant par l'action révocatoire dans la propriété de ses biens aliénés, il était inutile et superflu de lui donner encore l'action hypothécaire sur ces mêmes biens; que si la loi *in rebus dotalibus* accordait les deux voies à la femme, il était évident que l'action hypothécaire ne pouvait s'exercer que sur les biens propres du mari, et dans le cas où l'action en revendication présenterait trop de difficulté; que cela ne pouvait pas s'entendre autrement; que ce qui le prouvait d'ailleurs d'une manière certaine, c'était ces mots : *et neminem creditorum mariti, qui anteriores sunt posse sibi potiorem causam, in his per hypothecam vindicas, etc....*; car il serait difficile, dit-on, de concevoir comment des créanciers du mari pourraient être antérieurs à la femme sur les propres biens de cette dernière.

Cette objection, la seule qu'on puisse présenter, n'est basée que sur un défaut d'intelligence de la loi *in rebus;* d'abord, en ce qui concerne la double action accordée à la femme par cette loi sur ses biens dotaux aliénés, il s'en faut de beaucoup qu'elle lui soit inutile comme on paraît le soutenir; en voici la raison : par une fiction du droit romain, le domaine des choses dotales passait sur la tête du mari, et néanmoins on considérait la femme comme en étant toujours propriétaire; l'un possédait en vertu du droit civil, l'autre en vertu du droit naturel; *l. penult.*, *Cod.*, *de jur. dot.* Cette subtilité faisait naître de graves difficultés, lorsque la femme demandait la restitution de sa dot; quelques jurisconsultes soutenaient qu'elle ne pouvait pas exercer l'action en revendication, *rei vendicatio*, parce que cette action ne compétait qu'au propriétaire seul de la chose, et qu'elle avait cessé de l'être du jour de son contrat de mariage; d'autres lui refusaient l'action hypothécaire, parce qu'elle ne pouvait avoir d'hypothèque sur ses propres biens; dans cette position, il devenait urgent de faire cesser toutes ces incertitudes; c'est ce qui fit porter la loi *in rebus dotalibus*, et accorder à la femme, en même tems, et la revendication et l'action hypothécaire. Ce ne fut que dans ce but unique que la double action fut accordée à la femme, et comme nous l'avons déjà dit, les termes mêmes de la loi *in rebus* prouvent que l'une et l'autre de ces actions devaient être dirigées sur les biens dotaux seuls, et non sur ceux du mari.

A l'égard des termes de la loi, qui font primer les droits des créanciers du mari par l'hypothèque de la femme, et desquels on prétend tirer la preuve que l'action hypothécaire n'était accordée que sur les biens propres du mari, et non sur les biens dotaux, il est facile de se convaincre que c'est-là une fausse interprétation donnée à cette disposition. Il n'est pas vrai que les créanciers du mari ne pussent, dans aucune circonstance, avoir d'hypothèque sur les biens dotaux, et que de là on pût conclure que l'action hypothécaire accordée à la femme ne devait porter que sur les biens propres du mari ; il est au contraire une foule de cas où les biens dotaux pouvaient être grevés des hypothèques des créanciers du mari. La glose sur la loi *in rebus* explique très-bien comment cela pouvait se rencontrer ; elle suppose le cas où quelqu'un, possédant un fonds, l'hypothèque à son créancier, et le donne ou le vend plus tard à une femme qui devient son épouse, et de laquelle il reçoit ce même fonds en dot ; dans ce cas, dit-elle, la femme est préférée au créancier, quoique antérieur à elle en hypothèque. Elle suppose encore le cas où la femme ayant promis au mari de lui donner à titre de dot le fonds Cornelianum, sans cependant le lui avoir livré de suite, le mari aurait hypothéqué le fonds dont plus tard la femme lui aurait fait la tradition ; dans cette hypothèse aussi, dit-elle, la femme serait préférée au créancier antérieur du mari : *item non videtur quòd alius creditor in re data in dotem, posset esse prior tempore, nisi ponas quòd maritus hanc rem cùm sua esset, obligavit creditori, et posteà vendidit vel donavit alicui mulieri, quam posteà duxit in uxorem, à qua eamdem rem accepit in dotem, sed tunc ille præfertur. Dicas ergo quòd mulier promisit viro dari in dotem fundum Cornelianum, non tamen dedit adhuc : vir obligavit istud prædium, quòd facere potuit (ut ff. de pignor., l. 1, circa prin.) posteà mulier tradidit præfertur mulier creditori priori tempore.*

Il est encore plusieurs hypothèses où les créanciers du mari pouvaient avoir une hypothèque, et une hypothèque antérieure à celle de la femme, sur les biens dotaux, mais leur indication n'ajouterait rien à la conviction qui naît et de la lecture de la loi *in rebus* et des explications de la glose; d'ailleurs, par cela seul qu'il n'est point parlé dans cette loi d'hypothèque de la femme sur les biens de son mari et que tous ses termes tendent à démontrer que si elle a une action hypothécaire, ce n'est que sur ses propres biens aliénés, il faut nécessairement en conclure que tout système qui sort de cette interprétation est erronné.

Mais allons plus loin, et supposons un moment que l'action hypothécaire accordée par la loi *in rebus* dût être exercée sur les biens propres du mari, et non sur les biens dotaux aliénés, eh! bien, dans ce cas encore, nous croyons pouvoir démontrer que cela ne serait point suffisant pour qu'aujourd'hui la femme pût, à son gré, user de l'une ou de l'autre de ces deux actions.

La loi *in rebus*, car c'est toujours d'après elle que nous raisonnons, bien antérieure à la loi unique, au *Cod., de rei uxor. act.*, ne contenait aucune disposition sur l'inaliénabilité du fonds dotal; c'était alors la loi *Julia* qui en fixait seule les principes. On sait que d'après cette loi le fonds dotal pouvait être aliéné avec le consentement de la femme, mais qu'il ne pouvait pas être hypothéqué, alors même que la femme y aurait consenti. Dans cet état de la législation romaine, et à l'époque où fut portée la loi *in rebus*, en 529, le principe absolu de l'inaliénabilité n'existant pas encore, cette loi ne pouvait y porter aucune atteinte; aussi voit-on qu'en supposant que l'action hypothécaire qu'elle donnait à la femme pût être exercée par elle sur les biens propres du mari, elle pouvait, à son gré, aliéner ses immeubles dotaux, en ne recevant, par l'effet de l'action hypothécaire, que le prix de leur aliénation; il pouvait donc être juste alors, si l'on veut, d'accorder à la femme l'action hypothécaire sur les biens du mari; il n'y avait en cela rien de contraire au principe consacré par la loi *Julia*; mais plus tard, et lorsque Justinien eut porté la loi unique, au *Cod., de rei uxor. act.*, il ne put plus en être de même, puisque le fonds dotal devint désormais inaliénable, que la femme y consentît ou qu'elle n'y consentît pas.

Il résulte de là que si l'on veut trouver dans la loi *in rebus* une action hypothécaire en faveur de la femme, sur les biens du mari, et par conséquent le droit d'aliéner le fonds dotal, cette loi n'a plus pu être invoquée, dès que la loi unique, au *Cod., de rei uxor. act.*, a été publiée, puisque cette dernière l'a abrogée en prononçant l'inaliénabilité absolue du fonds dotal.

Je ne crois pas que l'on pût soutenir, pour prouver que la loi *in rebus* n'a point été abrogée par la loi *de rei uxor. act.*, que la première, en permettant à la femme l'exercice de l'action hypothécaire sur les biens de son mari, n'autorisait point par-là l'aliénation indirecte du fonds dotal, car ce serait commettre une étrange méprise : recevoir, en effet, le prix des biens dotaux aliénés, au lieu des biens dotaux mêmes, n'est-ce pas une véritable aliénation? N'est-ce pas consentir, tacitement si l'on veut, mais réellement, la vente de ces mêmes biens?

Il n'y a donc pas de milieu, ou la loi *in rebus* n'accorde l'action hypothécaire que sur les biens dotaux aliénés, et alors la femme n'a aucun recours de cette nature sur ceux de son mari, ou cette loi donne à la femme cette action sur les biens de son mari, et alors cette disposition se trouvant en opposition directe avec la loi unique, *Cod.*, *de rei uxor. act.*, il faut en conclure qu'elle ne peut plus être appliquée et qu'elle a été abrogée.

M. Grenier qui, comme nous, examine cette question, est entièrement de cet avis : après avoir cité les termes de la loi *in rebus*, il s'exprime ainsi dans son *Traité des hypothèques*, *tom.* 1.er, *pag.* 569.

« Mais cette loi, qui n'avait aucune fixité de » principes sur le mode de conservation des biens » dotaux de la femme, fut corrigée, ou, pour mieux » dire, *entièrement changée* par la loi unique, au » *Cod.*, *de rei uxor. act.*, dont Justinien est aussi » l'auteur. »

Et plus bas il dit encore, pag. 570, après avoir

rapporté la disposition prohibitive de la loi unique: « Tel est le dernier état de la législation romaine » sur cette matière, et il en résulte que l'on ne peut » prendre en considération la loi 30, *Cod.*, *de jur.* » *dot.*, qui est devenue absolument étrangère à la » question. »

La loi *in rebus* ainsi écartée de la discussion comme ayant été abrogée par la loi unique, au *Cod.*, *de rei uxor. act.*, ou comme ne conférant à la femme aucune action hypothécaire sur les biens propres de son mari, la solution de la question ne présente plus que de très-faibles difficultés, celles résultant des doutes que feraient naître les articles 2121, 2135 et 2195 du Code civil, sur lesquels la Cour de cassation s'est aussi appuyée dans l'arrêt Croy-Chanel.

On voit dans ces articles que la femme mariée a une hypothèque légale sur les immeubles de son mari pour raison de sa dot et conventions matrimoniales, et que cette hypothèque existe indépendamment de toute inscription à compter du jour du mariage.

Or, dit-on, puisque l'art. 1560 accorde à la femme le droit de faire révoquer l'aliénation de ses biens dotaux, et que les art. 2121 et 2135 lui confèrent une hypothèque légale sur les biens de son mari, *pour raison de sa dot et conventions matrimoniales*, il est évident qu'elle réunit sur sa tête et le droit d'exercer l'action révocatoire et celui de se présenter dans l'ordre des créanciers de son mari, pour réclamer le prix de ses biens dotaux aliénés, ou du moins qu'elle a la faculté de prendre l'une ou l'autre de ces deux voies.

Au premier aspect ce raisonnement paraît juste et à l'abri de toute controverse ; mais lorsque, remontant aux principes fondamentaux du régime dotal, on se pénètre de la pensée qu'avant tout le législateur a voulu assurer la conservation de la dot immobilière en la déclarant inaliénable, on se convainc bientôt que cette manière de raisonner leur est entièrement contraire.

Ne perdons point de vue en effet que les immeubles constitués en dot ne pouvant être aliénés durant le mariage, ni par le mari, ni par la femme, ni par les deux conjointement, et que s'ils l'ont été, la femme peut toujours faire révoquer l'aliénation; cela posé, il en résulte que dans aucun cas elle ne peut être dessaisie irrévocablement de ses biens dotaux; que, partant de ce principe, il serait inutile et contraire aux droits des tiers de lui accorder encore, pour le recouvrement du prix du fonds dotal aliéné, dans la propriété duquel elle peut toujours rentrer, une hypothèque sur les biens propres de son mari.

Qu'en la faisant jouir de ce dernier avantage on détruirait dans sa base le principe de l'inaliénabilité, puisque, en optant pour le prix de ses biens dotaux aliénés, la femme les aliénerait réellement.

Mais alors, dira-t-on, dans quel cas la femme pourra-t-elle user de l'hypothèque légale que lui confèrent les art. 2121 et 2135 du Code civil? Dans quel cas? Dans celui où elle n'aura apporté à son mari qu'une dot mobilière; ne pouvant alors exercer l'action révocatoire il était juste, et d'une nécessité absolue, de lui donner une hypothèque légale sur les biens de son mari, pour assurer la conservation des sommes qui lui auraient été constituées en dot. La loi, il est vrai, ne fait point cette distinction, et l'hypothèque accordée à la femme semble l'être pour tous les cas; cela paraît même s'induire de ces termes de l'art. 2135 : *pour raison de sa dot et conventions matrimoniales*.

Mais il ne faut pas, se retranchant derrière un principe reconnu, faire vouloir au législateur tout-à-la-fois et une injustice et une absurdité: une injustice, en ce que la femme pouvant se présenter dans l'ordre des créanciers de son mari, pour obtenir le prix de ses biens dotaux aliénés, porte nécessairement atteinte aux droits de ces mêmes créanciers en venant prendre des sommes qui leur étaient réservées, tandis que, trouvant toujours intacts ses biens dotaux dans les mains des tiers détenteurs, elle peut en recouvrer la propriété pleine et entière; une absurdité, en ce que la femme ayant par l'action révocatoire un moyen assuré de rentrer dans ses biens dotaux, il était inutile et contre toute raison de lui accorder encore le droit de réclamer le prix de ces mêmes biens, lorsqu'aux yeux de la loi ils ne peuvent jamais être légalement aliénés; car, n'oublions pas qu'en conférant à la femme la faculté de demander le prix de ses biens dotaux aliénés contre son mari, c'est consacrer la validité d'un acte que la loi elle-même déclare nul d'une manière absolue.

Est-il bien certain au reste qu'on puisse induire de ces mots : *pour raison de sa dot et conventions matrimoniales*, que la femme a une hypothèque légale sur les biens de son mari pour le recouvrement du prix de ses immeubles dotaux aliénés? Nous ne saurions le penser.

D'abord, pour avoir une hypothèque sur les biens du mari, il faut que la femme soit constituée sa créancière d'une manière quelconque; or, peut-on dire que lorsque le fonds dotal a été aliéné par le mari, la femme soit établie sa créancière du prix même de l'aliénation? Non, sans doute, car, d'un côté, en se disant créancière de ce prix, elle échangerait elle-même la propriété de ses biens dotaux contre de l'argent, ce qui serait une véritable aliénation formellement prohibée par la loi; et de l'autre, étant toujours restée propriétaire de ses biens dotaux, malgré les aliénations qui auraient eu lieu, elle réunirait ainsi sur sa tête deux qualités entièrement exclusives l'une de l'autre, celle de créancière et celle de propriétaire.

Il est donc évident que la femme ne peut être créancière de son mari, et par conséquent avoir une hypothèque sur ses biens propres, que lorsqu'elle lui a apporté une dot purement mobilière, et non point lorsque cette dot consiste en immeubles, pour la revendication desquels la loi lui accorde une action spéciale.

Ainsi, sous quelque point de vue qu'on envisage la question, qu'on la traite sous le droit romain ou sous le droit actuel, on voit clairement que la femme ne peut avoir une hypothèque sur les biens de son mari pour le prix de ses biens dotaux aliénés, et que si la Cour de cassation a consacrée la doctrine contraire dans l'arrêt Croy-Chanel, c'est, comme nous l'avons déjà dit, par une fausse interprétation de la loi 30, au *Cod.*, *de jur. dot.*, et par une extension forcée des dispositions des art. 2121 et 2135 du Code civil.

Nous avons déjà cité à l'appui de notre opinion, celle de M. Grenier, nous pourrions y joindre celle non moins recommandable de M. Gueymard, avocat à la Cour royale de Grenoble, qui a lui-même traité d'une manière lumineuse et approfondie la question qui nous occupe; il réfute victorieusement, dans sa dissertation, toutes les objections et toutes les autorités qui s'élèvent contre la solution qu'il en donne; nous y renvoyons le lecteur, qui nous saura gré sans doute de lui avoir indiqué ce petit ouvrage avantageusement connu et souvent cité.

Nous avons enfin sous les yeux plusieurs arrêts de la Cour royale de Grenoble, sous les dates des 11 juillet 1816, 3 juin 1818, 2 mars 1819 et 19 août 1820, qui tous ont jugé que la femme n'était pas admissible à exercer l'action hypothécaire, mais seulement l'action en revendication; deux de ces arrêts se font sur-tout remarquer par la manière dont ils sont motivés; nous allons en rapporter ici les considérans :

11 juin 1816, entre la femme Trolliet et les sieurs David et Genissieux.

« La Cour, considérant qu'Anne Jas, femme Trolliet, s'est mariée sous l'empire du droit écrit; que d'après le droit écrit et l'art. 1554 du Code civil, les ventes passées sans nécessité, par Barthélemy Trolliet et Anne Jas, mariés, des immeubles qui étaient dotaux à cette dernière, sont radicalement nulles;

» Que ladite Jas n'a pu, sur le fondement de la séparation de biens qu'elle a fait prononcer contre son mari, réclamer le prix desdites ventes dans l'ordre dont il s'agit, vu que cette réclamation, faite évidemment dans l'intérêt des acquéreurs, et au préjudice des créanciers de Barthélemy Trolliet, n'est pas le genre d'action qui compète à ladite Jas; mais que la vraie et seule action qu'elle puisse exercer, est celle en revendication de ses immeubles dotaux; qu'en admettant la femme Trolliet, ainsi que l'a fait le Tribunal de Bourgoin, à répéter, sur les biens de son mari, le prix des ventes desdits immeubles, et à les exiger *constante matrimonio*, c'est avoir décidé que la femme séparée de biens peut aliéner ses immeubles dotaux sans aucun motif, alors que la séparation de biens n'a été introduite que pour garantir la dot de la femme; alors que le droit écrit et l'art. 1554 du Code civil ne font aucune distinction, aucune précision du tems, et que l'une et l'autre législations disposent, d'une manière générale et indéfinie, que les immeubles dotaux ne peuvent être aliénés ni hypothéqués, pendant le mariage, soit par le mari, soit par la femme, hors les cas d'exceptions indiqués, lesquels ne se rencontrent pas dans l'espèce;

» Considérant que c'est encore avoir décidé que des actes nuls, des actes passés en contravention à la loi, attribuent à la femme une hypothèque légale, dans le sens des art. 2121 et 2135 du Code civil, alors que, relativement à la femme mariée sous le régime dotal, le législateur n'a eu en vue, en stipulant l'hypothèque légale, que les sommes dont le mari avait droit de se prévaloir en vertu du contrat de mariage, et que d'ailleurs rien ne s'oppose à ce que la femme revendique ses immeubles dotaux, qui ne cessent pas de lui appartenir; — réformant, rejette de l'ordre la femme Trolliet. »

Entre les cohéritiers Trolliet, la dame Escoffier et le sieur Allier. — 3 juin 1818.

« La Cour, considérant que l'aliénation du fonds dotal était prohibée par la législation romaine, tout comme elle l'est sous la législation française, hors les cas de nécessité indiqués par l'art. 1554 du Code civil;

» Considérant que le sieur Escoffier a, sans nulle nécessité, aliéné les immeubles dotaux de sa femme ;

» Considérant que la dame Escoffier, mariée sous la première législation, et séparée de biens sous la seconde, est incontestablement en droit de revendiquer ses immeubles dotaux ;

» Considérant que c'est la vraie, la seule action qu'elle puisse exercer *constante matrimonio* ;

» Considérant que la dame Escoffier ne peut pas, sur le fondement de sa séparation de biens et d'une prétendue faculté d'opter entre la revendication de ses immeubles dotaux et la répétition du prix des ventes, renoncer, pendant le mariage, à la propriété desdits immeubles, pour réclamer ces mêmes prix de vente, dans l'ordre ouvert, sur l'aliénation des propres biens du mari ;

» Considérant qu'une semblable réclamation est d'autant moins admissible qu'elle tend à l'objet de favoriser les acquéreurs des immeubles dotaux, ou ceux qui ont garanti la validité des ventes ;

» Considérant, d'ailleurs, qu'admettre la femme séparée de biens à répéter, sur ceux de son mari, le prix des ventes de ses immeubles dotaux, ce serait implicitement admettre que la femme peut, pendant le mariage, aliéner sans nulle nécessité ces mêmes immeubles, et en consommer le prix ; ce serait faire tourner contre la femme la séparation de biens, qui cependant n'a été introduite que pour la conservation de la dot, soit mobilière, soit immobilière ; ce serait faire résulter une hypothèque légale d'une aliénation faite en contravention à la loi, d'une aliénation nulle, alors que le législateur, en stipulant l'hypothèque légale en faveur de la femme mariée (art. 2121 et 2135 du Code civil), n'a eu en vue que les sommes dont le mari avait réellement le droit de se prévaloir en vertu du contrat de mariage; ce serait enfin tromper les créanciers du mari ou les acquéreurs de ses biens, qui, sur la foi de l'inaliénabilité du fonds dotal, et dans la confiance qu'ils n'auraient jamais à redouter aucune hypothèque légale de la part de la femme, quant à ses immeubles dotaux, auraient contracté avec le mari, lui auraient fait des prêts, ou payé des prix de vente;

» Rejette la demande en allocation de la femme, et la renvoie à se pourvoir contre les acquéreurs de ses biens.»

262. J'ai vu soutenir par quelques auteurs que la femme ne pouvait pas exercer l'action révocatoire lorsqu'elle avait accepté un legs de son mari, sous la condition qu'elle n'attaquerait pas l'aliénation de ses biens dotaux faite par ce dernier. Ces auteurs se fondaient principalement sur la loi 77, §. 5, *ff. de legat.* 2.°, ainsi conçu : *qui dotale prædium contrà legem Juliam vendidit, uxori legatum dedit, et emptoris fideicommisit, ut ampliùs ei pretium restituat. Emptorem fideicommisso non teneri constabat. Si tamen accepto legato, mulier venditionem irritam*

faceret : eam, oblato pretio, doli placuit exceptione summoveri. Nous ne croyons pas cette opinion fondée : il est bien vrai que cette loi dispose que si la femme a accepté le legs elle pourra être écartée dans son action par l'exception tirée de sa mauvaise foi; mais ici il faut encore examiner quelle est la loi invoquée, et à quelle époque elle fut faite.

Sous la loi Julia le fonds dotal pouvait être vendu par le mari, si la femme y consentait. On tirait de là la conséquence que si la femme donnait son consentement d'une manière quelconque, soit expressément, soit tacitement, la vente était valable; c'est pour cela que la loi 77, §. 5, *ff. de legat.* 2.°, dit que si la femme a reçu un legs de son mari, sous la condition qu'elle ne réclamerait pas contre l'aliénation, elle ne sera plus recevable à le faire, parce qu'alors elle est censée avoir adhéré à la vente. Mais dès que la loi unique, au *Cod., de rei uxor., rei act.*, fut portée, la loi 77, *ff. de legat.* 2.°, dut cesser d'être en vigueur, puisque dès-lors la prohibition d'aliéner le fonds dotal, même avec le consentement de la femme, fut formellement prononcée. Plus tard la femme ne put plus donner un consentement valable à l'aliénation, en acceptant un legs de son mari, à la charge par elle de ne pas réclamer, parce que c'eût été, de sa part, faire un acte d'aliénation que la loi prohibait formellement.

Il est facile de voir, en effet, par le texte de la loi

77, qu'elle fut faite avant la loi unique, au *Cod.*, *de rei uxor.*, *rei act.*, car on y trouve ces mots : *qui dotale prædium* contrà legem Juliam *vendidit*, qui prouvent évidemment que la loi Julia était encore en vigueur, et que la loi unique, *Cod.*, *de rei uxor. act.*, n'existait pas encore.

Sous le droit actuel, la solution de la question est la même : la femme, en remplissant la condition de ne pas réclamer contre l'aliénation, violerait le principe d'inaliénabilité, puisque en acceptant le legs qui lui serait fait elle échangerait le fonds dotal contre l'objet légué ; on ne pourrait pas mieux dire ici que la femme, en recevant le legs, serait censée ratifier l'aliénation, parce que, encore une fois, on ne peut ratifier un contrat que la loi proscrit d'une manière formelle. Si donc un semblable legs était fait par un mari à sa femme, nous pensons que cette dernière ne serait pas obligée d'en remplir la condition, qui, d'après l'art. 900 du Code civil, devrait être considérée comme non écrite, et qu'elle pourrait toujours exercer l'action en revendication que lui donne l'article 1560.

ARTICLE II.

Du recours accordé au mari.

263. Le recours accordé au mari contre l'aliénation des biens dotaux fut, lors de la discussion au Conseil-d'Etat, l'objet d'une assez sérieuse discus-

sion. Voici comment les orateurs s'exprimaient sur ce sujet, dans la séance du 4 brumaire an 12 : « M. Berlier dit, que cette disposition (celle qui autorise le mari à révoquer l'aliénation pendant le mariage, sauf à indemniser l'acheteur, s'il n'a pas déclaré dans le contrat que le bien vendu était dotal) lui paraît inadmissible; qu'elle suppose que l'acheteur a ignoré le vice de l'achat, et le considère comme de bonne foi; cependant elle permet de l'exproprier; et à qui cette permission est-elle donnée? Au mari, durant le mariage : qu'après la dissolution du mariage cette action appartienne à la femme ou à ses héritiers, cela est juste; mais convient-il que le mari, tant que la jouissance dure, et le mari qui a vendu de mauvaise foi, puisse lui-même exproprier l'acquéreur, en lui payant des dommages-intérêts? Puisqu'il est sujet à des dommages-intérêts il ne devrait pas être obligé à revenir contre son propre fait : *quem de evictione tenet actior, eumdem agentem repellit exceptio*. La disposition proposée est directement contraire à cette maxime.

M. Portalis répond, que la disposition n'est que pour le cas où il y a nécessité absolue. Il est permis à tous de faire valoir ces sortes de nullités. L'acheteur ne mérite aucun intérêt; c'est par sa légèreté qu'il se trouve trompé; il doit s'imputer de n'avoir pas pris des renseignemens suffisans; d'ailleurs, il est difficile qu'il n'ait pas profité de la nécessité ou de la prodigalité du mari; car celui-ci n'a certainement pu que faire une mauvaise affaire. Cependant, comme il est le chef de la société conjugale, qu'il doit pourvoir à la subsistance de la femme et des enfans, et que la dot est constituée pour la leur fournir, on ne peut lui refuser le droit de faire valoir la nullité.

M. Petit dit, que cependant il serait juste de soumettre le mari à des dommages-intérêts envers l'acheteur.

M. Portalis répond, que si l'acheteur a connu ou n'a pas connu le vice de la vente. S'il ne l'a pas connu, le mari lui doit des dommages-intérêts. S'il l'a connu, il devient le complice du mari et ne mérite aucun ménagement.

M. Petit dit, que, même dans ce dernier cas, il a pu acheter dans la persuasion que la vente se réduirait pour lui en dommages et intérêts.

M. Portalis répond, que la vente ne peut produire aucun effet, puisque la dot doit être rendue en nature.

M. Malleville dit, que la question est décidée par la disposition qui déclare la vente radicalement nulle. Lorsqu'un acte est ainsi qualifié par la loi, il est comme s'il n'existait pas, et ne peut être opposé à personne. Tels sont les principes également admis dans les pays coutumiers et dans ceux de droit écrit.

L'article est adopté.

On voit par cette discussion quels sont les motifs qui ont déterminé le législateur à permettre au mari de révoquer l'aliénation du fonds dotal, et de revenir contre son propre fait ; c'est bien moins dans son intérêt que dans celui de la femme que ce moyen exorbitant a été décrété, et si quelques bons esprits en ont été choqués au premier abord, ils ont dû sans doute plus tard reconnaître que le principe de la conservation de la dot, si intimément lié au droit public, nécessitait impérieusement cette mesure extraordinaire. Au reste, ce n'est point ici un droit nouveau ; il est puisé dans l'ancienne jurisprudence et dans tous les anciens auteurs. Boniface, *tom.* 1.er, *liv.* 6, *tit.* 3, *chap.* 1, rapporte un arrêt qui l'avait ainsi jugé. Basset en cite également un, *tom.* 2, *liv.* 4, *tit.* 3, *chap.* 4. V. aussi Serres, *liv.* 2, *tit.* 8, *pag.* 192 ; Catellan, *liv.* 5, *chap.* 47, et *chap.* 7, *pag.* 222 ; et Merlin, *Répertoire*, mot *Dot*, §. 8, *n.*° 5.

264. Si le mari, en aliénant le fonds dotal, déclare à l'acheteur que l'immeuble qu'il lui vend provient de la dot de sa femme, ce dernier, lors de la revendication, ne pourra pas réclamer de dommages et intérêts de la part du vendeur ; en achetant ainsi il s'est constitué de mauvaise foi, et s'est en quelque sorte rendu complice de la mauvaise administration du mari ; il doit par conséquent être privé de l'avantage accordé dans les cas ordinaires à l'acquéreur évincé.

265. Mais si le mari a caché à l'acquéreur la do-

talité du fonds vendu, dans ce cas la loi le soumet à payer, indépendamment du prix qui doit être restitué, des dommages et intérêts proportionnés à la perte que lui fait éprouver l'éviction; *Cod. civ.*, 1560, ¶. 2.

266. La disposition qui dispense de payer des dommages et intérêts à l'acheteur, lorsqu'il a déclaré dans le contrat que le bien vendu faisait partie de la dot de la femme, n'est pas non plus une décision nouvelle. Dupérier, dans ses *Maximes de droit*, *liv.* 5, *pag.* 525, dit que le parlement de Provence juge constamment que le mari qui, vendant le fonds dotal, s'est obligé aux dommages et intérêts envers l'acheteur, qui connaissait la dotalité du fonds, peut attaquer cette vente et est déchargé des dommages, nonobstant sa promesse. L'annotateur de Dupérier, *pag.* 526, apprend que l'arrêt rapporté par cet auteur fut rendu le 14 février 1586, et ne soumit les héritiers du mari qu'à restituer le prix du fonds dotal qu'il avait vendu, *emptori scienti esse dotalem*.

267. L'article 1560 exige que la déclaration de la dotalité soit faite par le mari dans l'acte même qui contient la vente. Les auteurs des *Pandectes françaises*, *tom.* 12, *pag.* 267, sont d'un avis opposé; ils soutiennent que des lettres ou tout autre écrit émané de l'acquéreur suffiraient pour prouver qu'il a eu connaissance que le fonds vendu était dotal;

ils ajoutent même qu'il n'y aurait aucune difficulté à admettre le mari à faire la preuve par témoins que l'acquéreur connaissait la dotalité. Une pareille opinion, si formellement contraire aux termes de la loi, n'a pas besoin d'être réfutée; toutefois nous ne croyons pas qu'une déclaration formelle de la dotalité fût absolument nécessaire, si, d'ailleurs, par des énonciations équipollentes, le mari avait fait connaître à l'acheteur que le fonds qu'il lui vendait provenait de la dot de sa femme; c'est ainsi du moins que l'a jugé un arrêt du parlement de Provence, du 15 juin 1780, rapporté au *tom.* 1.er *des Maximes du palais*, *pag.* 184; en voici l'espèce :

« Par contrat de mariage du 8 août 1736, Thérèse Sauzède s'était constitué en dot, avec Laurent Cauvin, la somme de 884 liv., consistant en trousseau et en divers fonds de terre, qui lui seraient et demeureraient dotaux et inaliénables, pour lui être rendus, le cas de restitution arrivant, de la même manière que le tout avait été reçu.

« Les 17 février et 30 décembre 1740, Cauvin vendit à François Mourre et à Honoré Gros, deux propriétés faisant partie de la constitution dotale, qu'il déclara avoir acquises à titre de désemparation, et en paiement de la dot de Thérèse Sauzède, sa femme, dans son contrat de mariage, avec indication de date et du notaire, s'obligeant de leur faire valoir ladite vente, et de lui être tenu de tout trouble, éviction et garantie, aux formes du droit, à peine de tous dépens, dommages et intérêts.

» Cauvin étant décédé, Sauzède, son épouse se pourvut, le 30 avril 1778, c'est-à-dire cinq ans après sa mort, contre les acquéreurs, en délaissement desdites propriétés, comme fonds dotaux et inaliénables, avec restitution de fruits depuis l'indue occupation, à dire d'experts.

» Mourre et Gros appelèrent Magdeleine Cauvin, héritière, de Cauvin son père, dans l'instance, pour contester la demande de sa mère, et en cas de succombance, se voir condamner a les relever et garantir de tout ce qu'ils pourraient souffrir et endurer, tant en principal, restitution de fruits et dépens, qu'aux dommages et intérêts résultant de l'éviction, à dire d'experts, avec dépens actifs et passifs, et de la garantie.

» Sur cette assignation, Magdeleine Cauvin répondit, que ne pouvant contester l'éviction elle offrait la restitution des deniers comptés à son père lors de cette acquisition, avec les intérêts légitimes et les dépens de ce chef, mais qu'elle ne pouvait être tenue à aucun dommage pour raison de ce, parce que les acquéreurs avaient connu le vice de la chose.

» Sur ce, intervint sentence, le 27 février 1779, par laquelle les arbitres auxquels les parties avaient compromis leurs différends, ordonnèrent le délaissement des propriétés dont il s'agit, avec restitution de fruits et dépens, et de même suite firent droit à la garantie introduite contre Magdeleine Cauvin.

» Mourre et Gros appelèrent, aux risques, périls et

fortune de leur garante, du chef qui les soumettait à la revendication; et Magdeleine Cauvin appela du chef qui la condamnait, au préjudice de ses offres, aux dommages et intérêts résultant de l'éviction.

» Cette cause présentait deux questions à juger. Les énonciations des actes de vente indiquaient-elles que les fonds vendus n'étaient que subsidiairement dotaux, à l'effet d'interdire à Thérèse Sauzède l'action en revendication, et ne lui donner que l'action de regrès?

» Ces mêmes expressions, en cas d'éviction, justifient-elles que les acheteurs avaient été trompés par Cauvin, pour leur donner le droit d'exercer une pleine garantie contre son héritière?

» Mourre et Gros disaient qu'il fallait faire une différence entre un fonds dotal et un fonds qui n'était que subsidiairement dotal; que le premier est constitué en dot, et le second donné en paiement de la dot; que dans le premier cas la femme peut évincer le tiers acquéreur, au lieu que dans le second elle n'a que l'action de regrès contre le possesseur, qui peut garder le fonds en payant la valeur : de sorte qu'il ne pouvait être question entre les parties que des biens subsidiairement dotaux, puisque Cauvin, en les leur vendant, avait déclaré dans l'acte qu'il les avait acquis à titre de désemparation, et en paiement de la dot de Sauzède, sa femme; que conséquemment il en avait le domaine civil et naturel.

» Ils répondaient ensuite sur l'appel de Marie Cauvin, qu'elle ne saurait se soustraire aux dommages et intérêts qui leur sont dus, en cas qu'il y eût lieu à l'éviction, puisqu'ils avaient ignoré le vice de la chose, et qu'ils avaient été trompés par Cauvin, son père; que dans son fait il y avait omission de sa qualité de mari et maître de la dot et droits de sa femme, fausse expression de la nature des biens qu'il vendait, indication insidieuse d'un contrat de mariage passé à Flaiosc, à des tiers qui contractaient à Lorgues, énonciation artificieuse d'une insinuation qui n'existait pas; et que si le vendeur n'était point tenu, en cas d'éviction, des dommages et intérêts, ce n'était que lorsque l'acheteur avait acquis un fonds dotal, et non point quand, par les termes du contrat, il avait été induit en erreur.

» Magdeleine Cauvin répondait que la sentence, au chef qui la condamnait aux dommages et intérêts de l'éviction, était opposée aux principes et à la jurisprudence; qu'il était de maxime que, quand le mari avait vendu un fonds dotal, et qu'il l'avait déclaré tel, l'acheteur n'avait point de dommages et intérêts à prétendre contre lui, quoiqu'il s'y fût expressément soumis...... ; que cette maxime était consacrée par une jurisprudence non interrompue, qu'elle avait été constamment adoptée par les arrêts rendus le 27 avril 1756, au rapport de M. de Moissac; au mois de juin 1771, au rapport de M. du Poet; en 1774, au rapport de M. de Beauval; et le

23 mai 1776, au rapport du même conseiller.....; qu'ils ne pouvaient pas dire qu'ils avaient été trompés par Cauvin, son père, puisque, en leur désemparant les fonds, il leur avait déclaré d'où il les tenait, en se référant à son contrat de mariage, dont il leur avait expressément indiqué l'existence; qu'ils étaient dès-lors censés l'avoir vu et connu avant de faire leur acquisition, puisqu'il est de maxime que la relation du contrat opère le même effet que l'expression littérale de l'acte, suivant les sentimens des docteurs, et entr'autres de M. Decormis, *tom.* 2, *col.* 1800; de manière qu'ils auraient donc dû se contenter des offres qui leur avaient été faites, au bénéfice desquelles elle concluait à la réformation de la sentence. — Arrêt au rapport de M. le conseiller de Nicolay, qui fait droit à ses conclusions. »

268. Si le mari, après avoir déclaré dans la vente que les immeubles étaient dotaux, s'y attribue la faculté de les aliéner que son contrat de mariage ne lui donne pas, il demeure sujet aux dommages et intérêts de l'acheteur comme s'il ne lui avait pas déclaré la dotalité des biens vendus; c'est ce qu'a jugé la Cour de Grenoble dans l'arrêt du 13 février 1824, rapporté ci-dessus, n.° 197. Il est facile de reconnaître la raison qui a motivé cet arrêt : le mari, en s'attribuant le droit de vendre les biens dotaux de sa femme, trompait l'acheteur, tout comme s'il lui eût caché que les biens qui faisaient l'objet de la vente étaient dotaux.

ARTICLE III.

L'acquéreur peut-il demander la rescision de la vente du fonds dotal.

269. La loi ne dit rien à cet égard: la contexture de l'art. 1560 semble n'admettre que deux actions, l'une à la femme ou au mari, pour faire révoquer l'aliénation, et l'autre à l'acquéreur, en dommages et intérêts seulement, et dans le cas où le mari ne lui a pas fait connaître la dotalité des fonds vendus. Boniface, *tom.* 1.er, *liv.* 6, *tit.* 2, *chap.* 7, cite un arrêt, du mois de juin 1652, qui jugea que l'acheteur d'un fonds postérieurement reconnu dotal, n'était point restituable contre l'achat, et que le bénéfice de restitution n'était établi qu'en faveur de la femme. Voici comment cet auteur, qui avait écrit au procès, rapporte les motifs de l'arrêt :

« L'acheteur du fonds dotal ne peut point jouir » du bénéfice de la restitution, qui n'est octroyé » qu'à la femme, pour la conservation de ses droits » dotaux ; car, les empereurs et les jurisconsultes, qui » ont considéré la fragilité de ce sexe, et à combien » de tromperies et de séductions il était exposé, ont » eu soin de la conservation des droits des femmes, » et pour ce sujet ils ont établi tant de belles lois » prohibitives de l'aliénation des biens dotaux, *ne* » *fragilate naturæ in repentinam deducantur ino-* » *piam*, comme il est dit au §. final de la loi uni-

» que, *Cod., de rei. uxor. act.* C'est ce que ce même
» §. décide en ces mots : *necessarium est in hac parte*
» *mulieribus subvenire*, sans étendre la même
» faveur aux acheteurs, qui doivent chercher leurs
» assurances et leurs précautions avant que de con-
» tracter.

» Et tout de même qu'il serait absurde d'écouter
» l'acheteur d'un fonds fidéicommissaire, qui voudrait
» faire rescinder son contrat sous prétexte qu'il est
» inaliénable, et d'écouter aussi l'acheteur d'un fonds
» d'un mineur, sous prétexte que les solennités n'ont
» pas été gardées, de même il soit absurde d'écouter
» l'acheteur d'un fonds dotal, sous prétexte que la
» femme en pourrait réclamer. La raison est que les
» choses qui sont introduites en faveur de quelqu'un,
» ne doivent pas être rétorquées à son préjudice,
» comme dit Gottoff, sur la loi unique, *Cod., de rei*
» *uxor. act.*, §. *accidit in litt. R.*, *gratiosa et fa-*
» *vorabilia non sunt in dispendium vertenda suiv.*;
» *la l.* 6, *ff. de legib.*, et toutefois si cette rescision
» avait lieu, la faveur que cette femme a reçue, par
» cette aliénation de son fonds stérile, serait anéan-
» tie, et l'acheteur recevrait cet avantage, qu'après
» avoir fait une acquisition mauvaise, il la ferait ces-
» ser pour être d'un fonds dotal, au lieu qu'elle sub-
» sisterait si elle était de tout autre. »

270. Toutefois cette doctrine ne fut pas long-tems suivie; on décida plus tard que lorsque le vendeur

n'a pas déclaré à l'acheteur que l'immeuble vendu était dotal, ce dernier peut demander la rescision de la vente. Un arrêt du parlement de Provence, du 9 décembre 1707, rapporté par M. de Bezieux, *liv.* 5, *chap.* 2, §. 17, jugea que l'acheteur pouvait arguer de nullité la vente qui avait été passée, et qu'on pouvait écarter sa demande en lui offrant caution. Me Ripert, notaire, dit M. de Bezieux, avait vendu une propriété de terre à Cueilliron, et il avait déclaré dans l'acte qu'elle lui appartenait comme étant de l'hoirie de son père. Cueilliron ayant eu connaissance dans la suite que cette propriété était dotale, demanda la cassation de l'acte et impétra rescision. Le premier juge avait ordonné que Ripert donnerait bonne et suffisante caution, en cas que l'appelant fût recherché dans la suite, pour le relever de tout ce qu'il pourrait souffrir; et faute de la donner, il avait fait droit à la rescision. La Cour réforma, entérina la requête et lettres royaux de l'appelant, et, au moyen de ce, cassa la vente.

On trouve aussi dans Sirey, *tom.* 13, 2.e *part.*, *pag.* 361, un arrêt de la Cour de Riom, du 30 novembre 1813, qui a jugé que l'acquéreur de l'immeuble dotal peut se pourvoir en nullité de la vente, même avant toute éviction, et que son droit ne se borne pas seulement à réclamer des dommages. Cet arrêt a même décidé que le mari qui vend l'immeuble dotal sans donner connaissance à l'acquéreur de la dotalité, commet un véritable stellionat qui l'assujettit à la contrainte par corps.

271. Mais lorsque l'acheteur a eu connaissance de la dotalité par la déclaration que le mari en a faite dans le contrat, tout recours lui est interdit; et, comme nous l'avons vu plus haut, il n'a pas même le droit de demander des dommages et intérêts.

CHAPITRE III.

DE LA RESTITUTION DE LA DOT.

272. La dot, livrée au mari, pour le faciliter à supporter les charges du mariage, cesse d'avoir cette destination et doit être restituée dès que le mariage est dissous. Toutefois il est une circonstance où la dot doit être rendue à la femme avant même que l'union des époux soit rompue : c'est celle où le désordre des affaires du mari donne lieu de craindre que ses biens ne soient plus suffisans pour remplir les droits et reprises de la femme; dans ce cas, cette dernière est autorisée à demander la séparation de biens et à rentrer dans la libre administration de sa dot; *Cod. civ.*, 1443.

L'ordre des tems et celui des matières nous obligent ainsi à nous occuper de la restitution de la dot, pour cause de séparation de biens, avant de développer les principes relatifs à la restitution de la dot, qui a lieu par suite de la dissolution du mariage.

Nous allons donc traiter successivement dans la section suivante,

1.° Du cas où la séparation peut être demandée;

2.° Des personnes qui peuvent la demander;

3.° A quel Tribunal doit être portée la demande, et comment elle doit être formée, poursuivie et jugée;

4.° De l'exécution du jugement de séparation de biens;

5.° Des effets du jugement de séparation de biens.

SECTION PREMIÈRE.

De la restitution de la dot en cas de séparation de biens.

ARTICLE PREMIER.

Qu'est-ce que la séparation de biens, et dans quels cas peut-elle être demandée.

273. La séparation de biens, sous le régime dotal, est la restitution ordonnée en justice de la dot et des reprises matrimoniales de la femme.

C'est dans les lois romaines que nos législateurs ont trouvé les élémens de la séparation de biens. La loi 24, *in pr.*, *ff. solut. matr.*, décide que la femme a le droit, même pendant le mariage, de demander la restitution de sa dot, lorsqu'il est évident que les facultés du mari ne peuvent plus suffire pour en assurer le paiement : *si constante matrimonio, propter inopiam mariti, mulier agere volet, undè exactionem dotis initium accipere ponamus? Et constat, exindè dotis exactionem competere, exquo evidentissimè apparuerit mariti facultates ad dotis exactionem non sufficere.* La femme n'avait pas même besoin, pour agir, d'attendre que les biens de son mari ne fussent plus suffisans pour assurer le paiement de sa dot, car alors, dit Accurse, sur cette loi, au mot *sufficere*, la faveur qu'elle lui accordait aurait été inefficace; il suffisait que le mari commencât à mal user de sa fortune; Nov. 97, *cap.* 6, *in pr.*, *mox viro inchoante malè substantia uti.* V. Roussilhe, *n.°* 472.

274. Parmi nous la séparation de biens peut être poursuivie dès que la dot est mise en péril, et lorsque, comme nous l'avons déjà dit, le désordre des affaires du mari donne lieu de craindre que les biens de celui-ci ne soient pas suffisans pour remplir les droits et reprises de la femme; *Cod. civ.*, 1443.

En conférant à la femme la mesure conservatoire de la séparation de biens, le législateur n'a pas voulu que, dans quelques circonstances, elle pût dégénérer en investigation vexatoire; il a sagement pensé qu'il valait mieux attendre qu'il y eût désordre dans les affaires du mari et craintes réelles pour la dot, que de concéder un droit intempestif qui pourrait jeter le trouble dans les ménages, et nuire d'ailleurs au crédit du mari. Il ne suffirait donc pas, pour motiver une demande en séparation de biens, que le mari apportât quelque négligence dans l'administration de son patrimoine, ou qu'il eût fait quelques spéculations qui eussent porté une légère atteinte à sa fortune; ce serait donner à la femme un droit qui, dans certains cas, avilirait la puissance maritale, qu'il est utile, pour la paix commune, de conserver intacte sur la tête de celui que la loi désigne comme le chef de la société conjugale.

M. Cochin, dans son plaidoyer pour le marquis du Pont-du-Château, développe avec beaucoup de sagacité les motifs du principe que, pour que la femme puisse agir en séparation de biens, il faut que la dot soit en péril.

« La femme, dit-il, n'est point établie par la loi le censeur de son mari, elle n'a pas droit de l'appeler, en quelque manière, en jugement devant elle, de lui demander un compte et de le condamner, s'il n'a pas été assez bon économe pour remplir sa recette en entier; ce serait dégrader, ce serait avilir l'état et le pouvoir des maris; ce serait les mettre en quelque sorte sous le joug de leurs femmes, et les réduire à la simple qualité d'intendans ou de trésoriers de leurs biens, dont on pourrait les dépouiller si l'on n'était pas content de leur administration. La loi rougirait d'avoir donné un pareil empire à la femme, et l'on n'en trouvera point de vestige dans les textes. Il faut donc, pour que la femme traduise son mari en justice, qu'elle expose uniquement le danger où elle se trouve pour la restitution de sa dot. Pour établir le fondement de ses alarmes, elle peut examiner la conduite de son mari; mais cette critique est vaine et impuissante si elle se borne à une simple censure et si elle ne conduit pas jusqu'à justifier que la femme est véritablement en danger de ne pas retrouver le fond de son bien. Il ne suffit pas de dire à son mari : vous vous êtes mal conduit dans telle ou telle occasion; vous avez entamé partie de vos fonds et des miens; il faut aller jusqu'à dire que, sans le remède de la séparation, la femme n'aura plus de sûreté pour la répétition de ce qui lui est dû; autrement elle agit sans intérêt, ce qui forme de toutes les fins de non-recevoir la plus solide et la plus puissante. »

275. Cependant, les auteurs et les Tribunaux ont largement interprété la disposition qui autorise la femme à demander la séparation de biens lorsque sa dot est en péril. Un arrêt de la Cour royale de Pau, du 9 décembre 1820 (*), a jugé que lorsque les dissipations du mari le mettent dans l'impossibilité

(*) Sirey, tom. 22, 2.e part., pag. 164.

de pourvoir *actuellement* aux besoins de sa femme et de ses enfans, il y a lieu à prononcer la séparation de biens, encore que le capital de la dot ne soit pas réellement en péril. Dans l'espèce de cet arrêt, la dot de la femme était hypothéquée sur les biens du père du mari, et ce dernier avait de son côté la nue propriété d'immeubles valant trois fois au moins le montant de la dot : malgré ces sûretés pour le remboursement des constitutions dotales de la femme, la séparation fut prononcée. M. Bellot-Desminières, auteur d'un Traité du contrat de mariage, dit aussi, *tom.* 2, *pag.* 100, que lors même que la femme a une ressource dans son hypothèque légale, pour la restitution de sa dot, elle peut demander la séparation.

Cette opinion et celle consacrée par la Cour royale de Pau, bien qu'elles paraissent s'écarter de la lettre de la loi, ne sont cependant pas contraires à son esprit : la séparation ne doit être prononcée, il est vrai, que lorsque la dot est en péril; mais la dot étant destinée à soutenir les charges du mariage, si le mari en dissipe les fruits, c'est comme s'il en exposait le capital, puisqu'il devient inefficace dans ses mains, et que la femme et les enfans n'en retirent aucun secours.

276. Mais si la femme peut demander la séparation de biens, alors même qu'elle a une hypothèque assurée sur les immeubles de son mari, il n'en est

pas ainsi lorsqu'elle n'a ni dot ni reprises à réclamer; cela se conçoit facilement. Toutefois, Pothier, *Traité de la communauté*, *n.*° 512, est d'un avis opposé; il s'est décidé sur ce que la femme pouvait avoir un talent ou une industrie qui lui tinssent lieu de dot, et dans le produit desquels elle pouvait trouver des ressources contre la misère.

Ce motif, dicté par l'humanité, est sans doute très-louable, mais il ne saurait s'accorder avec la loi, qui n'a eu pour objet que de veiller à la conservation de la dot et non aux autres biens de la femme. Il est évident, en effet, qu'étendre jusqu'à ce point les dispositions de l'art. 1443 du Code civil, c'est tout-à-fait sortir du but que s'est proposé le législateur. D'ailleurs, où s'arrêterait-on avec une pareille manière d'interpréter et d'étendre la loi? On finirait par appliquer aux biens paraphernaux de la femme ce même article 1443, c'est-à-dire qu'on sortirait entièrement du cas pour lequel il a été porté, celui du péril de la *dot*. Ce que nous disons ici est tellement vrai, que l'on trouve dans la table vicennale de Sirey, la notice d'un arrêt de la Cour de cassation, qui est indiqué comme ayant jugé que la séparation de biens peut être demandée alors même que de la fortune de la femme il n'y a en péril que ses biens paraphernaux; cependant, en lisant le fait et le dispositif de cet arrêt, on se convainc bientôt qu'il n'en est rien, ou du moins que ce n'est que par une conséquence très-éloignée qu'on peut arriver à démontrer que la Cour de cassation aurait implicitement consacré un tel principe. V. cet arrêt au *tom.* 9 *de* Sirey, 1.re *part.*, *pag.* 434.

Nous l'avons déjà dit, quoique la dot de la femme mérite toute la faveur des Tribunaux, ils ne doivent cependant pas étendre cette faveur au-delà d'une justice sage et éclairée; autrement, en voulant faire le bien, on tomberait dans des abus qui porteraient une atteinte grave à la dignité maritale et aux droits des créanciers.

Nous ne devons néanmoins pas passer sous silence un arrêt de la Cour d'Angers, du 16 mars 1808, qui a décidé que la femme mariée sans contrat, et qui n'a actuellement aucuns droits ni reprises à faire valoir contre son mari, peut néanmoins demander la séparation de biens dans le cas de désordre des affaires de celui-ci; mais cet arrêt encore ne formera sûrement pas autorité, lorsqu'on saura qu'il repose sur des motifs erronés : la Cour qui l'a rendu a considéré,

1.° Que les principes consacrés par le Code civil, sur la séparation de biens provoquée par la femme contre son mari, n'ont rien changé à l'ancienne législation;

2.° *Que suivant l'ancienne jurisprudence, fondée sur les dispositions des lois romaines, et attestée par les auteurs les plus accrédités*, la femme, quoiqu'elle n'eût pas de contrat de mariage, pouvait se pourvoir en séparation de biens pour la conservation tant du pécule qu'elle pouvait acquérir par son industrie, que de tout ce qui pouvait lui échoir par la suite, par succession, donation ou autrement, et ce, lorsque les affaires de son mari étaient dans un désordre notoire;

3.° Que, d'ailleurs, en pareille circonstance, la séparation de biens est la seule ressource que la justice puisse offrir à une épouse malheureuse, pour lui conserver les moyens d'exister et d'élever sa famille.

Il n'est pas vrai de dire, comme l'a fait la Cour d'Angers, que *l'ancienne jurisprudence, fondée sur les dispositions des lois romaines*, permît à la femme de demander la séparation de biens pour la conservation du pécule qu'elle pouvait acquérir par son industrie, et pour ses paraphernaux. On ne trouvera nulle part, soit dans les lois romaines, soit dans l'ancienne jurisprudence, une seule autorité qui ait décidé ce point de droit. Quant aux auteurs les plus accrédités, dont parle l'arrêt, un seul, très-recommandable il est vrai, a émis une semblable opinion: c'est Pothier (*); mais nous avons déjà démontré

(*) Roussilhe paraît être aussi de l'avis de Pothier; mais il ne se décide que d'après l'avis de ce dernier, dont il rapporte l'opinion mot à mot, sans le citer. V. *tom.* 2, *n.*° 475.

M. Merlin, *Répertoire*, mot *Séparation de biens*, *sect* 2, §. 1, *n.*° 8, cite aussi ce passage de Pothier; mais il n'en partage pas l'opinion : «Le péril de la dot, dit-il, est le seul fondement légal de la demande en séparation de biens.

que la doctrine qu'il professe sur ce point s'écarte ouvertement du texte de la loi, qui, nous le répétons encore, n'a eu pour objet, en autorisant la séparation de biens, que de conserver la dot de la femme et non point ses paraphernaux, dont elle a la libre disposition, et qu'elle peut par conséquent soustraire aux prodigalités de son mari.

La Cour d'Angers paraît donc s'être laissée entraîner par des considérations morales, dont l'existence est en quelque sorte prouvée par le dernier paragraphe des motifs sur lesquels elle paraîtrait s'être appuyée pour rendre son arrêt; elle a voulu conserver *à cette épouse malheureuse* les moyens d'exister et d'élever sa famille.

Ce qui vient au reste à l'appui des observations que nous venons de faire, c'est que la question s'est présentée plus tard par-devant la Cour de Paris, qui n'a pas hésité de repousser la demande en séparation de la femme Fontaine, qui n'avait ni dot ni reprises à réclamer, quoiqu'il fût bien prouvé que les affaires du mari étaient dans le plus grand désordre. V. Sirey, *tom.* 13, 2.e *part.*, *pag.* 359.

277. On trouve dans le dictionnaire des arrêts de Brillon, mot *Séparation des conjoints*, *n.°* 10, un arrêt rendu par le parlement de Paris, entre M. Roujant, maître des requêtes, et la dame Barbe Maynon, son épouse, qui repoussa la demande en séparation de biens fournie par cette dernière, par le motif que

le désordre des affaires du mari provenait des dépenses considérables qu'il avait faites au service du Roi, dans les emplois publics où il avait été appelé. M. Ronjant avait été nommé intendant en 1699, et avait successivement été employé en cette qualité dans les intendances de Bourges, de Hainaut, de Poitiers et de Rouen, où il s'était, dit Brillon, acquis une haute réputation, et où il avait servi au gré de la Cour et des provinces.

Un semblable motif ne serait point admis aujourd'hui : la loi ne fait aucune distinction sur la cause du mauvais état des affaires du mari; il suffit que la dot soit en péril et qu'il y ait lieu de craindre que les biens de celui-ci soient insuffisans pour remplir les droits et reprises de la femme, pour que cette dernière puisse demander la séparation de biens. Pothier, *de la Communauté*, *n.*° 510, décide aussi qu'il n'est pas nécessaire que le désordre des affaires du mari soit arrivé par sa faute et par sa mauvaise conduite pour que la femme puisse agir en séparation, quoique le dérangement des affaires du mari, dit-il, soit arrivé sans sa faute, par des pertes considérables, survenues dans son commerce, qu'il n'avait pas pu prévoir; il suffit, pour obtenir la séparation, que les biens du mari ne soient plus suffisans pour répondre de la dot de la femme. V. aussi Merlin, *Répertoire*, mot *Séparation de biens*, *sect.* 2, §. 1, *n.*° 5, Roussilhe, *n.*° 472.

278. Lorsque le mari est menacé par les créanciers de son père décédé insolvable, de le faire condamner comme son héritier, la femme peut-elle demander la séparation de biens? La solution de cette question dépend beaucoup des circonstances. D'abord, s'il n'y a que des menaces de poursuites, et même que des poursuites sans jugement contre le mari, la femme doit être déclarée non recevable dans sa demande, parce que tant que le mari n'est pas condamné comme héritier il n'y a point encore de péril pour la dot; mais si un jugement définitif a déclaré le mari héritier pur et simple de son père, et qu'il se trouve, par cette condamnation, chargé de toutes les dettes de la succession, il n'est pas douteux que la femme ne puisse agir alors en séparation de biens, et que sa demande ne doive être accueillie. V. Bouvot, *qu. not.*, mot *Séparation de biens*, *qu.* 2. Cependant, il faudrait encore examiner si les dettes à la charge du mari absorberaient la presque totalité de sa fortune; car, si son avoir s'élevait bien au-dessus de ces mêmes dettes, la femme devrait encore être repoussée dans sa demande. En un mot, le péril de la dot devrait être constaté dans ce cas d'une manière plus rigoureuse que dans les cas ordinaires, parce qu'il ne serait pas le résultat de la dissipation et des désordres du mari.

279. Bouvot, en ses arrêts, *tom.* 1, *part.* 3, mot

Séparation de biens, dit que le parlement de Bourgogne autorisait la femme à demander la séparation après que les biens du mari avaient été saisis. Plusieurs certificats de la matricule des avocats du parlement de Pau, dont le dernier est du 26 mai 1746, attestent que telle était aussi la jurisprudence constante de ce parlement. Le fondement de cette jurisprudence, dit M. Merlin, *Répertoire*, mot *Séparation de biens*, *sect.* 2, §. 1, *n.*° 9, était que la saisie réelle des biens du mari était la présomption que la dot et les reprises de la femme sont en péril; mais cette présomption, ajoute cet auteur, n'étant ni ce que les jurisconsultes appellent une présomption *juris*, ni une présomption *juris et de jure*, ne suffirait plus aujourd'hui pour autoriser la femme à demander la séparation de biens, si d'ailleurs il paraissait que les immeubles du mari, quoique saisis réellement, offrissent à la femme des sûretés convenables.

Il est certain que la saisie immobilière des biens du mari n'est pas toujours une preuve de sa déconfiture, mais elle en est souvent un indice grave. Dès qu'un propriétaire de biens immobiliers se laisse poursuivre en expropriation, il y a presque certitude que ses propriétés sont grevées de dettes nombreuses, et qu'il a perdu tout son crédit. Il est bien rare, en effet, que ce propriétaire, s'il n'a qu'une ou deux hypothèques sur ses biens, ne puisse pas trouver à emprunter de quoi arrêter les poursuites du créancier qui le poursuit. On pourrait donc dire que ce sont moins les poursuites en expropriation dirigées contre le mari qui peuvent autoriser la femme à intenter son action en séparation de biens, que le grand nombre de dettes et hypothèques qui grèvent ses immeubles; cela doit donc être laissé à l'arbitrage du juge, qui seul peut apprécier, après le vu des pièces et les parties entendues, si la dot est en péril et si les biens du mari ne suffisent plus pour y faire face.

280. Lebrun, *de la Communauté*, 1.re *part.*, *chap.* 9, *n.*° 4, et Roussilhe, *n.*° 481, décident que la femme peut demander la séparation de biens lorsque le mari devient imbécille; il n'est pas certain qu'aujourd'hui les poursuites de la femme fussent accueillies en pareille circonstance. L'imbécillité du mari peut exister en effet sans qu'il y ait déconfiture dans ses biens, et sans que la dot de la femme soit en péril; sans doute cela pourrait arriver si l'on négligeait de provoquer l'interdiction du mari et de lui faire nommer un tuteur; mais la femme, dans son intérêt comme dans celui de son mari, devant elle-même remplir ce pénible devoir, il devient en quelque sorte inutile pour elle de demander sa séparation de biens, puisque, si le conseil de famille la juge capable de bien administrer, elle est nommée tutrice de son mari, et rentre par conséquent dans l'administration de ses biens dotaux; que si, au contraire, le conseil de famille ne reconnaît pas en elle

les qualités nécessaires pour bien gérer les affaires communes, elle serait assurément repoussée dans sa demande en séparation de biens, à moins que sa dot ne fût évidemment exposée par le désordre des affaires du mari.

281. Lorsqu'il a été stipulé dans le contrat de mariage que le mari serait tenu, en recevant les deniers constitués en dot, d'en faire l'emploi en acquisition d'immeubles ou autrement, le mari est tenu de s'y conformer; s'il ne le fait pas, cette omission volontaire de sa part étant une marque non équivoque de mauvaise administration, et quelquefois de prodigalité, la femme est autorisée alors à demander la séparation de biens, pourvu toutefois que le mari n'offre d'ailleurs aucune garantie pour la restitution de la dot; telle est l'opinion de Pothier, *de la Communauté*, *n.°* 511; de Roussilhe, *n.°* 476; de Papon, *liv.* 15, *tit.* 3, *n.°* 1; d'Augeard, dans son *Recueil d'arrêts*, *tom.* 3, *arrêt* 47; ce dernier auteur rapporte l'espèce d'un arrêt rendu le 10 janvier 1699, que nous ne croyons pas devoir omettre :

« Une sentence avait ordonné la séparation entre François Aurain-de-la-Barre, commis dans les fermes du Roi, et Marguerite Pouthon; elle fut confirmée par arrêt du 10 janvier 1699, à cause du défaut d'emploi de la somme de 3,000 liv. que l'intimée lui avait apportée en mariage, et que ce qui paraissait de biens à l'appelant était consommé, parce qu'il devait aux héritiers de deux premières femmes qu'il avait eues et à d'autres créanciers. Postérieurement à l'arrêt, il représente un emploi de la dot de sa femme, pour donner atteinte à la séparation de biens; mais on jugea que cet emploi, fait après coup, et contre lequel il pouvait y avoir une contre-lettre, n'était pas suffisant pour détruire la disposition de l'arrêt. »

282 De tout ce qui précède il résulte que toute demande en séparation de biens doit nécessairement être fondée sur le péril de la dot; tous les faits, toutes les circonstances qui ne se rattachent pas immédiatement à ce fait principal doivent être écartés et la femme déclarée non recevable en ses poursuites. Il faut toutefois excepter de cette règle le cas de la séparation de corps prononcée entre les époux; qu'il y ait péril ou non pour la dot, la séparation de biens en est toujours la suite nécessaire, et l'on ne pourrait pas opposer de la non existence de ce péril, dans une instance qui aurait pour objet principal la séparation de corps. Si cette séparation était prononcée, la séparation de biens suivrait comme conséquence immédiate, conséquence prévue d'ailleurs par la loi même : la séparation de corps, dit l'art. 311 du Code civil, emportera toujours séparation de biens.

ARTICLE II.

Des personnes qui peuvent demander la séparation de biens.

283. La femme seule peut demander la séparation de biens, parce que, sous le régime de la communauté, comme sous le régime dotal, le mari seul administre et régit tout, et que dans aucun cas ses biens particuliers ne peuvent être compromis par la femme. On peut d'ailleurs se convaincre, par tous les textes sur la matière, que le secours de la séparation de biens n'a été créé qu'en faveur de la femme et non point dans l'intérêt du mari. Lebrun rapporte, il est vrai, un arrêt qui avait admis la séparation de biens formée par un mari dont la femme avait cent quatorze procès. Denizart, mot *Séparation*, dit qu'on en trouve un autre dans Berault, sur l'*art.* 325 *de la Coutume de Normandie*, qui aurait jugé de même; mais cet auteur s'empresse d'ajouter que ces autorités et l'opinion de Lebrun ne firent aucune impression lorsque cette question se présenta, en 1775, au parlement de Paris, sur l'appel d'une sentence rendue à Bourges, qui avait admis la demande en séparation de biens formée par le mari. Malgré l'usage où l'on était, dans la province de Berry, d'admettre ces sortes de demandes, la Cour, par arrêt rendu en la Grand'Chambre, le 24 juillet 1755, au rapport de M. Bochart, infirma la sentence de Bourges et

déclara les procédure et sentence de séparation nulles. V., au reste, Pothier, *de la Communauté*, *n.*° 513; Roussilhe, *n.*os 478 et 359; Merlin, mot *Séparation de biens*, *sect.* 2, §. 2, *n.*° 1; Lebrun, *de la Communauté*, 1.re *part.*, *chap.* 9, *n.*° 5.

284. Bien qu'en règle générale les créanciers puissent exercer tous les droits et actions de leur débiteur, *Cod. civ.*, 1166, cependant les créanciers personnels de la femme ne peuvent demander la séparation de biens sans son consentement; *Cod. civ.*, 1446. Le législateur n'a pas voulu que le mariage et la paix conjugale pussent être troublés par leur action, tant que la femme n'y donnerait pas son assentiment; mais comme il n'était pas juste de les exposer à perdre leurs créances en leur refusant cette faculté, il leur a permis d'exercer les droits de leur débitrice jusqu'à concurrence de ce qui leur serait dû lorsque le mari serait en état de faillite ou de déconfiture; *d. art.* 1446.

Ainsi, lorsque la femme a des créanciers personnels, antérieurs à son mariage, ou même postérieurs, lorsque leurs créances ne sont pas le résultat d'obligations consenties par elle, ces créanciers peuvent, pour la conservation de ce qui leur est dû, provoquer la séparation de biens de leur débitrice, pourvu toutefois qu'ils aient préalablement obtenu son consentement; toute démarche, tout acte qui seraient faits par eux antérieurement seraient irréguliers et nuls.

Il en était de même sous l'ancienne jurisprudence. Renusson, dans son *Traité des propres*, *chap.* 4, *sect.* 9, *n.*° 14, *pag.* 405, se propose lui-même la question résolue par l'art. 1446, et la décide dans le même sens; mais cet auteur ne dit rien sur le point de savoir si les créanciers, ayant obtenu le consentement de la femme, peuvent agir en séparation de biens en leur nom personnel, ou s'ils doivent exercer l'action conjointement avec la femme, ou à sa requête.

Il semblerait qu'une fois nantis du consentement de la femme les créanciers pourraient agir en leur nom personnel, puisque la loi ne leur impose pas d'autre obligation; l'article 1464 du Code civil paraîtrait même motiver cette manière d'agir, puisqu'il autorise les créanciers de la femme à attaquer la renonciation qui aurait été faite par elle ou par ses héritiers, en fraude de leurs créances, *et à accepter la communauté de leur chef;* cependant, ce n'est pas en ce sens que la question doit être résolue.

La séparation de biens étant une action inhérente à la femme, qu'elle seule peut exercer, puisqu'elle n'a d'autre objet que la conservation de son patrimoine, il faut, dans tous les cas, que la demande soit formée en son nom. L'usage ancien était, au reste, conforme à notre opinion, et sans doute c'est ainsi que l'on procède aujourd'hui ; cependant, il est une distinction à faire et qu'il importe de ne pas perdre de vue, dans l'intérêt de la femme. Si dans les poursuites elle est mise en qualité comme agissant conjointement avec ses créanciers, alors la séparation de biens lui profite pour la part qui reste libre, les droits des créanciers prélevés ; et si la séparation est contestée par le mari, et qu'elle soit rejetée, la femme supporte une partie des dépens. Si, au contraire, la femme n'est en qualité que pour régulariser l'action des créanciers, et qu'il soit dit dans l'acte introductif d'instance qu'elle est demanderesse en séparation de biens, sur les poursuites et à la diligence de tels et tels, ses créanciers, alors elle ne peut, plus tard, et en aucune circonstance, invoquer le jugement rendu, ni en tirer avantage, et tous les dépens, en cas de rejet de la demande, sont supportés par les créanciers.

285. Lorsque la femme n'a pas provoqué elle-même la séparation de biens, et qu'elle a refusé son consentement à ses créanciers personnels, pour la poursuivre en son nom, il ne reste plus à ces derniers que la faculté d'exercer les droits de leur débitrice jusqu'à concurrence du montant de leurs créances. Mais comment et par quelle voie peuvent-ils exercer ces droits? On sent que puisqu'ils ne peuvent pas demander la séparation de biens contre le mari, ils peuvent encore moins le poursuivre direc-

tement en paiement de ce qui leur est dû, au nom de la femme; ils doivent donc attendre que les biens du mari soient vendus et qu'un ordre soit ouvert pour la distribution du prix; alors ils se présentent comme faisant valoir l'hypothèque légale de la femme et demandent à être alloués en son lieu et place, ou bien à l'être en sous-ordre, lorsque la femme s'est présentée elle-même pour répéter le montant de ses constitutions dotales.

ARTICLE III.

A quel Tribunal doit être portée la demande, et comment elle doit être poursuivie et jugée.

286. Avant d'examiner à quel Tribunal doit être portée la demande en séparation de biens, et comment elle doit être poursuivie et jugée, disons qu'elle ne peut avoir lieu qu'en justice et que la loi déclare nulle toute séparation volontaire; *Cod. civ., art.* 1443, *in pr. et in fin.* C'est-là une conséquence du principe consacré dans les art. 1394 et 1395, qui ne permettent pas que les conventions matrimoniales puissent recevoir aucune modification après la célébration du mariage.

Pothier, *de la Communauté*, *n.°* 514, et Lebrun, 1.re *part.*, *chap.* 9, *n.°* 7, nous apprennent qu'il en était ainsi sous le droit ancien : « la séparation de » biens ne peut se faire par le seul consentement

» mutuel des parties, dit le premier de ces auteurs; » il est nécessaire qu'elle soit ordonnée par une sen- » tence du juge, rendue avec connaissance de cause.» Cependant, la jurisprudence avait introduit une modification à cette règle : lorsque la séparation de biens n'avait pas été consentie pour déguiser un avantage indirect de l'un des époux envers l'autre, et qu'elle avait été réciproquement exécutée de bonne foi, elle devenait inattaquable. Une foule d'arrêts l'avaient ainsi décidé : Bardet en rapporte deux, un du 1.er décembre 1626, et un autre du 5 septembre 1635; Raviot, sur Périer, *qu.* 251, *n.°* 65, en cite un du 15 décembre 1644; Merlin en rapporte plusieurs des parlemens de Flandre et de Paris; enfin, un arrêt de la Cour de cassation, rapporté par Sirey, *tom.* 10, *part.* 1.re, *pag.* 45, a rejeté le pourvoi formé par la dame Quarré, qui attaquait une séparation volontaire, librement consentie par elle le 11 floréal an 7.

Mais la séparation de biens volontaire était toujours annullée quand elle était opposée aux créanciers du mari, parce qu'on supposait toujours qu'elle avait eu lieu pour frauder leurs droits. V. Merlin, *Répertoire de jurisprudence*, mot *Séparation de biens*, *pag.* 414; cet auteur, *eod. loc.*, affirme cependant que dans la Flandre et le Brabant les créanciers du mari ne pouvaient attaquer une séparation de biens purement volontaire qu'en rapportant la preuve qu'elle avait été faite en fraude de leurs droits; il indique, comme l'ayant jugé ainsi, un arrêt de la Cour d'appel de Douai, du 27 brumaire an 10, maintenu par la Cour de cassation le 6 prairial suivant. V. son *Recueil de questions de droit*, mot *Séparation de biens*, §. 2.

287. La demande en séparation de biens est une action personnelle, et en matière personnelle le défendeur devant être assigné devant le Tribunal de son domicile, c'est le juge du domicile du mari devant lequel doit être portée la demande en séparation de biens. Dans le tems où la juridiction ecclésiastique s'étendait sur une multitude d'actions civiles et temporelles, l'église contestait aux juges laïques la connaissance des séparations de corps et de biens; mais il fut décidé que le juge ecclésiastique ne devait connaître que des causes dans lesquelles il s'agissait *de fœdere matrimonii*, ce qui n'embrassait ni la séparation d'habitation, ni la séparation de biens. On portait donc cette dernière devant le juge séculier du domicile du mari, ce qui n'excluait pas néanmoins, dit Pothier, le juge de privilége, lorsque le mari avait le droit de *committimus*.

288. La demande en séparation de biens est dispensée du préliminaire de la conciliation; *Cod. proc.*, *art.* 49, ✠ 7; mais, avant de la former, la femme doit obtenir l'autorisation de la justice : à cet effet, elle présente une requête au président du Tribunal, contenant les motifs de sa demande, les pièces à

l'appui, s'il y en a, et une conclusion tendant à être autorisée. Le président du Tribunal met au bas son ordonnance, en faisant toutefois à la femme, s'il le juge à propos, les observations qui lui paraissent convenables sur les résultats de ses démarches; *Cod. proc.*, 865.

C'était aussi de cette manière qu'on procédait sous les lois anciennes; la femme devait être autorisée par le juge de son domicile à former sa demande, et ce n'était qu'après avoir obtenu cette autorisation qu'elle agissait régulièrement; Pothier, *de la Communauté, n.*° 516; Lebrun, 1.re *part., chap.* 9, *n.*os 7 *et* 9.

289. Il est à remarquer que les termes dans lesquels est conçu l'art. 865 ne permettent pas de douter que le président du Tribunal auquel la requête est présentée ne doive accorder l'autorisation demandée: « Aucune demande en séparation de biens, porte cet article, ne pourra être formée sans une autorisation préalable que le président du Tribunal *devra donner* sur la requête qui lui sera présentée à cet effet. » Ce magistrat ne pourrait donc pas, alors même qu'il reconnaîtrait frivoles et insuffisans les motifs énoncés dans la requête, refuser son autorisation; le législateur n'a pas voulu qu'il fût seul juge de la légitimité de la demande de la femme, et qu'il pût arbitrairement lui accorder ou lui refuser le droit de demander la séparation. C'est de cette manière,

au reste que Pigeau, *tom.* 2, *pag.* 493, et Carré, dans son *Analyse raisonnée*, *tom.* 2, *pag.* 641, ont expliqué l'art. 865. V. aussi Delaporte, *tom.* 2, *pag.* 404, et le *Praticien français*, *tom.* 5, *pag.* 134.

290. Lorsque la femme était mineure on l'obligeait autrefois de se faire nommer un curateur pour l'assister dans sa demande. V. Brodeau, sur Louet, *lett. M.*, *somm.* 1; Roussilhe, *tom.* 2, *pag.* 63, *n.°* 486. Denizart, mot *Séparation de biens*, *n.°* 35, ajoute même que cela était exigé sous peine de nullité, et qu'une sentence du Châtelet, du 7 septembre 1735, l'avait ainsi jugé; aujourd'hui les auteurs ne sont pas d'accord sur ce point. M. Merlin, *Répertoire*, mot *Séparation de biens*, *pag.* 414, dit que sous le Code civil l'autorisation du juge suffit pour habiliter la femme mineure à plaider en séparation contre son mari, et que dans le cas où la nomination d'un curateur serait nécessaire, ce ne serait pas par le juge, mais par le conseil de famille qu'elle devrait être faite. M. Pigeau, *tom.* 2, *pag.* 493, pense au contraire que « si la femme est mineure, et que la demande en séparation embrasse des droits immobiliers, *elle ne peut la former* qu'avec l'assistance d'un curateur *nommé par le Tribunal*: qu'il en est de même si elle n'embrasse que des droits mobiliers; car ces droits sont des capitaux pour lesquels le mineur émancipé ne peut agir seul; d'ailleurs, une généralité de droits mobiliers est, à cause de son im-

portance, considérée comme des droits immobiliers. Cet auteur se fonde principalement sur l'art. 2208 du Code civil, qui dispose qu'en cas d'expropriation forcée, lorsque la femme est mineure, et que son mari refuse de procéder avec elle, il lui est nommé par le Tribunal, un tuteur, contre lequel la poursuite est exercée. M. Carré, sur l'art. 865 du Code de procédure, se range de l'avis de M. Pigeau; mais il soutient que le curateur doit être nommé par le conseil de famille. M. Berriat-Saint-Prix, *Cours de procédure civile*, *tom.* 2, *pag.* 587, aux notes, fait observer que les raisons données par M. Pigeau sont très-fortes, mais que cependant une généralité de droits mobiliers n'est rigoureusement assimilée à un droit immobilier que lorsqu'il s'agit d'une succession contestée entre plusieurs personnes, ce qui ne se rencontre pas, dit-il, dans l'hypothèse actuelle. Enfin, M. Bellot - Desminières, *du Contrat de mariage*, *tom.* 2, *pag.* 161, qui examine aussi la question, pense que le curateur n'est pas rigoureusement nécessaire à la femme pour plaider, mais qu'il le devient dans la liquidation de ses droits; elle aura, dit-il, des capitaux à recevoir de son mari, et, ne fussent-ils que mobiliers, elle ne peut les recevoir seule; *Cod. civ., art.* 482.

Au milieu de ces opinions diverses, et avant d'en adopter aucune, nous croyons devoir distinguer entre la femme mariée sous le régime dotal et celle mariée sous le régime de la communauté : quant à la première, nous pensons qu'elle n'a pas besoin de curateur, soit pour former sa demande, soit pour la réception de sa dot; pour former sa demande, parce que l'autorisation de la justice suffit, comme le dit Merlin, pour habiliter la femme à plaider, soit en séparation de corps, soit en séparation de biens; pour la réception de sa dot, parce que si elle consiste en immeubles il n'y a rien à redouter pour sa conservation, puisque la femme séparée de biens ne peut les aliéner, même avec le consentement de son mari, et que si elle consiste en capitaux mobiliers, la femme ne peut les recevoir sans en fournir emploi; tel est du moins le dernier état de la jurisprudence sur la matière.

Mais si, au contraire, la femme qui demande la séparation de biens est mariée sous le régime de la communauté, elle n'a pas besoin d'un curateur pour plaider, parce que l'autorisation du juge lui suffit, ainsi qu'à la femme mariée sous le régime dotal; mais elle en a besoin pour la réception de ses capitaux mobiliers, parce que la loi lui laissant la faculté de les aliéner, *Cod. civ.*, *art.* 1449, elle pourrait en faire un mauvais usage si elle n'était surveillée par un curateur. On sent en effet combien, dans ce dernier cas, la nomination d'un curateur est nécessaire à la conservation du patrimoine de la femme, et combien il serait onéreux et superflu dans le premier: dans l'un il n'y a aucun danger à prévenir; dans l'autre il y en a de grands à éviter: considérés sous ces deux points de vue différens, les auteurs que nous venons de citer ont donc, d'après notre opinion, tort ou raison, selon qu'ils appliquent leur décision à tel ou à tel régime; toutefois il est un point sur lequel M. Pigeau nous paraît avoir complètement erré: c'est celui où, le curateur étant nécessaire à la femme, il soutient que la nomination doit en être faite par le Tribunal; dans aucun cas la nomination d'un curateur ne peut être faite que par le conseil de famille, suivant les règles tracées au titre de la minorité, de la tutelle et de l'émancipation: cela se conçoit facilement, sur-tout pour ce qui regarde la femme mineure; déjà émancipée par le mariage, la femme a un curateur légal dans la personne de son mari: mais dès que les fonctions de ce curateur cessent elle retombe dans le cas où ce mineur émancipé perd son curateur : qu'arrive-t-il alors? Il lui en est nommé un autre par le conseil de famille, mais jamais par le Tribunal, dont la juridiction ne s'étend point jusque-là.

291 L'assignation donnée au mari, ensuite de l'autorisation accordée à la femme, doit être faite conformément aux règles prescrites pour les ajournemens; dès qu'elle est signifiée, la loi exige plusieurs formalités qui tendent à lui donner la plus grande publicité; cette publicité est toute dans l'intérêt des tiers qui peuvent être appelés à contracter avec le mari, et dans celui des créanciers de ce dernier, en

fraude des droits desquels la séparation peut avoir lieu. Pour prévenir cette fraude il était d'usage, dans quelques parlemens de droit écrit, d'exiger que la femme, en assignant son mari, appelât en même tems ses créanciers pour y assister et faire valoir leurs droits. V. Raviot, sur Périer, *qu.* 251, *n.*° 52; Berault, sur l'*art.* 351 *de la Coutume de Normandie.* La Cour de Colmar avait même demandé que cet usage fût consacré par une disposition spéciale; mais malgré que M. de Malleville et plusieurs conseillers d'Etat eussent fortement appuyé cette réclamation, elle fut rejetée. V. *le procès-verbal, séance du* 13 *vendémiaire an* 12, *tom.* 3, *pag.* 64.

292. Pour rendre publique la séparation de biens, la loi exige d'abord que le greffier du Tribunal inscrive sans délai, dans un tableau placé à cet effet dans l'auditoire, un extrait de la demande, lequel doit contenir, 1.° la date de la demande; 2.° les noms, prénoms, professions et demeure des époux; les noms et demeure de l'avoué constitué, qui est tenu de remettre à cet effet ledit extrait au greffier, dans les trois jours de la demande; *Cod. proc., art.* 866.

Ces mots de la loi, *dans l'auditoire,* disent assez que ce n'est que dans la salle des audiences que doit avoir lieu l'affiche ou l'inscription au tableau de l'extrait de la demande en séparation de biens, et non ailleurs; cependant, on a remarqué que cette inscription n'était faite, dans beaucoup de Tribunaux, que dans le greffe, et non point dans l'auditoire, comme le veut la loi. Ce n'est pas là, à beaucoup près, remplir ce qu'elle prescrit : un greffe n'est pas un lieu où une chose annoncée par affiche puisse acquérir une grande publicité; il faut donc que le greffier se conforme à la loi, et que les intéressés à la validité du jugement de séparation de biens surveillent scrupuleusement l'accomplissement d'une formalité qu'elle commande, à peine de nullité, comme nous le verrons bientôt. V. l'*art.* 869, *Cod. proc.*

M. Carré, dans ses *Questions*, *tom.* 2, *pag.* 645, *qu.* 2079, demande si, lorsqu'il n'existe pas dans l'auditoire du Tribunal un tableau destiné à l'insertion des demandes en séparation de biens, le vœu de l'art. 866 est rempli par l'affiche dans la partie de l'auditoire affectée à cette destination? Il ne met point de doute dans la solution qu'il donne de la question, que l'affiche dans l'auditoire ne suffise, pourvu qu'il soit constaté qu'elle a été réellement apposée. L'opinion de M. Carré sur cette question justifie celle que nous venons d'émettre, qu'il faut observer dans toute sa rigueur l'art. 866, et afficher dans l'auditoire, et non ailleurs, l'extrait de la demande en séparation de biens.

293. La loi exige encore, pour assurer la publicité dont elle veut que la demande en séparation de biens soit entourée, qu'un pareil extrait à celui dont

nous venons de parler soit inséré dans les tableaux placés à cet effet dans l'auditoire du Tribunal de commerce, dans la chambre des avoués de première instance et dans celle des notaires; le tout dans les lieux où il y en a ; ces insertions sont certifiées par les greffiers et par les secrétaires des chambres; *Cod. proc., art.* 867. Le même extrait doit aussi être inséré, à la poursuite de la femme, dans l'un des journaux qui s'impriment dans le lieu où siége le Tribunal; et s'il n'y en a pas, dans l'un de ceux établis dans le département, s'il y en a. Cette dernière formalité est justifiée par la représentation de la feuille contenant l'extrait inséré, avec la signature de l'imprimeur légalisée par le maire; *Cod. proc.*, 868 *et* 683.

294. Bérault, sur l'art. 391 de la Coutume de Normandie, rapporte un réglement fait par le parlement de Rouen, qui prescrivait plusieurs formalités ayant pour objet de donner une grande publicité à la demande en séparation de biens; il fallait, 1.° que les lettres de séparation que la femme devait obtenir fussent publiées à haute voix dans les places et marchés; 2.° que le mari et la femme remissent au procureur du Roi les noms, surnoms et résidence de leurs créanciers, pour qu'ils fussent appelés en l'instance, afin de contester l'entérinement des lettres; 3.° enfin, que les époux remissent au greffe un état détaillé de leurs meubles : le tout à peine de nullité.

295. Les formalités ci-dessus indiquées doivent être exactement observées; la loi attache aussi la peine de nullité à leur omission, et elle décide que cette nullité peut être opposée par le mari ou par ses créanciers. On voit assez quel est le motif qui fait porter une pareille décision à l'égard des créanciers du mari; mais, à l'égard de ce dernier, c'est beaucoup moins facile à expliquer. Les créanciers n'ont pas d'autre moyen d'apprendre que la demande en séparation de biens est formée, que celui résultant de la publicité qui lui est donnée par l'affiche et l'insertion au journal; mais il n'en est pas ainsi à l'égard du mari: la demande étant dirigée contre lui, il est impossible, ou du moins extrêmement difficile, qu'il l'ignore: pourquoi alors lui permettre d'opposer d'une nullité qui ne lui fait personnellement aucun grief? N'est-ce pas là un excès de sévérité qui peut avoir pour la femme les conséquences les plus funestes, puisqu'elle peut entraîner la perte de sa dot? Cependant, malgré que nous pensions que cette disposition est contraire à la saine raison, nous ne balancerions pas un moment à l'appliquer, si nous devions prononcer sur la validité ou l'invalidité des formalités contre lesquelles elle serait invoquée. On peut dire qu'une loi est vicieuse, mais on ne doit pas hésiter de l'exécuter tant qu'elle n'est pas abrogée.

296. La demande en séparation de biens s'instruit de la même manière que toute autre action civile.

V. l'*art.* 307 *du Cod. civ. et* 77 *et suiv. du Cod. de proc.* Si le mari paraît, il doit contester; l'aveu qu'il ferait et le consentement qu'il donnerait à la séparation ne seraient point une preuve suffisante pour que le Tribunal pût la prononcer. Le motif de cette décision est que la séparation pourrait être une collusion du mari et de la femme, pour frauder les droits des créanciers, et la loi a dû prévenir de semblables machinations. D'un autre côté, si l'aveu du mari suffisait, la disposition qui prohibe les séparations par consentement mutuel deviendrait illusoire, puisque, au moyen d'une vaine formalité, on pourrait s'y soustraire. Si le mari ne paraît pas, il est donné défaut contre lui; mais dans ce cas, comme dans celui où le mari se présente pour contester, le jugement qui prononce la séparation de biens ne peut être rendu qu'un mois après que les formalités, tendant à rendre la demande publique, ont été remplies; *Cod. proc.*, 869.

Dans l'un comme dans l'autre cas aussi, la femme doit faire la preuve du dérangement des affaires de son mari. Cette preuve se fait par titres ou par témoins. Si la femme a dans les mains des jugemens obtenus contre son mari, des saisies ou autres actes établissant sa mauvaise administration, la séparation peut être prononcée sur le vu de ces pièces; mais si la femme n'en a aucune, elle doit articuler les faits de dissipation de son mari, et demander à en faire la preuve par témoins. Un jugement qui prononcerait la séparation de biens, sans qu'aucune preuve eût été administrée par la femme, pourrait être attaqué, et la nullité devrait en être prononcée. V. Bouchel, *Bibliothèque de droit*, mot *Séparation*; Soëfve, *tom.* 2, *cent.* 2, *chap.* 57; *Journal des audiences*, *tom.* 3, *liv.* 2, *chap.* 14; Lebrun, *de la Communauté*, *part.* 1.re, *chap.* 9, *n.*o 7 *et suivans*; Pothier, *de la Communauté*, *n.*o 516; *arr. cass.*, 26 *janv.* 1808; Sirey, *tom.* 7, 2.e *part.*, *pag.* 1195.

297. Mais avant de contester sur le fond de la demande en séparation, et par conséquent sur la pertinence des faits articulés par la femme, le mari doit proposer ses fins de non-recevoir; si, par exemple, la femme avait négligé de se faire autoriser par la justice, si sa requête ou son assignation n'expliquait point suffisamment l'objet de sa demande, si les extraits mentionnés ci-dessus n'étaient pas réguliers, etc., on devrait la déclarer non recevable en l'état et la renvoyer à se pourvoir conformément à la loi. La femme serait encore déclarée non recevable, si elle avait arbitrairement quitté le domicile de son mari, et qu'elle eût, avant de rentrer dans la maison maritale, intenté son action en séparation; c'est ainsi du moins que l'a jugé la Cour de Turin, le 8 décembre 1810, dans la cause des époux de Pétris. V. Sirey, *tom.* 2, 2.e *part.*, *pag.* 270. Dans la discussion qui eut lieu devant la Cour, le mari motivait ainsi sa fin de non-recevoir :

« La première condition à remplir pour demander l'exécution d'un contrat est d'exécuter soi-même les obligations qu'il nous impose : ce principe, puisé dans la raison même, s'applique aux devoirs respectifs que la loi impose aux époux dans les liens du mariage ; ainsi, lorsque la femme réclame la séparation de biens en accusant son mari de mauvaise administration, et par conséquent d'avoir violé les conventions sous la foi desquelles cette administration lui a été confiée, il faut examiner avant tout si elle-même a été fidèle à ses propres engagemens, et s'il est constant, comme dans l'espèce, qu'elle a commencé par abandonner le domicile marital, et par violer le premier des devoirs auxquels elle était soumise, il est certain alors qu'elle ne peut être écoutée à se plaindre d'une violation dont elle a elle-même donné l'exemple, et qu'il s'élève contre sa réclamation une fin de non-recevoir insurmontable.»

Ces moyens, forts de justice et de raison, décidèrent la Cour; elle débouta la femme de sa demande en séparation de biens, et lui ordonna de rentrer dans le domicile conjugal.

298. M. Pigeau, *tom.* 2, *pag.* 496, *n.*° 4, pense que la renonciation faite par la femme majeure, à demander sa séparation, est quelquefois une fin de non-recevoir contre cette demande : par exemple, dit-il, si elle l'a faite pour empêcher la ruine totale de son mari, pour lui donner la facilité de continuer

ses affaires et les rétablir, elle ne peut demander cette séparation, à moins qu'elle ne prouve ou n'offre de prouver que le mari, en continuant de faire de mauvaises affaires, trompe l'espérance qu'il lui a donnée, parce que la condition sous laquelle elle a renoncé à se faire séparer manquant, elle rentre dans tous ses droits. »

Nous sommes loin de partager cette opinion. Il est bien vrai qu'en règle générale chacun peut renoncer au bénéfice d'un droit établi en sa faveur, mais cela ne peut s'appliquer à la femme mariée sous le régime dotal, qui, dans aucun cas, ne peut aliéner sa dot, soit directement, soit indirectement; et certes, la renonciation à demander la séparation de biens serait une véritable aliénation, puisque la femme s'interdirait par-là la seule voie qui lui serait ouverte pour la conserver. Cette opinion de M. Pigeau, entièrement contraire au régime dotal, pourrait même, suivant les circonstances, éprouver de sérieuses difficultés sous le régime de la communauté; nous pourrions les signaler ici, si nous ne nous étions pas entièrement interdit toute digression étrangère au sujet que nous traitons; nous nous bornerons à dire en passant que nous avons fréquemment remarqué que beaucoup d'auteurs qui ont écrit sur des matières de droit, dans des pays coutumiers, ont commis de pareilles erreurs à celles que nous venons de relever, parce qu'ils oubliaient qu'une partie assez considérable de la France se régissait encore d'après les principes sévères du régime dotal.

299. Nous avons omis de dire que la femme, en formant sa demande, et pendant tout le cours de l'instance, pouvait prendre les mesures conservatoires propres à lui assurer l'efficacité de sa demande en séparation de biens; *Cod. proc., art.* 869, *in pr.* Mais quels sont les actes qu'on peut considérer comme conservatoires, dans le sens de l'art. 869 du Code de procédure? Ce sont, disent MM. Carré et Bellot-Desminières, tous ceux qui tendent à conserver à la femme les droits dont elle devra jouir après le jugement qui aura prononcé la séparation; ainsi elle pourra faire saisir-arrêter les sommes dues à son mari, faire saisir-gager son mobilier, et porter ses exécutions jusque sur ceux des effets mobiliers que le mari aurait aliénés antérieurement, avec l'intention de frauder ses droits. V. Raviot, sur Périer, *qu.* 251, *n.°* 57; Carré, sur l'*art.* 869, *qu.* 2713; Merlin, mot *Séparation de biens*, *pag.* 415, *et l'arrêt qu'il cite.* V. aussi *arrêt de la Cour de Limoges*, Sirey, *tom.* 23, 2.e *part.*, *pag.* 195, *et ce qui sera dit ci-après.*

L'autorisation de saisir peut être donnée sur la requête même en permission d'intenter la demande en séparation de biens; elle peut l'être plus tard aussi sur requête séparée; mais, dans tous les cas, cette autorisation ne doit être accordée par le Tribunal que lorsqu'il est certain que le mari est en déchéance de faculté, et que la dot est réellement en péril; autrement, si la déconfiture du mari n'était pas notoire, et si la requête n'était pas appuyée de pièces établissant sa mauvaise administration, l'autorisation de saisir ne devrait pas être accordée. Denizart, mot *Séparation de biens, n.°* 48, soutient même que dans aucun cas la permission de saisir ne doit être accordée, tant que le jugement de séparation n'est pas rendu; il se fonde principalement sur ce que la créance de la femme n'est encore ni certaine ni liquide, et qu'elle n'a qu'une action sans titre contre son mari; cet auteur cite, à l'appui de son opinion, un arrêt rendu en Grand'Chambre, le 13 juillet 1746, qui l'aurait ainsi décidé. M. Merlin combat cet avis; il dit que le titre et la créance de la femme sont dans son contrat de mariage; que cet acte lui assure le recouvrement de sa dot, et qu'elle ne fait, par sa demande en séparation, que hâter ce recouvrement. M. Merlin a raison : la créance de la femme est toujours certaine et liquide, puisque son existence et sa quotité sont fixées par son contrat de mariage, qui est un titre plus que suffisant pour autoriser la saisie. Seulement on pourrait soutenir, à l'égard de la saisie-gagerie que l'on permettait habituellement autrefois à la femme, que cette exécution n'est permise aujourd'hui qu'aux propriétaires contre leurs fermiers ou locataires, ou à des créanciers envers leurs débiteurs forains; *Cod. proc.*, 819 *et suiv*. Mais il est vrai de dire aussi, comme le fait l'arrêt de la Cour de Limoges, que nous venons de citer, que si la femme ne pouvait pas faire saisir-gager les meubles de son mari, le droit que lui accorde l'art. 869, de faire des actes conservatoires, deviendrait tout-à-fait illusoire, puisqu'il dépendrait d'un mari de mauvaise foi de dissiper tout son mobilier pendant l'instruction de la séparation. Nous croyons donc que la femme a le droit de faire saisir-gager le mobilier appartenant à son mari, en vertu de l'ordonnance que lui délivre le président; mais nous pensons en même tems que ce magistrat ne doit se décider à en accorder l'autorisation qu'avec beaucoup de réserve.

300. Néanmoins, tant que la séparation de biens n'est pas prononcée, et le jugement signifié, le mari conserve l'administration des biens de la femme; cela résulte de la combinaison des articles 1428, 1449, 1549, 1562 du Code civil; il peut faire par conséquent, pendant le cours de l'instance, tous les actes que nécessite cette administration; ainsi, il peut percevoir les revenus et les récoltes; il peut renouveler les baux et en passer de nouveaux; *arrêt de la Cour de Rennes, du 2 janvier* 1808, Sirey, *tom*. 8, 2.e *part.*, *pag*. 105. Mais si un bail consenti par le mari, pendant l'instance en séparation de biens, contenait une stipulation de paiement des fermages par anticipation, la femme pourrait en

obtenir l'annullation; Sirey, *tom.* 21, 2.e *part.*, *pag.* 116.

301. Tant que le jugement de séparation n'est pas rendu, les créanciers du mari ont le droit de demander la communication des pièces à l'avoué de la femme, et même d'intervenir pour la conservation de leurs droits, sans être astreints au préliminaire de la conciliation; *Cod. proc.*, 871, 49: *Cod. civ.*, 1447. En donnant à la demande en séparation de biens toute la publicité possible, il fallait encore mettre les créanciers, instruits de l'existence de cette demande, dans le cas d'examiner si elle n'était point le résultat de la fraude et de la collusion du mari et de la femme, et si leurs créances n'étaient point exposées par suite de leurs manœuvres; aussi la loi leur permet-elle non-seulement de vérifier la demande et les pièces à l'appui, mais encore d'intervenir dans l'instance pour veiller à leurs droits et contester au besoin. Cette intervention se forme par requête, qui contient les moyens et les conclusions de l'intervenant, et copie des titres sur lesquels est fondée l'intervention; *Cod. proc.*, 339 *et suiv.*

Tout créancier peut intervenir dans l'instance en séparation de biens, même celui dont la créance est éventuelle; *arr. cass. du* 28 *juin* 1810, Sirey, *tom.* 11, 1.re *part.*, *pag.* 28; Carré, *sur l'art.* 871, *qu.* 2716. Il s'agissait, dans l'espèce de cet arrêt, d'une demande en intervention formée par un acquéreur de partie des biens dotaux de la femme, vendus par le mari; craignant l'éviction, en cas de séparation de biens, il voulait s'y opposer, ou tout au moins veiller à ce qu'elle ne fût pas faite frauduleusement; malgré que les droits de l'acquéreur ne fussent qu'éventuels, la Cour de cassation rejeta le pourvoi formé contre le jugement du Tribunal de Rodez, qui avait admis l'intervention et rejeté la demande en séparation de biens.

302. Nous avons dit que le jugement de séparation de biens ne pouvait être prononcé qu'un mois après l'accomplissement de toutes les formalités pour rendre publique la demande. Il s'était élevé quelques doutes sur le point de savoir si ce délai ne devait pas être augmenté à raison de la distance du domicile des créanciers du mari; car, disait-on, à quoi servirait de donner une si grande publicité à la demande, si les créanciers n'avaient pas le tems de se présenter pour la contester? Mais on répondait avec raison à cette observation, 1.° que la femme ignorait la plupart du tems le nombre et le domicile des créanciers de son mari, et que le délai demandé était dès-lors impossible à fixer; 2.° qu'un délai trop prolongé pouvait devenir funeste à la femme; 3.° enfin, que les créanciers qui, à cause de leur éloignement, ne pouvaient être avertis à tems pour pouvoir intervenir, avaient encore la ressource de se pourvoir contre la séparation de biens prononcée et

exécutée en fraude de leurs droits; *Cod. civ.*, 1447. Au reste, le délai d'un mois déterminé par la loi, et celui pendant lequel s'accomplissaient les formalités prescrites par les art. 866, 867 et 868 du Cod. proc., étaient bien suffisans pour apprendre aux créanciers les démarches de la femme, et pour qu'ils pussent se mettre en mesure de contester, s'ils le jugeaient à propos.

303. Le jugement rendu, la loi a pris les précautions nécessaires pour lui donner une publicité aussi complète que celle déjà donnée à la demande; par ce nouveau moyen il est presque impossible que les créanciers n'aient pas connaissance des mesures prises par la femme, et qu'ils ne cherchent pas à s'y soustraire, si leurs droits sont exposés. Voici quelles sont les formalités que la femme est obligée de remplir pour assurer la publicité du jugement qu'elle a obtenu : le jugement de séparation doit être lu publiquement, l'audience tenante, au Tribunal de commerce du lieu, s'il y en a; extrait du jugement, contenant la date, la désignation du Tribunal où il a été rendu, les noms, prénoms, profession et demeure des époux, sera inséré sur un tableau à ce destiné, et exposé pendant un an dans l'auditoire des Tribunaux de première instance et de commerce du domicile du mari, même lorsqu'il n'est pas négociant, et s'il n'y a pas de Tribunal de commerce, dans la principale salle de la maison commune du

domicile du mari. Pareil extrait sera inséré au tableau exposé en la chambre des avoués et notaires, s'il y en a; *Cod. proc.*, 872; *Cod. civ.*, 1445.

Ce dernier article a été modifié par l'article 872, sur deux points : d'un côté, l'article 872 n'exige que l'affiche de l'extrait du jugement de séparation, tandis que l'article 1445 exigeait l'affiche du jugement entier; d'autre part, l'article 1445 n'exigeait l'affiche dans l'auditoire du Tribunal de commerce que lorsque le mari était négociant, tandis que l'article 872 l'ordonne, alors même que le mari ne l'est pas. M. de Laporte, dans son *Commentaire sur l'article 872*, se fondant sur ce qu'il y est dit à la fin : le tout sans préjudice des dispositions portées en l'art. 1445 du Code civil, prétend que le jugement entier doit être affiché dans la principale salle du Tribunal de commerce, lorsque le mari est négociant, malgré qu'il l'ait déjà été par extrait, en vertu de l'art. 872. Cette opinion nous paraît une erreur évidente : à quoi servirait cette double exposition? L'extrait ne fait-il pas suffisamment connaître aux créanciers que la femme de leur débiteur a provoqué et obtenu sa séparation de biens? Qu'apprendrait de plus le jugement entier? Rien qui pût leur être utile; il leur suffit de savoir par l'affiche de l'extrait que la séparation est ordonnée, puisque, s'il s'élève quelque doute dans leur esprit, sur la sincérité de la séparation, ils peuvent se pourvoir, par la voie de la tierce opposition (V. *Cod. civ.*, 1447), pour la faire annuller. Si l'art. 872 maintient les dispositions de l'art. 1445 du Code civil cela ne peut s'entendre que de celles qu'il n'a pas prévues et réglées.

304. L'art. 872 exige, comme on vient de le voir, l'affiche du jugement de séparation dans l'auditoire du Tribunal de commerce, encore que le mari ne soit pas négociant; mais cet article ne répétant pas la peine de nullité prononcée par l'art. 1445, pour le cas où le mari est marchand, banquier ou commerçant, M. Berriat-Saint-Prix, *Cours de procédure civile*, *pag*. 586, *aux notes*, *n.°* 14, a pensé que l'omission de cette formalité n'entraînerait pas l'annullation de la séparation. M. Carré, sur l'*art*. 873, *qu*. 2720, ne partage pas cette opinion; voici comment il s'exprime sur ce point : « Ce principe, que l'on ne peut suppléer des nullités, vient sans doute appuyer cette observation de M. Berriat-Saint-Prix; mais aussi l'on peut remarquer, d'après ces expressions de M. Mouricaut, tribun, dans son rapport au Corps-Législatif : *il a paru juste de rendre générales des formalités* qui ne s'observaient *que pour les séparations des femmes des commerçans*, *etc.*, qu'il a été dans l'intention du législateur d'exiger aussi rigoureusement, pour les autres séparations, l'accomplissement des formalités dont il s'agit. D'ailleurs, l'art. 872 portant que la femme ne peut commencer l'exécution du jugement qu'autant que celles qu'il prescrit auront été remplies, il en résulterait

que ce commencement d'exécution serait nul, si l'une d'elles ne l'avait pas été. »

Cette dernière observation de M. Carré nous paraît décisive, et nous n'hésitons pas à penser que l'inobservation de la formalité dont il s'agit ne fît prononcer la nullité de la séparation. Il est à remarquer que M. Berriat-Saint-Prix s'exprime sur la question d'une manière à faire présumer que son opinion n'est pas irrévocablement fixée : *Il semble*, dit-il, que dans ce cas il n'y ait pas nullité, parce que l'art. 872, en dérogeant à l'art. 1445 du Code civil, n'a pas répété la peine.

305. L'art. 872 ne dit point pendant quel tems l'extrait du jugement de séparation devra être exposé en la chambre des avoués et notaires ; mais il nous paraît que ce délai doit être le même que celui exigé pour l'exposition dans les auditoires des Tribunaux de première instance et de commerce ; c'est, au reste, de cette manière qu'on l'observe dans la pratique.

306. Les formalités prescrites par les art. 1445 du Code civil et 872 du Code de procédure doivent être remplies immédiatement après la prononciation du jugement, et avant les actes d'exécution ou les commencemens de poursuites prescrites par l'art. 1444, dont nous parlerons bientôt. Cependant, il y a ici plusieurs observations importantes à faire : d'abord, si

le jugement est par défaut, et que pendant l'accomplissement des formalités il y soit formé opposition, tout ce qui a été fait tombe et est considéré comme non avenu. En effet, si le jugement en défaut est annullé et la demande en séparation rejetée, il n'y a plus besoin de publications; si, au contraire, l'opposition est rejetée, et l'exécution du jugement en défaut ordonnée, ce sont les deux jugemens qui doivent être lus et affichés. D'un autre côté, si le mari appelle du jugement qui prononce la séparation, et que sur l'appel le jugement soit confirmé, c'est tout à la fois et l'arrêt qui confirme et le jugement confirmé qui sont soumis aux formalités prescrites par les art. 1445 et 872.

Nous n'avons pas besoin de relever ici une erreur de M. de Laporte, *tom. 2, pag.* 407, qui dit que le délai pour l'accomplissement des formalités dont il s'agit ne court, lorsque le jugement est par défaut, que du jour où l'opposition n'est plus recevable. M. Carré, dans sa 2718.e question, démontre d'une manière évidente que cela ne peut être ainsi, puisque alors il dépendrait de la femme de prolonger ce délai en ne faisant pas signifier le jugement, et, par ce moyen, d'en retarder indéfiniment l'exécution.

307. Nous venons de dire qu'en cas d'opposition ou appel ce ne serait pas seulement le jugement contradictoire qui aurait ordonné l'exécution du jugement en défaut et l'arrêt confirmatif, qu'il faudrait

lire et afficher, mais encore les premiers jugemens; cela se conçoit facilement : le jugement contradictoire et l'arrêt ne faisant dans leur dispositif que confirmer les jugemens contre lesquels on a recouru, et en ordonner l'exécution pure et simple, ces jugemens et arrêt, disons-nous, ne seraient pas suffisans pour donner connaissance de la séparation aux créanciers, et ces derniers pourraient se plaindre avec raison que la publicité voulue par le législateur n'a point été observée. En lisant ou en affichant au contraire tous les jugemens et arrêt, on apprend aux intéressés que non-seulement la séparation a été prononcée, mais encore que les jugemens qui l'ont ordonnée ont été confirmés et sont désormais inattaquables par les voies d'opposition et d'appel. M. Carré, sur l'*art.* 872, *qu.* 2718, et M. Bellot-Desminières, *tom.* 2, *pag.* 125, pensent il est vrai que ce sont seulement l'arrêt confirmatif et le jugement rendu sur l'opposition qui doivent être lus et affichés; mais il suffit de savoir comment sont conçus les arrêts et jugemens qui confirment de premières décisions, pour se convaincre que ce serait ne rien faire pour la publicité que d'en ordonner isolément la lecture et l'affiche. Qu'apprendraient, en effet, un jugement et un arrêt ainsi rédigés : *La Cour, adoptant les motifs des premiers juges, confirme;* ou bien : *Le Tribunal, sans s'arrêter à l'opposition formée envers le jugement en défaut d'un tel jour, ordonne que ledit jugement sera exécuté selon sa forme et teneur.* Il faut donc de toute nécessité se rendre à cette opinion, que la lecture et l'affiche ordonnées par la loi doivent avoir lieu pour les premières comme pour les dernières décisions.

ARTICLE IV.

De l'exécution du jugement de séparation de biens.

308. Après avoir prescrit toutes les formalités nécessaires pour assurer la publicité du jugement de séparation, le législateur devait s'occuper de son exécution et sur-tout des moyens propres à prévenir la fraude et la collusion des époux envers les créanciers; pour y parvenir il a déclaré que la séparation de biens, quoique prononcée en justice, serait nulle si elle n'était pas exécutée par le paiement réel des droits et reprises de la femme (avec intérêts du jour de la demande; *Cod. civ.*, 1445, *in fin.*), effectué par acte authentique, jusqu'à concurrence des biens du mari, ou au moins par des poursuites commencées dans la quinzaine qui a suivi le jugement, et non interrompues depuis; *Cod. civ., art.* 1444.

Cette disposition a été presque entièrement puisée dans l'ancien droit; Lebrun, *de la Communauté*, 1.re *part., chap.* 9, *n.°* 16, nous en offre la preuve: « La Coutume de Paris, dit-il en l'art. 244, dispose que la femme ne peut ester en jugement sans le consentement de son mari, ou séparée, et la séparation exécutée. La séparation de biens est exécutée quand la femme, en exécution de la sentence de séparation, a poursuivi le paiement de son deub, de ses deniers dotaux, et qu'elle est entrée en possession de ses biens propres, s'ils sont encore en existence, ou quand il y a eu procès-verbal de vente des meubles du mari, ou qu'il y a eu quelque acte équipollent : par exemple, s'il y avait eu estimation des meubles du mari, qui les eût délaissés à sa femme pour une certaine somme, sur estant moins de son deub. »

La Coutume d'Orléans, art. 198, dit que « les séparations ne seront déclarées valables qu'autant que les sentences d'icelles auront été publiées en jugement, à jour ordinaire, le juge séant, enregistrées en la juridiction dudit juge, et exécutées sans fraude.» Pothier, sur cet article, dit aussi que « une sentence en séparation de biens est exécutée lorsque, en exécution, la dot de la femme lui a été restituée par son mari, ou du moins lorsqu'elle a fait des poursuites contre son mari, pour se la faire restituer, qu'elle n'a point abandonnées. » Il ajoute qu'il y a fraude lorsque la séparation s'est faite clandestinement et a été cachée aux créanciers du mari, pour les tromper.

309. L'exécution de la séparation de biens est trop importante pour que la disposition qui l'ordonne et qui en prescrit le mode, n'ait pas été l'objet de sé-

rieuses controverses ; aussi, on a d'abord demandé si l'art. 872 du Code de procédure civile n'a pas prorogé le délai de quinzaine porté par l'art. 1444, en décidant que la femme ne peut commencer l'exécution du jugement que du jour où toutes les formalités pour le rendre public ont été remplies, sans que néanmoins il soit nécessaire d'attendre le délai d'un an prescrit pour l'exposition de l'extrait du jugement. Il semble en effet que cette disposition permet de commencer les actes d'exécution même après la quinzaine, et que l'art. 872 a réellement par-là dérogé à l'art. 1444. Un arrêt de la Cour de Limoges, du 24 décembre 1811, rapporté par Sirey, *tom.* 14, 2.e *part.*, *pag.* 12, avait même affermi les partisans de cette opinion dans leur croyance, en décidant qu'il n'était pas nécessaire d'exécuter la séparation de biens dans la quinzaine du jugement qui la prononçait, et que le délai de l'exécution était fixé à un an ; mais la jurisprudence n'a pas tardé à se fixer sur le système contraire ; plusieurs arrêts de Cours royales et de la Cour suprême ont formellement jugé que l'art. 872 du Code de procédure n'avait pas dérogé à l'art. 1444 du Code civil, et que, par conséquent, était nulle et sans effet la séparation de biens qui n'avait pas été exécutée dans la quinzaine du jugement qui l'avait prononcée. V. Sirey, *tom.* 16, 2.e *part.*, *pag.* 216 ; *tom.* 18, 1.re *part.*, *pag.* 285 ; *tom.* 19, 1.re *part.*, *pag.* 287. V. aussi *tom.* 21, 2.e *part.*, *pag.* 266 ; *tom.* 23, 1.re *part.*, *pag.* 317 ; *tom.* 24, 2.e *part.*, *pag.* 84; *et tom.* 25, 1.re *part.*, *pag.* 353.

310. On a agité, en deuxième lieu, la question de savoir, si le délai de quinzaine, fixé par l'art. 1444 du Code civil, court du jour de la prononciation du jugement ou seulement du jour de la signification? Ceux qui pensent que le délai court du jour de la signification seulement disent qu'il n'est guères possible à la femme d'obtenir son jugement, de le faire expédier, de remplir les formalités pour le rendre public, et enfin d'en commencer l'exécution dans le court intervalle de quinze jours; qu'un jugement n'est d'ailleurs censé connu de celui qui en supporte les condamnations que du jour où il lui a été signifié, et que, par conséquent, ce n'est que de ce jour que doit courir le délai donné pour son exécution. On répond d'autre part, que s'il fallait, comme on le prétend, attendre la signification pour exécuter le jugement de séparation, il dépendrait de la femme d'en reculer le moment d'une manière indéfinie, en ne faisant pas cette signification, ce qui ne peut pas être admis; que du reste ces termes de l'art. 1444, *dans la quinzaine qui a suivi le jugement*, ne laissent aucun doute sur ce point; que c'est à dater du jour de la prononciation, et non de celui de la signification, que doit courir le délai de quinzaine; que dire du jour du jugement n'était pas dire du jour de la signification; enfin, que l'intérêt des créanciers com-

mande un délai rigoureux et court pour l'exécution du jugement; que c'est-là le seul moyen d'écarter ou de prévenir la fraude.

Cette dernière opinion, bien qu'elle paraisse sévère, et que dans certains cas elle puisse entraîner des résultats funestes aux intérêts de la femme, a prévalu sur la première ; la Cour de cassation a décidé la question en ce sens, dans deux arrêts rendus les 11 décembre 1810 et 11 juin 1818; ils sont rapportés par Sirey, *tom.* 11, 1.re *part.*, *pag.* 77, et *tom.* 18, 1.re *part.*, *pag.* 285. Pigeau, au titre de la séparation de biens, *tom.* 2, *pag.* 502, avait déjà professé cette doctrine, qu'on trouve aussi reproduite par plusieurs auteurs, entr'autres par MM. Bellot-Desminières, *tom.* 2, *pag.* 126; Berriat-Saint-Prix, *pag.* 580, *note* 14; Riffé-Caubray et de Laporte, sur l'*art.* 1444.

311. Une troisième question que fait naître l'interprétation de l'art. 1444 est celle de savoir ce qu'on doit considérer comme poursuites commencées; le délai de quinzaine laissant peu de latitude, il paraît presque impossible de faire faire, dans ce court espace de tems, des commandemens, des saisies, etc. M. Pigeau, *pag.* 502, entraîné par cette considération, a pensé que la signification du jugement devait être regardée comme *poursuites*, et qu'il suffit par conséquent à la femme, pour ne pas encourir la nullité, de faire signifier le jugement dans la

quinzaine. Les auteurs des Pandectes françaises partagent également cet avis ; mais il nous semble que c'est-là une erreur manifeste : quoique le délai de quinzaine soit très-court pour remplir toutes les formalités que prescrit la loi, et pour exécuter le jugement de séparation, ce n'est pas une raison pour donner une trop grande étendue au sens du mot *poursuites*, et lui faire comprendre dans sa signification des actes qui n'en ont aucun caractère. Il est évident, en effet, qu'une simple notification de jugement ne peut être considérée comme un commencement de poursuites ; la loi prescrit cette notification pour que celui qui a subi la condamnation en acquière la connaissance personnelle et ait à s'y conformer ; un pareil acte manifeste l'intention de poursuivre, mais non pas la poursuite elle-même. M. Carré, sur l'*art.* 872, *qu.* 2725, dit avec beaucoup de sagacité que si la signification d'un jugement est nécessaire pour avoir le droit d'en poursuivre l'exécution, elle n'annonce que l'intention de faire ces poursuites, elle n'en est pas une. Il n'est donc pas juste de dire, en se décidant par un motif louable d'ailleurs, que la simple signification du jugement dans la quinzaine suffise pour que la femme n'encoure point la peine de nullité ; si après cette signification elle ne fait pas au moins notifier un commandement, il est hors de doute qu'elle ne sera point réputée avoir commencé ses poursuites contre son mari.

On ne serait pas non plus admis à présenter, comme commencement de poursuites, une citation en conciliation donnée en exécution du jugement de séparation de biens, si elle n'avait pas été suivie d'une demande en justice dans le mois de la non conciliation ; on ne pourrait pas même alléguer que le retard a été causé par des propositions d'arrangement frauduleusement faites dans la vue de suspendre les poursuites; c'est ainsi du moins que l'a jugé la Cour de Nîmes, le 21 mai 1819, dans la cause de la dame Charrière contre Antoine Pellier.

312. L'art. 1444 dit que les poursuites doivent être commencées dans la quinzaine qui a suivi le jugement, *et non interrompues depuis.* Mais quand y a-t-il interruption de poursuites? Voilà ce que la loi ne dit pas et ce que le législateur ne pouvait guères expliquer. Il y a, selon nous, interruption de poursuites toutes les fois que la femme a laissé expirer les délais après lesquels la loi l'autorise à faire des actes d'exécution; ainsi, par exemple, si la femme, après avoir fait notifier le commandement qui doit précéder la saisie mobilière, néglige de faire faire cette saisie et laisse écouler un intervalle d'un mois sans y faire procéder, alors on peut penser qu'il y a intention de frauder de la part des époux, et l'on peut attaquer la séparation de biens. Cependant il peut arriver une multitude de circonstances ou le tems écoulé sans poursuites de la part de la femme

ne pourrait raisonnablement être considéré comme interruption de poursuites; c'est aux magistrats à chercher si dans la conduite de la femme il y a eu mauvaise foi et intention de frauder; car, sans cela, l'interruption de poursuites ne peut justement motiver l'annullation de la séparation de biens, à moins cependant que cette interruption ne soit telle qu'elle fasse nécessairement présumer la renonciation de la femme à se prévaloir du bénéfice du jugement de séparation de biens. V. au reste Pigeau, *tom.* 2, *pag.* 502; Berriat-Saint-Prix, *pag.* 580, *note* 14; et Carré, sur l'*art.* 872, *qu.* 2726.

313. Il s'est présenté une espèce, devant la Cour de cassation, qui nous paraît devoir être rapportée ici, dans laquelle il a été décidé qu'il n'y avait pas interruption de poursuites, bien qu'il se fût écoulé un long espace de tems sans que la femme eût continué directement contre son mari celles qu'elle avait commencées dans le délai de la loi. Le sieur Magneur, créancier du sieur Victoria d'une somme de 4,068 fr., lui fait signifier un commandement dans le courant de 1806, et reste dans l'inaction jusqu'en 1816, époque à laquelle il reprend ses poursuites, et fait saisir une maison lui appartenant. La dame Victoria avait, antérieurement à cette saisie, formé sa demande en séparation de biens, et l'avait fait prononcer par le Tribunal. En vertu de ce jugement, qu'elle avait fait notifier à son mari, la dame Victoria

l'avait fait assigner, en tems utile, en réglement de ses droits, s'élevant à 47,000 fr, et avait demandé que la maison saisie lui fût abandonnée en imputation de ses reprises, suivant l'estimation qui en serait faite par experts; son exploit d'assignation était sous la date du 19 décembre 1816, et depuis cette époque, jusqu'au 12 février 1817, elle n'avait plus fait de poursuites; le sieur Magneur avait continué les siennes sur la maison qui allait être expropriée, lorsque, pour en empêcher la vente, la dame Victoria lui fit signifier une requête, le même jour 12 février 1817, par laquelle elle demandait la distraction de la maison saisie. Cette requête renvoyée à l'audience, le sieur Magneur opposa à la dame Victoria une fin de non-recevoir tirée de ce que depuis l'assignation, donnée le 19 décembre 1816, elle était restée sans faire aucune poursuite; d'où il résultait que la séparation de biens était nulle, aux termes de l'art. 1444 du Code civil. Par jugement du 4 mars 1817, le Tribunal de Bordeaux adopta ces motifs et annulla la séparation de biens. Sur l'appel interjeté par la dame Victoria, la Cour rendit arrêt en ces termes, le 19 avril 1817 :

« Considérant que la dame Victoria a obtenu un jugement qui la déclare séparée de biens d'avec son mari; que, conformément aux lois qui régissent l'exercice de ses actions, elle a assigné son mari dans la quinzaine qui a suivi ledit jugement, pour en provoquer l'exécution; qu'elle s'était préalablement conformée aux dispositions de l'art. 872 du Code de procédure ; que si elle n'a pu obtenir jugement contre son mari, c'est parce qu'elle a dû se pourvoir contre le créancier qui avait fait saisir les immeubles de son mari, sur lesquels ses droits étaient hypothéqués, et que n'ayant pas cessé de poursuivre ce créancier en présence de son mari, on ne peut pas dire qu'elle a interrompu les poursuites commencées pour l'exécution du jugement de séparation ; d'où il suit qu'on ne peut pas lui opposer la nullité proposée par l'art. 1444 du Code civil ;

» La Cour, faisant droit à l'appel interjeté par ladite Victoria, du jugement rendu par le Tribunal de première instance de Bordeaux, le 4 mars 1817, a mis l'appel et ce dont a été appelé au néant ; émendant sans s'arrêter à la fin de non-recevoir proposée contre la femme Victoria, fait distraction en sa faveur de la maison située à Bordeaux, saisie au préjudice de son mari par François Magneur : lui permet d'en prendre et retenir la possession, à la charge par elle de payer les créanciers antérieurs à son contrat de mariage, si mieux n'aime François Magneur lui rembourser sa dot et ses conventions matrimoniales, conformément à son contrat de mariage; au surplus, déclare l'arrêt commun avec Victoria. »

Le sieur Magneur se pourvoit en cassation : 23 mars 1819, arrêt.

« La Cour, considérant que la Cour de Bordeaux

a reconnu avec grande raison que la femme Victoria n'a point interrompu les poursuites par elle commencées dans la quinzaine, pour exécution de la sentence de séparation de biens contre son mari, ainsi que l'exige l'art. 1444 du Code civil ; qu'il est évident qu'elle ne pouvait parvenir à opérer l'exécution complète par le paiement réel de ses droits dont parle ledit article, qu'au moyen de la demande en distraction qu'elle a formée contradictoirement avec Magneur et avec son mari, et qu'elle a suivie sans aucune interruption ; d'où il résulte que c'est sans aucun motif que l'on a demandé la nullité de la sentence en question ; — rejette, etc. »

On voit par l'espèce de cet arrêt que la femme Victoria, depuis le 19 décembre 1816, jour où elle avait fait assigner son mari en réglement de ses droits, n'avait fait aucune poursuite contre lui, ce qui motivait de la part de Magneur la demande en nullité de la séparation; il y avait bien en effet interruption de poursuites directes contre le mari; mais il ne faut pas perdre de vue, et c'est-là le seul motif de l'arrêt qui nous ait frappé, que la femme, en dirigeant sa demande en distraction contre Magneur, agissait en présence de son mari et contre lui, puisqu'elle était intervenue dans une instance en expropriation où il figurait comme partie saine; on ne pouvait donc pas dire qu'il y eût réellement interruption de poursuites de sa part; il en aurait été autrement si elle se fût contentée d'actionner un tiers détenteur, par exemple, en l'absence de son mari, pour obtenir le délaissement d'un immeuble dont elle aurait voulu se prévaloir pour le paiement de ses droits. Malgré qu'il n'y eût pas eu d'autre bien appartenant à son mari, nous ne pensons pas que ses poursuites contre ce tiers eussent été considérées comme une continuation de celles qu'elle aurait commencées dans la quinzaine; nous croyons qu'elle aurait dû, en même tems qu'elle formait sa demande contre le tiers possesseur, poursuivre son mari, faire saisir son mobilier, ou au moins faire dresser contre lui un procès-verbal de carence. Vainement viendrait-on dire avec l'arrêt de la Cour de cassation, que la femme ne pouvant parvenir à opérer l'exécution entière du jugement par le paiement réel de ses droits, qu'au moyen de la demande formée contre le tiers détenteur, que c'était-là la seule voie qu'elle devait prendre pour continuer efficacement ses poursuites, on répondrait avec raison que tant que l'absence de moyens de se libérer de la part du mari ne serait pas légalement constatée, la femme serait censée avoir interrompu ses poursuites contre lui, si elle ne les complétait pas par la saisie de son mobilier ou par un procès-verbal de carence. Qu'est-ce qui apprendrait en effet à la justice que la seule ressource de la femme, pour se faire payer de ses droits, serait l'action contre le tiers détenteur? Comment serait-il prouvé que le mari n'aurait pas d'autres biens, si ce n'est par un acte qui le constaterait d'une manière légale? Il faut donc dire aussi que les poursuites de la femme contre un tiers, ne sont censées une continuation de celles commencées contre le mari qu'autant que ces poursuites sont faites en même tems contre lui, ou en sa présence, ou lui dûment appelé.

314. Si la séparation de biens n'est pas exécutée dans le délai prescrit par la loi, la nullité qui en est la conséquence frappe-t-elle en même tems et la procédure et le jugement? L'affirmative n'est pas douteuse. On peut bien dire à la vérité que les termes de l'art. 1444, *la séparation de biens est nulle*, ne doivent et ne peuvent s'appliquer qu'au jugement qui la prononce; que le jugement seul fait la séparation de biens et lui donne l'existence; que la procédure n'en est que la préparation; qu'en jugeant par analogie on voit que l'art. 156 du Code de procédure, qui, faute d'exécution d'un jugement par défaut dans le délai de six mois, le déclare nul, ne porte pas atteinte à la demande originaire ni aux procédures faites ultérieurement; qu'il doit en être de même de la disposition de l'art. 1444; mais tout cela ne peut détruire les raisons puissantes sur lesquelles repose l'opinion contraire, qu'un des meilleurs arrêts de la Cour de cassation a consacrée d'une manière à ne laisser aucun doute sur la question. Voici les motifs remarquables de cet arrêt :

« La Cour, considérant qu'aux termes de l'art.

1444 du Code civil, *la séparation de biens est nulle*, si elle n'a pas été exécutée dans la quinzaine;

» Que la nullité que cet article prononce ne s'applique pas limitativement au jugement de séparation, mais d'une manière beaucoup plus étendue à la séparation même, expression qui annonce que le législateur n'a pas eu seulement en vue le jugement qui la prononce, mais les procédures faites pour l'obtenir, c'est-à-dire l'instance introduite par les parties, et par conséquent que c'est cette instance qu'il a entendu annuller et qu'il annulle;

» Que l'art. 156 du Code de procédure civile, loin de contrarier ce système, le justifie; qu'en effet, cet article, s'expliquant sur des jugemens par défaut non exécutés dans le délai de six mois, ne considère que les jugemens, et se borne à dire qu'ils *sont réputés non avenus*, tandis que l'art. 1444 du Code civil, s'expliquant sur la séparation de biens, se sert d'expressions différentes, et dit en termes généraux et absolus que *la séparation est nulle;*

» Qu'au reste l'art. 156 du Code de procédure et l'art. 397, également cité par l'arrêt attaqué, ne sont d'aucune influence dans les causes de séparation de biens, matières régies par des dispositions spéciales qui, en plusieurs points, ont dû déroger aux règles ordinaires et y dérogent effectivement;

» Qu'ainsi, avant de se pourvoir en séparation, la femme doit être autorisée par le président du Tribunal; que sa demande doit être affichée dans l'auditoire de ce Tribunal, dans les chambres des avoués, dans celles des notaires, être annoncée dans un journal, et qu'aux termes de l'art. 869 du Code de procédure, il ne peut être prononcé aucun jugement de séparation qu'un mois après l'observation de ces farmalités, toutes prescrites à peine de nullité;

» Qu'il est hors de doute qu'elles ont été établies principalement dans l'intérêt des créanciers du mari, afin qu'ils soient avertis des poursuites exercées contre leur débiteur, et qu'ils puissent veiller à la conservation de leurs droits, intervenir dans l'instance en séparation, prendre connaissance des pièces justificatives de la demande, et déjouer les fraudes qui seraient commises à leur préjudice;

Que c'est par les mêmes motifs que l'art. 1444 du Code civil veut que les séparations de biens soient exécutées dans la quinzaine, et qu'il les déclare nulles, si la femme laisse expirer ce délai sans obtenir ou poursuivre le paiement de ses droits et de ses reprises;

» Qu'il est évident que par cette dernière disposition la loi remet les parties dans l'état où elles étaient avant la demande en séparation, et par conséquent qu'elle annulle cette demande et toutes les procédures dont elle a été l'objet;

» Que s'il en était autrement, que si n'annullant que le jugement de séparation la loi laissait subsister les procédures antérieures, et permettait à la femme d'en reprendre à son gré les erremens, il résulterait de ce système que lorsque le jugement serait devenu caduc, à défaut d'exécution dans la quinzaine, la femme pourrait, plusieurs mois, plusieurs années, un grand nombre d'années après, reporter sur une simple citation sa demande en justice, et faire prononcer de nouveau sa demande en séparation dans le delai de quelques jours, à l'insçu des créanciers, souvent à leur préjudice, et rendre ainsi illusoires toutes les garanties introduites en leur faveur : système aussi contraire à l'ordre public qu'au texte et à l'esprit de l'art. 1444 et de toutes les dispositions du Code de procédure qui s'y rapportent;

» Casse l'arrêt de la Cour de Bordeaux, du 6 mars 1820. — Section civile, 11 juin 1823. V. Sirey, *tom.* 23, 1.re *part.*, *pag.* 317. »

315. La nullité résultant du défaut d'exécution dans la quinzaine, ne peut être opposée que par les créanciers et non par les époux. Uniquement introduite dans l'intérêt des créanciers, la disposition qui ordonne l'exécution de la séparation dans la quinzaine ne doit servir qu'à eux; une décision contraire entraînerait avec elle les plus graves inconvéniens; la femme pourrait à son gré faire déclarer nulle ou valable la séparation de biens, et tenir ainsi dans ses mains le sort des créanciers de son mari, et rendre leurs droits incertains. Ne perdons pas de vue, d'ailleurs, que la nullité dont il s'agit est le propre fait des époux, et qu'il ne peut pas leur être permis d'en

opposer sans blesser tous les principes d'équité. V. au reste un arrêt de la Cour royale de Colmar, du 8 août 1820, qui a décidé la question en ce sens.

316. Nous avons dit, n.° 251, que le jugement de séparation devait être exécuté par le paiement réel des droits et reprises de la femme, *avec intérêts du jour de la demande*. Cette décision est fondée sur la disposition de l'art. 1445, *in fin.*, qui porte que le jugement qui prononce la séparation de biens remonte, quant à ses effets, au jour de la demande. Cependant il ne faut pas perdre de vue l'obligation où se trouve la femme de pourvoir selon ses facultés aux besoins du ménage; on compense alors les intérêts de la dot jusqu'à concurrence de la portion des dépenses communes qui sont à sa charge, et on lui tient compte de l'excédant. V. Rousseau-Lacombe, mot *Séparation de biens;* Bellot-Desminières, *du Contrat de mariage*, *tom.* 2, *pag.* 128; Merlin, *Répertoire*, *pag.* 422.

ARTICLE V.

Des effets du jugement de séparation de biens.

317. Les effets du jugement de séparation de biens sont de deux espèces : les uns sont relatifs aux époux, les autres sont relatifs aux tiers.

§. I.er

Des effets du jugement de séparation de biens, relativement aux époux.

318. La femme qui a obtenu la séparation, soit de corps et de biens, soit de biens seulement, en reprend la libre administration; elle peut par conséquent faire tous les actes que nécessite cette administration; ainsi elle peut passer les baux, recevoir les prix de ferme, percevoir les fruits en nature, les vendre ou les faire consommer dans la maison commune, selon qu'elle le juge plus avantageux pour le ménage. La femme séparée peut aussi exiger le remboursement de tout ou partie de sa dot, si elle est encore due; elle peut en poursuivre les débiteurs, mais elle ne peut cependant ester en justice sans l'autorisation de son mari; *Cod. civ.*, 1449 *et* 215.

319. Ce même article 1449 porte que la femme séparée peut disposer de son mobilier et l'aliéner, mais qu'elle ne peut aliéner ses immeubles sans le consentement du mari, ou sans être autorisée en justice à son refus. Cette disposition, insérée au titre de la communauté, ne s'applique pas à la femme mariée sous le régime dotal, qui ne peut, avec ou sans le consentement de son mari, aliéner son mobilier ni ses immeubles.

Développons ce point de doctrine qui, bien qu'il

ait été consacré par une foule d'arrêts, paraît encore avoir de nombreux adversaires.

Dès le moment que des époux se soumettent au régime dotal, tous les biens qui sont constitués à la femme, ou qu'elle se constitue elle-même, deviennent dotaux et sont frappés au même instant d'inaliénabilité, à moins qu'ils n'aient été déclarés aliénables par le contrat; voilà le principe général, on peut même dire absolu, qui résulte de la combinaison des articles 1541 et 1554 du Code civil, dont il faut rapporter ici les termes :

Art. 1541. — « Tout ce que la femme se constitue, ou qui lui est donné en contrat de mariage, est dotal, s'il n'y a stipulation contraire. »

Art. 1554. — « Les immeubles constitués en dot ne peuvent être aliénés ou hypothéqués *pendant le mariage*, ni par le mari, ni par la femme, ni par les deux conjointement, *sauf les exceptions qui suivent.* »

Dans les exceptions qui suivent, l'aliénation, en cas de séparation de biens, n'étant pas autorisée, et l'article portant textuellement que les biens constitués en dot ne peuvent être aliénés *pendant le mariage*, il en résulte la conséquence immédiate et nécessaire, que la séparation de biens ne dissolvant pas le mariage, n'efface point le caractère d'inaliénabilité auquel les biens dotaux sont soumis par ce même article.

C'est au reste de cette manière que la question

était résolue sous l'ancienne jurisprudence, d'après les termes de la loi 29, *Cod. de jure dotium*, ainsi conçue : *Ubi adhuc matrimonio constituto maritus ad inopiam sit deductus, et mulier sibi prospicere velit, resque sibi suppositas pro dote, et antè nuptias donatione, rebusque extrà dotem constitutis tenere : non tantùm mariti res ei tenenti, et super his ad judicium vocatæ, exceptionis præsidium ad expellendum ab hypotheca secundùm creditorem præstamus : sed etiam si ipsa contrà detentatores rerum ad maritum suum pertinentium, super iisdem hypothecis aliquam actionem secundùm legum distinctionem moveat, non obesse ei matrimonium adhuc constitutum sancimus, sed ità eam posse easdem res vindicare vel à creditoribus posterioribus, vel ab aliis qui non potiora jura legibus habere noscuntur, ut potuisset si matrimonium eo modo dissolutum esset, quo dotis et antè nuptias donationis exactio ei competere poterat :* ità tamen, ut eadem mulier nullam habeat licentiam eas res alienandi vivente marito, et matrimonio inter eos constituto : *sed fructibus earum ad sustentationem tàm sui, quàm mariti filiorumque, si quos habet abutatur.*

Les Tribunaux et les auteurs voyaient dans les mots *ità tamen, etc.*, de cette loi, la prohibition faite à la femme qui obtenait la restitution de sa dot, en cas de déconfiture de son mari, d'aliéner aucun des biens qui la composaient; cette prohibition durait tant que le mari vivait et que le mariage n'était pas dissous : *vivente marito*, *et matrimonio inter eos constituto*. V. Louet et Brodeau, *lett. F*, *n.*° 30; Loiseau, *des Off.*, *liv.* 5, *chap.* 2, *n.*° 39; Mornac, *ad leg.* 4, *ff. ad senat.-cons. Maced.*; Carondas, *liv.* 7, *n.*° 208.

Cette jurisprudence n'était pas observée, il est vrai, dans les pays de coutume; on y décidait que la femme séparée pouvait aliéner ses immeubles avec le consentement de son mari, et qu'elle pouvait disposer, sans son consentement, de ses revenus et des sommes mobilières qui pouvaient lui échoir; deux actes de notoriété du Châtelet de Paris, du 8 mai 1703, le décidaient formellement; mais dans les pays de droit écrit on suivait religieusement la loi romaine, qui ne distinguait point les meubles des immeubles, et les uns et les autres étaient déclarés inaliénables.

Depuis la promulgation du Code civil on a agité de nouveau la question devant les Tribunaux, et l'on n'a pas tardé, comme on l'avait fait sous l'ancien droit écrit, à consacrer le principe de l'inaliénabilité. V. un arrêt de la Cour de Rouen, du 25 juin 1818, confirmé par celui de la Cour de cassation, du 19 août 1819, tous les deux rapportés par Sirey, *tom.* 18, 2.e *part.*, *pag.* 287; *tom.* 20, 1.re *part.*, *pag.* 19; autre arrêt de la Cour de Montpellier, du 22 juin 1819, rapporté aussi par Sirey, *tom.* 20, 2.e *part.*, *pag.* 310; un arrêt de la Cour de Grenoble, du 24 mars 1821, dont l'espèce est citée dans le *Journal de jurisprudence de cette Cour, pag.* 274; enfin, un second arrêt de la Cour de cassation, rapporté par Sirey, *tom.* 23, 1.re *part., pag.* 331.

Les termes de l'art. 1554, le droit romain et la jurisprudence concourent ainsi pour établir d'une manière indubitable la prohibition d'aliéner les biens dotaux par la femme séparée; malgré cela on trouve encore, ainsi que nous l'avons déjà dit, des jurisconsultes recommandables qui pensent le contraire. Voici ce qu'ils opposent à nos autorités :

Première objection.

L'art. 1554 dispose, il est vrai, que les biens dotaux sont inaliénables pendant le mariage, mais il n'en est pas ainsi après la séparation de biens; l'art. 1449 accorde à la femme la faculté de disposer de son mobilier et de l'aliéner, et quant aux immeubles il en autorise aussi l'aliénation, mais avec le consentement du mari.

Réponse.

L'art. 1449 n'est relatif qu'aux époux mariés sous le régime de la communauté, et non point aux époux mariés sous le régime dotal; à la vérité, l'art. 1563 accorde à la femme dont la dot est en péril le droit de poursuivre sa séparation de biens, ainsi qu'il est dit aux art. 1443 et suivans, mais ce renvoi ne s'applique qu'aux dispositions qui indiquent les formes à suivre pour arriver à la séparation de biens, et non point à celles qui en déterminent les effets.

Deuxième objection.

Mais si l'art. 1563 ne renvoie aux art. 1443 et suivans que pour ce qui regarde les formalités à remplir pour faire prononcer la séparation de biens, quelle sera la loi à laquelle il faudra recourir pour connaître les effets de cette séparation sous le régime dotal? Si ce n'est pas à l'art. 1449, il y aura donc omission complète de la part du législateur sur ce point, et lacune dans la loi? Une pareille supposition est trop grave pour la fonder sur des conjectures.

Réponse.

Il n'y a ni omission ni lacune dans la loi, parce que, dès le moment que l'art. 1554 du Code civil dispose que la dot ne peut être aliénée *pendant le mariage*, tous les effets de la séparation de biens sous le régime dotal sont connus; la femme séparée reprend l'administration de ses biens, et voilà tout : il n'y a rien de plus à indiquer de la part du législateur. Quelle règle en effet aurait-il pu porter après avoir prononcé l'inaliénabilité des biens dotaux? Il ne restait rien à déterminer, les bornes de l'administration de la femme étant certaines, tout était prévu; elle ne pouvait s'écarter ni rien faire qui pût nuire à ses propres intérêts.

Combien serait dangereuse d'ailleurs la faculté d'aliéner concédée à la femme par l'art. 1449! Qu'on y réfléchisse un moment, et l'on se convaincra bientôt qu'admettre une pareille doctrine serait saper dans ses fondemens le régime dotal tout entier; d'abord, ne serait-ce pas une contradiction manifeste que de soustraire d'une part les biens dotaux aux prodigalités du mari, pour les abandonner de l'autre à l'arbitraire et au caprice de la femme? Ne devrait-on pas d'ailleurs appréhender l'ascendant et l'autorité du mari? N'est-il pas à peu près certain que, soit par faiblesse, soit par affection, la femme ne pourrait résister à sa volonté? D'un autre côté, ne serait-ce pas ouvrir une porte à la collusion, et offrir aux époux un moyen d'éluder la précieuse rigueur de la loi, que de permettre à la femme séparée d'aliéner ses biens dotaux? Qui empêcherait le mari, d'accord avec la femme, de préparer une fausse cause de séparation de biens, et de la faire prononcer entr'eux, pour avoir ensuite la faculté d'aliéner des biens primitivement frappés d'inaliénabilité? En faut-il davantage pour démontrer, jusqu'au dernier degré d'évidence, que le législateur n'a pu vouloir une semblable inconséquence.

Troisième objection.

Il est tellement vrai que le législateur a entendu accorder à la femme mariée sous le régime dotal le droit d'aliéner ses biens dotaux, qu'il a décidé que la prescription courait contre elle du moment de la séparation, à quelque époque qu'elle eût commencé; *Cod. civ.*, 1561; or, la prescription ne peut courir que contre celui qui peut aliéner, puisqu'elle est un moyen d'acquérir; *Cod. civ.*, 2219; et que celui qui ne peut aliéner ne peut renoncer à la prescription acquise; *Cod. civ.*, 2222.

Réponse.

L'exercice de toutes les actions dotales appartenant exclusivement au mari avant la séparation, lui seul pouvant par conséquent agir pour ôter aux tiers les moyens de prescrire l'immeuble dotal, il était naturel et juste de prononcer que la prescription ne courait point contre la femme avant sa séparation; mais une fois cette séparation prononcée, la loi rendant à la femme l'administration pleine et entière de ses biens, il eût été inconséquent de ne pas laisser courir la prescription contre elle, puisqu'elle seule pouvait agir pour l'interrompre; d'ailleurs, la prescription n'est un moyen d'acquérir que pour celui qui prescrit, mais non pour celui contre lequel on prescrit : il y a loin de perdre par la prescription, toujours indépendante de la volonté, à l'aliénation pure et simple, qui exige toujours le consentement réfléchi de la personne qui se dépouille; on ne peut donc pas dire : on prescrit contre la femme séparée, donc la femme séparée peut aliéner.

320. A ces objections que nous venons de discuter, ceux qui pensent que la femme séparée peut aliéner sa dot, joignent un arrêt de la Cour de Nîmes, du 23 avril 1812, rapporté par Sirey, *tom.* 13, 2.e *part.*, *pag.* 209, et une dissertation de M. Bazile, dont nous avons déjà cité plusieurs fois le Mémorial de jurisprudence, où cette dissertation est insérée, *tom.* 22, *pag.* 7. L'arrêt que nous indiquons ici est le seul qui ait jugé la question en ce sens, et nous ne pensons pas qu'il s'en rende de nouveaux, la Cour de cassation s'étant solennellement prononcée contre l'aliénabilité.

321. Non-seulement la jurisprudence s'est fixée sur ce point, mais on est allé plus loin encore ; on a jugé que la femme ne pouvait, même après sa séparation de biens, exiger la restitution de sa dot mobilière, qu'à la charge d'en faire emploi ou de donner caution ; un arrêt de la Cour de Montpellier du 2 juin 1819 est le premier qui ait consacré cette doctrine.

Un autre arrêt de la Cour de Grenoble, du 24 mars 1821, a jugé la question d'une manière encore plus positive dans l'espèce suivante :

Un jugement du Tribunal de Grenoble prononce la séparation de corps entre les époux Luneau : la femme est autorisée par ce jugement à reprendre et exiger de son mari ses reprises dotales s'élevant à 3,200 fr.

Appel de la part du sieur Luneau, qui soutient que sa femme ne peut exiger cette somme sans fournir emploi ou caution.

« La Cour, considérant que dans les pays de droit écrit c'était un principe constant, consacré par la jurisprudence, que la femme ne pouvait, même avec l'autorisation de son mari, qu'elle fût séparée de biens ou qu'elle ne le fût pas, aliéner directement ou indirectement sa dot mobilière, non plus que sa dot immobilière, ni, enfin, détériorer d'aucune manière l'une ou l'autre dot;

» Considérant que ce principe n'a reçu aucune atteinte par le Code civil; que si bien l'art. 1563, inséré dans le chapitre du régime dotal, dispose que si la dot est mise en péril, la femme peut poursuivre la séparation de biens, ainsi qu'il est dit aux art. 1443 et suivans, placés sous le chapitre du régime de la communauté; cette disposition s'entend du mode de procéder, pour parvenir à la séparation de biens, et nullement des effets de cette séparation, qui ne sont pas les mêmes dans les deux régimes, ni, par conséquent, de la faculté d'aliéner le mobilier, introduite par l'art. 1449 du même Code; cette faculté ne concerne en effet que la femme mariée sous le régime de la communauté, et n'a été admise que par suite de la dissolution de la communauté, un arrêt de la Cour de cassation, du 1.er février 1819, ayant formellement consacré ce principe;

» Considérant qu'admettre sous le régime dotal la

faculté d'aliéner ou de détériorer la dot mobilière, ce serait faire tourner contre la femme la séparation de biens, qui cependant n'a été introduite que pour la conservation de sa dot, que pour empêcher qu'elle ne fût anéantie ou détériorée;

» Considérant qu'il était également de jurisprudence dans le ressort du parlement de Grenoble, que si la femme séparée de biens, après avoir satisfait à ses besoins, à ceux de son mari et de ses enfans, faisait des épargnes ou des économies sur les fruits ou intérêts de la dot, ces épargnes ou ces économies tournaient au profit des créanciers de son mari, et cela d'après le principe que les fruits de la dot appartiennent au mari, et que la séparation de biens ne faisait pas cesser la dotalité, mais opérait simplement un changement d'administrateur;

» Considérant qu'il était encore de jurisprudence, dans le ressort du parlement de Grenoble, que la femme séparée de biens, qui se colloquait sur ceux de son mari, et à laquelle on assignait des sommes en deniers, en paiement de sa dot et avantages de mariage, ne pouvait pas exiger ces mêmes sommes, et devenir la maîtresse d'en disposer à sa volonté ou de les dissiper, mais qu'elle était tenue de les placer entre les mains de personnes rescéantes et solvables, pour leur faire produire des intérêts et conserver à sa dot toute son intégrité;

» Considérant que c'est également sous la foi de cette jurisprudence, de ces mesures conservatoires, qu'antérieurement à la promulgation du Code civil les sieur et dame Luneau ont contracté mariage sous le régime dotal; qu'ainsi, lors même que le Code civil aurait introduit quelques modifications sur l'emploi ou le placement de la dot, ce qu'il n'importe pas d'examiner, il est évident, 1.° que le sieur Luneau doit jouir de tous les avantages qui, en cas de séparation de biens, lui étaient assurés par la jurisprudence du parlement de Grenoble, dès que le Code civil n'a disposé que pour l'avenir; 2.° que la dame Luneau ne peut forcer son mari à lui payer sa dot et le prix de son trousseau, qu'à la charge par elle d'employer utilement ou de placer dans les mains de personnes rescéantes, condition qui ne peut être imposée, et qui n'est pas réclamée par le sieur Luneau, en ce qui concerne les bagues et joyaux;

» Confirme, quant à ce, le jugement dont est appel, à la charge néanmoins par la dame Luneau de donner un emploi utile du montant de sa dot et de l'estimation de son trousseau à elle adjugés par ledit jugement, ou de les placer chez une personne rescéante et solvable, pour lui faire produire intérêt. »

V. encore un autre arrêt dans Sirey, *tom.* 15, 2.e *part.*, *pag.* 106.

322. L'inaliénabilité de la dot ne s'étend point aux intérêts ou revenus; le mari, avant la séparation de biens, et la femme, après cette séparation,

peuvent en disposer, et leurs créanciers les faire saisir contre eux.

C'est ce qu'a décidé la Cour de cassation, par arrêt du 9 avril 1823, dans l'espèce suivante (*).

La dame Lacombe, mariée sous le régime dotal, avait obtenu sa séparation de biens d'avec son mari; en cet état, elle s'était obligée envers les sieurs Cibiel et compagnie, pour une somme de 330 fr.; ceux-ci firent faire une saisie-arrêt entre les mains du sieur Ruffier, débiteur de la dame Lacombe, d'une somme de 4,658 fr., faisant partie de ses constitutions dotales.

La dame Lacombe demanda la nullité de cette saisie, attendu que la somme de 4,658 fr. étant inaliénable quant au capital et même quant aux intérêts, elle ne pouvait être affectée au paiement des obligations contractées par la femme; que si l'on restreignait l'inaliénabilité au capital, et qu'on admît l'inaliénabilité des intérêts, on éluderait aisément le vœu du législateur, qui a établi l'inaliénabilité de la dot, afin qu'elle servît constamment aux besoins de la famille; qu'en effet on pourrait, par des obligations anticipées, absorber tous les fruits et revenus de la dot, qui par-là se trouverait sinon aliénée, du moins placée sous une espèce de séquestre équivalant à l'aliénation.

(*) V. Sirey, tom. 23, 1.re part., pag. 331.

Les sieurs Cibiel et compagnie répondaient que le capital de la dot est seul inaliénable, aux termes des art. 1549, 1554, 1568 et 1571 du Code civil; que le mari, durant le mariage, a la libre administration des revenus, dont il peut disposer à son gré; que la même faculté appartient évidemment à la femme après la séparation de biens, qui lui rend l'administration de ses biens dotaux; que, dans le cas d'aliénations anticipées et frauduleuses, on pourrait examiner si elles doivent être maintenues; mais que, dans l'espèce, on ne peut arguer de fraude l'obligation contractée; qu'ainsi elle doit avoir son effet.

7 février 1820, jugement du Tribunal civil d'Alby, qui prononce la nullité de la saisie-arrêt, « attendu » que les revenus de la dot sont affectés aux frais » du ménage et à l'éducation des enfans, et qu'aux » termes de l'art. 1448 du Code civil, la femme de- » vant supporter entièrement ces frais, quand il ne » reste rien au mari, ces revenus ne peuvent être » saisis par ses créanciers. »

Pourvoi en cassation.

Arrêt.—« Vu les art. 1549, 1568 et 1571 du Code civil :

» Considérant que, d'après ces articles, le mari, pendant la durée du mariage, a un droit exclusif aux revenus des immeubles dotaux et aux intérêts de la dot mobilière ;

» Que ces revenus et ces intérêts sont entièrement

à sa disposition, quoique les immeubles dotaux et la dot mobilière soient inaliénables; que ces revenus et intérêts sont par conséquent de nature à être saisis par les créanciers du mari, pour l'exécution des engagemens contractés avec eux;

» Considérant que par la séparation de biens, légalement prononcée, le mari perd, et la femme prend l'administration de ses immeubles dotaux et de sa dot mobilière;

» Que cette séparation n'altère pas, à la vérité, le régime dotal quant à l'inaliénabilité des immeubles et des capitaux, mais que les principes ne changent pas non plus quant aux revenus et aux intérêts;

» Que ces revenus et ces intérêts offrent, contre la femme qui s'oblige après la séparation, la même sûreté qu'ils offraient contre le mari avant la séparation;

» Qu'il faut bien que la femme qui reprend, en vertu de la loi, l'administration entière de ses revenus, puisse s'obliger sans fraude, dans l'intérêt même de son administration, sur ces revenus; qu'une pareille obligation doit être maintenue, 1.° parce qu'elle n'est interdite par aucune loi; 2.° parce qu'elle peut être utile à l'administration de la femme; 3.° enfin, parce qu'elle ne porte aucune atteinte ni à l'inaliénabilité des immeubles dotaux, ni à l'inaliénabilité des capitaux de la dot mobilière;

» Qu'en jugeant le contraire, le Tribunal civil

d'Alby a violé les articles du Code civil ci-dessus cités et commis un excès de pouvoir, en refusant, sur les intérêts dont s'agit, l'exercice d'une action qu'aucune loi n'interdisait;

» Casse, etc. »

323. La séparation de biens ne dispense pas non plus la femme de fournir aux besoins du ménage commun et aux frais d'éducation des enfans; elle doit le faire proportionnellement à ses facultés et à celles de son mari, et s'il ne reste rien à celui-ci, elle doit y pourvoir entièrement; *Cod. civ., art.* 203, 212 *et* 1448.

Mais cette part contributive de la femme doit-elle être versée dans les mains du mari, pour faire face aux dépenses communes, ou bien la femme a-t-elle le droit d'en régler elle-même l'emploi à son gré?

La séparation de biens, en rendant à la femme l'administration de ses biens dotaux, ne détruit pas pour cela la puissance maritale, le mari reste chef et maître de la société conjugale, il peut contraindre la femme à le suivre partout où il juge à propos de résider; en un mot, elle lui doit toujours obéissance et soumission; *Cod. civ., art.* 213, 214 *et* 1338 Ce principe, comme la solution de la question proposée, présente peu de difficulté; le mari demeurant chef du ménage, c'est à lui qu'appartient nécessairement et exclusivement le droit d'en ordonner et répartir les dépenses. Toutefois on peut dire, contre cette opinion, que la séparation de biens n'étant ordinairement prononcée que parce que le mari dissipe ou administre mal sa fortune, il ne convient pas, sans se mettre en contradiction avec soi-même, de lui laisser le gouvernement de la maison et le soin de régler les dépenses communes ; cette objection, la seule qu'on puisse raisonnablement présenter, et l'inconvénient grave sur lequel elle est fondée ne sont point assez puissans pour déterminer les Tribunaux à porter atteinte à l'autorité maritale ; d'ailleurs il n'est pas probable qu'un mari, quel que soit son amour pour la dissipation, consume en vaines dépenses les sommes que sa femme lui remettrait successivement pour sa part contributive : nous disons successivement, car rien n'empêcherait de décider, par le jugement de séparation, que la femme ne serait tenue de verser les sommes à sa charge que par trimestre ou même par douzième ; d'un autre côté, s'il arrivait, ce qui ne serait pas impossible, que le mari dissipât follement ces mêmes sommes, la femme pourrait se servir de ce moyen, qui serait bien suffisant pour faire prononcer sa séparation de corps ; mais tant qu'il ne serait pas nécessaire, pour l'intérêt de la femme et des enfans, d'en venir à cette extrémité, le mari ne pourrait pas être privé d'un droit que la loi, fondée sur la nature, lui a toujours concédé. V. au reste un arrêt rapporté par Merlin, *Répertoire*, mot *Séparation de biens*, *sect.* 2, §. 5, et les conclusions qu'il prit dans cette cause, à l'audience de la section des requêtes, le 28 juillet 1808.

324. Si le mari appréhendait que la femme ne dissipât ses revenus et ne pût pas fournir sa part contributive aux dépenses communes, pourrait-il exiger d'elle une caution? La Cour de Riom, devant laquelle cette question a été agitée, s'est décidée pour la négative. V. Sirey, *tom.* 23, 2.e *part.*, *pag.* 23. Nous partageons cette opinion et nous pensons que le mari, pour forcer la femme à remplir les obligations que la loi lui impose à cet égard, n'aurait que la voie des saisies entre les mains des débiteurs des fruits ou intérêts, ou celle que lui ouvrent les dispositions des articles 203 et 212 du Code civil.

§. 2.

Des effets du jugement de séparation de biens relativement aux tiers.

325. Nous avons déjà dit que le jugement de séparation remonte, quant à ses effets, au jour de la demande; cette disposition s'applique aux tiers comme elle s'applique aux époux : ainsi, lorsque, avant le jugement de séparation et après la demande, les créanciers du mari ont fait saisir les fruits ou les prix de ferme des immeubles dotaux, la femme a le droit, la séparation prononcée, d'en demander main-levée, et elle ne doit pas lui être refusée. Périer, *quest.* 128, rapporte un arrêt, du 16 mai 1673, qui l'a ainsi jugé. Toutefois, M. Pigeau est d'un avis contraire; il soutient que la rétroactivité donnée au jugement ne con-

cerne que les époux et non les tiers, et que toujours ceux-ci peuvent, lorsqu'ils ont traité avec le mari, opposer de leur bonne foi jusqu'à l'accomplissement des formalités requises pour la publication du jugement; cette opinion nous paraît une erreur manifeste. D'abord, retenons bien que la loi ne fait aucune distinction entre les créanciers et les époux, lorsqu'elle fait remonter les effets du jugement de séparation au jour de la demande : d'un autre côté, n'est-ce pas se mettre en contradiction évidente avec l'esprit et la lettre de la loi, que de dire que les créanciers peuvent traiter valablement avec le mari lorsqu'ils ont connaissance de la demande en séparation de biens, par les formalités prescrites pour en assurer la publicité ? A l'aide de l'allégation de leur prétendue bonne foi ne pourraient-ils pas porter atteinte aux droits de la femme, et ne serait-ce pas ouvrir une porte à la collusion que d'admettre une pareille doctrine ? Comment, d'ailleurs, la femme pourrait-elle prouver la mauvaise foi des tiers, qui, d'accord avec le mari, auraient tout préparé pour tromper ses recherches à cet égard ? Serait-il juste de soumettre l'existence de la dot de la femme à une pareille preuve ? Non, sans doute, lorsque sur-tout, comme nous l'avons déjà dit, la loi ne fait aucune distinction en disant que le jugement de séparation remonte, quant à ses effets, au jour de la demande.

Vainement viendrait-on dire qu'il ne serait pas juste de faire supporter tout les effets du jugement de séparation aux tiers qui, le lendemain ou peu de jours après la demande, auraient traité avec le mari à cent lieues du domicile de la femme. Sans doute, si un pareil cas se présentait, il serait malheureux pour le tiers de subir la conséquence rigoureuse de la disposition de l'art. 1445; mais comme en portant une semblable décision en faveur de la femme, le législateur devait fixer une époque, à partir de laquelle tout deviendrait fatal aux tiers, le même inconvénient se serait présenté en la fixant plus tard comme elle l'est au point déterminé.

Tenons donc pour certain que tout ce qui a été fait par les tiers, depuis la demande, ne peut nuire aux intérêts de la femme; qu'il y ait un traité fait avec le mari, ou saisie des fruits ou prix de ferme des immeubles dotaux, tout reste sans effet à l'égard de la femme dès le moment que la séparation a été prononcée et que les formalités prescrites pour sa publicité ont été observées.

326. Il ne reste plus aux créanciers, dans ce cas, que la faculté d'attaquer le jugement de séparation de biens ou son exécution, ainsi que le leur permettent les articles 1447 du Code civil et 873 du Code de procédure; mais par quelle voie et dans quel tems ces créanciers doivent-ils se pourvoir? Voilà ce qu'il n'est pas facile de décider, et ce qui va nécessiter de notre part quelque développement.

327. Faisons d'abord remarquer que tous les créan-

ciers ne sont pas également admissibles à quereller le jugement de séparation de biens ou son exécution; ceux qui ne sont devenus créanciers du mari qu'après le jugement, ne peuvent pas l'attaquer en leur nom personnel : leurs créances n'existant pas encore, la séparation n'a pu être prononcée en fraude de leurs droits, mais si une action reste ouverte au mari pour attaquer lui-même le jugement, il n'est pas douteux que ses créanciers ne puissent, en vertu de l'art. 1166 du Code civil, l'exercer en son nom et profiter des résultats de leurs poursuites. V. Pigeau, *tom.* 2, *pag.* 514.

328. Les créanciers, au contraire, dont les droits sont antérieurs au jugement et qui ont négligé d'intervenir dans l'instance, sont recevables à attaquer le jugement de séparation en leur nom personnel; mais toutes les voies ne leur sont pas également ouvertes pour cela : ils ne pourraient pas, par exemple, prendre celle de la simple opposition, qui n'est accordée qu'à la partie qui a été assignée et qui n'a pas comparu; *Cod. proc.*, 153 *et suiv.* V. aussi *arr. de la Cour de Colmar, du* 31 *août* 1811, rapporté par Sirey, *tom.* 16, 2.e *part.*, *pag.* 89; à moins cependant qu'ils ne se présentassent aussi comme faisant valoir les droits du mari, leur débiteur, si ce dernier était encore dans son délai; *d. art.* 1166.

329. Par la même raison, et en vertu du même art. 1166, tous les créanciers, indistinctement, pourraient

encore appeler du jugement de séparation, si le délai n'était pas expiré. Les auteurs du Praticien français, *tom.* 51, *pag.* 142, sont, il est vrai, d'un avis opposé; ils disent que sur les observations des Cours d'Orléans et d'Angers, ce droit d'appeler, qui était d'abord ouvert aux créanciers par le projet du Code, fut supprimé, et que par conséquent il ne doit pas être reproduit aujourd'hui. Mais ne peut-on pas leur répondre que si l'article du projet, qui accordait le droit d'appel aux créanciers, fut écarté, ce fut par la raison qu'il était inutile, puisque le droit commun ne leur ôtait pas cette faculté, et non point par le motif qu'on voulait la leur refuser? Notre opinion est au reste celle de M. Berriat-Saint-Prix, *pag.* 589, *note* 17; de M. Carré, sur l'*art.* 873 *du Cod. proc.*; de M. Bellot-Desminières, *pag.* 146; et tel a été aussi l'avis, dit M. Berriat-Saint-Prix, du Tribunal, lorsqu'on a demandé la suppression de la même disposition.

330. Toutefois, la voie la plus directe et la plus conforme aux principes, que doivent prendre les créanciers pour attaquer le jugement, est celle de la tierce opposition: n'ayant été ni présens, ni appelés à l'instance de séparation, ils sont incontestablement placés dans le cas prévu par l'art. 474 du Cod. proc.; l'art. 873 du même Code leur accorde au reste ce droit d'une manière non équivoque. Mais dans quel tems ces créanciers doivent-ils se pourvoir pour n'être pas repoussés comme non recevables dans leur demande? C'est-là ce que nous allons examiner.

Si toutes les formalités prescrites pour la publicité de la séparation ont été observées, l'art. 873 du Cod. proc. civ. décide que les créanciers ne sont plus reçus à se pourvoir par tierce opposition, contre le jugement, après l'expiration du délai d'un an, fixé par l'art. 872. Il fallait mettre un terme aux recherches des créanciers, lorsque toutes les conditions voulues pour leur donner connaissance de la séparation avaient été remplies, et fixer une époque à dater de laquelle la femme ne pourrait plus être inquiétée. Le délai d'un an est bien suffisant pour donner le tems aux créanciers d'apprendre ce qui s'est passé, et de se pourvoir s'ils se croient lésés. Mais si toutes les formalités indiquées par la loi n'ont pas été scrupuleusement observées, et qu'une omission laisse aux créanciers une porte ouverte à leurs réclamations, alors la disposition de l'art. 873 cesse de leur être applicable, et il n'y a plus délai fatal pour eux ; ils peuvent dans tout tems attaquer le jugement de séparation et le faire réformer; c'est-là du moins la conséquence qui découle naturellement des termes du même art. 873 et du droit commun, qui ne fixe aucun délai pour l'exercice de la tierce opposition : M. Merlin sert au reste d'appui à notre opinion; voici comment il s'exprime sur ce point dans son nouveau Répertoire, mot *Séparation de biens*, *pag.* 771 : « La conséquence de l'art.
» 873, est que si les formalités prescrites, tant par les
» articles 866, 867, 868 et 869, que par l'art. 872,
» n'ont pas été observées, les créanciers du mari

» sont reçus *en tout tems* à se pourvoir contre le ju-
» gement de séparation et à le faire rétracter. »

331. Indépendamment du cas où toutes les formalités n'ont pas été remplies, les créanciers peuvent encore attaquer la séparation de bien lorsqu'elle a été prononcée en fraude de leurs droits; *Cod. civ.*, 1447, *in pr.*; cependant il faut ici, pour déterminer le délai dans lequel ils doivent agir, faire une distinction, commandée d'ailleurs par la jurisprudence; si la fraude dont se plaignent les créanciers est dans la liquidation des reprises de la femme, et que cette liquidation soit faite par le jugement qui prononce la séparation de biens, le délai d'un an, fixé par les art. 872 et 873 du Cod. proc., devient de rigueur, et la tierce opposition, passé ce tems, cesse d'être recevable; les créanciers ne peuvent pas isoler, pour la contester, la disposition qui liquide les reprises de la femme, de celle qui prononce la séparation de biens: instruits par les formalités observées pour la publicité du jugement, tout à la fois et de la séparation et de la liquidation des reprises de la femme, ils doivent se présenter pour contester, et ne pas attendre l'expiration du délai que leur accorde la loi. Un arrêt de la Cour de cassation, du 4 décembre 1815, rapporté par Sirey, *tom.* 16, 1.re *part.*, *pag.* 15, l'a décidé de cette manière dans la cause du trésor royal, contre la dame Collin; un autre arrêt de la Cour de Dijon, du 6 août 1817, inséré au même Recueil;

tom. 18, 2.e *part.*, *pag.* 64, a également jugé ainsi la question.

332. Mais si la liquidation avait été faite par un jugement postérieur à celui qui aurait prononcé la séparation de biens, comme cela se pratique dans quelques Tribunaux, les créanciers pourraient alors, en tout tems, en contester les dispositions, et faire réduire, s'il y avait lieu, les reprises de la femme qui auraient été réglées en fraude de leurs droits. On ne pourrait pas leur opposer de la connaissance qu'ils auraient eue de cette liquidation, puisque le jugement qui la contiendrait n'aurait pas été affiché et publié comme celui qui aurait admis la séparation de biens. On devrait décider, de la même manière, si la liquidation avait été faite par acte devant notaire, alors même que ce règlement aurait été confirmé par jugement intervenu lors de la confection de l'ordre des créanciers du mari. V. *arrêt de la Cour de Rouen*, Sirey, *tom.* 17, 2.e *part.*, *pag.* 170.

Ainsi, retenons bien que l'art. 873 n'est applicable aux créanciers que dans le cas où le jugement qui prononce la séparation de biens liquide aussi les reprises de la femme; que, dans tous les autres, les créanciers peuvent, en tous tems, attaquer le jugement, *lorsqu'il a été rendu en fraude de leurs droits;* peu importe que toutes les formalités prescrites pour sa publicité aient été ou non observées; sans cette distinction il faudrait retrancher l'art. 1447 du Code civil, comme inutile, ou dire qu'il y a été dérogé par l'art. 873 du Cod. proc., ce qui n'est pas : c'est aussi en ce sens qu'il faut entendre l'opinion émise par M. Carré, qui décide, *tom.* 1.er, *pag.* 653, sur l'*art.* 873, que bien que le jugement de séparation soit régulier en la forme, les créanciers peuvent l'attaquer *en tout tems*, s'il a été rendu en fraude de leurs droits.

333. Les créanciers peuvent aussi attaquer *en tout tems* l'exécution du jugement ; comme cette exécution n'est point rendue publique, qu'ils n'en ont point eu connaissance, il ne peut y avoir de délai fatal prononcé contre eux. Ils peuvent aussi fonder leur demande sur la violation des formalités requises pour l'exécution, et sur la fraude qui pourrait avoir été pratiquée à leur préjudice : « ainsi, les créanciers, » dit M. Pigeau, *tom.* 2, *pag.* 513, pourront se pour- » voir contre l'exécution de la séparation, 1.° si » l'exécution a été commencée avant l'accomplisse- » ment des formalités prescrites pour l'accomplisse- » ment du jugement ; 2° si les poursuites n'ont point » été commencées dans la quinzaine qui a suivi le » jugement, ou si elles ont été interrompues depuis ; » 3.° si l'exécution du jugement a attribué à la femme » plus qu'il ne lui était réellement dû, c'est-à-dire » plus que le jugement ne lui accordait ; 4.° si le » mari a donné en paiement à sa femme des biens » estimés beaucoup au-dessous de leur valeur, etc.

334. Indépendamment du cas de séparation de biens, il en est un autre où il s'opère une espèce de restitution de la dot avant la dissolution du mariage : c'est celui où la femme, appelée à la succession du constituant, est obligée de rapporter à ses cohéritiers tout ce qui lui a été donné en contrat de mariage. Cette circonstance arrivant, et la dot pouvant, selon les forces de la succession, subir une réduction, il convient d'expliquer ici comment se règlent ce rapport et cette réduction, et d'indiquer d'après quels principes doivent se résoudre les difficultés qu'ils font naître.

SECTION II.

Du rapport et de la réduction de la dot.

ARTICLE PREMIER.

Du rapport de la dot.

335. Tout héritier devant rapporter à ses cohéritiers ce qu'il a reçu par donation entre vifs de celui à la succession duquel il est appelé, à moins que le don ne lui ait été fait par préciput et hors part; *Cod. civ.*, 843, il en résulte que la dot, qui est une véritable donation, doit être rapportée. V. *d. art.* 843 *et* 1573. Le droit romain soumettait aussi la dot au rapport : *quamquam ità demùm ad collatio-*

nem dotis prætor cogat filiam, si petat bonorum possessionem : attamen et si non petat, conferre debebit, si modò se bonis paternis misceat ; l. 1, *ff. de dot. coll. Si soror tua in paternorum bonorum divisione te fefellit ; nec dotem, quam acceperat à patre vestro intestato diem functo, contulit : præses provinciæ examinatis partium allegationibus, cum bonis dotem confundi jubebit : et quod deducta ratione plus apud eam esse animadverterit, tibi restitui jubebit : l.* 8, *Cod. de coll.* On faisait cependant une distinction entre la fille dotée, instituée héritière, de celle qui ne l'était pas. Dans le droit ancien, la fille instituée héritière n'était pas tenue de rapporter ; *l.* 3, *ff. de dot. coll.*, *l.* 7, *ff. de collat.;* mais dans le droit nouveau elle y était assujettie ; *nov.* 18, *cap.* 6. On distinguait aussi entre la succession *ab intestat* et la succession testamentaire : le rapport n'avait lieu qu'à la première sous le droit ancien ; mais, plus tard, on soumit dans tous les cas la dot au rapport, à moins que le constituant n'en eût décidé autrement. V. l'*Authent. ex testamento, Cod. de collat.*

336. Retenons bien que la dot ne doit être rapportée que lorsqu'elle a été faite en avancement d'hoirie, et non lorsqu'elle est donnée par préciput ou avec dispense de rapport. Cependant la loi n'a point consacré les termes dans lesquels la clause de préciput doit être exprimée, pourvu qu'il apparaisse

clairement que le donateur a voulu dispenser du rapport les biens donnés, peu importe la manière dont sa volonté soit exprimée et les termes qu'il ait employés; il n'est nullement nécessaire de rappeler ceux dans lesquels la loi est conçue. Ainsi jugé par un arrêt de la Cour de cassation, du 25 août 1812, dans la cause des héritiers Allomello. V. Sirey, *tom.* 12, 1.re *part.*, *pag.* 386 *et suiv.* V. aussi le *Commentaire de* M. Chabot-de-l'Allier, *sur l'art.* 843 *du Code civil.*

337. Le rapport, ayant pour objet l'égalité dans le partage, est toujours présumé ordonné, s'il n'est pas défendu; *Auth. ex testam., Cod. de collat.* Il faut donc que la défense de rapporter soit expresse; la déclaration, par exemple, que ferait le père dans son testament, qu'il entend que tous les biens qu'il laissera à son décès soient partagés également, ne serait pas suffisante pour dispenser la fille dotée de rapporter ce qu'elle aurait reçu par contrat de mariage. V. Lebrun, *des Successions, liv.* 3, *chap.* 6, *sect.* 1, *n.*° 10. Mais s'il avait dit qu'il laissait moins à sa fille, parce qu'il l'avait précédemment dotée, et qu'en résultat les parts fussent égales, il y aurait dispense de rapport pour la dot, non pas parce que le rapport aurait été suffisamment défendu, mais parce que le père, en faisant un partage égal de ses biens entre ses enfans, aurait rendu le rapport inutile, puisqu'il n'est ordonné que pour l'égalité. V. Lebrun, *eod. loc.*, *n.*° 11.

338. Le rapport de la dot ne se fait qu'à la succession du constituant ou donateur, et il n'est dû que par la femme cohéritière à ses cohéritiers; il n'est pas dû aux légataires et créanciers de la succession; *Cod. civ.*, 850 *et* 857.

D'après le principe que le rapport de la dot ne se fait qu'à la succession du constituant, que doit-on décider dans l'espèce suivante?

Un père n'a par-devers lui aucun bien; ceux de ses enfans proviennent d'un oncle qui lui en a ôté la jouissance par son testament; le père a néanmoins administré, et pendant son administration il a marié une de ses filles et l'a dotée. Plus tard, tous les enfans étant majeurs, on procède au partage de la succession de l'oncle; en formant la masse, les filles non mariées demandent que leur sœur rapporte la dot qu'elle a reçue de leur père commun; elles soutiennent que la constitution qui lui a été faite est une donation indirecte, dont les sommes proviennent des fruits et revenus des biens de l'oncle. La fille mariée répond qu'elle ne doit le rapport de ce qu'elle a reçu de son père qu'à la succession de ce dernier, et non à la succession de son oncle, qui ne lui a rien donné.

Le refus de la fille dotée ne nous paraît pas fondé; car, bien qu'il soit vrai que le rapport n'est dû qu'à la succession du donateur, il n'est pas moins certain que le rapport est dû aussi de tout ce qui a été reçu par la femme, *même indirectement*. Or, s'il est constant que la dot dont on demande le rapport provienne des revenus des biens délaissés par l'oncle, il n'est pas douteux qu'elle ne doive être rapportée à la succession de ce dernier et non à celle du père.

339. Le rapport est dû de tout ce que la femme a reçu à titre de dot; cependant, si au moment où la constitution a été faite le mari était insolvable et n'avait ni art ni profession qui lui tinssent lieu de biens, la femme ne serait tenue de rapporter à la succession du père que l'action qu'elle avait contre son mari pour s'en faire rembourser; mais si le mari n'est devenu insolvable que depuis le mariage, ou s'il avait un métier ou une profession qui lui tenait lieu de biens, la perte de la dot tombe uniquement sur la femme; *Cod. civ.*, 1573.

La première partie de cet article est conforme à l'équité; il ne serait pas juste d'obliger la femme à rapporter la dot lorsqu'elle aurait été remise par le constituant entre les mains d'un homme qui n'offrait aucune garantie pour sa conservation; et la femme, en rapportant dans ce cas l'action qui lui reste contre son mari, rapporte tout ce qui est en son pouvoir.

Le droit romain, par une première disposition, *l.* 1, §. 6, *ff. de dot. coll.*, avait d'abord simplement décidé que si le mariage était dissous et que le mari fût insolvable, on n'imputerait à la femme que ce qu'elle pourrait retirer de sa dot; mais comme il arrivait souvent que le mari devenait insolvable, sans que la femme fît aucune démarche pour se la faire restituer, il fut décidé, par la *nov.* 97, *chap.* 6, §. *illud quoque*, que la femme serait obligée de rapporter la dot en entier, s'il était prouvé qu'elle eût négligé d'en réclamer la restitution en tems opportun. C'est cette disposition qui a fait porter le dernier paragraphe de l'art. 1573, qui décide que si le mari est devenu insolvable depuis le mariage, la perte de la dot retombe uniquement sur la femme. Mais si la femme avait fait ses diligences, ou bien, si, étant mineure et soumise à la puissance paternelle, son père lui eût refusé son consentement pour agir, alors elle était libérée en rapportant l'action qui lui restait contre la succession de son mari; *d. nov.* 97, *chap.* 6; Bretonnier, sur Henrys, *tom.* 2, *liv.* 4, *quest.* 53 *et* 127; Catellan, *liv.* 4, *chap.* 17; Auzanet, *art.* 304 *de la Coutume de Paris;* Lebrun, *des Successions*, *liv.* 3, *chap.* 6, *sect.* 1, *n.*° 7; Videl, sur Catellan, *liv.* 2, *chap*, 19; Merlin, mot *Dot*, *pag.* 231.

340. L'application de l'art. 1573 peut devenir fort difficile dans certains cas. Quelle profession ou quel art regardera-t-on comme pouvant tenir lieu de biens au mari? Ne faudra-t-il faire aucune distinction entre l'individu exerçant déjà un art ou une profession quel-

conque et celui qui, muni d'un diplôme, n'aura pas encore exercé? Suffira-t-il que le mari ait eu, lors de la constitution de la dot, le titre d'avocat ou de médecin, par exemple, pour être réputé solvable? Mais on voit fréquemment des jeunes gens prendre un état ou une profession, et ne pouvoir parvenir, en l'exerçant, à gagner de quoi subvenir à leurs premiers besoins. Combien n'en avons-nous pas pas eus sous les yeux qui, même avec du talent dans leur art, ont été obligés de l'abandonner. Les succès tiennent sans doute beaucoup au mérite, mais il faut convenir aussi que trop fréquemment ils sont le résultat d'une fortune plus ou moins favorable : tel médecin qui n'a que des connaissances imparfaites de son art obtient une vogue extraordinaire, tandis que son confrère, dont le talent devrait commander la confiance, gémit dans l'inaction et la misère. Si donc la dot avait été remise entre les mains d'un mari qui avait alors une profession dont l'exercice n'avait pu plus tard suffire aux besoins du ménage, et qui par cette raison aurait été abandonnée, faudrait-il, dans ce cas, faire supporter à la femme la perte de son patrimoine? Cela nous paraîtrait bien rigoureux. Pourrait-on reprocher à cette malheureuse épouse de n'avoir pas fait sa séparation de biens lorsqu'elle a vu que les efforts de son mari, dans sa profession, restaient inefficaces? Non, sans doute; d'ailleurs, il arriverait fréquemment que cette demande ne serait pas accueillie; car, ne pas réussir dans une profession n'est pas être mauvais administrateur de ses biens, et alors cette action n'aurait que le résultat de porter la division et la haine dans le ménage, sans rien produire de satisfaisant pour la conservation de la dot. Nous croyons donc qu'il faudrait se décider, dans ces divers cas, selon les circonstances, et n'obliger la femme au rapport de la dot que lorsqu'il serait clairement démontré que, lors de la constitution, la profession du mari présentait déjà quelque garantie pour son remboursement.

341. Lorsque les père et mère ont constitué conjointement un immeuble provenant de la succession du père, la fille, venant à la succession de ce dernier, est-elle tenue au rapport de la totalité de l'immeuble constitué, ou seulement de la moitié? La Coutume de Nivernois, *chap.* 27, *art.* 10, soumettait la fille au rapport de la totalité; mais Charles Dumoulin, sur ce même article, et Chopin, sur l'article 3 du titre 3 de la Coutume d'Anjou, décident que le rapport n'est dû que de la moitié : *Si filio*, dit ce dernier auteur, n.° 11, *fundus maternus in dotem datur ab utroque parente, media pars ab eo confertur, post mortem patris.* Bardet, *tom.* 1.er, *liv.* 2, *chap.* 34, et Roussilhe, *de la Légitime*, *tom.* 1.er, *n.°* 177, sont aussi de cet avis; le premier cite un arrêt du 19 mars 1625, qui l'a ainsi jugé. Cette dernière décision nous paraît plus conforme à la raison et à la disposition des art. 1438 et 1544 du Code civil.

342. Le rapport de la dot, comme celui de toute autre libéralité, se fait en nature ou en moins prenant; *Cod. civ.*, 858. Il peut être exigé en nature, à l'égard des immeubles, toutes les fois que l'immeuble constitué en dot n'a pas été aliéné, et lorsqu'il n'y a pas dans la succession d'immeubles de même nature, valeur et bonté, dont on puisse former des lots à peu près égaux pour les autres cohéritiers; *Cod. civ.*, 859. Le rapport n'a lieu qu'en moins prenant, quand l'immeuble dotal a été aliéné avant l'ouverture de la succession; il est dû de la valeur de l'immeuble à l'époque de l'ouverture; *Cod. civ.*, 860.

343. Le rapport se fait en moins prenant lorsqu'il n'a été constitué que des meubles ou de l'argent. Le rapport du mobilier a lieu sur le pied de sa valeur, lors de la constitution de dot, d'après l'état estimatif annexé à l'acte ; et à défaut de cet état, d'après une estimation par experts, à juste prix et sans crue; *Cod. civ.*, 868.

En cas d'insuffisance de numéraire dans la succession, la femme peut se dispenser de rapporter celui qu'elle a reçu, en abandonnant, jusqu'à due concurrence du mobilier, et à défaut de mobilier, des immeubles de la succession; *Cod. civ.*, 869.

344. La femme à laquelle on a constitué une dot en numéraire, mais qui a été payée en immeuble, doit rapporter la somme constituée et non les im-

meubles reçus en paiement ; telle est du moins la décision rendue par la Cour de Bordeaux, le 24 ventôse an 10, dans la cause de la dame Beynat, contre les héritiers Tardier. V. Sirey, *tom.* 7, 2.e *sect.*, *pag.* 918. Cet arrêt, dont les considérans ne sont pas rapportés, fut sans doute motivé sur ce que le rapport est dû *in specie*, lorsque l'objet existe dans les mains du donataire, et qu'il ne suffit pas à la fille dotée d'offrir une chose pour une autre, mais bien celle qui fait partie de la succession, parce que c'est de cette chose que l'héritier à réserve ou le légitimaire est créancier, et non pas de son estimation ou d'un objet qui a pu être donné en paiement. V. *arrêts rapportés par* Brillon, mot *Rapports*, *n.*os 31 *et* 33; Pothier, *sur la Coutume d'Orléans*, *introd. au titre des successions*, *n.*o 91. V. aussi Roussilhe, *tom.* 1.er, *n.*o 136.

345. La femme n'est pas tenue de rapporter les dépenses qu'ont occasionnées son mariage, ni les présens d'usage; *Cod. civ.*, *art.* 852. On doit comprendre dans les présens d'usage tout ce qui compose le trousseau; *arrêts de la Cour de Grenoble, des* 16 *février et* 28 *août* 1816; V. aussi Barry, *liv.* 1, *tit.* 6; Lebrun, *des Successions*, *liv.* 2, *chap.* 3, *sect.* 9, *n.*o 19; *et liv.* 3, *chap.* 6, *sect.* 3, *n.*o 52; cependant si les présens faits par le père à sa fille étaient considérables et qu'on pût supposer qu'ils continssent une libéralité déguisée, ils devraient être rapportés.

346. Lorsqu'un père, en mariant sa fille, s'est engagé par le contrat de mariage à nourrir les époux pendant un certain tems, ou bien à leur payer une pension annuelle pour leur tenir lieu de cette nourriture, ces valeurs sont rapportables comme faisant partie de la dot. V. Roussilhe, *Institut., au droit de légitime*, *tom.* 1.er, *n.*o 170.

347. La femme doit rapporter les fruits et les intérêts des choses qui lui ont été constituées en dot, à compter du jour de l'ouverture de la succession; *Cod. civ.*, 856; mais elle peut rester en possession de l'immeuble dotal jusqu'à ce qu'on lui ait remboursé les sommes qui lui sont dues pour impenses ou améliorations; *Cod. civ.*, 867; *Ordonnance de* 1667, *tit.* 27, *art.* 9. V. *les lois* 1, §. 5, *et* 5, §. 1, *ff. de dot. coll.*

348. Les améliorations faites à l'immeuble dotal, dont la femme peut réclamer le remboursement, sont calculées sur sa valeur au tems du partage; ainsi, supposons que l'immeuble ne valût que 3,000 fr. au tems de la constitution, et que par les améliorations faites par la femme, il fût, au moment du rapport, d'une valeur de 5,000 fr., cette dernière pourrait réclamer 2,000 fr., lesquels devraient lui être comptés avant le partage; *Cod. civ.*, 861. On devrait aussi tenir compte à la femme des impenses nécessaires qu'elle aurait faites pour la conservation de la chose constituée en

dot, encore que ses impenses n'en eussent pas augmenté la valeur; *Cod. civ.*, 862.

349. La femme, de son côté doit tenir compte des dégradations qui peuvent avoir été commises dans l'immeuble, et qui en ont diminué la valeur, pourvu que ces dégradations soient le résultat de sa faute et de sa négligence; car, si les dégradations provenaient de cas fortuits, ou d'autres causes indépendantes de sa volonté, la femme ne serait point soumise à en tenir compte à ses cohéritiers: *Cod. civ.*, 863. Si le fonds dotal avait été aliéné, la femme serait responsable des dégradations commises par l'acquéreur, comme on devrait lui imputer les améliorations qu'il y aurait faites; *Cod. civ.*, 864.

350. Il est une circonstance où il y a lieu à rapporter, bien que la constitution dotale ait été faite avec dispense de rapport: c'est celle où les biens donnés excèdent la portion disponible; dans ce cas, l'excédant est rapporté en nature, si toutefois le retranchement de cet excédant peut s'opérer commodément; dans le cas contraire, si l'excédant est de plus de moitié de la valeur de l'immeuble, la femme doit rapporter l'immeuble en totalité, sauf à prélever sur la masse la valeur de la quotité disponible: si cette quotité excède la valeur de l'immeuble, la femme peut retenir l'immeuble en totalité, sauf à moins prendre et à récompenser les cohéritiers en argent, ou autrement; *Cod. civ.*, 866. V. aussi 844.

351. Au reste, lorsque le rapport se fait en nature, les biens se réunissent à la masse de la succession francs et quittes de toutes charges créées par la femme; mais les créanciers, ayant hypothèque, peuvent intervenir au partage pour s'opposer à ce que le rapport se fasse en fraude de leurs droits; *Cod. civ.*, 865.

352. La femme qui renonce à la succession du constituant, n'est point tenue au rapport: elle conserve tout les biens constitués, pourvu qu'ils n'excèdent pas la portion disponible; *Cod. civ.*, 845. Le droit romain dispensait aussi la femme de rapporter la dot lorsqu'elle déclarait ne pas vouloir s'immiscer dans la succession : *fuit quæstionis, an si sua heres filia patri cum fratribus, contenta dote abstineat se bonis, compellatur eam conferre? Et divus Marcus rescripsit, non compelli abstinentem se ab hereditate patris; l. 9, ff. de dot. coll.*

FIN DU TOME PREMIER.

BIBLIOTHÈQUE NATIONALE
R.F.
IMPRIMÉS

www.ingramcontent.com/pod-product-compliance
Lightning Source LLC
Chambersburg PA
CBHW060915220326
41599CB00020B/2971

* 9 7 8 2 0 1 1 2 7 1 5 3 2 *